# Le polonais

*Collection Sans Peine*

**par Barbara Kuszmider**

Illustrations de J.L. Goussé

4430 Chennevières-sur-Marne
FRANCE

La méthode intuitive

# Nos méthodes

sont accompagnées
d'enregistrements
sur CD audio ou mp3,
et existent désormais
en version numérique*.

*e-méthode disponible sur le site
www.assimil.com

## Sans Peine

L'allemand
L'anglais
L'anglais d'Amérique
L'arabe
Le bulgare
Le chinois
Le coréen
Le croate
L'égyptien hiéroglyphique
L'espagnol
Le finnois
Le grec
Le grec ancien
L'hébreu
Le hindi
Le hongrois
L'indonésien
L'italien
Le japonais
Le japonais l'écriture kanji
Le khmer
Le latin
Le malgache
Le néerlandais

Le norvégien
Le persan
Le polonais
Le portugais
Le portugais du Brésil
Le roumain
Le russe
Le sanskrit
Le suédois
Le swahili
Le thaï
Le turc
L'ukrainien
Le vietnamien

## Perfectionnement

Allemand
Anglais
Espagnol
Italien
Russe

## Langues régionales

Le breton
Le catalan

Le corse
L'occitan

## Affaires

L'anglais des affaires

## Objectif langues

Apprendre l'allemand
Apprendre l'anglais
Apprendre l'arabe
Apprendre le chinois
Apprendre le créole
  guadeloupéen
Apprendre le danois
Apprendre l'espagnol
Apprendre l'islandais
Apprendre l'italien
Apprendre le japonais
Apprendre le néerlandai
Apprendre le portugais
Apprendre le russe
Apprendre le serbe
Apprendre le tchèque
Apprendre le wolof

# Sommaire

# Avant-propos

Par rapport à l'édition précédente, *Le polonais*, collection "Sans Peine" apporte plusieurs changements destinés à rendre votre apprentissage plus facile. Nous avons simplifié la présentation des règles grammaticales, limité le vocabulaire aux termes les plus couramment utilisés, tout en intégrant les évolutions récentes de la langue liées aux changements économiques et aux innovations technologiques. Nous avons aussi tenu à vous faire connaître les transformations de la société, de nombreuses notes culturelles vous familiariseront avec la vie quotidienne des 40 millions de Polonais vivant en Pologne... sans oublier toutes celles et ceux qui résident à l'étranger !

Vous rencontrerez dans *Le polonais*, collection "Sans Peine" des personnes évoluant dans de nombreuses situations de la vie courante : sur la route, en visite touristique, chez le médecin, au spectacle, avec des collègues de travail ou des proches. Ces différents contextes vous feront côtoyer plusieurs générations et toutes sortes de milieux, et vous emmèneront dans les principales villes ou régions de Pologne – Varsovie, Cracovie, Gdansk, la Mazurie, les Tatras, etc. Vous découvrirez ainsi, jour après jour, la richesse de la langue, la variété des us et coutumes, les traditions et les nouveautés, en un mot l'âme de ce peuple qui fait désormais partie de la grande famille européenne.

À travers ce voyage, nous vous souhaitons un bon apprentissage. Et surtout n'hésitez pas à vous sentir chez vous, car il n'y a pas, répétons-le, de gens plus hospitaliers que les Polonais !

# Introduction

Bienvenue dans *Le polonais*, collection "Sans Peine"! Nous sommes très heureux de vous accueillir au seuil de cet ouvrage, simple et convivial, qui va vous permettre en peu de temps d'acquérir les bases de la langue polonaise, de comprendre ce qui se dit autour de vous et de vous exprimer avec aisance, bref, d'aller à la rencontre d'un peuple traditionnellement hospitalier et attaché à la culture française.

## *Le polonais* collection "Sans Peine" mode d'emploi

La méthode Assimil se fonde sur la capacité d'acquérir une langue de manière intuitive par une pratique progressive et régulière qui, petit à petit, conduit à son assimilation. C'est cette démarche que nous vous proposons de suivre. De jour en jour, vous avancerez sans même vous en apercevoir. Après seulement quelques semaines, vous serez surpris des progrès accomplis et, parvenu au terme de la méthode, vous pourrez vous enorgueillir de parler réellement le polonais.

Pour atteindre ce résultat, il vous faudra toutefois vous conformer à un certain nombre de règles, qui ont déjà largement fait leurs preuves et constituent l'originalité de la méthode Assimil. La première d'entre elles – la plus importante –, c'est la régularité. Chaque jour, vous devrez consacrer un peu de temps à votre apprentissage. En général, une demi-heure par jour suffit. Mais il vous faudra, en revanche, veiller à ne pas manquer un seul de vos rendez-vous, car vous risqueriez d'interrompre le travail d'imprégnation de la langue, qui s'effectue, de façon presque inconsciente, dans votre esprit. Inversement, ne cédez pas à la tentation d'en faire trop à la fois, ce qui vous conduirait à surcharger votre mémoire d'informations qu'elle ne peut enregistrer efficacement. Bref, restez modeste et régulier et suivez à la lettre les quelques autres règles rappelées ci-après.

## La première vague

Elle correspond à la phase dite "passive" de votre apprentissage et nécessite de procéder de la façon suivante :

Écoutez d'abord attentivement le dialogue, en essayant de percevoir la musique de la langue, ses intonations, son accent. Pour ce faire, le meilleur moyen est d'écouter les enregistrements ou de faire appel à un locuteur polonais qui lira les textes pour vous.

Lisez ensuite lentement le dialogue, phrase après phrase, en vous aidant de la transcription pour bien prononcer les mots, et de la traduction pour bien comprendre. Afin de vous faciliter cette compréhension, nous avons indiqué le mot à mot entre parenthèses et ajouté entre crochets les mots absents du texte polonais mais qui rendent la formulation française plus correcte.

Répétez les phrases après les avoir lues et entendues. Faites-le de préférence à haute voix, en cherchant à vous rapprocher le plus possible de la prononciation et de l'intonation originales. Servez-vous, pour cela, de la prononciation figurée qui accompagne chaque leçon. (Il s'agit d'une phonétique simplifiée "à la française".) N'hésitez pas non plus à vous mettre en situation, à "jouer" les scènes présentées dans les dialogues, sans crainte du ridicule. Plus vous vivrez le texte, plus votre progression sera rapide et agréable !

Lisez aussi soigneusement les notes qui suivent chaque dialogue. Conçues de manière simple et pratique, elles vous aideront à progresser dans la connaissance du vocabulaire et la structure de la langue, à comprendre des points essentiels de grammaire, à intégrer des expressions courantes.

Ne faites surtout pas l'impasse sur les exercices. Prenez le temps qu'il faut, car ils sont là pour renforcer votre apprentissage et consolider vos acquis issus des dialogues de la leçon en cours ou des précédentes.

Toutes les sept leçons, vous trouverez une leçon de révision. Vous devez la travailler avec le même sérieux que les autres, en lisant et répétant le dialogue à haute voix. Mais vous pourrez surtout y faire le point sur l'état de vos connaissances, grâce à des informations complémentaires – de vocabulaire ou de grammaire – présentées de manière plus systématique.

## La deuxième vague

Après la quarante-neuvième leçon, vous entrerez dans une deuxième phase de votre apprentissage, dite "active". Après avoir vu la cinquantième leçon, vous reprendrez la première, en revoyant également les notes et les exercices. Puis, en cachant le texte polonais, vous traduirez le dialogue à partir du français. Vous le ferez d'abord oralement, puis, si vous le souhaitez, par écrit. Et vous procéderez ainsi à chaque nouvelle leçon : la cinquante et unième avec la seconde, la cinquante-deuxième avec la troisième, et ainsi de suite. Grâce à cette deuxième vague, vous constaterez tout le chemin parcouru depuis le début, en vous étonnant des progrès réalisés. Par cette révision quotidienne et le travail sur les nouvelles leçons, vous consoliderez vos connaissances et parlerez chaque jour un peu plus de manière naturelle et fluide.

## Les enregistrements

Bien que la méthode Assimil puisse être étudiée à l'aide du seul manuel que vous tenez entre vos mains, nous vous conseillons vivement d'utiliser les enregistrements des dialogues et exercices qui ont été réalisés par des locuteurs natifs et professionnels. Grâce à ces enregistrements, vous n'aurez aucune hésitation sur la prononciation ou l'intonation, vous pourrez mieux vous imprégner du rythme de la langue, et aurez tout le loisir, une fois la leçon faite, de la réentendre autant de fois que vous le souhaitez. Dans les quatorze premières leçons, les textes sont répétés deux fois et à un rythme très lent.

# Alphabet et prononciation

La langue polonaise a la mauvaise réputation d'être imprononçable ! En effet, il faut bien reconnaître qu'elle contient – malheureusement – des sons difficiles à articuler pour un étranger, quelle que soit sa langue maternelle. C'est pourquoi vous trouverez ci-après toute une série d'indications qui vous permettront de vous repérer dans l'écriture, l'intonation et la prononciation du polonais.

# 1 Différences entre l'alphabet polonais et l'alphabet français

Certaines lettres polonaises comportent des signes particuliers, nommés "diacritiques", qui les distinguent des autres lettres de l'alphabet latin.
Ces signes sont :
– un accent ou un point au-dessus de certaines lettres, comme dans **ć, ń, ó, ś, ź, ż** ;
– une cédille dans le cas des deux voyelles nasales **ą** et **ę** ;
– une barre transversale pour **ł**.
Par ailleurs, pour noter certains sons, on emploie parfois deux lettres dont l'une peut comporter un accent ou un point : **dz, dź, dż**.

# 2 L'intonation

L'accent porte normalement sur l'avant-dernière syllabe, sauf dans certains mots d'origine étrangère, par exemple **Ameryka, muzyka, biblioteka**, et dans les formes passées des verbes (1$^{re}$ et 2$^e$ personnes du pluriel) : **byliśmy**, *nous étions*, **pisaliście**, *vous écriviez*).

# 3 La prononciation

Voici toutes les lettres ou groupes de lettres qui se prononcent autrement qu'en français.

| Lettre | transcription Assimil | mot exemple et traduction | Prononciation et exemple |
|---|---|---|---|
| ą | *on* | **są**, *ils sont* | comme dans *son* |
| ą | *o'm, o'n* | **kąpiel**, **stąd**, *bain*, *d'ici* | comme dans *comme*, *tonne* |
| c | *ts* | **noc**, *nuit* | comme dans *tsé-tsé* |
| **ch** | *H* | **chleb**, *pain* | *h* aspiré comme en anglais ***House*** |
| **ć, ci** | *ts$^i$* | **nić**, **cień**, *fil*, *ombre* | comme dans *ciao* (c'est un son "mouillé", c'est-à-dire accompagné d'un *i*) |

| **cz** | tch | **czek**, chèque | comme dans tchèque |
|---|---|---|---|
| **dz** | dz | **dzwon**, cloche | ts sonore comme dans pizza |
| **dź** | dz<sup>i</sup> | **dźwig**, grue | c'est un dz mouillé, comme dans **Luiggi** |
| **dż** | dj | **dżem**, confiture | comme dans Djerba |
| **ę** | in | **mięso**, viande | comme dans mien |
| **ę** | èn/èm | **ręce, tępy**, mains, obtus | comme dans Rennes et thème |
| **ę** | è | **idę**, je vais | comme è |
| **g** | g | **galeria**, galerie | toujours comme g + a, o, u |
| **h** | H | **herbata**, thé | h aspiré, pratiquement identique à ch comme dans **House** |
| **j** | y | **ja**, moi | comme y dans il y a |
| **ł** | w | **łapa**, patte | comme dans watt |
| **ń, ni** | gn | **koń, nie**, cheval, non | comme gn dans cogne |
| **ó** | ou | **góra**, montagne | comme ou |
| **rz** | j | **rzeka**, rivière | comme j dans jour |
| **ś, si** | si | **ślad, siedem**, trace, sept | un peu comme dans chien, mais encore plus mouillé |
| **sz** | ch | **szafa**, armoire | comme dans chat |
| **u** | ou | **uwaga**, attention | toujours comme ou, le son "u" n'existant pas |
| **w** | v | **walizka**, valise | comme v |
| **y** | é | **ty**, toi | entre é dans thé et un i en plus dur comme dans **very** |
| **ź, zi** | zi | **źle, zima**, mal, hiver | comme gi dans magie mais plus mouillé |
| **ż** | j | **żaba**, grenouille | identique à **rz** (comme dans jour) |

En outre, il faut savoir que toutes les lettres se prononcent, mais que certains sons subissent des modifications :

1) Chaque consonne sonore devient automatiquement sourde à la fin du mot, c'est-à-dire que **b** se prononce *[p]*, **d** se prononce *[t]*, etc. (Pour prononcer une consonne sonore, les cordes vocales vibrent, ce qui n'est pas le cas pour une sourde.) En voici quelques exemples :

| chleb | *hlè**p*** | *pain* |
|---|---|---|
| ogród | *ogrou**t*** | *jardin* |
| jedz | *yè**ts*** | *mange* |
| idź | *it**s**ⁱ* | *vas-y* |
| róg | *rou**k*** | *coin* |
| malarz | *mala**che*** | *peintre* |
| rów | *rou**f*** | *ravin* |
| zakaz | *zaka**s*** | *interdiction* |
| weź | *vè**s**ⁱ* | *prends* |
| garaż | *gara**che*** | *garage* |

2) Par la loi d'assimilation, les consonnes sonores deviennent sourdes devant ou après les sourdes : **twój** *[tfouille]*, *ton*, **łyżka** *[**ouéch**ka]*, *cuiller*.

3) De même, la consonne sourde, au contact d'une sonore, s'assimile à cette dernière : **także** *[**tag**jè]*, *aussi*, **prośba** *[proz'ba]*, *requête*.

4) Quelquefois, l'une des consonnes devient muette et la pronon-ciation est simplifiée : **jabłko** *[**iap**ko]*, *pomme*.

5) Toutes les voyelles se prononcent et leur prononciation est la même, où qu'elles se trouvent dans le mot. Les voyelles doubles se prononcent séparément : **auto** *[a'outo]*, **Europa** *[èouropa]*.

*Avant de commencer, il est absolument nécessaire de lire l'introduction qui précède, même si vous êtes faux-débutant. Vous y trouverez toutes les explications préliminaires indispensables à un apprentissage efficace.*

**1**

# Lekcja pierwsza *[lektsya pierfcha]*

## Miło mi [1]

**1** – Dzień **do**bry. [2]
**2** Na**zy**wam [3] się [4] **Ma**rek **No**wak.

🗨 Prononciation
*mi**wo** mi **1** dz'**èg**n **do**bré **2** na**zé**va'm s'è **ma**rek **no**vak*

Remarques de prononciation
*Voici quelques remarques de prononciation sur certains mots du dialogue. Elles vous guideront, surtout si vous ne disposez pas d'enregistrement. En assimilant progressivement ces quelques principes généraux, vous verrez qu'en dépit des apparences et contrairement à sa réputation, la prononciation polonaise obéit à quelques règles très simples.*
D'abord, n'oubliez pas de toujours accentuer l'avant-dernière syllabe, indiquée en gras, et non pas la dernière, comme en français.
**(Titre), (3)** Remarquez que la lettre **ł** se prononce comme le premier son des mots *whisky* ou *week-end*. Pensez-y quand vous verrez soit *[w]*, soit *[ou]* dans la transcription phonétique.

🗂 Notes
**1** Pour dire *enchanté*, on emploie en polonais la formule **miło mi** (litt. "agréablement à moi"). Il s'agit d'une version abrégée, mais qui est en même temps la plus usuelle. C'est une bonne chose, non ?
**2** Remarquez que dans **dzień dobry**, litt. "jour bon", l'ordre des mots est inversé par rapport au français.
**3** Voici une information qui vous intéressera sûrement, car il s'agit d'une simplification non négligeable : habituellement, on n'utilise pas de pro-

**1 •** jeden *[**yè**dèn]*

*Si vous disposez des enregistrements, les leçons 1 à 13 ont été enregis-
trées deux fois : la première fois en continu, la deuxième fois avec des
temps de silence pour permettre la répétition.*

**1**

# Première leçon

## Enchanté

*Pour vous aider à mieux repérer la traduction des mots polonais, nous
vous indiquons, entre parenthèses et en caractères italiques, les traduc-
tions littérales qui nous semblent nécessaires. Les mots entre crochets [ ]
n'apparaissent pas en polonais mais sont nécessaires en français.*

**1** – Bonjour *(Jour bon)*.
**2** [Je] m'appelle *(appelle me)* **Marek Nowak.**

**(1)** Le son correspondant à la lettre **y** est proche du *[i]* mais en plus sourd,
car il est articulé dans la partie postérieure du palais. Pour vous éviter des
erreurs, nous utilisons la lettre *[é]* qui, prononcée de manière très fermée,
permet d'obtenir un son comparable.
**(1), (2)** Les consonnes suivies d'un **i** ou surmontées d'un accent correspondent à un son (inexistant en français) dit "mouillé", c'est-à-dire dont
l'articulation, assez molle, s'accompagne d'un léger *[i]*. Pour le transcrire,
et surtout ne pas le confondre avec les sons "durs", nous avons adopté le
symbole *[']*.

noms personnels sujets (*je, tu, il,* etc.) devant les verbes. C'est une question d'économie, car les terminaisons verbales suffisent pour identifier
la personne.

**4** Encore une bonne nouvelle : **się** est la forme unique pour tous les
pronoms *me, te, se,* etc. De plus, sa place est libre : il peut se mettre,
comme ici, après le verbe, mais il peut également, tout comme en
français, le précéder.

**3** – **Mi**ło mi. **An**na Kowal*ska.*
**4** – **Pa**ni ⁵ tu **sa**ma? ⁶
**5** – Tak, a pan?
**6** – **Ja** też.                                                            □

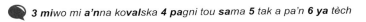

**3** *mi*wo mi **a'n**na ko**val**ska **4** **pa**gni tou **sa**ma **5** tak a pa'n **6** **ya** tèch

: Notes

**5** L'équivalent de la forme de politesse *vous* est en polonais **pani**, *ma-dame*, pour le féminin, et **pan**, *monsieur*, pour le masculin (prononcé comme dans *panne*) suivi du verbe à la 3ᵉ personne du singulier.

**6** Vous avez là une nouvelle simplification : le verbe *être* est souvent omis, surtout dans les phrases à la 3ᵉ personne du singulier. Ne trouvez-vous pas qu'il y a en polonais beaucoup de choses qui rendent la vie plus facile ?

\*\*\*

Ćwiczenie pierwsze – Proszę przetłumaczyć
Exercice 1 – Traduisez
**❶** Nazywam się Marek Nowak. **❷** Miło mi. **❸** Dzień dobry.
**❹** Ja też.

\*\*\*

Ćwiczenie drugie –Wpisać brakujące słowa
Exercice 2 - Complétez
*(Chaque point correspond à une lettre.)*
**❶** Bonjour.
   Dzień . . . . . .

**❷** Enchanté(e).
   . . . . mi.

**3** • **trzy** *[t'ché]*

**3 –** **Enchantée** *(Agréablement à-moi)*. **Anna Kowalska.**
**4 –** **Vous êtes seule ici** *(Madame ici seule)* **?**
**5 –** **Oui, et vous** *(et monsieur)* **?**
**6 –** **Moi** *(Je)* **aussi.**

\*\*\*

Corrigé de l'exercice 1
❶ Je m'appelle Marek Nowak. ❷ Enchanté. ❸ Bonjour. ❹ Moi aussi.

\*\*\*

❸ Je m'appelle Kowalska.
   Nazywam . . . Kowalska.

❹ Moi aussi.
   . . też.

Corrigé de l'exercice 2
❶ – dobry ❷ Miło – ❸ – się – ❹ Ja –

## Lekcja druga [lèktsya drouga]

## Smacznego!

1 – Co podać? [1]
2  Mamy zupy [2], schab…
3 – A jest [3] bigos?
4 – Tak. A co do picia?
5 – Proszę [4] piwo.
6 – Proszę. Bigos i Żywiec [5].
7  Smacznego!
8 – Dziękuję.                                          □

Prononciation

*smatchnègo 1 tso podats[i] 2 mamé zoupé sHap 3 a yest bigos 4 tak a tso do pits[i]a 5 prochè pivo 6 prochè bigos i jévyèts 7 smatchnego 8 dz[i]inkouyè*

Notes

1  Pour formuler une question du type **Co podać?**, *Que puis-je vous ser-vir ?*, vous avez à votre disposition un procédé très économique qui évite le recours à la forme personnelle du verbe. Il suffit d'ajouter l'infi-nitif (que l'on reconnaît à la terminaison **-ć**) au mot interrogatif **co**, *que*, *quoi*. De fait, le verbe à la 1re personne du singulier, correspondant à *je peux* ou *je dois*, est sous-entendu. N'est-ce pas une façon astucieuse de se simplifier la tâche pour demander ce qu'on peut ou ce qu'on doit faire ?

2  Vous pouvez constater que le polonais ne connaît ni l'article défini ni l'article indéfini. Tous les noms s'emploient donc seuls sauf, bien sûr, s'ils sont accompagnés d'un adjectif. Dans **zupy**, *soupes*, la terminaison **-y** indique le pluriel. Le singulier est **zupa** : c'est un nom féminin que l'on reconnaît à la terminaison **-a**.

**5 • pięć** *[pyègnts[i]]*

# Deuxième leçon

## Bon appétit !

**1** – Que [puis-je vous] servir ?
**2** [Nous] avons [des] soupes, [du] filet de porc pané...
**3** – Et y a-t-il *(est)* [de la] choucroute polonaise ?
**4** – Oui. Et comme boisson *(quoi à boire)* ?
**5** – S'il vous plaît, [une] bière.
**6** – Je vous en prie. [Une] choucroute polonaise et [une] Żywiec.
**7** Bon appétit !
**8** – Merci.

Remarques de prononciation

**(2)** Pour prononcer le **ch** polonais (que nous transcrivons à l'aide d'un *[H]* majuscule), faites comme si vous vouliez chasser fortement l'air de votre bouche. Imaginez, par exemple, que vous venez de fournir un effort physique et que vous avez envie de pousser un soupir de soulagement. L'articulation du **b** final obéit au principe du moindre effort et correspond à un son sourd *[p]*.

**(5), (6), (8)** La lettre **ę** correspond à un son nasal comparable à celui qu'on a dans *vin* ou *pain*. Toutefois, placé à la fin d'un mot, **ę** se prononce généralement comme s'il s'agissait d'un *[e]*. Celui-ci est toujours ouvert en polonais et se dit donc comme dans *lait* ou *prêt*.

**3** **jest** (3e personne du singulier du verbe *être*) correspond, selon le contexte, à *est* ou à *il y a*.

**4** Le mot **proszę**, 1re personne du verbe **prosić**, *prier*, *demander*, est en fait une expression figée, très utile en toutes circonstances pour répondre à une demande ou pour s'adresser à quelqu'un de manière polie. Il correspond à *je vous en prie* ou à *s'il vous plaît*.

**5** **Żywiec** est une marque de bière blonde très appréciée.

▶ Ćwiczenie pierwsze – Proszę przetłumaczyć
Exercice 1 – Traduisez
❶ Co podać do picia? ❷ Proszę piwo i bigos. ❸ Jest też schab. ❹ Dziękuję. ❺ Smacznego!

Ćwiczenie drugie – Wpisać brakujące słowa
Exercice 2 - Complétez
❶ S'il vous plaît, une bière.
   Proszę . . . . .
❷ Nous avons aussi des soupes.
   . . . . też . . . . .
❸ Qu'y a-t-il à boire ?
   Co . . . . do . . . . . ?
❹ *(Puis-je vous)* servir [de la] choucroute polonaise ?
   . . . . . bigos?
❺ Je vous en prie et bon appétit !
   . . . . . . i . . . . . . . . . !

\*\*\*

*Il faut savoir que les Polonais, à la fin d'un repas au restaurant, remercient toujours les compagnons de table pour leur présence. Ne l'oubliez pas, car ce* **dziękuję** *surprend toujours au début.*
*Les Polonais aiment beaucoup les soupes. On en sert toute l'année, comme entrée ou comme plat principal, car elles sont souvent consistantes et épaisses, cuisinées avec de la crème fraîche, des morceaux de légumes, de viande, etc. Il y a une autre véritable "institution" culinaire polonaise : c'est le fameux* **bigos**, *mélange de choucroute, de viandes diverses et de saucisses. Vous devez absolument goûter cette spécialité. Selon les recettes, on y ajoute des champignons ou des pruneaux secs. Cuisiné pendant plusieurs heures, il est encore*

## Corrigé de l'exercice 1

❶ Que [puis-je vous] servir à boire ? ❷ Une bière et une choucroute polonaise, s'il vous plaît. ❸ Il y a aussi du filet de porc pané. ❹ Merci. ❺ Bon appétit !

## Corrigé de l'exercice 2

❶ – piwo ❷ Mamy – zupy ❸ – jest – picia ❹ Podać – ❺ Proszę – smacznego

\*\*\*

*meilleur le lendemain ! Enfin, côté boisson, il n'y a pas que la tra-ditionnelle vodka ! Vous trouverez de très bonnes bières – dont la* **Żywiec** *– qui est fabriquée dans une petite ville du même nom, dans le Sud de la Pologne.*

**Peut-être cette leçon vous a-t-elle laissé sur votre faim ! Ne vous en faites pas. On sait bien qu'apprendre la langue d'un pays, c'est comme apprendre ses mœurs, sa façon de vivre, sa gastro-nomie… Cela se fait peu à peu.**

# Lekcja trzecia *[lèktsya t'chètsia]*

## Jutro

1 – Prze**pra**szam ¹, pan z War**sza**wy ²?
2 – Nie. **Jes**tem u ro**dzi**ny ³.
3 – Na **dłu**go pan jest? ⁴
4 – Na **ty**dzień.
5 – Dosko**na**le, to do **ju**tra ⁵?
6 – Nie, **ju**tro wy**je**żdżam.                                   □

### Prononciation

*youtro* **1** *pchè**pra**cha'm pa'n s var**cha**vé* **2** *gnè **yès**tèm ou ro**dz**iné* **3** *na **dwou**go pa'n yest* **4** *na **té**dz'ègn* **5** *doskona**lè** to do **you**tra* **6** *gnè **you**tro véyèjdja'm*

### Notes

**1** Voici la forme qui permet de s'excuser ou de demander pardon. Nous avons affaire ici à la 1ʳᵉ personne du singulier du verbe **przepraszać**, *s'excuser*, dont vous aurez remarqué la terminaison **-am**, la même que nous avons vue dans **nazywam się**, *je m'appelle*.

**2** Parlons un peu de la forme des noms. Contrairement au français, les noms polonais se déclinent : ils changent de terminaison suivant la fonction qu'ils occupent dans la phrase. Ces différentes fonctions sont appelées les "cas". Prenons un exemple. Comme vous le savez peut-être, la capitale de la Pologne se dit en polonais **Warszawa**. Il s'agit de la forme de base qu'on trouve dans le dictionnaire et qui correspond au cas sujet appelé nominatif. La forme que nous avons ici, avec la terminaison **-y**, correspond au cas nommé génitif que l'on utilise lorsqu'un nom correspond à un complément (d'objet, circonstanciel, etc.). Sachez aussi que les cas sont souvent employés après les prépositions, comme ici après **z**, *de*, qui indique la provenance.

**3** Vous avez sans doute deviné que **rodziny** est le génitif obtenu par la transformation du nominatif **rodzina**, *famille*.

**9 • dziewięć** *[dz'èvyègnts']*

# Troisième leçon

## Demain

**1** – Excusez-moi, vous *(monsieur)* [êtes] de Varsovie ?
**2** – Non. []e] suis chez [ma] famille.
**3** – Vous êtes [ici] pour longtemps *(Pour longtemps
 monsieur est)* ?
**4** – Pour [une] semaine.
**5** – Parfait*(ement)*. Alors à demain ?
**6** – Non, je pars demain *(demain pars)*.

Remarques de prononciation
**(1)** Sous l'effet de l'entourage, certaines lettres ou certains groupes de
lettres se prononcent différemment. Ainsi, **rz**, normalement prononcé
comme *[j]* sonore devient *[ch]* sourd à cause de la proximité de **p**. De
même **w**, normalement *[v]*, se transforme en *[f]*. Notez bien que cette règle
d'assimilation n'est pas du tout faite pour vous embêter mais, au contraire,
pour que vous ayez plus de facilité à parler en fournissant moins d'effort.
Pratique, non ?
**(2), (6)** Une petite astuce : pour prononcer le **e** de **nie**, nous vous suggérons
de le dire comme dans *niais* plutôt que comme dans *nier*.

**4** Pour poser une question, on peut, comme dans cette phrase, conserver
 l'ordre sujet-verbe tout en utilisant l'intonation interrogative. Mais on
 peut aussi inverser cet ordre, ce qui donne : **jest pan?** Notez également
 que la place des mots interrogatifs n'est pas fixe. Ils peuvent se mettre
 au début de la phrase, comme dans notre dialogue, ou à la fin. Dans ce
 cas, on aurait : **Pan jest na długo?**

**5** Avec **jutra**, vous avez affaire au génitif de **jutro**, *demain*. Comme vous
 le voyez, nous sommes en présence d'une autre terminaison que dans
 le cas de **Warszawy** ou de **rodziny** ; c'est parce qu'il s'agit ici d'un mot
 du genre neutre. Eh oui, c'est assez compliqué ! Mais surtout ne vous
 inquiétez pas ! Vous vous y habituerez au fur et à mesure, avec l'usage.

Ćwiczenie pierwsze – Proszę przetłumaczyć
❶ Jestem z Warszawy. ❷ Przepraszam, wyjeżdżam jutro.
❸ Pan tu na długo? ❹ Ja też na tydzień. ❺ Jest pani sama?

Ćwiczenie drugie – Wpisać brakujące słowa
❶ Bonjour, je suis seule.
Dzień . . . . . , jestem . . . . .

❷ [Êtes]-vous *(madame)* ici pour longtemps ?
Pani . . na . . . . . ?

❸ Oui, pour une semaine.
. . . , na . . . . . . . .

❹ Excusez-moi, je pars de Varsovie.
. . . . . . . . . . . , wyjeżdżam . Warszawy.

❺ Merci, moi aussi.
. . . . . . . . , ja . . . .

**4**

## Lekcja czwarta *[lèktsya tchfarta]*

### Bank

**1 – Proszę pa**na ¹,

Prononciation
*ba'nk 1 pro*chè *pa*na

Remarque de prononciation
**(Titre), (2)** Ne vous laissez pas tromper par la ressemblance du mot **bank**
avec son équivalent français *banque* : séparez bien les sons *[a]* et *[n]*.

Note
1  Revoilà le mot **proszę**, *s'il vous plaît, je vous en prie*, qui sert ici à aborder
   quelqu'un (en l'occurrence un homme) de façon courtoise. S'il s'agissait

## Corrigé de l'exercice 1

❶ Je suis de Varsovie. ❷ Excusez-moi, je pars demain. ❸ Êtes-vous ici *(Monsieur ici)* pour longtemps ? ❹ Moi aussi pour une semaine. ❺ Êtes-vous *(Est madame)* seule ?

## Corrigé de l'exercice 2

❶ – dobry – sama ❷ – tu – długo ❸ Tak – tydzień ❹ Przepraszam – z – ❺ Dziękuję – też

PAN TU NA DŁUGO ?

4

# Quatrième leçon

*Quand un mot polonais est traduit par deux mots en français, nous ajoutons un trait d'union entre les deux mots français dans le traduction littérale afin de faire correspondre le nombre de mots en français et en polonais.*

## [La] banque

**1 –** S'il vous plaît, monsieur,

d'une femme, on aurait **proszę pani**. La forme **pana** correspond au cas dit accusatif de **pan**, *monsieur*. Pour l'instant, sachez seulement qu'on l'emploie d'habitude pour indiquer la fonction de complément d'objet direct, c'est-à-dire après un verbe sans préposition. Dans notre exemple, il s'agit de la construction "prier quelqu'un".

**2** jest tu gdzieś ², bank ³?
**3** – Bank jest już zamk**nię**ty,
**4** ale **kan**tor **jesz**cze nie ⁴.
**5** – To ⁵ **świet**nie.
**6** – Tam jest też ban**ko**mat.
**7** – Dzię**ku**ję, **bar**dzo pan **mi**ły ⁶. ☐

**2** *yest tou gdz'es' ba'nk* **3** *ba'nk yest iouch za'mk**gnènt**é* **4** *alè* **ka'ntor** *yèchtchè gnè* **5** *to s'fietgnè* **6** *ta'm yest tech ba'nkomat* **7** *dz'inkouyè* **bar***dzo pa'n* **miwé**

## Notes

**2** En ajoutant simplement la terminaison **-ś** au mot relatif à un lieu **gdzie**, *où*, on obtient un indéfini **gdzieś**, *quelque part*. De même, à partir de **co**, *quoi*, on dérive **coś**, *quelque chose*, etc. N'est-ce pas un procédé très économique pour élargir votre vocabulaire ?

**3** Étant donné l'absence d'articles, ce sont les terminaisons des noms qui indiquent leur genre. Vous savez déjà que la majorité des noms féminins finissent en **-a**. En revanche, les noms masculins se terminent généralement par une consonne. Ainsi **bank**, *banque*, est masculin.

**4** **nie** exprime la négation. Lorsqu'il est employé seul, il équivaut à *non* ou *pas* et s'il précède un verbe, à *ne… pas*. Vous verrez plus tard qu'il peut aussi apparaître au début d'un mot (nom, adjectif ou adverbe) pour former le contraire de celui-ci.

**5** Vous connaissez déjà **to** comme équivalent de *alors* (voir leçon 3). Ici, vous avez un autre de ses emplois, en tant que démonstratif neutre : *ce* dans l'expression "c'est…". Remarquez encore une fois l'omission du verbe *être*.

\*\*\*

Ćwiczenie pierwsze – Proszę przetłumaczyć
**❶** Co to jest? **❷** To jest bankomat. **❸** Kantor jest zamknięty.
**❹** Tam jest bank. **❺** Gdzie jest Warszawa?

**2**    y a-t-il *(ici quelque-part)* [une] banque par ici ?

**3** – [La] banque est déjà fermée,

**4**    mais [le] bureau de change pas encore *(encore non)*.

**5** – C'[est] formidable*(ment)*.

**6** – Là-bas, il y a aussi [un] distributeur de billets.

**7** – Merci, vous êtes très gentil *(très monsieur gentil)*.

### Remarque de prononciation

**(4)** Cette accumulation de consonnes n'est pas si effrayante que ça. De fait, on a deux sons *[ch]* et *[tch]* qui existent bel et bien en français, mais rarement à la suite, il faut bien l'avouer. Un exemple quand même pour voir ce que ça donne. Dites : "une hache tchèque". Vous voyez que ce n'est pas sorcier !

**6**    Vous rappelez-vous comment on dit *enchanté* ? C'est bien sûr **miło mi**. Comme vous l'avez sans doute deviné, avec **miły**, *gentil*, *agréable*, nous avons affaire à la même famille de mots.

***

### Corrigé de l'exercice 1

❶ Qu'est-ce que c'est ? ❷ C'est un distributeur de billets. ❸ Le bureau de change est fermé. ❹ Là-bas, il y a une banque. ❺ Où est Varsovie ?

Ćwiczenie drugie – Wpisać brakujące słowa

**❶** Qu'y a-t-il là-bas ?
Co . . . jest?

**❷** C'est une banque.
To . . . . bank.

**❸** Où est la bière ?
. . . . . jest . . . . ?

**❹** Je suis ici pour très longtemps.
. . . . . . tu . . . . . . długo.

**❺** Moi, pas encore.
. . jeszcze . . . .

**5**

## Lekcja piąta [lèktsya pio'nta]

### Pomyłka

1 – **Ha**lo. **Słu**cham [1].
2 – **Do**bry **wie**czór [2]. Jest **A**dam?
3 – Nie ro**zu**miem. Kto?

Prononciation
*po**méou**ka 1 Halo swouHa'm 2 do**bré vyè**tchour yest ada'm 3 gnè ro**zou**myèm, kto*

Remarque de prononciation
**(1), (5)** Rappelez-vous que le son *[H]*, qui est toujours aspiré – c'est-à-dire prononcé avec un souffle – correspond à deux orthographes : h et ch. Ne faites pas l'erreur de prononcer ces deux dernières lettres à la française.

Notes

1   Vous connaissez maintenant plusieurs verbes qui, comme **słucham**, *j'écoute*, prennent la terminaison **-am** à la 1ʳᵉ personne du singulier : **nazywam się**, *je m'appelle*, **przepraszam**, *je m'excuse*, **wyjeżdżam**, *je pars*.

Corrigé de l'exercice 2
❶ – tam – ❷ – jest – ❸ Gdzie – piwo ❹ Jestem – bardzo – ❺ Ja – nie

*L'utilisation des cartes de crédit est de plus en plus répandue. On les accepte dans de nombreux magasins, restaurants et hôtels. De ce fait, les distributeurs de billets se font de plus en plus nombreux, et on a même vu apparaître un nouveau mot dans le vocabulaire polonais : **bankomat**. Il s'agit d'un néologisme formé de **bank** + **automat**.*

**5**

# Cinquième leçon

## [Une] erreur

**1** – Allô. [J']écoute.
**2** – Bonsoir. Adam est là *(Est Adam)* ?
**3** – [Je] ne comprends [pas]. Qui ?

CZY JEST BIGOS ?

**2** Avez-vous remarqué que dans **dobry wieczór**, l'ordre des mots est identique à son équivalent français *bonsoir* ? Souvenez-vous que pour **dzień dobry**, *bonjour*, c'est l'inverse.

**4** – Czy tu **miesz**ka **A**dam **Wol**ski? [3]
**5** – Nie, to **chy**ba po**mył**ka.
**6** – Prze**pras**zam **bar**dzo [4].
**7** – Nic [5] nie **szko**dzi. Do wi**dze**nia.           ☐

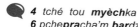

**4** tché tou **myèch**ka ada'm **vol**ski **5** gnè to **Hé**ba po**méou**ka
**6** pche**pra**cha'm **bar**dzo **7** nits gnè **chko**dz'i do vi**dzè**gna

Notes

3  Pour poser une question fermée, c'est-à-dire une question à laquelle on répond simplement par "oui" ou par "non", on peut utiliser en polonais le mot *czy*, *est-ce que*. Il se trouve en début de phrase, comme en français, mais l'ordre sujet-verbe n'est pas obligatoire. Pour résumer, il y a donc plusieurs variantes pour ce genre de questions. En tenant compte des formes que vous connaissez déjà (intonation interrogative ou inversion de l'ordre sujet-verbe), cela donne : **Adam jest?**, **Jest Adam?**, **Czy Adam jest?**, **Czy jest Adam?** À vous de choisir...

\*\*\*

▶ Ćwiczenie pierwsze – Proszę przetłumaczyć
**❶** Dobry wieczór. **❷** Gdzie mieszka Marek? **❸** To chyba tam.
**❹** Czy jest bigos? **❺** To nic nie szkodzi.

Ćwiczenie drugie – Wpisać brakujące słowa
**❶** Est-ce que vous êtes seule ?
    . . . pani . . . . . . . . . ?

**❷** Cela ne fait rien.
    To . . . nie . . . . . . . . .

**❸** Où habitez-vous ?
    . . . . . pan . . . . . . . ?

**4** – **Est-ce que** *(ici habite)* **Adam Wolski habite ici ?**
**5** – **Non, c'[est] probablement [une] erreur.**
**6** – **Excusez-moi** *(beaucoup)*.
**7** – **Cela ne fait rien** *(Rien ne fait-tort)*. **Au revoir.**

**4**  **bardzo**, qui équivaut à *très, beaucoup*, peut accompagner un adjectif, un adverbe ou, comme ici, un verbe. Ce mot s'utilise très fréquemment, par exemple, avec **proszę**, *s'il vous plaît, je vous en prie*, sans rendre l'expression obséquieuse pour autant.

**5**  La place de **nic**, *rien*, est relativement libre. Si l'on veut insister sur ce mot, on le met au début. Ainsi **nic nie rozumiem**, *je ne comprends rien*, sera légèrement plus fort que **nie rozumiem nic**.

\*\*\*

Corrigé de l'exercice 1
❶ Bonsoir. ❷ Où habite Marek ? ❸ C'est probablement là-bas. ❹ Est-ce qu'il y a du bigos ? ❺ Cela ne fait rien.

❹  Excusez-moi, mais je ne comprends pas.
. . . . . . . . . . . . , ale . . . . . . . . . . . . .
❺  C'est une erreur.
To . . . . . . . .

Corrigé de l'exercice 2
❶ Czy – jest sama ❷ – nic – szkodzi ❸ Gdzie – mieszka ❹ Przepraszam – nie rozumiem ❺ – pomyłka

## Lekcja szósta [lèktsya chousta]

▶

### Dokąd ¹ pani jedzie ²?

1 – Prze**pra**szam, to **miejs**ce jest **wol**ne ³?
2 – Tak, **pro**szę.
3 – **Do**kąd **pa**ni **je**dzie?
4 – Do ⁴ Kra**ko**wa, a pan?
5 – Ja do Zakopa**ne**go ⁵.
6 – To wa**ka**cje?
7 – Nies**te**ty nie. Konfe**ren**cja.
8 – Mam na**dzie**ję ⁶, że **bę**dzie cie**ka**wa.                    □

🔊 Prononciation

**do**ko'nt **pa**gni **yè**dzⁱè **1** pchè**pra**cha'm to **myèys**tsè yest **vol**nè **2** tak **pro**chè **3** **do**ko'nt **pa**gni **yè**dzⁱè **4** do kra**ko**va a pa'n **5** ya do zakopa**nè**go **6** to va**ka**tsyè **7** gnès**tè**té gnè ko'nfe**rèn**tsya **8** ma'm na**dziè**yè jè **bèng**dzⁱè tsⁱè**ka**va

🔲 Notes

1  Deux mots correspondent en polonais à *où* : **gdzie**, que vous connaissez déjà (voir leçon 4) et **dokąd**. Le premier indique l'emplacement, un lieu où vous vous trouvez, le second, le lieu de destination.

2  Le verbe *aller* a deux équivalents en polonais, selon qu'il s'agit d'un déplacement à l'aide d'un moyen de locomotion ou à pied. Dans le premier cas (comme ici pour le voyage en train ou en car), on utilise **jedzie** à la 3ᵉ personne du singulier. Son homologue pour la marche à pied est **idzie**.

\*\*\*

▶ Ćwiczenie pierwsze – Proszę przetłumaczyć

❶ Czy lekcja jest ciekawa? ❷ Mam nadzieję, że tak. ❸ Świetnie, że jedzie pan do Warszawy. ❹ Proszę, tu jest wolne miejsce. ❺ Przepraszam, gdzie jest konferencja?

# Sixième leçon

## Où allez-vous *(madame va)* ?

**1** – Excusez-moi, cette place est[-elle] libre ?
**2** – Oui, je vous en prie.
**3** – Où allez-vous *(madame va)* ?
**4** – À Cracovie, et vous *(monsieur)* ?
**5** – Moi *(Je)* à Zakopane.
**6** – C'[est les] vacances ?
**7** – Malheureusement non. [Une] conférence.
**8** – J'espère *(Ai espoir)* qu'[elle] sera intéressante.

---

**3** Vous savez déjà qu'un nom terminé en **-o** comme **jutro**, *demain*, est du genre neutre. Dans **miejsce**, *place*, vous avez une autre terminaison possible : **-e**, que l'on retrouve par ailleurs à la fin des adjectifs neutres, comme dans **wolne**, *libre*.

**4** La préposition **do**, *à, pour*, qui sert à indiquer entre autres le lieu où l'on va, est toujours suivie du génitif.

**5** C'est encore d'un génitif dont il s'agit, mais cette fois, la forme – dérivée de **Zakopane** –, correspond au génitif singulier des adjectifs neutres et masculins, car le nom de la ville signifie en fait *enfoui, enterré*.

**6** Le verbe *avoir* (ici à la 1re personne du singulier **mam**) est suivi du complément d'objet direct, d'où l'apparition de l'accusatif **nadzieję**, dérivé du nom féminin **nadzieja**, *espoir*.

*** 

Corrigé de l'exercice 1

❶ Est-ce que la leçon est intéressante ? ❷ J'espère que oui. ❸ [C'est] parfait que vous alliez *(monsieur va)* à Varsovie. ❹ Je vous en prie, ici il y a une place de libre *(libre place)*. ❺ Excusez-moi, où est la conférence ?

Ćwiczenie drugie – Wpisać brakujące słowa

❶ Cette place est encore libre.

To . . . . . . . jest jeszcze . . . . . .

❷ Kowalski sera là demain.

Kowalski . . . . . . tu . . . . . .

❸ J'espère qu'il est gentil.

. . . nadzieję, . . jest . . . . .

❹ Malheureusement, c'est une erreur.

. . . . . . . . to . . . . . . . .

❺ La leçon est très intéressante.

Lekcja . . . . bardzo . . . . . . . .

\*\*\*

*Que diriez-vous d'un petit voyage en Pologne ? Si vous êtes amateur de tourisme culturel, vous apprécierez tout particulièrement le Sud, une des régions sans doute les plus riches en histoire et traditions populaires. Vous serez émerveillé par la ville de* Cracovie (**Kraków**) *heureusement épargnée pendant la Seconde Guerre mondiale – et qui fut la capitale de la Pologne jusqu'en 1596. À 100 km de là, vers le sud, vous découvrirez, dans la chaîne de montagnes les Tatras, la petite*

**7**

# Lekcja siódma *[lèktsya s'oudma]*

## Powtórka – Révision

*Faisons un petit arrêt pour voir ce que vous avez appris au cours de ces six premières leçons. Vous serez agréablement surpris de ce que vous savez déjà.*

*Désormais, nous vous proposerons ainsi, après chaque nouvelle série de six leçons, de revoir les principaux points qui ont été abordés. Surtout, ne cherchez pas à tout apprendre par cœur. Lisez simplement, et vous verrez que vous retiendrez les choses petit à petit, de manière tout à fait étonnante.*

*D'abord, quelques remarques sur la prononciation.*

Corrigé de l'exercice 2

❶ – miejsce – wolne ❷ – będzie – jutro ❸ Mam – że – miły ❹ Niestety
– pomyłka ❺ – jest – ciekawa

\*\*\*

*ville de Zakopane, qui est à la fois un lieu de villégiature prisé et une*
*célèbre station de ski. On l'appelle "la capitale d'hiver de la Pologne".*
*La région aux alentours est célèbre pour ses danses et ses chants, ses*
*chalets pittoresques, ses artistes populaires qui fabriquent de superbes*
*objets en bois et en cuir. Au-delà du simple folklore, vous trouverez*
*chez ces* **górale**, *montagnards, la chaleur et l'hospitalité légendaires*
*des Polonais. Il ne nous reste plus qu'à vous souhaiter bon voyage !*

**7**

# Septième leçon

## 1 La prononciation

### 1.1 L'accent

Vous avez pu constater que tous les mots polonais sont accentués
sur l'avant-dernière syllabe. Comme nous savons tous qu'il est
difficile de se défaire des habitudes prises dans sa propre langue,
essayez de vous entraîner sur des mots faciles : **Kowalski**, **Nowak**,
**telefon**, **radio**, etc.

### 1.2 Les sons "mouillés"

Certaines consonnes (**c**, **n**, **s**, **z**) surmontées d'un accent ou suivies
d'un **-i** s'articulent en avançant la langue vers la partie dure du

palais. Afin de comprendre cette particularité phonétique, comparez la prononciation d'un *[n]* dur comme dans **nowa** *[nova], nouvelle* et d'un *[n]* mouillé correspondant grosso modo au son *[gn]* dans *Pologne* : **dzień** *[dziègn], jour* ; **nie** *[gnè], non.*

Vous rappelez-vous la prononciation (et la signification) des mots suivants :
– **ćwiczenie, dziękuję, świetnie, tydzień,**
– *[ts'fitchègnè], exercice, [dz'inkouyè], merci, [s'fiètgnè], parfait, [tédz'ègn], semaine* ?

Enfin, nous attirons votre attention sur des lettres ou groupes de lettres dont la prononciation est différente de celle du français. Soyez particulièrement vigilant et reportez-vous à la prononciation figurée ou aux enregistrements si vous en disposez.

Voyons maintenant ce que vous avez appris en grammaire.

## 2 Les cas

C'est sans doute une des principales difficultés du polonais. La forme des noms ainsi que celle des adjectifs et des pronoms que vous trouvez dans le dictionnaire, correspond au cas nommé nominatif. Cependant, dans le discours, on est souvent obligé de recourir à d'autres cas suivant la construction des verbes ou la nature de la préposition, s'il y en a une. Ces différents cas (sept au total) se différencient par leur terminaison, elle-même en fonction du genre et du nombre. C'est donc un apprentissage de longue haleine que suppose la maîtrise des cas, mais rassurez-vous, l'expérience montre que la pratique quotidienne permet d'acquérir très vite des automatismes sans passer par un effort de mémorisation long et fastidieux.

Voici une petite révision des cas que vous avez déjà rencontrés.

### 2.1 Le nominatif

C'est la forme de base. On l'appelle cas sujet, car il correspond à cette fonction dans les phrases :
**Bank jest zamknięty**, *La banque est fermée.*
**Gdzie mieszka Kowalski?**, *Où habite Kowalski ?*

### 2.2 Le génitif

Vous avez vu qu'on l'employait après certaines prépositions :
**do**, *à*, pour ; **z**, *de* :

**Jadę do Krakowa**, *Je vais à Cracovie*.
**Jestem z Warszawy**, *Je suis de Varsovie*.

## 2.3 L'accusatif

C'est le cas qui indique l'objet direct. Il n'est donc pas étonnant de le trouver à la suite des verbes qui se construisent sans préposition. Nous l'avons rencontré après les verbes *prier* et *avoir* :
**Proszę pana**, *S'il vous plaît, monsieur*. (litt. "[Je] prie monsieur").
**Mam nadzieję**, *J'espère* (litt. "[J']ai [l']espoir").

## 3 Le genre

Outre le masculin et le féminin, le polonais connaît le genre neutre. Sachez que l'appartenance d'un nom, pronom ou adjectif à l'un des trois genres n'est justifiée, du fait de la différenciation sexuelle, que pour les êtres animés : personnes et animaux. Toutefois les petits (humains ou animaux) sont du genre neutre. Pour tous les autres noms, le genre est fondamentalement arbitraire et ne correspond d'ailleurs que partiellement d'une langue à l'autre. Ainsi **bank** est du genre masculin en polonais. À l'inverse, **grupa** est féminin en polonais et masculin en français.

On peut facilement reconnaître le genre d'un nom grâce à sa terminaison. Ainsi les noms masculins se terminent généralement par une consonne : **pan**, *monsieur*, **bank**, *banque*, **bigos**, *choucroute*, **kantor**, *bureau de change* ; les noms féminins, par **-a** ou **-i** : **konferencja**, *conférence*, **zupa**, *soupe*, **pani**, *madame* ; les noms neutres, par **-o** ou **-e** : **jutro**, *demain*, **miejsce**, *lieu*. Nous verrons plus tard d'autres terminaisons possibles.

▶ **Dialog-powtórka – Dialogue de révision** *(Traduisez)*

    **1** – Dzień dobry. Proszę.
    **2** – Tu jest wolne miejsce.
    **3** – Dziękuję bardzo.
    **4** – Co podać?
    **5** – Piwo proszę.
    **6** – Przepraszam, pan z Krakowa?
    **7** – Tak. Nazywam się Kowalski.
    **8** – Miło mi. Anna Nowak.

**8**

## Lekcja ósma *[lektsya ousma]*

▶ ### Zdjęcia z wakacji

    **1** – Co tam masz [1]?
    **2** – **Zdję**cia [2] z wa**ka**cji.
    **3** – **Mo**gę zobaczyć?
    **4** – **Jas**ne [3], **pro**szę.

💬 Prononciation
**zdyèn**ˈtsˈa z va**ka**tsi **1** tso taˈm mach **2 zdyèn**ˈtsˈa z va**ka**tsi **3 mo**guè zobatchétsˈ **4 yas**nè **pro**chè

📁 Notes

  **1**  Vous connaissez déjà deux formes du verbe *avoir* : **mam**, 1ʳᵉ personne du singulier et **mamy**, 1ʳᵉ personne du pluriel. Voici la 2ᵉ personne du singulier : **masz**, *tu as*. Retenez bien la terminaison **-sz**, qui vous permettra de reconnaître les verbes employés pour tutoyer quelqu'un. Précisons qu'en polonais, on tutoie ses proches, ses amis ou ses collègues selon les mêmes règles qu'en français.

  **2**  Le singulier de **zdjęcia**, *photos*, est **zdjęcie**. C'est un nom du genre neutre, comme l'indique sa terminaison **-e**. Sachez qu'au pluriel, les noms neutres se terminent presque toujours en **-a**.

## Traduction

**1** Bonjour. Je vous en prie. **2** Ici il y a une place de libre *(libre place)*. **3** Merci beaucoup. **4** Que [puis-je vous] servir ? **5** [Une] bière, s'il vous plaît. **6** Excusez-moi, vous *(monsieur)* [êtes] de Cracovie ? **7** Oui. [Je] m'appelle *(appelle me)* Kowalski. **8** Enchanté[e]. Anna Nowak.

***

*Ne vous inquiétez pas, nous reviendrons sur tout ce que vous venez de voir dans cette leçon et vous l'assimilerez progressivement. Il ne vous reste qu'à continuer à lire et à répéter sans chercher à tout savoir tout de suite !*

---

**8**

# Huitième leçon

## Photos de vacances

**1** – Qu'est-ce que [tu] as là *(là as)* ?
**2** – [Les] photos de vacances.
**3** – [Je] peux voir ?
**4** – Évidemment *(Clair)*, je t'en prie.

## Remarque de prononciation

**(Titre), (2)** Dans certaines positions, notamment devant **c**, la lettre **ę** perd sa résonance nasale et se prononce comme s'il s'agissait d'un **e** suivi d'un **n**. De plus, comme vous le voyez, nous avons ici un **c** "mouillé", car il est suivi d'un **i**. Ainsi, par assimilation, le **n** se transforme, lui aussi en un son mouillé *[nʲ]*.

**3** **jasne** est un terme courant pour exprimer son consentement ou confirmer quelque chose de façon très nette. Il fait partie de ces mots qui, à l'origine, sont des adjectifs du genre neutre, mais qui s'emploie aussi seuls, en tant qu'adverbes placés en début de phrase, pour donner son avis.

**5** – Kto to jest?
**6** – To **mo**ja **ma**ma [4].
**7** – **Ta**ka [5] **mło**da? A to twój **ta**ta [6]?
**8** – Nie, to mój brat.                    □

*5 kto to iest 6 to moya mama 7 taka mouoda a to tfouille tata 8 gnè to mouille brat*

### Notes

**4**  Dans **moja mama**, *ma maman*, remarquez la terminaison **-a**, caracté-ristique du genre féminin. On la retrouve dans la majorité des noms singuliers, mais aussi dans tous les adjectifs féminins au nominatif singulier.

**5**  **taka**, dont vous aurez reconnu le genre féminin, est un mot très utile, car polyvalent. Ici, il sert à intensifier la qualité d'un adjectif et se tra-duit par *si*, *tellement*. Il s'emploie également comme adjectif ou pro-

\*\*\*

Ćwiczenie pierwsze – Proszę przetłumaczyć
**❶** Mam zdjęcia z wakacji. **❷** To moja rodzina. **❸** Proszę zobaczyć. **❹** To twój brat? **❺** Pani jest taka młoda!

\*\*\*

Ćwiczenie drugie –Wpisać brakujące słowa
**❶** Je peux voir les photos ?
. . . . zobaczyć . . . . . . . ?

**❷** Ma maman est jeune.
. . . . mama jest . . . . . .

**❸** Où est ton papa ?
. . . . . jest twój . . . . ?

**❹** Mon frère n'habite pas ici.
. . . brat . . nie . . . . . . . .

**❺** Qui est-ce ?
. . . to . . . . ?

**5** – Qui est-ce *(c'est)* ?
**6** – C'[est] ma maman.
**7** – Si jeune ? Et [lui], c'[est] ton papa ?
**8** – Non, c'[est] mon frère.

### Remarque de prononciation

**(7)** Vous avez là un autre exemple d'assimilation. Il concerne la prononciation de la lettre **w**. Lorsqu'elle est placée après un son sourd, comme c'est ici le cas du **t**, elle devient également sourde et se prononce *[f]*.

nom et correspond alors à *telle* ou *pareille*. Ses équivalents masculin et neutre sont **taki** et **takie**.

**6** Malgré les apparences, le mot **tata** n'est pas féminin. C'est l'homologue du diminutif français *papa* et non pas, comme on pourrait le penser, de *tante* !

\*\*\*

### Corrigé de l'exercice 1

❶ J'ai des photos de vacances. ❷ C'est ma famille. ❸ Regardez, s'il vous plaît. ❹ C'est ton frère ? ❺ Vous êtes *(Madame est)* si jeune !

\*\*\*

### Corrigé de l'exercice 2

❶ Mogę – zdjęcia ❷ Moja – młoda ❸ Gdzie – tata ❹ Mój – tu – mieszka ❺ Kto – jest

TO MOJA RODZINA.

# Lekcja dziewiąta [lektsya dzievio'nta]

## Oczywiście

1 – Wie pan, gdzie jest ulica **Jas**na [1]?
2 – To **tu**taj [2]. **Ja**ki **nu**mer?
3 – Dwa.
4 – Ja tam **właś**nie **miesz**kam.
5   Do **ko**go [3] pan **i**dzie?
6 – Do ko**le**gi [4], **Tom**ka No**wa**ka [5].
7   Zna go pan?
8 – Oczy**wiś**cie, to mój syn.                                    □

*otché**vis**ts'è 1 vyè pa'n gdziè iest ou**li**tsa **yas**na 2 to **tou**taille **ia**ki **nou**mèr 3 dva 4 ia ta'm **vouas**'nie **miéch**kam 5 do **ko**go pa'n **i**dziè 6 do ko**le**gui **tom**ka no**va**ka 7 zna go pa'n 8 otché**vis**ts'è to mouille sén*

### Notes

1   Avez-vous reconnu, dans le mot **jasna**, *claire*, l'équivalent féminin de l'adjectif **jasne** de la leçon précédente ?

2   **tutaj**, *ici* et **tu**, que vous connaissez déjà, sont synonymes.

3   Ne vous inquiétez pas de trouver ici une nouvelle traduction de la préposition **do**, dont vous connaissez l'équivalent *à*. Dans le contexte présent, il équivaut à *chez* car il est question d'une personne. Par ailleurs, comme vous le savez, **do** entraîne systématiquement l'emploi du génitif et les pronoms polonais, malheureusement, n'échappent pas à la déclinaison. Cela explique la présence de la forme **kogo**, dérivée du nominatif **kto**, *qui*.

4   Le génitif **kolegi** vient de **kolega**, *ami*. Encore une fois, comme pour **tata**, *papa*, ce n'est pas un nom féminin, mais bien masculin. Rassurez-vous, leur forme est exceptionnelle, même s'il s'agit de mots très

# Neuvième leçon

## Bien sûr

**1** – Savez-vous *(Sait monsieur)* où est [la] rue Claire ?
**2** – C'[est] ici. Quel numéro ?
**3** – Deux.
**4** – J'y habite justement *(justement habite)*.
**5**   Chez qui allez-vous *(monsieur va)* ?
**6** – Chez [mon] ami, Tomek Wolski.
**7**   Vous le connaissez *(Connaît le monsieur)* ?
**8** – Bien sûr, c'est mon fils.

Remarque de prononciation
**(Titre), (8)** C'est un mot très utile… alors cela vaut vraiment la peine d'apprendre à le prononcer. Faites surtout attention aux deux sons mouillés à la fin. Ils sont transcrits, comme vous le voyez, de deux manières : avec un accent pour le **ś** et avec la lettre **i** après le **c**. N'oubliez pas non plus la prononciation de **cz** qui fait *[tch]*, ainsi que celle du **e** final, toujours ouvert.

courants. En revanche, il ne faut pas oublier que ces mots fonctionnent comme des féminins, d'où la terminaison **-i** au génitif singulier.

**5**   Eh oui, les prénoms et les noms de famille polonais doivent aussi être déclinés ! Le nominatif **Tomek Nowak** prend ainsi au génitif la terminaison **-a**. Ce n'est pas la première fois que nous la voyons. Rappelez-vous la tournure **do Krakowa**, *à Cracovie*, dans la leçon 6.

▶ Ćwiczenie pierwsze – Proszę przetłumaczyć
**①** Zna pan numer? **②** Oczywiście, to moja ulica. **③** Dokąd pan idzie? **④** Gdzie mieszka twój kolega? **⑤** To właśnie tutaj.

Ćwiczenie drugie – Wpisać brakujące słowa
**①** C'est mon ami.
   To . . . kolega.

**②** Savez-vous quel numéro ?
   . . . pan . . . . . . . . . . . ?

**③** Je n'habite pas ici.
   Nie . . . . . . . . . . . . . . . .

*** 

*Voici quelques remarques sur les prénoms polonais. Nous espérons qu'en lisant ces lignes, vous serez moins surpris par leur étonnante variété. Ce n'est pas qu'ils soient plus nombreux que dans d'autres langues, mais ils ont en général plusieurs versions. En effet, plutôt que d'utiliser la forme officielle, correspondant au nom du saint du calendrier, on préfère employer des diminutifs. Ainsi, le* **Tomek** *de notre dialogue est la forme usuelle de* **Tomasz***. Ce n'est d'ailleurs pas la seule, car, suivant le degré de familiarité avec la personne, surtout si c'est un enfant, on peut aussi employer* **Tomuś** *ou* **Tomeczek***.*

**10**

# Lekcja dziesiąta *[lektsya dzies'o'nta]*

▶ ## Szukam gazety

**1** – Co **ro**bisz?
**2** – **Szu**kam ga**ze**ty. [1]

🗨 Prononciation
***chou**ka'm ga**ze**té **1** tso **ro**bich' **2 chou**ka'm ga**ze**té*

Corrigé de l'exercice 1

❶ Connaissez-vous le numéro ? ❷ Bien sûr, c'est ma rue. ❸ Où allez-vous ? ❹ Où habite ton ami ? ❺ C'est justement ici.

❹ C'est ma rue.
 . . moja . . . . . .

❺ Bien sûr, c'est ici.
 . . . . . . . . . . , to . . . . . .

Corrigé de l'exercice 2

❶ – mój – ❷ Wie – jaki numer ❸ – mieszkam tutaj ❹ To – ulica ❺ Oczywiście – tutaj

\*\*\*

*Voyons donc un petit échantillon de ces diminutifs, très coutumiers :*
**Anna-Ania, Barbara-Basia, Maria-Marysia, Jan-Janek, Edward-Edek, Roman-Romek.**
*Notez aussi que les mots* **pan**, monsieur, *et* **pani**, madame, *peuvent être suivis du seul prénom :* **pan Adam, pani Ewa**. *Cet usage est beaucoup plus répandu en Pologne qu'en France et correspond plus ou moins à une forme intermédiaire entre le vouvoiement et le tutoiement. On s'en sert entre personnes qui se connaissent bien tout en souhaitant garder une certaine distance.*

10

# Dixième leçon

## [ Je] cherche [le] journal

**1 –** Qu'est-ce que [tu] fais ?
**2 –** [ Je] cherche [le] journal.

] Note

1 Vous connaissez l'emploi du génitif après les prépositions **do**, *à, chez,* et **z**, *de.* Sachez que ce cas est utilisé aussi à la suite de certains verbes, dont **szukam**, *je cherche.* Le nominatif **gazeta**, *journal* (nom féminin), devient ainsi **gazety** au génitif singulier.

**3** – **Mo**że ² jest na **biur**ku ³?
**4** – Nie ma. ⁴
**5** – To **mo**że na fo**te**lu ⁵?
**6** – Też nie.
**7** – A na **sto**le ⁶?
**8** – Nie **wi**dzę. (…) O, jest.
**9** Na**praw**dę, **trze**ba tu po**sprzą**tać! □

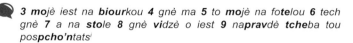

*3 mo*jè *iest na biourkou 4 gnè ma 5 to mo*jè *na fotelou 6 tech gnè 7 a na stole 8 gnè vidzè o iest 9 napravdè tcheba tou pospcho'ntatsⁱ*

### Notes

**2** może, *peut-être*, est également la 3ᵉ personne du singulier du verbe *pouvoir*.

**3** La préposition na, *sur*, exige l'utilisation d'un autre cas de déclinaison : le locatif. Il a la particularité d'être toujours précédé d'une préposition, et, dans la plupart de ses emplois, il sert à marquer l'emplacement. Notez sa terminaison -u pour le nom du genre neutre **biurko**, *bureau*.

**4** Lorsque **jest**, 3ᵉ personne du singulier du verbe *être*, signifie *il y a*, *se trouve*, sa forme négative est **nie ma**.

**5** Comme vous le voyez, le mot masculin **fotel**, *fauteuil*, prend également la terminaison -u au locatif singulier.

**6** Comparons la tournure **na fotelu**, que l'on vient de voir, avec **na stole**, *sur [la] table*, issue du nominatif **stół**. Vous aurez remarqué qu'on est face à une autre terminaison du locatif singulier. Pourtant dans la seconde construction, il s'agit aussi d'un nom de genre masculin en polonais. Les choses ne sont donc pas si simples. En fait, l'utilisation de l'une ou l'autre de ces terminaisons est fonction de la consonne finale.

\*\*\*

▶ Ćwiczenie pierwsze – Proszę przetłumaczyć
❶ To moja gazeta. ❷ Szukam kolegi. ❸ Naprawdę, nie widzę. ❹ Też nie ma. ❺ Może jest na fotelu?

**3** – Peut-être est[-il] sur le bureau ?

**4** – [Il] n'[y] est pas.

**5** – Alors, peut-être, sur le fauteuil ?

**6** – Non plus *(Aussi non)*.

**7** – Et sur [la] table ?

**8** – [Je] ne [le] vois pas. (…) Ah, [il] est [là].

**9** Vraiment, il faut faire le ménage ici *(ici faire-le-ménage)* !

Remarque de prononciation

**(9)** On dit souvent que la langue polonaise est imprononçable à cause de ces fameuses suites de consonnes. Nous pouvons vous assurer qu'il n'en est rien. Selon la règle très largement appliquée de la "loi du moindre effort", deux consonnes se trouvant en contact phonétique s'assimilent l'une à l'autre à l'intérieur du mot. En général, c'est la consonne sonore, c'est-à-dire entraînant la vibration des cordes vocales, qui perd sa sonorité et devient sourde. Tel est le cas ici de **posprzątać**, où le **rz**, normalement prononcé *[j]*, se transforme en *[ch]*.

TO MOJA GAZETA.

Il va de soi que l'étude détaillée de toutes ces conditions d'emploi est beaucoup trop précoce à ce stade de votre apprentissage. Il vous suffit donc, pour l'instant, de retenir les exemples que vous rencontrez. C'est bien plus efficace !

\*\*\*

Corrigé de l'exercice 1

❶ C'est mon journal. ❷ Je cherche [mon] ami. ❸ Vraiment, je ne vois pas. ❹ Il n'y est pas non plus. ❺ Peut-être est-il sur le fauteuil ?

Ćwiczenie drugie – Wpisać brakujące słowa
❶ Où est mon journal ?
Gdzie .... moja ......?

❷ La photo est sur le bureau.
Zdjęcie .... na .......

❸ La bière est sur la table.
.... jest .. stole.

**11**

# Lekcja jedenasta [lektsya ièdènasta]

## Mówisz jak moja mama!

1 – **Ha**lo!
2 – Cześć, to ja ¹. Co **ro**bisz **dzi**siaj?
3 – Nic specjal**ne**go ², a ty?
4 – Nie wiem **je**szcze.
5 – To co ³, **idzie**my do **ki**na?

Prononciation
**mou**vich yak **mo**ya mama **1** Halo **2** tches'ts' to ja **ro**bich dz'is'aille
**3** gnits spètsyal**nè**go a té **4** gnè vyèm **yèch**tchè **5** to tso **idz'iè**mé
do **ki**na

Notes
1 Le français, comme vous le savez, fait la distinction entre les pronoms
personnels utilisés avec les verbes (je, tu, etc.) et ceux que l'on peut
employer seuls (moi, toi, etc.). En polonais, il n'y a qu'une seule forme,
par exemple ja, pour la 1ʳᵉ personne du singulier. Rappelons que les
pronoms sont généralement omis dans les formes personnelles des
verbes, et qu'on ne les utilise que pour insister sur le sujet ou pour
l'opposer à un autre.
2 Vous souvenez-vous de la terminaison du génitif -ego ? Nous l'avons
vue dans la leçon 6 en parlant de la ville de Zakopane, dont le nom est

❹ Adam est là ? – Il n'est pas là.

. . . . Adam? – . . . . . . .

❺ Je ne vois pas quel est le numéro.

Nie . . . . . , jaki . . . . . .

Corrigé de l'exercice 2

❶ – jest – gazeta ❷ – jest – biurku ❸ Piwo – na – ❹ Jest – Nie ma
❺ – widzę – numer

11

# Onzième leçon

## [Tu] parles comme ma mère *(maman)* !

**1** – Allô !

**2** – Salut, c'[est] moi. Qu'est-ce que [tu] fais aujourd'hui ?

**3** – Rien [de] spécial. Et toi ?

**4** – []e] ne sais pas encore.

**5** – Alors *(Quoi)*, **on va** *(allons)* **au cinéma ?**

Remarque de prononciation

**(1)** Relisez nos conseils de prononciation dans la leçon 3, car ils valent aussi pour ce petit mot de salutation très usité.

**(3)** Pour ne pas prononcer ce mot "à la française", il faut bien insister sur l'articulation du **c**, que l'on doit entendre *[ts]*. On a la même configuration dans **lekcja**.

en réalité un adjectif neutre. C'est également le cas ici pour **specjalne-go**, dérivé du nominatif **specjalny**. Retenez bien cette terminaison, car on la retrouvera systématiquement pour tous les adjectifs masculins et neutres.

**3** Revoilà le mot **to** en tant qu'équivalent de *alors*. Il apparaît dans une expression très courante qui, sous l'effet de **co**, *que, quoi*, traduit une certaine insistance. N'oubliez pas que **to** s'emploie aussi comme pronom démonstratif neutre.

6 – **Dob**rze ⁴, już się u**bie**ram.

7 – **Jesz**cze nie **jes**teś ⁵, go**to**wy?

8 – Wiesz co, **mó**wisz jak **mo**ja **ma**ma!　　　　□

*6 dobjè youch s'è oubyèra'm 7 yèchtchè gnè yèstes' gotové 8 vièch tso mouvich yak moya mama*

**Notes**

4　Comme en français, la plupart des adverbes polonais sont formés à partir d'adjectifs : **dobrze**, *bien*, est issu de **dobry**, *bon*. Il arrive, comme c'est le cas ici, que le changement de terminaison s'accompagne au passage d'une légère modification du radical du mot : certaines consonnes ou voyelles sont remplacées par d'autres. C'est, en l'occurrence, ce qui se passe pour le **r** qui devient **rz**. Nous reviendrons progressivement sur ces transformations, appelées alternances, qui sont un peu compliquées, mais reviennent malheureusement assez souvent.

\*\*\*

Ćwiczenie pierwsze – Proszę przetłumaczyć

❶ Jesteś gotowy? ❷ Nie wiem co mówisz. ❸ Adam idzie do kina. ❹ Co robisz tutaj? ❺ Nie idę jeszcze.

\*\*\*

Ćwiczenie drugie – Wpisać brakujące słowa

❶ Adam est prêt.

. . . . jest . . . . . . .

❷ Je ne sais pas ce que tu fais.

Nie . . . . , co . . . . . . .

❸ Je vais au cinéma.

. . . do . . . . .

**6** – Bien, je m'habille tout de suite *(déjà m'habille)*.
**7** – Tu n'es pas encore prêt *(Encore n'es prêt)* ?
**8** – [Tu] sais *(quoi)*, [tu] parles comme ma mère *(maman)*!

HALO!

**5** Remarquez que la terminaison de la 2ᵉ personne du singulier du verbe
*être* n'est pas **-sz**, comme partout ailleurs, mais **-ś**. Rassurez-vous, c'est
la seule et unique fois qu'on la trouve !

\*\*\*

Corrigé de l'exercice 1
❶ Tu es prêt ? ❷ Je ne sais pas ce que tu dis. ❸ Adam va au cinéma.
❹ Que fais-tu ici ? ❺ Je n'[y] vais pas encore.

\*\*\*

❹ Bien, on [y] va aujourd'hui.
     . . . . . . idziemy . . . . . . . .

❺ Qu'est-ce que tu dis ?
   Co . . . . . . ?

Corrigé de l'exercice 2
❶ Adam – gotowy ❷ wiem – robisz ❸ Idę – kina ❹ Dobrze – dzisiaj
❺ – mówisz

## Lekcja dwunasta *[lektsya dvounasta]*

# Imieniny

1 – A, **To**mek, cześć.
2 – Cześć **Jo**la. Nie przesz**ka**dzam?
3 – Nie, **do**brze, że **jes**teś.
4 – Tak? Dla**cze**go?
5 – Są ¹ **ciast**ka i **do**bre **wi**no ².
6 – To **ja**kaś ³ spe**cjal**na o**kaz**ja?
7 – To **mo**je ⁴ imie**ni**ny ⁵. Za**pra**szam.
8 – Wszyst**kie**go najlep**sze**go ⁶.                                        □

🗣 Prononciation

*imyèn'iné 1 a **to**mek tchès'ts' 2 tchès'ts' **yo**la gnè pchèch**ka**dza'm
3 gnè **do**bjè jè **ies**tes 4 tak dla**tchè**go 5 son **ts'ast**ka i **do**brè **vi**no
6 to **ia**kas' spe**tsyal**na o**kaz**ya 7 to **mo**yè imyèn'iné za**pra**cha'm
8 f**chést**kyego naillep**che**go*

📕 Notes

1 Avez-vous remarqué que les verbes **są** et *sont* s'entendent de la même
façon dans les deux langues ? En revanche, sur le plan du sens, **są**, tout
comme son homologue singulier **jest**, s'emploie dans le sens d'*il y a*.

2 Connaître le genre d'un nom permet beaucoup de choses en
polonais : choisir la bonne forme d'un éventuel adjectif ou pronom, savoir décliner, etc. Jouons donc à une petite devinette.
Quel est le genre du mot **wino**, *vin* ? C'est, bien sûr, un nom neutre.
L'adjectif qui l'accompagne finit, lui, en **-e**. Vous comprendrez que si
nous insistons tant, c'est qu'en absence d'article, seule la terminaison
peut vous renseigner sur le genre. Continuez donc à vous entraîner à
ce petit jeu, très utile.

3 Nous retrouvons la terminaison **-ś** qui, ajoutée à l'adjectif **jaka**, *quelle*,
permet d'en faire un indéfini : *une, une quelconque*.

# Douzième leçon

## [La] fête

**1** – Ah, Tomek, salut.
**2** – Salut Jola. [Je] ne [te] dérange pas ?
**3** – Non, [c'est] bien que [tu] sois *(es)* [là].
**4** – Oui ? Pourquoi ?
**5** – Il y a [des] gâteaux et [du] bon vin.
**6** – C'[est une] occasion spéciale *(spéciale occasion)* ?
**7** – C'[est] ma fête. [Je t']invite.
**8** – Meilleurs vœux *(Tout meilleur)*.

Remarque de prononciation
**(8)** Pour prononcer **wszystkiego**, n'oubliez pas notre petite règle d'assimilation. Le **w** se transforme en *[f]* car il est placé devant un **sz** qui correspond à un son sourd *[ch]*.

**4** Vous avez déjà appris deux possessifs à la 1ʳᵉ personne du singulier : **mój**, *mon*, et **moja**, *ma*. En voici un troisième, **moje**. Dans notre exemple, il est au pluriel, car il se réfère au mot **imieniny** (voir note 5). Nous n'avons certainement pas besoin de vous signaler que la même forme est utilisée pour le genre neutre. Vous l'aurez facilement deviné à sa terminaison **-e**.

**5** Le mot **imieniny** s'emploie pour célébrer la fête du saint dont on porte le nom. Vous trouverez en fin de leçon quelques remarques à ce sujet. Notez que le mot **imieniny** n'existe qu'au pluriel. Un certain nombre de mots français, tels que *fiançailles* ou *funérailles*, présentent d'ailleurs la même particularité.

**6** Bravo si, dans cette formule de vœux, vous avez reconnu la terminaison du génitif singulier des adjectifs masculins : **-ego** ! Sinon, retenez-la telle quelle ; elle est vraiment passe-partout.

▶ Ćwiczenie pierwsze – Proszę przetłumaczyć
   ❶ Może przeszkadzam? ❷ Cześć, mam ciastka. ❸ Wino jest na stole. ❹ Dlaczego to robisz? ❺ Dzisiaj są moje imieniny.

Ćwiczenie drugie – Wpisać brakujące słowa
❶ Salut, j'ai du vin.
   . . . . . , mam . . . . .
❷ Où sont les gâteaux ?
   . . . . . są . . . . . . . ?
❸ Savez-vous pourquoi ?
   . . . pan . . . . . . . . ?
❹ Demain, c'est *(il y a)* ma fête.
   Jutro . . moje . . . . . . . . .
❺ Je sais que je ne dérange pas.
   Wiem, . . nie . . . . . . . . . . .

*** 

*Il faut que vous sachiez qu'en Pologne, il n'est pas d'usage de fêter les anniversaires. En revanche, longue tradition catholique oblige : on fête le saint dont on porte le nom. Il existe tout de même une exception : l'anniversaire des 18 ans, qui marque le passage à l'âge adulte. Il n'est pas interdit, bien sûr, de souhaiter à quelqu'un son anniversaire, mais préparez-vous plutôt à dire ou à entendre* **Wszystkiego**

**13**

# Lekcja trzynasta *[lektsya tchénasta]*

▶ ## Pani mówi bardzo dobrze po polsku!

**1** – Czy **pa**ni **mó**wi po **pol**sku ¹?

🗨 Prononciation
*pani **mou**vi **bar**dzo **dob**jè po **pol**skou **1** tché **pani mou**vi po **pol**skou*

Corrigé de l'exercice 1

❶ Je dérange, peut-être ? ❷ Salut, j'ai des gâteaux. ❸ Le vin est sur la table. ❹ Pourquoi fais-tu cela ? ❺ Aujourd'hui, c'est *(il y a)* ma fête.

Corrigé de l'exercice 2

❶ Cześć – wino ❷ Gdzie – ciastka ❸ Wie – dlaczego ❹ – są – imieniny ❺ – że – przeszkadzam

\*\*\*

**najlepszego** *à l'occasion de* **imieniny**. *Pour le choix du cadeau, il n'y a pas vraiment de règle. Comme en France, on peut offrir un bon vin, des chocolats ou un livre, sauf si on a une idée plus personnelle. Sachez aussi que si vous avez décidé d'offrir des fleurs – ce qui est très apprécié des Polonaises –, la tradition veut que l'on enlève l'emballage en cellophane avant de les remettre à l'heureuse destinataire !*

## Treizième leçon

13

### Vous parlez *(Madame parle)* très bien *(en)* polonais !

**1 –** Est-ce que vous parlez *(madame parle en)* polonais ?

Note

1   Voici la construction utilisée pour indiquer la langue étrangère qu'on parle : **po** + adjectif (voir note 5) avec la finale en **-u** : **po polsku**, *en polonais*.

**2** – **Tro**chę **rozu**miem, **a**le **mó**wię ² **sła**bo ³.

**3** – Skąd ⁴ **pa**ni jest?

**4** – Z Montre**a**lu.

**5** – To zna **pa**ni fran**cu**ski ⁵?

**6** – Tak, i an**giel**ski.

**7** – To **dob**rze. Poz**wo**li **pa**ni, to **mo**ja **żo**na.

**8**   **O**na **mó**wi po fran**cu**sku.

**9** – **Mi**ło mi. **Pa**ni **mó**wi **bar**dzo **dob**rze po **pol**sku! □

🗨 *2 tro**Hè** **rozou**mye'm alè **mou**vyè **swa**bo 3 sko'nt **pa**ni iest 4 z montrèalou 5 to zna **pa**ni fra'n**tsou**ski 6 tak i a'n**guyèl**ski 7 to **dob**je poz**vo**li **pa**ni to **mo**ya **jo**na 8 **o**na **mou**vi po fra'n**tsous**kou 9 **mi**wo mi **pa**ni **mou**vi **bar**dzo **dob**jè po **pol**skou*

🗂 Notes

**2** Remarquez la terminaison -ę du verbe *parler* à la 1ʳᵉ personne du singulier : **mówię**. Profitons de cette occasion pour vous rappeler d'autres verbes, déjà appris, qui comportent cette terminaison : **proszę**, *je prie*, **dziękuję**, *je remercie*, **widzę**, *je vois*.

**3** L'adverbe **słabo**, est issu de l'adjectif **słaby**, *faible*.

**4** Vous avez dû remarquer qu'il y avait, entre certains mots, un étonnant air de famille. Prenons ainsi **skąd**, *d'où*, et comparons-le à **dokąd**, *où*, déjà rencontré. Dans le second, on reconnaît facilement la préposition **do**, *à*, indiquant la destination. Le premier devrait donc tout naturellement comporter le contraire de celle-ci, c'est-à-dire **z**, *de*, marquant la provenance. C'est effectivement le cas : on la retrouve, mais transformée en version sourde, **s**, pour rendre compte de sa prononciation.

\*\*\*

▶ Ćwiczenie pierwsze – Proszę przetłumaczyć

❶ Mówię trochę po francusku. ❷ Pan nie mówi po polsku? ❸ Skąd jesteś? ❹ Kto zna francuski? ❺ Rozumiem bardzo dobrze angielski.

**2** – []e] comprends un peu *(Un-peu comprends)*, mais [je] parle mal *(faiblement)*.

**3** – D'où êtes-vous ? *(madame est)* ?

**4** – De Montréal.

**5** – Alors, vous connaissez *(connaît madame)* [le] français ?

**6** – Oui, et [l']anglais.

**7** – C'[est] bien. Permettez, madame, c'est ma femme.

**8** Elle parle *(en)* français.

**9** – Enchantée. Vous parlez *(Madame parle)* très bien *(en)* polonais !

**5** L'adjectif masculin relatif à un pays indique en même temps la langue qu'on y parle : **polski**, *polonais*, **francuski**, *français*, **angielski**, *anglais*. Nous vous signalons toutefois que ces adjectifs ne s'emploient pas, comme en français, pour les habitants du pays, qui sont désignés par des noms spécifiques.

\*\*\*

Corrigé de l'exercice 1

❶ Je parle un peu français. ❷ Vous ne parlez pas polonais ? ❸ D'où es-tu ? ❹ Qui connaît le français ? ❺ Je comprends très bien l'anglais.

Ćwiczenie drugie – Wpisać brakujące słowa

❶ D'où êtes-vous, monsieur ?

. . . . pan . . . . ?

❷ Connaissez-vous l'anglais ?

. . . pan . . . . . . . . ?

❸ Je comprends bien le français.

. . . . . . . . dobrze . . . . . . . . .

**14**

---

# Lekcja czternasta *[lektsia tchternasta]*

## Powtórka – Révision

*Comme d'habitude, nous vous proposons maintenant de récapituler vos acquis. Comme il est encore trop tôt pour vous accabler de règles, il suffit que nous observions tout simplement, ensemble, l'état de vos connaissances.*

## 1 Les cas

### 1.1 Le génitif

Ce cas est omniprésent en polonais. Vous connaissez maintenant bien son usage après la préposition **do**, *à*, *chez* : **do kolegi**, *chez un ami*, **do Tomka Nowaka**, *chez Tomka Nowaka*, et **z**, *de* : **z Montrealu**, *de Montréal*. Nous l'avons également rencontré à la suite d'un verbe, dans **szukam gazety**, *je cherche le journal*. Remarquez que les terminaisons rencontrées sont :
**-y** et **-i** pour les noms féminins (ou déclinés comme tels pour **kolega** qui a pour génitif **kolegi**) ; **-a** et **-u** pour les noms masculins.

### 1.2 Le locatif

Ce nouveau cas de déclinaison porte bien son nom car son principal usage est d'indiquer l'emplacement. C'est dans ce type d'emploi que nous l'avons rencontré. Il apparaissait, souvenez-vous, après la préposition **na**, *sur* : **na biurku**, *sur le bureau*, **na fotelu**, *sur le fauteuil*, **na stole**, *sur la table*.

❹ Je parle un peu polonais.

. . . . . trochę . . . . . . . . .

❺ Ma femme parle anglais.

Moja . . . . mówi . . . . . . . . . . .

**14**

# Quatorzième leçon

## 2 Les verbes

Vous comprendrez que nous n'en sommes pas encore à la conjugaison systématique. Cela dit, vous avez déjà un bagage considérable, surtout en ce qui concerne la 1<sup>re</sup> personne du singulier. On peut donc, dès à présent, dégager trois groupes, suivant la terminaison :
• verbes finissant en **-ę** : **idę**, *je vais*, **mogę**, *je peux*, **mówię**, *je parle*, **proszę**, *je prie*, **dziękuję**, *je remercie*, **widzę**, *je vois* ;
• verbes finissant en **-am** : **mam**, *j'ai*, **nazywam się**, *je m'appelle*, **mieszkam**, *j'habite*, **szukam**, *je cherche* ;
• verbes finissant en **-em** : **jestem**, *je suis*, **wiem**, *je sais*, **rozumiem**, *je comprends*.
Avec ces trois groupes de verbes, vous faites un premier pas vers une systématisation qui viendra en son temps.
À la 2<sup>e</sup> personne du singulier, vous avez aussi appris que tous les verbes, sauf *être* qui fait **jesteś**, prennent la terminaison **-sz** : **robisz**, *tu fais*, **wiesz**, *tu sais*, **mówisz**, *tu parles*.
À la 3<sup>e</sup> personne du singulier, vous devez savoir que tous les verbes se caractérisent par l'absence de terminaison et finissent donc par une voyelle : **idzie**, *il va*, **mieszka**, *il habite*, **ma**, *il a*, **wie**, *il sait*, **zna**, *il connaît*. Le verbe *être* est de nouveau une exception, avec sa forme **jest**.
Pour finir, vous avez vu pour l'instant un seul verbe à la 3<sup>e</sup> personne du pluriel : **są**, *ils sont*. L'avantage, c'est qu'il est facile à retenir, n'est-ce pas ?

*Assez d'explications pour le moment. Lisez maintenant le dialogue de révision pour vous rappeler ce que vous avez appris et ensuite nous continuerons nos leçons.*

## ▶ Dialog-powtórka

**1** – Cześć, co robisz?
**2** – Idę do kolegi.
**3** – Ja też mogę?
**4** – Oczywiście.
**5** – Dzień dobry, nie przeszkadzam?
**6** – Nie, proszę. (…) To moja mama.

**15**

### Lekcja piętnasta *[lèktsya pyèntnasta]*

## ▶ Prezent

**1** – Chcę **ku**pić **pre**zent dla ko**le**gi ¹.
**2** – Czy **mo**że mi ² **pa**ni poradzić?
**3** – **Mo**że zapal**ni**czkę ³?

## 💬 Prononciation
**prè**zènt **1** Htsè **kou**pitsⁱ **prè**zènt dla ko**lè**gui **2** tché **mo**jè mi **pa**gni po**ra**dzⁱitsⁱ **3** **mo**jè zapal**gni**tchkè

## 📙 Notes

**1** Les prépositions exigent l'emploi de différents cas. Beaucoup sont suivies du génitif, comme **do**, *à* ou **z**, *de*. C'est maintenant le tour de **dla**, *pour*.

**2** Les pronoms polonais se déclinent comme les noms et les adjectifs. Certains suivent le modèle des adjectifs, d'autres ont une déclinaison propre. Mais comme il est encore trop tôt pour aborder cette question de front, contentez-vous de noter que **mi** est le datif de **ja**, *je*. Avant de revenir plus en détail sur ce nouveau cas, sachez que c'est ici le verbe **poradzić**, *conseiller*, qui entraîne l'emploi du datif.

**7** – Pozwoli pani, to mój brat.
**8** On mówi trochę po polsku.
**9** – Dzisiaj są moje imieniny.
**10** – Wszystkiego najlepszego!

## Traduction

**1** Salut, qu'est-ce que [tu] fais ? **2** [Je] vais chez [un] ami. **3** Moi aussi [je] peux ? **4** Bien sûr. **5** Bonjour. [Je] ne [te] dérange pas ? **6** Non, je t'en prie. (...) C'[est] ma mère *(maman)*. **7** Permettez, madame, c'est mon frère. **8** [Il] parle un peu *(en)* polonais. **9** Aujourd'hui, [c'est] *(il y a)* ma fête. **10** Meilleurs vœux *(Tout meilleur)* !

**15**

# Quinzième leçon

## [Un] cadeau

**1** – [Je] veux acheter [un] cadeau pour [un] ami.
**2** Est-ce que vous pouvez me *(peut me madame)* conseiller ?
**3** – Peut-être [un] briquet ?

## Remarque de prononciation

**(Titre), (1)** Avec les mots qui semblent familiers, on court toujours le risque de vouloir les prononcer comme on le fait dans sa propre langue. Ne faites pas cette erreur : dans **prezent**, par exemple, les trois dernières lettres correspondent à trois sons distincts *[è-n-t]*.

**3** **zapalniczkę** est l'accusatif de **zapalniczka**, *briquet*. Il faut donc en déduire que ce mot assure la fonction de complément d'objet direct dans la phrase, rôle qu'il assure en général. Comme vous le voyez, même en l'absence du verbe – qui n'est que sous-entendu –, la seule terminaison du complément peut donner beaucoup d'indications sur la construction de la phrase.

**4** – On nie **pa**li.
**5** – A ⁴ ko**szu**lę?
**6** – Nie wiem, **ja**ki **roz**miar.
**7** – To **mo**że ten **bu**dzik?
**8** – Dosko**na**ły ⁵ **po**mysł! A jak on **dzia**ła?
**9** – Nie wiem. Ja tu nie pra**cu**ję.
**10** Zastę**pu**ję kole**żan**kę ⁶.  □

💬 **4** o'n gnè **pali 5** a koc**hou**lè **6** gnè vyèm **y**aki **roz**miar **7** to **mo**jè te'n **bou**dz'ik **8** dosko**na**oué **po**més°ᵘ a yak o'n **dz**'aoua **9** gnè vyèm ya tou gnè prat**sou**yè **10** zastèm**pou**yè kole**ja'n**kè

: Notes

**4** Le polonais possède deux conjonctions **i** et **a** qui correspondent toutes les deux à *et*. Toutefois, tandis que la première permet simplement d'ajouter un élément à une énumération, la seconde contient, dans certains contextes, une idée d'opposition ou de contraste par rapport à ce qui précède.

**5** Dans cette expression, la place de l'adjectif **doskonały**, *excellent*, coïncide dans les deux langues. Cette situation est plutôt exceptionnelle car à l'inverse de la plupart des adjectifs français, les adjectifs polonais précèdent généralement les noms.

**6** Vous vous demandez peut-être pourquoi le masculin **kolega**, *ami*, et le féminin **koleżanka**, *amie* au nominatif, sont si différents. En réalité, lorsqu'un mot apparaît sous une autre forme, le changement **g/ż** se produit très fréquemment. Vous avez déjà pu le constater avec le verbe *pouvoir*, qui fait **mogę** à la 1ʳᵉ personne du singulier et **może** à la 3ᵉ.

\*\*\*

▶ Ćwiczenie pierwsze – Proszę przetłumaczyć
❶ Chcę kupić koszulę. ❷ To prezent dla kolegi. ❸ Jutro nie pracuję. ❹ Nie wiem, jak on działa. ❺ Mój brat nie pali.

**4** – Il ne fume pas.

**5** – Et [une] chemise ?

**6** – [Je] ne sais pas quelle taille [il fait].

**7** – Alors, peut-être ce réveil ?

**8** – Excellente idée ! Et comment il fonctionne ?

**9** – [Je] ne sais pas. Je ne travaille pas ici *(Je ici ne travaille)*.

**10** [Je] remplace [une] amie.

Remarques de prononciation

**(8)** Lorsque ł se trouve à la fin d'un mot, après une consonne, son articulation est très atténuée et ressemble à un léger *[ou]*.

**(10)** Voici un exemple où la lettre ę ne correspond pas à un son nasal. Dans cette configuration, c'est-à-dire devant un **p**, elle se prononce toujours comme un *[è]* suivi d'un *[m]*.

Quant à la terminaison -ka, elle est typique de beaucoup de noms féminins dérivés des masculins.

\*\*\*

Corrigé de l'exercice 1

❶ Je veux acheter une chemise. ❷ C'est un cadeau pour un ami. ❸ Demain, je ne travaille pas. ❹ Je ne sais pas comment il fonctionne. ❺ Mon frère ne fume pas.

Ćwiczenie drugie –Wpisać brakujące słowa

**❶ Je veux acheter un réveil.**

. . . . **kupić** . . . . . . .

**❷ Ma mère** *(maman)* **ne fume pas.**

**Moja** . . . . **nie** . . . . .

**❸ Aujourd'hui, je travaille longtemps.**

**Dzisiaj** . . . . . . . **długo.**

\*\*\*

*Vous pourrez acheter en Pologne de nombreux souvenirs, le plus souvent à un prix très abordable. Nous vous recommandons tout particulièrement les magasins Cepelia, chaîne de boutiques d'artisanat qui regroupe les produits des différentes régions. Vous y trouverez une grande quantité d'articles de bonne qualité et pour tous les goûts : objets en bois sculpté et en osier, poupées en costume folklorique, tapis et couvertures tissés à la main, linge brodé, céramiques, figurines et*

**16**

# Lekcja szesnasta *[lèktsya chesnasta]*

## Kawiarnia

**1** – Dzień **do**bry. Co **pań**stwo ¹ **bio**rą?

Prononciation
*kavyargna 1 dziègn dobré tso pagnstfo byoron*

Note

1 Voici, à côté de **pan**, *monsieur*, et **pani**, *madame*, un autre équivalent du *vous* de politesse. Cette fois-ci, il s'agit du pluriel, marqué à l'aide du nom **państwo**, *messieurs dames*. Comme l'indique la phrase du dialogue, lorsque **państwo** est le sujet, le verbe se met à la 3ᵉ personne du pluriel. Notez bien cette petite bizarrerie : c'est un accord, appelé "logique" en grammaire, qui se fait indépendamment de la forme du mot, ici singulier.

**51** • **pięćdziesiàt jeden** *[pyègndzʲèsʲo'nt yèdèn]*

❹ J'ai un cadeau pour un ami.
Mam . . . . . . . dla . . . . . . .

❺ Savez-vous comment il fonctionne ?
. . . pan, . . . on . . . . . . ?

Corrigé de l'exercice 2
❶ Chcę – budzik ❷ – mama – pali ❸ – pracuję – ❹ – prezent – kolegi
❺ Wie – jak – działa

\*\*\*

*babioles en tous genres. N'oubliez pas les* **bursztyn***, bijoux en ambre.*
*On en trouve de très jolis un peu partout, mais surtout dans les régions*
*proches de la mer Baltique. Si vous êtes intéressé par l'art, vous pour-*
*rez faire un tour dans les magasins Desa. Ils sont spécialisés dans les*
*antiquités, les bibelots de valeur, l'argenterie ancienne et les objets*
*d'art contemporain. Enfin, il y a de très belles affiches et* **plakaty***, pos-*
*ters, les Polonais étant depuis toujours passés maîtres en la matière.*

16

# Seizième leçon

## [Un] café

**1** – Bonjour. Que prenez-vous, messieurs dames
   *(messieurs-dames prennent)* ?

**2** – Dla mnie [2] herbata z cytryną [3].

**3** – Proszę. A dla pana?

**4** – Dla mnie lody.

**5** – Jakie? Czekoladowe, owocowe [4]...?

**6** – Owocowe. Z bitą śmietaną [5].

**7** – To wszystko?

**8** – Nie, proszę też kawę [6].

**9** – Ze śmietanką [7]?

**10** – O nie, czarną!

□

*2 dla mgnè Herbata s tsétrénon 3 prochè a dla pana 4 dla mgnè lodé 5 yakyè tchèkoladovè ovotsovè 6 ovotsovè z biton s¦myètanon 7 to fchéstko 8 gnè prochè tech kavè 9 zè s¦myèta'nkon 10 o gnè tcharnon*

---

**Notes**

**2** Le pronom personnel ja, *je*, devient mnie au génitif.

**3** La préposition z signifie ici *avec* et elle est suivie de l'instrumental. Vous n'aurez aucun mal à vous en souvenir, car le nom de ce cas est bien choisi : il indique le plus souvent le moyen ou la manière de faire quelque chose.

**4** Dans cet usage, le mot lody, *glaces*, s'emploie toujours au pluriel. Pour désigner les différents parfums, on utilise des adjectifs, comme ici czekoladowe, owocowe. On les forme par l'ajout de -owe au radical des noms correspondants : czekolada, *chocolat*, owoc, *fruit*. Vous verrez d'ailleurs que pour traduire ce type d'adjectifs, on se sert très souvent des compléments de nom : *au chocolat, aux fruits*.

\*\*\*

Ćwiczenie pierwsze – Proszę przetłumaczyć

❶ Co podać dla pana? ❷ Proszę lody z bitą śmietaną. ❸ Dziękuję, to wszystko. ❹ Państwo tu na długo? ❺ Może kawę ze śmietanką.

**2** – Pour moi, [un] thé avec [du] citron.
**3** – Je vous en prie. Et pour monsieur ?
**4** – Pour moi, [de la] *(des)* glace*(s)*.
**5** – [Laquelle] *(Lesquelles)* ? Au chocolat, aux fruits… ?
**6** – Aux fruits. Avec de la chantilly *(fouettée crème)*.
**7** – C'[est] tout ?
**8** – Non, [servez-moi] *(s'il-vous-plaît)* aussi [un] café.
**9** – Avec [de la] crème ?
**10** – Ah non, noir !

Remarque de prononciation

**(2)** N'oubliez pas que, selon la lettre qui suit, la préposition **z** se prononce de manière sonore *[z]* ou sourde *[s]*.

**5** Comme vous le voyez, les terminaisons de l'instrumental singulier sont les mêmes au féminin pour les noms (**śmietaną**) et les adjectifs (**bitą**). Les formes correspondantes du nominatif sont **śmietana** et **bita**.

**6** Pour passer une commande au restaurant ou, plus généralement, demander un objet de manière polie, on utilise **proszę**, le mot passe-partout que vous connaissez bien maintenant. L'objet de la demande se met à l'accusatif, d'où **kawę**, issu du nominatif **kawa**, *café*, qui est féminin en polonais.

**7** **ze** est une variante de la préposition **z**, utilisée devant un mot qui commence par un groupe de consonnes. La crème que l'on met dans le café se dit **śmietanka**. Ce mot est obtenu par l'ajout du suffixe **-ka** à **śmietana**, ce qui permet d'en faire un diminutif. On pourrait le traduire par *petite crème*.

\*\*\*

Corrigé de l'exercice 1

**❶** Que puis-je servir pour monsieur ? **❷** [De la glace] *(Des glaces)* avec de la chantilly, s'il vous plaît. **❸** Merci, c'est tout. **❹** Êtes-vous *(Messieurs-dames)* ici pour longtemps ? **❺** Peut-être un café *(avec)* crème.

Ćwiczenie drugie – Wpisać brakujące słowa

❶ Êtes-vous *(Messieurs-dames sont)* de Varsovie ?

. . . . . . są . Warszawy?

❷ Pour moi, des glaces au chocolat.

. . . mnie . . . . czekoladowe.

❸ Un café noir, s'il vous plaît.

. . . . . . czarną . . . . .

\*\*\*

*Il faut savoir que beaucoup d'établissements portant le nom de bar ne servent pas d'alcool. C'est un faux ami, car il s'agit généralement d'une sorte de cafétéria en libre-service où on peut manger quelque chose sur le pouce dans la journée. D'ailleurs, s'il vous arrive d'entrer dans un **bar mleczny**, on vous proposera plutôt des plats sans viande. Dans un **bar kawowy**, vous trouverez un grand choix de pâtisseries et de glaces, ainsi que des boissons chaudes et froides. Enfin, si vous allez au **koktail bar**, on ne vous servira pas de vrai repas, mais vous pourrez prendre des gâteaux et goûter toutes sortes*

**17**

## Lekcja siedemnasta *[lèktsya sièdèmnasta]*

# W hotelu

**1** – **Do**bry **wie**czór. Czym ¹ **mo**gę **słu**żyć?

**2** – Czy są **wol**ne po**ko**je?

**3** – Dla dwóch ² **o**sób?

Prononciation

*f Hotèlou* **1** *dobré* **viè**tchour tchém **mo**guè **swou**jéts¹ **2** tché so **vol**nè pokoyè **3** dla dvouH **o**ssoup

❹ Anna et Tomek prennent du vin.
   Anna . Tomek . . . . . wino.

❺ Vraiment, j'ai déjà tout.
   Naprawdę, . . . już . . . . . . . . .

Corrigé de l'exercice 2
❶ Państwo – z – ❷ Dla – lody – ❸ Proszę – kawę ❹ – i – biorą –
❺ – mam – wszystko

\*\*\*

*de boissons à base de lait ! Oui, le mot* **koktail** *est un autre faux ami :
il signifie* milk-shake. *Bref, pour boire un verre tout en restant assis
un moment, choisissez plutôt un* **kawiarnia**, *endroit qui ressemble le
plus au café en France.*
*Vous constaterez à cette occasion que les Polonais ont un faible pour
l'***herbata**, *le thé. Quant au café, il est souvent préparé à la turque.
Si vous en commandez un, il est donc fort probable qu'on vous demande sous quelle forme vous le voulez :* **parzona**, *litt. "infusée" (rappelez-vous que, le mot* **kawa** *est féminin en polonais !) ou* **z ekspresu**.

## Dix-septième leçon

### À [l']hôtel

**1** – Bonsoir. En quoi puis[-je vous] être utile ?
**2** – Est-ce qu'il y a des chambres libres *(libres chambres)* ?
**3** – Pour deux personnes ?

## Notes

**1** Vous entendrez souvent cette expression chez les personnes en
contact avec des clients. Si vous êtes intrigué par sa forme grammaticale, sachez que **czym** est, tout simplement, l'instrumental de **co**, *que,
quoi.*

**2** Les numéraux n'échappent pas à la règle : ils se déclinent. **Dwóch** est
ainsi le génitif pluriel correspondant au chiffre **dwa**, *deux.*

**4** – Tak, na **jed**ną **do**bę ³.

**5** – Mam komfor**to**wy **po**kój z ła**zien**ką,
    telewi**zo**rem ⁴ i **Wi**-Fi.

**6** – **I**le kosz**tu**je ⁵?

**7** – **Pro**szę, **o**to **ce**na.

**8** – **Mo**że ma pan **po**kój mniej komfor**to**wy?

**9** – **Nie**stety, nie. To os**ta**tni.                              □

🗨 **4** *tak na* **yèd**non *do***bè** **5** *ma'm konfor***to***vé* **po***kouille z ouaz*'**èn***kon
tèlèvi***zo***rèm i* **ouifi** **6** *i*lè *koch***tou***yè* **7** *pro***chè** *o*to *tsè*na **8** *mo*jè *ma
pa'n* **po***kouille mgneille konfor***to***vé* **9** *gnès***tè***té gnè to os***tat***gni*

📁: Notes

3  Il arrive qu'une même préposition corresponde à deux usages distincts,
   ce qui en toute logique entraîne l'utilisation de cas différents. Nous
   l'avons vu pour **z**, qui demande le génitif lorsqu'il signifie *de* et l'instrumental lorsqu'il signifie *avec*. De même **na**, que vous connaissez
   dans le sens de *sur*, équivaut par ailleurs à *pour* : en conséquence, le
   locatif de la première acception est remplacé par l'accusatif dans la
   deuxième. On a donc la forme **jedną dobę**, dérivée du nominatif **jedna**.

*** 

▶ Ćwiczenie pierwsze – Proszę przetłumaczyć
❶ Ile kosztuje ten budzik? ❷ Ma pan pokój dla dwóch
osób? ❸ Dla mnie, z telewizorem i łazienką. ❹ To ostatni
numer. ❺ Jest bardzo komfortowy.

Ćwiczenie drugie – Wpisać brakujące słowa
❶ Je veux [une] chambre pour une nuit *(24 heures)*.
   Chcę . . . . . na . . . . . . . . . . .

❷ Est-ce qu'[elle] est vraiment luxueuse ?
   . . . . . . . naprawdę . . . . . . . . . . ?

❸ Combien coûte ce vin ?
   . . . . . . . . . to . . . . ?

**4** – Oui, pour une nuit *(24 heures)*.

**5** – []'ai [une] chambre luxueuse avec salle de bains, télé et Wi-Fi.

**6** – Combien coûte[-t-elle] ?

**7** – *(Je-vous-en-prie)*, voici [le] prix.

**8** – Peut-être avez-vous *(à monsieur)* [une] chambre moins luxueuse ?

**9** – Malheureusement non. C'[est la] dernière.

---

**doba**. Il faut noter au passage que le chiffre *un* apparaît ici sous la forme féminine. Eh oui, contrairement au français où les numéraux sont invariables (sauf *un/une*), en polonais, certains d'entre eux s'accordent ! **Doba**, terme employé entre autres dans l'hôtellerie, correspond à une période de *24 heures*.

**4** Notez la terminaison de l'instrumental singulier suivant le genre : **-ą** pour le féminin et **-em** pour le masculin.

**5** Pour demander ou indiquer le prix, on utilise un verbe qui n'existe qu'à la 3ᵉ personne. Dans notre exemple, il est employé au singulier : **kosztuje**, *(il/elle) coûte*. Mais il peut également être employé au pluriel : **kosztują**.

\*\*\*

Corrigé de l'exercice 1

❶ Combien coûte ce réveil ? ❷ Avez-vous une chambre pour deux personnes ? ❸ Pour moi, avec télé et salle de bains. ❹ C'est le dernier numéro. ❺ Il est très luxueux.

❹ C'est mon dernier jour ici.

. . mój . . . . . . . dzień tutaj.

❺ Je ne vois pas quel prix c'est.

. . . widzę, . . . . to . . . . .

Corrigé de l'exercice 2

❶ – pokój – jedną dobę ❷ Czy jest – komfortowy ❸ Ile kosztuje – wino ❹ To – ostatni – ❺ Nie – jaka – cena

## Lekcja osiemnasta [lèktsya osièmnasta]

▶

### Ulica Kopernika

1 – Przepraszam, czy może mi pan pomóc?
2 – Oczywiście. Słucham pana. ¹
3 – Jak dojść ² do ulicy Kopernika?
4 – To dosyć daleko.
5 – Nie szkodzi. Lubię chodzić ³.
6 – Więc proszę iść ⁴ prosto do skrzyżowania,
7   i następnie w lewo.
8 – A potem?
9 – A potem proszę zapytać!                                          □

💬 Prononciation

oulitsa kopernika 1 pchèpracha'm tché mojè mi pa'n pomouts
2 otchévis'ts'è swouHa'm pana 3 yak do'ys'ts' do oulitsé kopernika
4 to dosséts' daleko 5 gnè chkodz'i loubyè Hodz'its' 6 vyènts
prochè is'tsi prosto do skchéjovagna 7 i nastèmpgnè v lèvo 8 a
pote'm 9 a pote'm prochè zapétats'

📖 Notes

1   Vous savez déjà que le complément d'objet direct de la majorité
    des verbes polonais est exprimé par l'accusatif. Notez toutefois que
    quelques-uns, dont słucham, *j'écoute*, sont suivis du génitif.

2   Les verbes polonais possèdent presque toujours deux versions : l'une
    simple, l'autre composée, grâce à l'adjonction d'un préfixe. Ainsi l'infi-
    nitif dojść, *aller à*, est obtenu en ajoutant do, *à*, au verbe iść, dont vous
    connaissez déjà plusieurs personnes idę, *je vais*, idzie, *il va*, idziemy,
    *nous allons*. Vous pouvez donc constater que, sans être identique, le
    sens de chacun des deux verbes, iść et dojść est très proche. On est
    donc tenté de se demander ce qui peut bien les différencier. La réponse
    réside dans la spécificité du système verbal polonais qui permet d'indi-
    quer si l'action est conçue dans la durée ou si elle est vue comme ayant
    un terme. Dans le premier cas, on utilise la forme simple du verbe (ici

# Dix-huitième leçon

## [La] rue Copernic

**1 –** Excusez-moi, [monsieur]. Est-ce que vous pouvez
m'aider *(peut me monsieur aider)* ?

**2 –** Bien sûr. Je vous écoute *(Écoute monsieur)*.

**3 –** Comment [puis-je] rejoindre *(aller à)* la rue Copernic ?

**4 –** C'[est] assez loin.

**5 –** Cela ne fait rien *(Ne fait-tort)*. [J']aime marcher.

**6 –** Alors, allez *(s'il-vous-plaît aller)* **tout droit** [jusqu']au
croisement,

**7** et puis à gauche.

**8 –** Et ensuite ?

**9 –** Et ensuite, demandez *(s'il-vous-plaît demander)* !

Remarque de prononciation
**(4)** Ne succombez pas à la tentation de prononcer "à la française" : même
placé entre deux voyelles, le **s** garde la prononciation *[s]*.

iść) ; dans le second, sa forme préfixée (**dojść**). Ce phénomène, appelé
aspect verbal, est très important en polonais – comme dans d'autres
langues slaves – et nous y reviendrons largement par la suite. Ces
remarques ne sont donc qu'une première approche, et si ce n'est pas
encore tout à fait clair pour vous, il ne faut surtout pas vous inquiéter.
Les choses, soyez-en sûr, se mettront en place petit à petit.

**3** Comme nous le verrons dans le dialogue suivant, **chodzić** est généralement utilisé pour un déplacement à pied sans but précis ou à caractère
habituel. Dans le contexte présent, il équivaut à *marcher*.

**4** Voici une nouvelle construction avec **proszę**. En le faisant suivre de l'infinitif, comme dans **proszę iść** ou **proszę zapytać** (phrase 9 du dialogue),
on dispose grosso modo de l'équivalent de l'impératif français à la 2<sup>e</sup>
personne du pluriel : *allez*, *demandez*. **Proszę** est décidément un mot à
tout faire !

▶ Ćwiczenie pierwsze – Proszę przetłumaczyć
❶ Chcę iść do kina. ❷ Nie mogę chodzić sama. ❸ Mieszkam dosyć daleko. ❹ Może pan zapytać gdzie jest bank? ❺ Potem trzeba zobaczyć.

Ćwiczenie drugie – Wpisać brakujące słowa
❶ Je peux aller chez un ami ?
. . . . . . . do . . . . . . ?

❷ Je ne sais pas, mais je peux demander.
. . . wiem, . . . mogę . . . . . . . .

❸ À gauche, et puis tout droit.
. . . . . . , a . . . . . prosto.

❹ Ce n'est pas loin.
To . . . jest . . . . . . .

❺ Malheureusement, je n'aime pas marcher.
Niestety, . . . lubię . . . . . . . .

\*\*\*

*Comme partout, les noms des rues et des places dans les villes sont souvent ceux d'un personnage célèbre, généralement polonais :* **ulica Kopernika**, *rue Copernic,* **ulica Jana-Pawła II**, *rue Jean-Paul II, ou, plus rarement, étranger :* **aleje Roosevelta**, *allées Roosevelt,* **ulica Mozarta**, *rue Mozart. On fait appel aussi aux événements historiques :* **plac Konstytucji 3 Maja**, *place de la Constitution du 3 Mai,* **ulica 11 Listopada**, *rue du 11 Novembre. Procurez-vous un plan récent, car après la fin de l'époque communiste, beaucoup de rues ont été rebaptisées.*
*Dans les nouveaux quartiers résidentiels, les noms donnés aux rues sont parfois regroupés autour d'un même thème, par exemple, des*

Corrigé de l'exercice 1

❶ Je veux aller au cinéma. ❷ Je ne peux pas marcher seule.
❸ J'habite assez loin. ❹ Pouvez-vous demander où est la banque ?
❺ Ensuite, il faut voir.

Corrigé de l'exercice 2

❶ Mogę iść – kolegi ❷ Nie – ale – zapytać ❸ W lewo – potem – ❹ – nie
– daleko ❺ – nie – chodzić

\*\*\*

*noms d'arbres :* **ulica Akacjowa**, rue des Acacias, **ulica Lipowa**, rue
des Tilleuls. *On trouve également des adjectifs :* **ulica Zielona**, rue
Verte, **ulica Cicha**, rue Calme, *ou des termes géographiques :* **ulica
Gdańska**, rue de Gdansk, **ulica Śląska**, rue de Silésie.
*Pour indiquer l'adresse, on se sert des abréviations suivantes :* **ul.**
*(pour* **ulica**)*,* **pl.** *(pour* **plac**)*, et* **al.** *(pour* **aleje**)*. Il faut savoir que le
nom de la rue précède le numéro. Enfin, pour des immeubles collec-
tifs, on indique le numéro de l'appartement, en le faisant précéder
de la lettre* **m.** *(pour* **mieszkanie**, *appartement), ce qui donne, par
exemple :* **ul. Mickiewicza 6 m. 73**.

**19**

# Lekcja dziewiętnasta [lèktsya dzièvyètnasta]

## Zakupy

1 – Co **trze**ba ¹ **ku**pić?
2 – **Du**żo **rze**czy. Tu jest **lis**ta.
3 – **Idzie**my **ra**zem?
4 – **Le**piej nie. Ja **bio**rę **wó**zek, a ty **ko**szyk ².
5 – **Do**brze. Co mam **ku**pić ³?
6 – Chleb, **ma**sło i **mle**ko ⁴.
7    A ja **i**dę po ⁵ **owo**ce i **wa**rzy**wa.

### Prononciation
za**kou**pé **1** tso **t'chè**ba **kou**pits¹ **2** dou**jo jè**tché tou yest **lis**ta
**3** idz'è**mé ra**zè'm **4** lè**pyeille gnè ia byo**rè vou**z**èk a té **ko**chék
**5** dob**jè tso ma'm **kou**pitsi **6** Hlèp **mas**souo i **mlè**ko **7** a ya **i**dè po
o**vo**tsè i va**jé**va

### Notes

1   Le terme impersonnel **trzeba** + infinitif sert à exprimer une obligation,
    un peu comme *il faut* en français. Nous l'avions déjà vu, rappelez-vous,
    en leçon 10, phrase 9.

2   Si vous analysez la forme des noms qui suivent **biorę**, *je prends*, vous
    pouvez, par erreur, croire qu'ils sont au nominatif. Or, c'est d'un accusa-
    tif qu'il s'agit, car ce sont des compléments d'objet direct. La confusion
    s'explique du fait que les deux cas prennent la même forme. Ceci ne se
    produit que pour une partie des noms : au masculin, la catégorie des
    noms de choses, comme **wózek**, *chariot*, **koszyk**, *panier*. Il y a, en tout
    cas, un avantage à cette situation : cela réduit le nombre de terminai-
    sons à retenir. Pratique, n'est-ce pas ?

3   Quand on doit faire quelque chose, mais que la contrainte n'est pas très
    forte, on emploie le verbe *avoir* suivi de l'infinitif. C'est pourquoi la tra-
    duction littérale de **mam kupić** par "j'ai (à) acheter" est plus proche du

---

63 • **sześćdziesiąt trzy** [chèz'**dz'**ès'o'nt t'ché]

# Dix-neuvième leçon

## [Les] achats

**1** – Que faut-il acheter ?
**2** – Beaucoup [de] choses. Voici *(ici est)* [la] liste.
**3** – On y va *(allons)* ensemble ?
**4** – [Il vaut] mieux pas. Moi, [je] prends [le] chariot et toi, [le] panier.
**5** – Bien. Que dois[-je] acheter ?
**6** – [Du] pain, [du] beurre et [du] lait.
**7** Et moi, [je] vais chercher *(pour)* [des] fruits et [des] légumes.

sens réel que *je dois acheter*, utilisé plus couramment, mais plus ambigu, car pouvant aussi véhiculer l'idée d'une nécessité à laquelle on ne peut se soustraire.

**4** Toutes les remarques de la note 2 s'appliquent ici. De nouveau, **chleb**, *pain*, étant une chose, le nominatif = l'accusatif. Il faut y ajouter une catégorie supplémentaire : celle des noms neutres, tels que **masło**, *beurre*, et **mleko**, *lait*, qui relèvent aussi de ce phénomène.

**5** La préposition **po** a plusieurs emplois. Lorsqu'elle apparaît après un verbe de déplacement, ce qui est le cas ici, elle indique l'objet, le but recherché du déplacement. La préposition française la plus proche est alors *pour* mais, dans les faits, la phrase **idę po** correspond à la tournure *je vais chercher*. L'objet recherché se met à l'accusatif.

**8** Spot**ka**my się przy **ka**sie <sup>6</sup>. (...)

**9** – **Ma**my **wszy**stko?

**10** – **Chy**ba <sup>7</sup> tak. A gdzie **mię**so?

☐

🗨 *8 spotka*mé *siè pché* **kas***'è* **9** *ma*mé *fché*stko **10 Hé***ba tak a gdz'è* **mien**sso

🔲 : Notes

   **6** Encore une préposition, **przy**, *à côté*, suivie cette fois-ci du locatif.

\*\*\*

▶ Ćwiczenie pierwsze – Proszę przetłumaczyć
❶ Trzeba kupić chleb i masło. ❷ Idziemy zobaczyć, czy są owoce. ❸ Ja biorę lody. ❹ Mam kupić dużo rzeczy. ❺ Gdzie się spotkamy?

Ćwiczenie drugie – Wpisać brakujące słowa
❶ Nous allons ensemble chercher de la viande.
   Idziemy . . . . . po . . . . . . .

❷ Je vais acheter du lait et des légumes.
   Idę . . . . . . . . . . i . . . . . . . .

❸ Je prends une chemise pour un ami.
   . . . . . . . . . . . dla . . . . . . .

\*\*\*

*Vous pourrez le constater, les files d'attente devant les magasins ou les rayons désespérément vides ne font plus partie du paysage polonais. Même si ce n'est pas encore le paradis de la consommation, le pays s'approche à grands pas du modèle occidental. Il en résulte toutefois une conséquence dommageable : les petits commerces de proximité sont abandonnés au profit des grandes surfaces dont le nombre ne cesse d'augmenter. Car, outre la variété des*

**8** Nous nous retrouvons *(nous rencontrons)* à côté de la caisse. (…)

**9** – [Nous] avons tout ?

**10** – Je crois que *(Probablement)* oui. Et où [est la] viande ?

---

**7** **chyba** est un terme qui marque, selon le contexte, une incertitude, une supposition ou une approximation. Il correspond à *peut-être*, *probablement*, ou *je suppose, je crois*.

\*\*\*

Corrigé de l'exercice 1

❶ Il faut acheter du pain et du beurre. ❷ Nous allons voir s'il y a *(est-ce qu'il y a)* des fruits. ❸ Je prends des glaces. ❹ Je dois acheter beaucoup de choses. ❺ Où [est-ce que] nous nous retrouvons ?

❹ J'ai déjà beaucoup de choses.
   Mam . . . dużo . . . . . . . .

❺ Nous nous retrouvons demain.
   . . . . . . . . się . . . . . .

Corrigé de l'exercice 2

❶ – razem – mięso ❷ – kupić mleko – warzywa ❸ Biorę koszulę – kolegi ❹ – już – rzeczy ❺ Spotkamy – jutro

\*\*\*

*produits qu'elles proposent, elles ont un autre avantage très apprécié des Polonais : elles sont ouvertes jusque tard dans la soirée, voire le dimanche. Au point que pour certains, les achats en famille au supermarché sont hélas devenus la principale distraction du week-end. Mais, quoi qu'il en soit, une chose est sûre : faire ses courses en Pologne n'est plus une corvée !*

**20**

# Lekcja dwudziesta *[lèktsya dvoudz'esta]*

## Ona jest Polką

**1** – Podoba ci ¹ się **Pol**ska?
**2** – **Bar**dzo. **Jes**tem tu już **dru**gi raz.
**3** – Jak **dłu**go **jes**teś?
**4** – … Dwa ty**god**nie ².
**5** – I co **ro**bisz?
**6** – **Cho**dzę do **ki**na ³, **słu**cham **ra**dia.
**7** – A gdzie **miesz**kasz? W ho**te**lu?
**8** – Nie, u **bab**ci. **O**na jest **Pol**ką ⁴.
**9** – A, to dla**te**go tak ⁵ **dob**rze **mó**wisz po **pol**sku! □

Prononciation
*ona yest **pol**kon **1** podoba ts'i siè **pol**ska **2** **bar**dzo yes**tè**'m tou youch **drou**gui ras **3** yak **dwou**go yes**tes**i **4** dva té**god**gnè **5** i tso **ro**bich **6** **Ho**dzè do **ki**na **swou**Ha'm **ra**dia **7** a gdz'è **myèch**kach f Ho**tè**lou **8** gnè ou **bap**tsii ona yest **pol**kon **9** a to dla**tè**go tak **dob**jè **mou**vich po **pol**skou*

: Notes

**1** Continuons notre petite collection de cas de déclinaison appliqués aux pronoms. Après **mi**, *me*, le datif de **ja** (leçon 15, note 2), voici son homologue à la 2ᵉ personne du singulier : **ci**, *te*. Il est employé après le verbe **podoba się**, *plaît*, qui, comme vous l'avez sans doute remarqué, est en polonais un verbe pronominal.

**2** Le pluriel **tygodnie**, *semaines*, est irrégulier. Le singulier est, rappelons-le, **tydzień**.

**3** Le polonais dispose d'une série spécifique de verbes de mouvement. Rappelons d'abord la distinction entre *aller à pied*, qui se dit **iść**, et *aller en véhicule*, **jechać**, dont vous connaissez déjà les formes **jadę**, *je vais*, et **jedzie**, *il/elle va*. De plus, chaque catégorie différencie le type

# Vingtième leçon

## Elle est polonaise

**1** – La Pologne te plaît *(Plaît te Pologne)* ?
**2** – Beaucoup. [Je] suis ici déjà [pour la] deuxième fois.
**3** – [Depuis] combien de temps *(Combien longtemps)* [tu] es [là] ?
**4** – ... Deux semaines.
**5** – Et que fais[-tu] ?
**6** – [Je] vais au cinéma, [j']écoute [la] radio.
**7** – Et où habites[-tu] ? À [l']hôtel ?
**8** – Non, chez [ma] grand-mère. Elle est polonaise.
**9** – Ah, voilà pourquoi *(ce pour cela)* tu parles si bien *(si bien parles en)* **polonais** !

de déplacement effectué : occasionnel ou orienté vers une destination concrète d'un côté, habituel ou n'ayant pas de but défini, de l'autre. Pour le déplacement à pied, **iść** s'oppose de ce point de vue à **chodzić**. Ainsi, **idę do kina** signifie *je vais (en ce moment) au cinéma* et **chodzę do kina**, *je vais (parfois ou souvent) au cinéma*. Comme vous le voyez, les deux verbes **iść** et **chodzić** véhiculent chacun une information précise, qui s'ajoute au sens de base du verbe *aller*. Il s'agit d'une distinction spécifique aux verbes de mouvement, indépendante de l'aspect.

Pour indiquer la nationalité, le nom qui suit le verbe **być**, *être*, se met à l'instrumental. On le reconnaît à la terminaison **-ą** au féminin singulier.

**tak**, que vous connaissez comme équivalent de *oui*, s'emploie aussi devant des adverbes pour insister sur leur sens : **tak dobrze**, *si bien*, **tak miło**, *si agréablement*. Rappelons aussi l'usage de la préposition **po** dans l'expression qui permet d'indiquer les langues que l'on parle : **mówię po polsku, po francusku**, *je parle (en) polonais, (en) français*. Nous en avons déjà vu un usage différent (leçon 19, note 5), mais elle en connaît encore beaucoup d'autres.

▶ Ćwiczenie pierwsze – Proszę przetłumaczyć
  ❶ Moja mama jest Polką. ❷ To chyba nie ostatni raz.
  ❸ Adam mieszka u babci. ❹ W hotelu są wolne pokoje.
  ❺ Polska mi się podoba.

Ćwiczenie drugie – Wpisać brakujące słowa
  ❶ Varsovie me plaît.
     . . . . . . . . mi . . . . . . . . . .
  ❷ Ma femme est polonaise.
     Moja . . . . jest . . . . . . .
  ❸ J'aime aller au cinéma.
     . . . . . chodzić . . . . . . .
  ❹ Je suis ici pour deux semaines.
     . . . . . . tu . . dwa . . . . . . . . .
  ❺ Je travaille à l'hôtel.
     . . . . . . . w . . . . . . .

**21**

# Lekcja dwudziesta pierwsza
*[lèktsya dvoudz'esta pièrfcha]*

## Powtórka – Révision

*Faisons le point sur vos nouvelles connaissances. Cela nous permettra de synthétiser vos acquis pour que vous puissiez vous rendre compte des progrès que vous faites.*

### 1 Le mot *proszę*

Dire qu'il est très utilisé en polonais est un euphémisme, car c'est vraiment le mot à tout faire ! Vous l'avez vu vous-même, on le rencontre à tout bout de champ, dès qu'on s'adresse à quelqu'un. Une précision toutefois : on l'utilise principalement dans les formes de

## Corrigé de l'exercice 1

❶ Ma mère *(maman)* est polonaise. ❷ Ce n'est sans doute pas la dernière fois. ❸ Adam habite chez sa grand-mère. ❹ À l'hôtel, il y a des chambres libres. ❺ La Pologne me plaît.

## Corrigé de l'exercice 2

❶ Warszawa – się podoba ❷ – żona – Polką ❸ Lubię – do kina ❹ Jestem – na – tygodnie ❺ Pracuję – hotelu

**21**

# Vingt et unième leçon

politesse, c'est-à-dire lorsqu'on vouvoie les gens. Selon ses multiples fonctions, les constructions dans lesquelles il apparaît sont différentes :

lorsqu'il est employé seul, il équivaut à *je vous en prie*. On l'utilise, par exemple, lorsqu'on offre quelque chose à quelqu'un ou qu'on lui tend simplement un objet. C'est aussi une réponse positive à une demande, autorisant quelqu'un à faire quelque chose, comme dans l'échange : **Mogę zobaczyć?**, *Je peux voir ?*, **Proszę**, *Je vous en prie*.

Pour aborder quelqu'un, on fait suivre **proszę** du génitif. Cela donne **Proszę pani**, *S'il vous plaît, madame* et **Proszę pana**, *S'il vous plaît, monsieur*.

Pour demander un objet, ce dernier se met à l'accusatif : **Prosz**
**piwo**, *Une bière, s'il vous plaît*, **Proszę kawę**, *Un café, s'il vous plaî*
Enfin, employé devant un infinitif, il exprime un conseil ou un
recommandation : **Proszę iść**, *Allez, s'il vous plaît*, **Proszę zapyta**
*Demandez, s'il vous plaît*.

## 2 Les cas

### 2.1 L'instrumental

Vous avez rencontré ce nouveau cas pour désigner un élémen
d'accompagnement. Nous l'avons donc vu après la prépositio
**z/ze**, *avec* : **z cytryną**, *avec du citron* ; **z łazienką**, *avec salle de bains*
**z telewizorem**, *avec télé* ; **ze śmietanką**, *avec de la crème*. Vous ve
rez par la suite qu'il sert généralement, comme son nom l'indique,
désigner le moyen ou la manière de faire quelque chose.
Il connaît également un autre emploi : après le verbe *être*, il perme
notamment d'indiquer la nationalité. Nous n'en avons vu pou
l'instant qu'un seul exemple : **Ona jest Polką**, *Elle est polonaise*.

### 2.2 L'accusatif

Ce cas n'a rien de nouveau pour vous. Comme vous le savez,
remplit la fonction de complément d'objet direct et apparaît dor

\*\*\*

**Dialog-powtórka**

   **1** – Mam kupić prezent. Idziemy razem?
   **2** – Doskonały pomysł.
   **3** – Czym mogę służyć?
   **4** – Chcę kupić koszulę.
   **5**   Czy może mi pan pomóc?
   **6** – To dla pana?
   **7** – Nie, dla kolegi.
   **8**   Podoba mi się. Ile kosztuje?
   **9** – Tu jest cena.
  **10** – Dobrze, biorę. To wszystko.

après les verbes sans préposition. Voyons quelques phrases parmi celles que nous avons rencontrées dans cette série de leçons : **Zastępuję koleżankę**, *Je remplace une amie*, **Proszę kawę**, *Un café, s'il vous plaît*, **Biorę wózek, a ty koszyk**, *Je prends un chariot, et toi un panier*, **Trzeba kupić masło i mleko**, *Il faut acheter du beurre et du lait*.

Ce qui est pratique avec ce cas, c'est que pour tous les noms neutres, comme **masło** ou **mleko**, vous n'avez pas de terminaison particulière à retenir : la forme est la même qu'au nominatif. Cela concerne aussi les noms masculins de choses : **wózek, koszyk**. Avant d'aborder les catégories restantes (personnes et animaux), vous avez juste à retenir la terminaison **-ę** du féminin : **koleżankę**, **kawę**.

## 2.3 Le datif

Il correspond généralement au complément d'objet indirect précédé de la préposition "*à*". Nous l'avons rencontré après les verbes **podobać się**, *plaire à quelqu'un* et **poradzić**, *conseiller à quelqu'un*. Rappelons les formes correspondant aux pronoms personnels "je" et "tu" : **mi**, *me*, **ci**, *te*. Nous l'avons vu également dans des expressions comme **po polsku**, *en polonais*.

\*\*\*

Traduction

**1** [Je] dois acheter [un] cadeau. On y va *(Allons)* ensemble ? **2** Excellente idée. **3** En quoi puis[-je vous] être utile ? **4** [Je] veux acheter [une] chemise. **5** Est-ce que vous pouvez m'aider *(Peut me monsieur aider)* ? **6** C'[est] pour monsieur ? **7** Non, pour [un] ami. **8** [Elle] me plaît. Combien coûte-t[-elle] ? **9** Voici *(Ici est)* [le] prix. **10** Bien. [Je la] prends. C'[est] tout.

## Lekcja dwudziesta druga
*[lèktsya dvoudzˈesta drouga]*

### Wieczór w domu

1 – Co robimy dziś wieczorem ¹?
2 – Nie wiem. Masz jakiś pomysł?
3 – Trzeba gdzieś pójść ².
4   Ciągle siedzimy ³ w domu.
5 – Masz rację. Może pójdziemy ⁴ do kina?
6 – Nic ciekawego nie grają ⁵.
7 – A do teatru?
8 – Nie wiem, jak się ubrać.
9 – To może na ⁶ spacer?
10 – Ale jest zimno i pada deszcz.

### Prononciation

*vyètchour v domou 1 tso robimé dzˈisˈ vyètchore'm 2 gnè vyèn mach yakisˈ pomésou 3 t'chèba gdzˈèsˈ pouillsˈtsˈ 4 tsˈo'nglè sˈèdzˈimé v domou 5 mach ratsyè mojè pouilldzˈèmé do kina 6 nˈitˈ tsièkavègo gnè graillon 7 a do tèatrou 8 gnè vyèm yak sˈè oubratsˈ 9 to mojè na spatsèr 10 alè yest zˈi'mno i pada dèchtch*

### Notes

1 Pour dire *ce soir*, on emploie **dziś**, litt. "aujourd'hui", suivi de la forme **wieczorem**. Notez que ce dernier mot correspond à l'instrumental d **wieczór**, *soir*, *soirée*.

2 Comme pour **dojść** (voyez la note 2 de la leçon 18), **pójść** est obtenu par l'ajout d'un préfixe au verbe **iść**. De nouveau, nous sommes face la notion d'aspect, puisque les deux formes **iść** et **pójść** correspondent à un seul verbe français : *aller*.

3 Remarquez ici l'usage particulier du verbe **siedzimy**. Normalement il renvoie à la position assise et signifie donc *nous sommes assis*

# Vingt-deuxième leçon

## [Une] soirée à [la] maison

**1** – Que faisons[-nous] ce *(aujourd'hui)* soir ?

**2** – [Je] ne sais pas. As[-tu] une *(quelconque)* idée ?

**3** – Il faut aller quelque part *(quelque-part aller)*.

**4**    Nous restons tout le temps *(Tout-le-temps restons)* à [la] maison.

**5** – [Tu] as raison. Si nous allions *(Peut-être irons)* au cinéma ?

**6** – On ne joue rien d'intéressant *(Rien intéressant ne jouent)*.

**7** – Et au théâtre ?

**8** – [Je] ne sais pas comment m'habiller.

**9** – Alors peut-être une *(en)* promenade ?

**10** – Mais il fait *(est)* froid *(froidement)* et il pleut *(tombe pluie)*.

Toutefois, dans la langue courante, il est fréquemment utilisé dans le sens plus général de *rester (quelque part)*, *se tenir (dans un lieu)*.

**4** Voici un emploi qui permet de formuler une suggestion du type "si nous faisions quelque chose". On utilise pour cela un verbe perfectif à la 1ʳᵉ personne du pluriel, ici **pójdziemy**, *nous irons*, après le mot **może**, *peut-être*.

**5** Parfois, la 3ᵉ personne du pluriel, ici **grają** (litt. "ils jouent"), s'emploie pour indiquer une construction impersonnelle qui correspond au français *on* : *on annonce du beau temps*, *qu'est-ce qu'on vend ici ?*, etc.

**6** Voici une autre fonction de la préposition **na** qui, lorsqu'elle est suivie de l'accusatif, sert à indiquer la destination, le but. C'est donc, en quelque sorte, la concurrente de **do**, *à*, que vous connaissez déjà. Contentez-vous, pour l'instant, de retenir quelques exemples lorsque vous les rencontrez. C'est souvent le meilleur moyen d'apprendre !

**11** A **któ**ra jest go**dzi**na?

**12** – Już **ós**ma [7]! To co, **włą**czam tele**wi**zor?  □

**11** a ktoura yest godz'ina **12** youch ousma to tso **vouon**tcha'm tèlè**vi**zor

## Note

**7** Comme vous le voyez, les heures sont désignées à l'aide des chiffres ordinaux, tout comme les numéros des leçons. Puisque vous connaissez déjà ces derniers, vous n'aurez aucun mal à dire l'heure, même s'il ne s'agit, pour le moment, que des heures pleines. Mais c'est tout de même un bon début !

\*\*\*

Ćwiczenie pierwsze – Proszę przetłumaczyć

❶ Nie wiem, co dziś robimy. ❷ Może pójdziemy do teatru? ❸ Wieczorem jest bardzo zimno. ❹ Tutaj ciągle pada deszcz. ❺ Masz rację, trzeba się ubrać.

\*\*\*

Ćwiczenie drugie –Wpisać brakujące słowa

❶ Je ne sais pas quelle heure il est.

. . . wiem, . . . . . jest . . . . . . . .

❷ Tu as raison, il fait très froid.

Masz . . . . . , . . . bardzo . . . . . .

❸ Si nous allions en promenade ?

Może . . . . . . . . na . . . . . . ?

\*\*\*

*Les Polonais vont très souvent au théâtre et au cinéma, au point qu'il est parfois difficile de se procurer des billets pour les pièces ou les films à la mode. Les théâtres d'étudiants, beaucoup plus développés en Pologne qu'ailleurs, méritent de retenir votre attention. Si vous êtes amateur de théâtre expérimental, nous vous recommandons vivement le Centre de recherches théâtrales de Wrocław. Vous pourrez y participer à des spectacles, des rencontres, ou assister à des conférences. Beaucoup de villes proposent par ailleurs des manifestations théâtrales sous forme de festivals. Citons, à titre d'exemple, celui d*

**11** Et quelle heure est-il *(quelle est heure)* ?

**12 –** Déjà huit*(ième)* heures ! Alors *(Quoi)*, j'allume *(branche)* [la] télé ?

WIECZÓR W DOMU

\*\*\*

Corrigé de l'exercice 1

❶ Je ne sais pas ce que nous faisons aujourd'hui. ❷ Si nous allions au théâtre ? ❸ Le soir, il fait très froid. ❹ Ici, il pleut tout le temps. ❺ Tu as raison, il faut s'habiller.

\*\*\*

❹ Je ne vois rien d'intéressant.

Nie . . . . . nic . . . . . . . . . .

❺ Ce soir, je vais au théâtre.

Dziś . . . . . . . . idę . . teatru.

Corrigé de l'exercice 2

❶ Nie – która – godzina ❷ – rację, jest – zimno ❸ – pójdziemy – spacer ❹ – widzę – ciekawego ❺ – wieczorem – do –

\*\*\*

*Varsovie – qui a lieu en janvier – ou le Festival international de théâtre de rue qui se tient en août à Cracovie. En revanche, l'opéra, le ballet ou les concerts sont moins populaires. Ils ne sont fréquentés, la plupart du temps, que par des inconditionnels du genre. Nous vous signalons à ce propos qu'on y exige généralement une tenue élégante, voire de gala. Si le folklore polonais vous intéresse, la Pologne possède de nombreux ensembles de danse et de chant réputés dans le monde entier. Enfin, les expositions de peinture ou de photos, surtout s'il s'agit d'artistes célèbres, sont très prisées.*

## Lekcja dwudziesta trzecia
*[lèktsya dvoudz'esta t'chets'a]*

▶ 

### Pałac Kultury i Nauki

1 – **Pro**szę **pań**stwa [1], jeste**ś**my w **cen**trum [2] histo**rycz**nym War**sza**wy.
2 Przed **na**mi [3] **Sta**re **Mias**to.
3 – Co to jest?
4 – To **Za**mek Kró**lew**ski.
5 – A ten **pom**nik?
6 – Kolu**m**na **kró**la Zygmu**n**ta.
7 **Te**raz je**dzie**my do **cen**trum handlo**we**go.
8 – Co to za [4] bu**dy**nek?
9 – **Pa**łac Kultu**ry** i **Nau**ki.
10 – **Bar**dzo **dzi**wny. **Trud**no po**wie**dzieć [5], czy **ład**ny czy **brzyd**ki.   ☐

💬 Prononciation

*paouats koultouré i naouki 1 prochè pagnstfa yestes'mé f tsèntroum Historétchném varchavé 2 pchèt nami starè myasto 3 tso to iest 4 to zamèk kroulefski 5 a te'n po'mnik 6 koloumna kroula zégmounta 7 tèras yèdziémé do tsèntroum Ha'ndlovègo 8 tso to za boudénèk 9 paouats koultouré i naouki 10 bardzo dz'ivné troudno povyèdz'ètsi tché wadné tché bjétki*

📑 Notes

1 Vous avez sans doute reconnu dans le mot **państwa**, le génitif de **państwo**, *messieurs dames*, rencontré dans la leçon 16. Rappelons que ce cas est employé après le mot **proszę**, quand il s'agit de s'adresser à quelqu'un (ici, à un groupe de personnes).

2 Les noms empruntés au latin et qui finissent en **-um** au nominatif appar tiennent au genre neutre. Ils possèdent la particularité d'être invariables au singulier. C'est pourquoi vous trouverez la même forme **centrum**, *centre*

# Vingt-troisième leçon

## [Le] Palais [de la] Culture et [de la] Science

**1** – S'il vous plaît, messieurs dames, [nous] sommes dans [le] centre historique [de] Varsovie.

**2** Devant nous, [la] vieille ville.

**3** – Qu'est-ce que c'est ?

**4** – C'[est le] château royal.

**5** – Et cette statue ?

**6** – [La] colonne du roi Sigismond.

**7** Maintenant, [nous] allons au centre commercial.

**8** – Qu'est-ce que c'est comme bâtiment ?

**9** – [Le] Palais [de la] Culture et [de la] Science.

**10** – Très bizarre. Difficile*(ment)* [de] dire s'[il est] beau ou s'[il est] laid.

(voir aussi en phrase 7 du dialogue), pour tous les cas. Dans notre dialogue, il s'agit du locatif, utilisé après la préposition **w**, *dans*, et du génitif, **do**, *à*.

**3** La préposition **przed**, *devant*, est suivie de l'instrumental, ce qui fait que le pronom personnel correspondant à *nous* prend la forme **nami**.

**4** Remarquez, dans cette expression toute faite, le petit mot **za**. Comme l'illustre notre exemple, dans la langue courante, **za** permet de formuler une question lorsqu'on est un peu étonné ou intrigué par la présence de quelque chose ou de quelqu'un. C'est comme si on disait *qu'est-ce que c'est que ça ?*. Il sert également à exprimer un avis admiratif ou critique **Co za dzień!**, *Quelle journée !*, **Co za pomysł!**, *En voilà une idée !*

**5** Comme vous pouvez le constater, **powiedzieć** et **mówić** signifient tous deux *parler*, *dire*. Encore une fois, nous nous trouvons face à l'aspect verbal : la distinction entre la forme appelée traditionnellement imperfective, c'est-à-dire indéterminée ou répétitive du verbe (ici **mówić**), et sa version dite perfective, **powiedzieć**. Rassurez-vous, il est rare que les deux membres du couple soient différents. Dans la majorité des cas, vous trouverez une forme simple pour le premier aspect, et la forme préfixée pour le second.

▶ Ćwiczenie pierwsze – Proszę przetłumaczyć
**❶** Ten pomnik jest bardzo ładny. **❷** Dla mnie jest brzydki.
**❸** Proszę mi powiedzieć, gdzie jest centrum. **❹** Podoba mi się ten pałac. **❺** To dziwny pomysł.

\*\*\*

Ćwiczenie drugie – Wpisać brakujące słowa
**❶** Où sommes-nous maintenant ?
. . . . . teraz . . . . . . . . ?

**❷** Excusez-moi, comment aller au centre[-ville] ?
. . . . . . . . . . . , jak . . . . . do . . . . . . . ?

**❸** Le château royal est loin.
. . . . . Królewski . . . . daleko.

**❹** Pouvez-vous me dire ce que c'est ?
Może . . pan . . . . . . . . . . , co . . jest?

**❺** La vieille ville me plaît.
Podoba . . się . . . . . . . . . . .

\*\*\*

*Comment imaginer, lorsqu'on se promène dans les rues de Varsovie, qu'au lendemain de la Seconde Guerre mondiale, il n'y avait là qu'un champ de ruines ? Anéantie par la furie des bombardements allemands, la ville a en effet bénéficié, de la part de toute la nation, d'un véritable élan de solidarité. L'immense mobilisation et un effort de reconstruction acharné témoignent de l'attachement des Polonais à leur capitale et à son passé. Les pittoresques maisons des XVIIe et XVIIIe siècles du **Rynek** (la Place du marché) dans le quartier de **Stare Miasto**, La vieille ville, ont ainsi pu être refaites à l'identique. Saviez-vous, par exemple, que faute de plans ou d'archives, disparus dans les incendies, ce sont les tableaux de **Rynek** par des artistes italiens qui ont servi de modèle pour la reconstruction ?*
*Les autres quartiers de la ville n'ont pas eu cette chance. La nécessité de construire vite explique sans doute l'étonnante prolifération*

Corrigé de l'exercice 1
❶ Cette statue est très belle. ❷ Pour moi, elle est laide. ❸ Dites-moi,
s'il vous plaît, où est le centre. ❹ Ce palais me plaît. ❺ C'est une idée
bizarre.

\*\*\*

Corrigé de l'exercice 2
❶ Gdzie – jesteśmy ❷ Przepraszam – dojść – centrum ❸ Zamek – jest –
❹ – mi – powiedzieć – to – ❺ – mi – Stare Miasto

\*\*\*

de styles architecturaux et de plans d'urbanisation souvent élaborés
dans l'urgence. De plus, les dernières années ont vu apparaître dans
le centre-ville beaucoup de nouvelles réalisations ultramodernes et
clinquantes qui ont encore renforcé le côté hétéroclite de la capitale
polonaise.
Mais la curiosité architecturale de Varsovie la plus remarquable
est certainement **Pałac Kultury i Nauki**, le palais de la Culture et
de la Science. Cette étrange bâtisse, cadeau de Staline à la ville de
Varsovie et réplique de l'Université Lomonosov à Moscou, domine le
centre commercial du haut de ses 242 m. Comme la tour Eiffel, elle
a longtemps suscité des controverses. On raconte ainsi cette histoire
de l'homme le plus heureux de Varsovie, le gardien du palais, qui est
le seul à ne pas voir le monument par sa fenêtre.

## Lekcja dwudziesta czwarta
*[lèktsya dvoudzⁱesta tchfarta]*

### Co słychać?

**1** – **A**nia! **Cie**szę się, że cię ¹ **wi**dzę.
**2**   Co **sły**chać? ²
**3** – Dzię**ku**ję. Wspa**nia**le ³.
**4** – A ⁴ mąż?
**5** – Też dosko**na**le.
**6** – Niemo**żli**we! Jak wy to ro**bi**cie?
**7** – O, to **bar**dzo **pros**te ⁵.
**8**   Wy**star**czy **do**bra **pra**ca i **do**bre **zdro**wie.

💬 Prononciation
*tso swéHatsⁱ 1 Agna tsⁱèchè sⁱè jè tsⁱè vidzè 2 tso swéHatsⁱ 3 dzⁱinkouyè fspagnalè 4 a monch 5 tèch doskonalè 6 gnèmojlivè yak vé to robitsⁱè 7 o to bardzo prostè 8 véstartché dobra pratsa i dobrè zdrovyè*

📋 : Notes

**1** **cię** correspond à l'accusatif du pronom personnel **ty**, *tu*. Notez une certaine ressemblance avec le datif **ci**, rencontré en leçon 20 dans la phrase 1 du dialogue.

**2** Pour demander à quelqu'un de ses nouvelles, on se sert de l'expression **co słychać?** La terminaison **-ć** du second terme indique qu'il s'agit d'un infinitif, mais il faut savoir que ce verbe n'a pas de formes personnelles. Mis à part son emploi dans la question de la phrase 2 du dialogue, il s'utilise uniquement dans les tournures correspondant à *on entend (un bruit)* ou *on dit que*, lorsqu'il s'agit de rapporter une rumeur.

# Vingt-quatrième leçon

## Comment ça va *(Qu'entendre)* ?

**1** – Ania ! Ça me fait plaisir *(Réjouis me)* de te voir *(que te vois)*.
**2** Comment ça va *(Qu'entendre)* ?
**3** – Merci. Très bien *(À-merveille)*.
**4** – Et [ton] mari ?
**5** – Très bien aussi *(Aussi formidablement)*.
**6** – [Ce n'est] pas possible ! Comment faites-vous *(Comment vous le faites)* ?
**7** – Oh, c'[est] très simple.
**8** [Il] suffit [d'avoir un] bon travail et [une] bonne santé.

**3** En réponse à la question **co słychać?**, on peut utiliser toute une gamme d'expressions formulées, pour la plupart, à l'aide d'adverbes. On les reconnaît, rappelons-le, à la terminaison **-e** ou **-o**. N'oubliez pas ceux que vous connaissez déjà et qui peuvent aussi servir dans ce contexte : **dobrze**, *bien*, **świetnie**, *parfaitement*.

**4** Contrairement au français, les adjectifs possessifs ne sont pas utilisés de manière systématique. Cela peut surprendre au début, mais on s'y habitue vite.

**5** Dans **proste**, utilisé ici au sens de *simple*, la terminaison **-e** n'est pas le signe distinctif d'un adverbe, mais d'un adjectif singulier du genre neutre. L'adverbe correspondant est **prosto**. Nous l'avons déjà vu en tant qu'équivalent de *tout droit*, son autre sens, dans la leçon 18, phrase 6.

**9** – To **dob**rze, że **ma**cie i **jed**no i **dru**gie [6].
**10** – To **zna**czy, ja mam **dob**rą **pra**cę [7], a mąż, **dob**re **zdro**wie. □

🗨 *9 to **dob**jè jè **mats**'è i **yèd**no i **drou**guyè **10** to **zna**tché ya ma'm **dob**ron **prat**sè a monch **dob**re **zdro**viè*

---

🗂 Notes

**6** Voyons un peu à quoi correspondent les termes de l'expression *l'un et l'autre* en polonais. Vous avez d'abord **jedno** : le numéral cardinal *un* au genre neutre. Remarquez sa terminaison **-o** qui prend exceptionnellement la place du **-e**. Vient ensuite l'ordinal **drugie** (litt. "deuxième"), toujours au neutre. Rassurez-vous, nous ne vous demandons pas de savoir jongler avec toutes ces terminaisons ! Surtout dans des situations comme celle-ci, où l'on est face à un usage idiomatique. D'ailleurs, à ce

\*\*\*

▶ Ćwiczenie pierwsze – Proszę przetłumaczyć
❶ Cześć Jola. Co słychać? ❷ Co robicie jutro? ❸ Cieszę się bardzo, że jesteś gotowy. ❹ Mąż ma teraz dobrą pracę. ❺ Nie rozumiem, co to znaczy.

\*\*\*

Ćwiczenie drugie – Wpisać brakujące słowa
❶ Ça me fait plaisir que tu parles polonais.
. . . . . . . . . . , że . . . . . . po . . . . . . .
❷ Je sais ce que cela signifie.
Wiem, . . to . . . . . . . .
❸ Vous le faites à merveille.
. . . . . . . to . . . . . . . . . .

**9** – C'[est] bien que vous ayez *(que avez)* et [l']un et [l']
autre.

**10** – C'est-à-dire *(Cela signifie)* [que moi], j'ai [un] bon
travail et [mon] mari, [une] bonne santé.

stade de votre étude, il n'est pas question de vous souvenir de toutes
les expressions que vous rencontrez. Il vous suffit de savoir les identifier. Le reste viendra en son temps.

**7** Notez la terminaison de l'accusatif singulier au féminin : **-ę** pour les
noms et **-ą** pour les adjectifs.

\*\*\*

Corrigé de l'exercice 1

❶ Salut Jola. Comment ça va ? ❷ Que faites-vous demain ? ❸ ça me
fait plaisir que tu sois prêt. ❹ [Mon] mari a maintenant un bon travail.
❺ Je ne comprends pas ce que cela signifie.

\*\*\*

❹ Bonjour, comment ça va ?

. . . . .  . . . . . , co . . . . . . . ?

❺ Je vois que vous avez une bonne santé.

. . . . . , że . . . . . dobre . . . . . . . .

Corrigé de l'exercice 2

❶ Cieszę się – mówisz – polsku ❷ – co – znaczy ❸ Robicie – wspaniale
❹ Dzień dobry – słychać ❺ Widzę – macie – zdrowie

# Lekcja dwudziesta piąta
*[lèktsya dvoudz ⁱesta pioˈnta]*

## Ciocia Zosia

1 – Ktoś **dzwo**ni. To **pew**nie **cio**cia **Zo**sia.
2 – Pro**si**my ¹. Jak **pod**róż? Nie zm**ę**czona?
3 – Nie, dosko**na**le. A co u was ²?
4 – Dzięku**je**my ³. Nic cieka**we**go.
5    **A**le **chy**ba nie **poz**nasz ⁴ **A**ni.
6 – To **A**nia?! Na**praw**dę? **I**le masz lat? ⁵

Prononciation
**ts**ⁱ**otsia zos**ⁱ**a 1 ktos**ⁱ **dzvo**gni to **pèv**gnè **ts**ⁱ**ots**ⁱ**a zos**ⁱ**a 2 pros**ⁱ**im** yak **pod**rouch gnè zmin**tcho**na **3** gnè dosko**na**lè a tso ou va **4** dziinkou**yè**mé nits ts**ⁱè**ka**vè**go **5** a**lè Hé**ba gnè **poz**nach **a**gni **6** t **a**gna na**prav**dè **i**lè mach lat

Notes

1  Vous rappelez-vous qu'en vous servant du mot **proszę**, vous utilisez en fait la 1ʳᵉ personne du singulier du verbe **prosić**, *prier* ? Lorsqu'on parl au nom de plusieurs personnes, on emploie **prosimy**, *nous prions*, dont les conditions d'emploi sont les mêmes que pour **proszę** : dans cett phrase, par exemple, il sert à inviter la personne à entrer. Vous l'enten drez donc très souvent en polonais ; alors qu'en français, on recou beaucoup moins systématiquement à la forme du pluriel.

2  La préposition **u**, *chez*, entraîne le génitif, ce qui explique la forme **wa** dérivée de **wy**, *vous*.

3  Pour **dziękujemy**, *nous remercions*, on a le même phénomène que po **prosimy** : c'est la 1ʳᵉ personne du pluriel qui remplace **dziękuję**. D nouveau, l'équivalent français le plus usuel est simplement *merci*.

4  Vous remarquerez que **poznasz**, *tu reconnaîtras*, renvoie au futur, ce q implique le recours à l'aspect perfectif. Toutefois, contrairement au

# Vingt-cinquième leçon

## Tata Zosia

**1** – Quelqu'un sonne. C'[est] sûrement tata Zosia *(Sophie)*.
**2** – Entre *(Prions)*. Comment [a été le] voyage ? Pas fatiguée ?
**3** – Non, très bien *(formidablement)*. Et chez vous, quoi de neuf *(quoi chez vous)* ?
**4** – Merci *(Remercions)*. Rien [d']intéressant.
**5** Mais tu ne reconnaîtras sans doute pas *(Sans doute ne reconnaîtras)* Ania.
**6** – C'[est] Ania ?! Vraiment ? Quel âge as-tu *(Combien as ans)* ?

apparences, cette forme n'est pas issue de l'adjonction d'un préfixe à la forme simple du verbe. Autrement dit, **poznasz**, dont l'infinitif est **poznać**, est indécomposable : c'est un verbe simple.

Pour demander l'âge de quelqu'un, on utilise, comme en français, le verbe *avoir*. Dans cette question, l'adverbe **ile**, *combien*, comme tous les termes de quantité, est suivi du génitif, d'où **lat**, issu de **lata**, *ans, années*.

**7** – Pięć.
**8** – No **pro**szę [6]! Pa**mię**tam, jak **mia**łaś rok [7].
**9** **Wi**dzę, że **jes**teś po**dob**na do ro**dzi**ców:
**10** **us**ta **ma**my, **o**czy **ta**ty…
**11** – A **swe**ter **sios**try!

🗨 **7** pyègnts'**8** no **pro**chè pa**myèn**ta'm yak **mya**ouas' rok **9** **vi**dzè j'**yes**tes' po**dob**na do ro**dz**'itsouf **10** **ous**ta ma**mé** o**tché** ta**té** **11** **sfè**tèr s'**os**tré

🔲 : Notes
**6** Voici encore une expression avec **proszę**, qui exprime ici un sentimen
d'étonnement ou d'admiration.

\*\*\*

▶ Ćwiczenie pierwsze – Proszę przetłumaczyć
**❶** Nie pamiętam, jak on działa. **❷** Ile pan ma lat? **❸** Cioci
jest zmęczona. **❹** Jesteś podobna do siostry. **❺** Widzę, ż
masz ładny sweter.

\*\*\*

Ćwiczenie drugie – Wpisać brakujące słowa
**❶** Je ne me souviens pas quel âge tu as.
Nie . . . . . . . . , ile . . . . lat.
**❷** Demain, nous allons chez [ma] sœur.
Jutro . . . . . . . do . . . . . . . . .
**❸** Je ressemble à [ma] mère.
Jestem . . . . . . . do . . . . .

**7** – Cinq [ans].
**8** – Tiens donc ! [Je] me souviens quand [tu] avais [un]
 an.
**9** [Je] vois que tu ressembles *(es ressemblante)* à [tes]
 parents :
**10** [la] bouche [de ta] mère, [les] yeux [de ton] père...
**11** – Et [le] pull [de ma] sœur !

Notez cette petite irrégularité : le singulier correspondant à **lata** (note 5)
est **rok**.

\*\*\*

Corrigé de l'exercice 1
❶ Je ne me souviens pas comment il fonctionne. ❷ Quel âge avez-vous ? ❸ Tata est fatiguée. ❹ Tu ressembles à [ta] sœur. ❺ Je vois que tu as un joli pull.

\*\*\*

❹ Je vois que tu es fatiguée.
 Widzę, . . jesteś . . . . . . . . .
❺ Comment ça va chez vous ?
 Co . . . . . . . u . . . ?

Corrigé de l'exercice 2
❶ – pamiętam – masz – ❷ – idziemy – siostry ❸ – podobna – mamy
❹ – że – zmęczona ❺ – słychać – was

## Lekcja dwudziesta szósta

*[lèktsya dvoudz'esta chousta]*

▶

### Poczta

1 – Czy są **kart**ki **pocz**towe?
2 – Nie. **Mo**że je ¹ pan **ku**pić w **kios**ku.
3 – **Do**brze. **Mo**gę **wys**łać tę **pacz**kę?
4 – **Pro**szę wy**peł**nić ten **blan**kiet.
5 – A czy **mo**że mi **pa**ni po**wie**dzieć, jak **dłu**go i**dzie** list do Ka**na**dy?
6 – Za**le**ży **ja**ki. **Zwy**kły, trzy-**czte**ry dni- ², a pole**co**ny **ty**dzień.
7 – W **ta**kim **ra**zie, **chciał**bym ³ **wys**łać **mej**la.
8 – **Przy**kro mi ⁴, **a**le kom**pu**ter chwi**lo**wo nie **dzia**ła.

🗩 Prononciation

**potch**ta *1* tché son **kart**ki potch**to**vè *2* gnè **mo**jè yè pa'n **kou**pits' f **kyos**kou *3* **dob**jè **mo**guè **vé**souats' tè **patch**kè *4* **pro**chè **vé**pè**ou**gnits' tèn **bla**'nkyèt *5* a tché **mo**jè mi **pa**gni po**vyèdz**'èts' yak **dwou**go **idz**'e list do ka**na**dé *6* za**lè**jé **ya**ki z**vé**koué t'ché-**tcht**é**ré** dgni a po**lè**tso**né **té**dz'ègn *7* f **ta**ki'm **raz**'e **Hts'a**ou**bém **vé**souats' **mei**la *8* **pché**kro mi **a**lè ko'm**pou**tèr Hfi**lo**vo gnè **dz'**aoua

📂 Notes

**1** Le complément **kartki pocztowe**, *cartes postales*, est remplacé dans cette phrase par le pronom personnel qui, comme vous le savez, doit se mettre ici à l'accusatif. Sa forme **je**, au féminin pluriel, correspond de fait aux deux pronoms français : *les*, utilisé pour les noms déterminés, et *en*, pour les indéterminés. Autrement dit, en l'absence de cette distinction en polonais, **biorę je**, par exemple, se traduira, selon le contexte, par *j'en prends* ou *je les prends*.

**2** Vous savez déjà que la formation du pluriel peut parfois être irrégulière. Ainsi **dzień**, *jour*, fait **dni** – ou parfois **dnie**. À l'occasion, vous rappelez-vous que **tydzień**, *semaine*, fait au pluriel **tygodnie** ?

# Vingt-sixième leçon

## [La] poste

**1** – Est-ce qu'il y a [des] cartes postales ?
**2** – Non. Vous pouvez en *(Peut les monsieur)* acheter dans [un] kiosque.
**3** – Bien. Puis[-je] envoyer ce colis ?
**4** – Remplissez *(S'il-vous-plaît remplir)* ce formulaire.
**5** – Et est-ce que vous pouvez me *(peut me madame)* dire combien de temps *(comment longtemps)* met *(va)* [une] lettre pour [le] Canada ?
**6** – [Ça] dépend laquelle. [La] normale, trois-quatre jours, [la] recommandée, [une] semaine.
**7** – Dans ce *(tel)* cas, [je] voudrais envoyer [un] e-mail.
**8** – Désolé *(Désagréablement à-moi)* mais [pour l'instant], [l]'ordinateur *(momentanément)* ne fonctionne pas.

PROSZĘ WYPEŁNIĆ TEN BLANKIET.

**3** Rassurez-vous, nous n'en sommes pas encore au conditionnel, même si c'est une forme très utile dans une conversation. Sachez simplement que **chciałbym**, *je voudrais*, est employé ici par un homme, son équivalent féminin étant **chciałabym**.

**4** **przykro**, *désagréablement*, suivi du datif, est la manière la plus courante d'exprimer ses regrets ou sa peine. Rappelons que le datif fait **mi**, *à moi*, *me*, pour le pronom à la 1re personne du singulier.

**9** – To gdzie **moż**na [5] zadz**wo**nić [6]?

**10** – Na u**li**cy jest **bud**ka, a**le** te**le**fon jest zep**su**ty.  □

💬 *9 to gdz'è **moj**na zadz**vo**gnitsi **10** na oulitsé yest **bout**ka a**lè** tè**lè**fo'** yest zep**sou**té*

📑 : Notes

**5** Le mot **można** est une forme invariable, correspondant à la construction impersonnelle *il est possible, on peut*. Comme son homologue français, il est suivi de l'infinitif.

\*\*\*

▶ Ćwiczenie pierwsze – Proszę przetłumaczyć

**❶** Gdzie można wysłać mejla? **❷** Chciałbym kupić kartki
**❸** Mogę zadzwonić do Kanady? **❹** Przykro mi, telefon nie
działa. **❺** Co można kupić w kiosku?

\*\*\*

Ćwiczenie drugie – Wpisać brakujące słowa

**❶** Je voudrais téléphoner au Canada.
. . . . . . . . . zadzwonić . . Kanady.

**❷** [Le] téléphone est dans [la] rue.
Telefon . . . . na . . . . . . .

**❸** Où peut-on envoyer [un] colis ?
Gdzie . . . . . wysłać . . . . . . ?

\*\*\*

*Les **kioski RUCH** (ce dernier mot signifiant* mouvement*) ne sont pas
de simples kiosques à journaux, mais de véritables petits magasins
de rue où vous trouverez un peu de tout : journaux et magazines,
bien sûr, mais aussi cigarettes, cartes postales, timbres. On y vend
également confiseries, jouets, produits d'hygiène, cosmétiques, etc.
Souvent situés près des arrêts de bus ou de trams, ils vous permettent
aussi d'acheter des tickets de transport. Ils sont ouverts toute la journée, voire, pour certains, le dimanche.*

**91 • dziewięćdziesiàt jeden** *[dz'èvyègn**dz'ès'**o'nt **yè**dèn]*

**9** – Alors où peut-on téléphoner ?
**10** – Dans [la] rue, il y a [une] cabine, mais [le] téléphone est en dérangement *(cassé)*.

**6** **zadzwonić**, *téléphoner*, est un verbe perfectif, dont l'homologue imperfectif est **dzwonić**.

\*\*\*

Corrigé de l'exercice 1

❶ Où peut-on envoyer un e-mail ? ❷ Je voudrais acheter des cartes. ❸ Puis-je téléphoner au Canada ? ❹ Désolée, le téléphone ne fonctionne pas. ❺ Que peut-on acheter dans un kiosque ?

\*\*\*

❹ Désolé, [la] cabine est cassée.
. . . . . . . . . . , budka jest . . . . . . . .

❺ [Les] cartes postales sont dans [le] kiosque.
. . . . . . pocztowe . . w . . . . . . .

Corrigé de l'exercice 2

❶ Chciałbym – do – ❷ – jest – ulicy ❸ – można – paczkę ❹ Przykro mi – zepsuta ❺ Kartki – są – kiosku

\*\*\*

*Vous constaterez aussi qu'avec l'avènement des nouvelles technologies – dont les Polonais sont très friands – on trouve désormais un peu partout des* **kafejki** *ou* **kioski internetowe** *: des* cybercafés. *Cela dit, la plupart des foyers polonais ont de nos jours accès à Internet et sont équipés de la plupart des outils numériques dernier cri : ordinateurs, tablettes, smartphones, TNT, appareils photos, etc. Cet engouement est sans doute lié à l'explosion de la société de consommation qui succède aux années de privations des époques passées…*

## Lekcja dwudziesta siódma
*[lèktsya dvoudz<sup>i</sup>esta s<sup>i</sup>oudma]*

▶

### Problemy z Nowakiem

1 – **Wszyst**ko w po**rzą**dku ¹, **pa**ni **A**niu ²?
2 – Nie **bar**dzo, **pa**nie dyrek**to**rze.
3 – A co się **dzie**je?
4 – Są pro**ble**my z No**wa**kiem ³.
5   **Klie**nci się **skar**żą.
6   **Mó**wią, że **wca**le nie odpo**wia**da na py**ta**nia ⁴.
7 – To **dziw**ne. **Zwy**kle jest **bar**dzo u**przej**my.
8 – To **praw**da, **a**le **myś**lę, że ma o**stat**nio kło**po**ty
    ze **słu**chem.
9 – To co zro**bi**my ⁵?
10 – Może go **da**my ⁶ do **dzia**łu rekla**ma**cji?              ☐

💬 Prononciation
*pro**blè**mé z nova**kyèm*** **1** *f**chést**ko f pojo'ntkou **pa**gni agno·
**2** *gnè **bar**dzo **pa**gnè dérèk**to**jè* **3** *a tso s<sup>i</sup>e **dz<sup>i</sup>è**yè* **4** *son pro**blèm·
z nova**kyèm*** **5** *kl>**ègnts**<sup>i</sup>i siè **skar**jon* **6** *mou**vyon jè ft**salè gn·
otpo**vya**da na pé**ta**gna* **7** *to **dz<sup>i</sup>iv**nè **zvé**klè iest **bar**dzo ou**pchèym·
**8** *to **prav**da **a**lè **méś**<sup>i</sup>lè jè ma o**stat**gno koua**poté** ze **swou**Hèm* **9** *t·
tso zro**bi**mé* **10** *mojè go **da**mé do **dz<sup>i</sup>a**ou rèkla**mats**<sup>i</sup>i*

🗂 Notes

1  Il faut vous faire à l'idée que le simple *ça va bien* français correspon·
   à la tournure légèrement plus complexe : **wszystko w porządku**, don·
   la traduction littérale est "tout en ordre". Comme en français, cett·
   expression sert aussi bien de question que de réponse.

2  Il existe en polonais un cas de déclinaison, le vocatif, qui permet d·
   s'adresser à quelqu'un. L'usage de ce cas est assez limité, puisqu'o·
   ne le trouve que dans les dialogues, et il est presque exclusivemen·
   adressé aux personnes, car parler à des animaux, bien que possible, es·
   tout de même marginal ! Les formes les plus usitées sont celles des pré·

# Vingt-septième leçon

## [Des] problèmes avec Nowak

**1** – Ça va bien *(Tout en ordre)*, madame Ania ?
**2** – Pas tellement *(Pas très)*, monsieur le directeur.
**3** – Et que se passe[-t-il] ?
**4** – Il y a [des] problèmes avec Nowak.
**5** – [Les] clients se plaignent.
**6** – [Ils] disent qu'il ne répond pas du tout *(que pas-du-tout ne répond)* aux questions.
**7** – C'[est] bizarre. D'habitude, [il] est très aimable.
**8** – C'est vrai *(Ce vérité)*, mais [je] pense qu'[il] a depuis peu *(dernièrement)* des problèmes d'oreille *(ennuis avec ouïe)*.
**9** – Alors, qu'allons-nous faire ?
**10** – Si on le mettait *(Peut-être le donnerons)* au service [des] réclamations ?

noms (ici **Aniu**, dérivé de **Ania**), ainsi que celles des titres et fonctions (**dyrektorze**, de **dyrektor**). Ajoutons à cela les mots **pan** et **pani**, qui font au vocatif **panie** et **pani**.

**3** Le nom de famille Nowak se décline comme un nom masculin, et devient donc **Nowakiem**, après **z**, *avec*, qui, dans ce contexte, est suivi de l'instrumental.

**4** La préposition **na** exige ici l'emploi de l'accusatif. Notez que pour **pytania**, *questions*, la forme est la même qu'au nominatif. Au singulier, les deux cas font **pytanie**.

**5** Dans la leçon 22, vous avez rencontré le verbe **robimy**, *nous faisons*. Vous savez donc maintenant que **zrobimy** – qui appartient à l'aspect perfectif à cause du préfixe –, est la forme du futur. Précisons qu'en traduisant ce verbe en français, vous aurez le choix, selon le contexte, entre *nous allons faire* (préférable ici), et *nous ferons*.

**6** **damy**, *nous donnerons*, vient du perfectif **dać**, *donner*.

▶ Ćwiczenie pierwsze – Proszę przetłumaczyć

**❶** Cieszę się, że wszystko jest w porządku. **❷** Wiesz, co się tu dzieje? **❸** Jak zwykle, mamy problemy. **❹** To dziwne, Kowalski jest ostatnio uprzejmy. **❺** Myślę, że telefon wcale nie działa.

Ćwiczenie drugie – Wpisać brakujące słowa

**❶** Est-ce que chez vous ça va bien ?
Czy . was . . . . . . . . w . . . . . . . . ?

**❷** [Nous] avons depuis peu *(dernièrement)* [des] problèmes.
Mamy . . . . . . . . problemy.

**❸** Pouvez-vous me dire ce qui se passe ?
Może . . pan . . . . . . . . . . , co . . . . . . . . . ?

**❹** Pourquoi ne répond[-il] pas du tout ?
Dlaczego . . . . . nie . . . . . . . . . ?

**❺** Pour moi aussi, c'est bizarre.
Dla . . . . też to . . . . . . .

**28**

# Lekcja dwudziesta ósma
[lèktsya dvoudz'esta ousma]

## Powtórka – Révision

### 1 L'aspect verbal

Il s'agit d'un phénomène essentiel pour comprendre le fonctionnement du système verbal polonais. Voyons donc ce que vous avez déjà appris.
La quasi-totalité des verbes polonais forment des couples dont les deux membres ont le même sens. Ils correspondent donc tous les deux, comme vous avez pu le constater, à un seul verbe français :

## Corrigé de l'exercice 1

❶ Ça me fait plaisir que ça aille bien. ❷ Tu sais ce qui se passe ici ?
❸ Comme d'habitude, nous avons des problèmes. ❹ C'est bizarre,
Kowalski est *(dernièrement)* très aimable depuis quelque temps. ❺ Je
pense que le téléphone ne fonctionne pas du tout.

## Corrigé de l'exercice 2

❶ – u – wszystko – porządku ❷ – ostatnio – ❸ – mi – powiedzieć – się
dzieje ❹ – wcale – odpowiada ❺ – mnie – dziwne

---

## Vingt-huitième leçon

**(28)**

**iść - pójść**, *aller*
**dzwonić - zadzwonić**, *téléphoner*
Dans ces deux exemples, la première forme, simple ou non préfixée (**iść, dzwonić**), appartient à l'aspect imperfectif. Cela signifie
que l'action est vue dans son déroulement et qu'aucune limite n'est
envisagée. L'autre membre du couple, (**pójść, zadzwonić**), relève de
l'aspect perfectif. On l'obtient, comme vous le voyez, en ajoutant
un préfixe à la forme simple. Pour ces verbes, l'action est conçue
comme si elle avait un terme final. Autrement dit, elle apparaît
comme accomplie.

Il existe quelques rares verbes qui ont des formes différentes pour les deux aspects :

**mówić** (imperfectif) - **powiedzieć** (perfectif), *parler*, *dire*

Pourquoi insistons-nous tant sur la distinction des deux aspects à l'infinitif ? La raison, comme vous vous en souvenez sans doute, c'est que l'emploi des formes personnelles pour les deux membres du couple n'est pas le même. En effet, en conjuguant l'imperfectif on forme le présent :

**idziemy**, *nous allons*,

**robimy**, *nous faisons*

En revanche, la conjugaison du perfectif, c'est-à-dire l'emploi des mêmes terminaisons personnelles, produit les formes du futur :

**pójdziemy**, *nous irons*

**zrobimy**, *nous ferons*

Ce phénomène s'explique par la présence de la notion de limite contenue dans le préfixe, d'où l'impossibilité de marquer le présent. En effet, l'action actuelle est presque toujours présentée dans son déroulement et n'est donc pas compatible avec une idée d'accomplissement.

\*\*\*

## ▶ Dialog-powtórka

**1** – Co słychać? Wszystko w porządku?

**2** – Dziękujemy. A u was?

**3** – Nie bardzo. Mamy ostatnio kłopoty.

**4** – Przykro mi. A co się dzieje?

**5** – Trudno powiedzieć.

**6** Chyba dlatego, że ciągle siedzimy w domu.

**7** – To może pójdziemy na spacer?

**8** – To niemożliwe, pada deszcz.

**9** – W takim razie, może do centrum handlowego?

**10** – Doskonale, ale idę sam.

**11** Żona jest zmęczona.

**12** – Naprawdę? To dziwne.

## 2 Les verbes au pluriel

À l'inverse du singulier, qui présente certaines irrégularités, le pluriel est très facile à retenir. On reconnaît les personnes du pluriel aux terminaisons qui, à une lettre près, sont toujours les mêmes :

– la 1re personne, **-my** : **mamy**, *nous avons*, **prosimy**, *nous prions*, **robimy**, *nous faisons*, **siedzimy**, *nous restons*, **idziemy**, *nous allons à pied*, **jedziemy**, *nous allons en véhicule*, **dziękujemy**, *nous remercions* ;

– la 2e personne, **-cie** : **macie**, *vous avez*, **prosicie**, *vous priez*, **zrobicie**, *vous ferez* ;

– la 3e personne, **-ą** : **są**, *ils sont*, **biorą**, *ils prennent*, **grają**, *ils jouent*, **mówią**, *ils disent, ils parlent*, **skarżą się**, *ils se plaignent*.

*Nous espérons que cette petite mise au point, entièrement consacrée au verbe, vous a permis d'y voir un peu plus clair. Retrouvons donc maintenant quelques expressions que vous venez de rencontrer.*

\*\*\*

Traduction

**1** Comment ça va *(Qu'entend-on)* ? Ça va bien *(Tout en ordre)* ? **2** Merci *(Remercions)*. Et chez vous ? **3** Pas tellement *(Pas très)*. [Nous] avons *(dernièrement)* [des] ennuis depuis quelque temps. **4** Désolé *(Désagréablement à-moi)*. Et que se passe[-t-il] ? **5** Difficile *(Difficilement)* [à] dire. **6** Sans doute parce que [nous] restons tout le temps *(tout-le-temps restons)* à [la] maison. **7** Et si nous allions *(alors peut-être irons)* en promenade ? **8** C'[est] impossible, il pleut *(tombe pluie)*. **9** Dans ce *(tel)* cas, peut-être au centre commercial ? **10** Très bien *(Formidablement)*, mais [j'y] vais seul. **11** [Ma] femme est fatiguée. **12** Vraiment ? C'[est] bizarre.

# Lekcja dwudziesta dziewiąta
*[lèktsya dvoudz'èsta dz'èvyo'nta]*

▶

## Choroba

1 – Źle wyglądasz [1]. Co ci jest?
2 – Źle się **czu**ję. **Bo**li mnie **gło**wa.
3 – Na**pi**jesz się **cze**goś [2]? **Zro**bię ci her**ba**ty [3].
4 – Nie, dzię**ku**ję. Nie mam o**cho**ty [4].
5 – **Bo**li cię **gar**dło?
6 – **Tro**chę. I **chy**ba mam go**rącz**kę.
7 – Tak, rzeczy**wiś**cie, **jes**teś **cho**ry.
8 Powi**nie**neś [5] iść do le**ka**rza.

💬 Prononciation
*La prononciation figurée ne portera désormais que sur les mots nou-
veaux ou présentant une difficulté particulière.*
Ho**ro**ba 1 z'lè vé**glo'n**dach … 2 … **tchou**yè … **gou**ova 3 napiyèc**h**
… **tchè**gos' … Her**ba**té 4 … o**Ho**té 5 … **gar**douo 6 tro**Hè** ..
go**rontch**kè 7 … jètché**vis'**tsiè … **Ho**ré 8 povi**gnè**nès' is'ts' … lè**kaja**

📑 Notes

1 Pour décrire l'apparence d'une personne ou d'une chose, on se sert du
verbe **wyglądać**, *sembler*, *paraître*, *avoir l'air*. Étant donné qu'il s'agit
d'un état, comme pour *être* ou *avoir*, et non pas d'une action, le perfectif n'existe pas. **Wyglądać** + adverbe s'emploie dans de nombreuses expressions courantes : **wyglądasz dobrze**, *tu as bonne mine*, **wyglądasz
wspaniale**, *tu as l'air en pleine forme*.

2 Outre **pić** (imperfectif) et **wypić** (perfectif), le verbe *boire* possède une
forme spéciale, à la fois préfixée et pronominale, **napić się**. L'action de boire
est alors envisagée comme partielle : *boire un peu*, d'où le génitif **czegoś**
dérivé de **coś**, *quelque chose*. **Napić się** sert notamment à *proposer* ou
*commander une boisson*. Notez la 1re personne du singulier : **napiję się**.

3 Le génitif **herbaty**, *thé*, est de nouveau lié à la notion sous-entendue de
quantité : "un peu de", "une tasse de".

# Vingt-neuvième leçon

## [Une] maladie

**1** – Tu as mauvaise mine *(Mal sembles)*. Qu'est-ce que tu as *(Que te il-y-a)* ?

**2** – Je me sens mal *(Mal me sens)*. J'ai mal à la tête *(Fait-mal à-moi tête)*.

**3** – [Tu] veux boire *(boiras te)* quelque chose ? [Je] vais te faire [du] thé.

**4** – Non, merci. [Je] n'ai pas envie.

**5** – Tu as mal à la gorge *(Fait-mal à-toi gorge)* ?

**6** – Un peu. Et j'ai sans doute *(Sans doute ai)* [de la] fièvre.

**7** – Oui, effectivement, [tu] es malade.

**8** [Tu] devrais aller chez [le] médecin.

Le complément d'objet direct qui suit un verbe à la forme négative se met au génitif, d'où **ochoty**, issu de **ochota**, *envie*. Vous vous souvenez qu'à la forme affirmative, le nom est à l'accusatif : **mam ochotę**, *j'ai envie*.

Voici une manière de suggérer à quelqu'un de faire quelque chose. Selon le genre grammatical, les formes diffèrent légèrement. Pour le masculin, la base est **powinien**, *il devrait*. En y ajoutant les terminaisons personnelles, on obtient les autres personnes : **powinienem**, *je devrais*, **powinieneś**, *tu devrais*. Du féminin singulier, **powinna**, *elle devrait*, dérivent respectivement **powinnam** et **powinnaś**.

9 – Nie. Na **ra**zie **pój**dę [6] spać.

**10** Zoba**czy**my [7] **jut**ro. □

 9 ... **ra**zie **pouill**dè spats[i]

Notes

6 Vous avez certainement deviné que **pójdę**, *je vais aller*, vient du perfecti[f] **pójść**. Rappelons que son homologue imperfectif est **idę**, *je vais*, issu de **iść**

\*\*\*

Ćwiczenie pierwsze – Proszę przetłumaczyć

❶ Jestem chory, boli mnie gardło i głowa. ❷ Czuję się troch[ę] zmęczona. ❸ Powinieneś iść spać. ❹ Na razie nie ma[m] ochoty. ❺ Nie lubię chodzić do lekarza.

\*\*\*

Ćwiczenie drugie –Wpisać brakujące słowa

❶ Je me sens très bien.
   Czuję . . . bardzo . . . . . . .

❷ Demain, j'irai chez le médecin.
   Jutro . . . . . do . . . . . . . .

❸ Je n'ai pas envie d'aller dormir.
   . . . mam . . . . . . iść . . . . .

30

# Lekcja trzydziesta

## Zaproszenie na koncert

1 – Co **ro**bisz w **przy**szły ponie**dzia**łek [?]

2 – A dla**cze**go **py**tasz?

Prononciation
zapro**chè**gnè na **ko'n**tsert *1* ... **ro**bich f **pché**choué pognè**dz**[i]ao[u]
*2* ... **pé**tach

**9** – Non. Pour [le] moment, [je] vais aller dormir.
**10** [Nous] verrons demain.

**7** **zobaczymy** vient de **zobaczyć**, *voir*, dont l'imperfectif correspondant est une forme différente, **widzieć**. Les deux verbes appartiennent à la même conjugaison et comme vous connaissez déjà **widzę**, l'équivalent de *je vois*, vous déduirez facilement que *je verrai* se dit **zobaczę**.

\*\*\*

Corrigé de l'exercice 1

❶ Je suis malade, j'ai mal à la gorge et à la tête. ❷ Je me sens un peu fatiguée. ❸ Tu devrais *(masc.)* aller dormir. ❹ Pour le moment, je n'ai pas envie. ❺ Je n'aime pas aller chez le médecin.

\*\*\*

❹ Je ne sais pas encore, nous verrons plus tard.
Nie . . . . jeszcze, . . . . . . . . . potem.

❺ Je ne peux pas, mon frère est malade.
Nie . . . . mój . . . . jest . . . . . . .

Corrigé de l'exercice 2

❶ – się – dobrze ❷ – pójdę – lekarza ❸ Nie – ochoty – spać ❹ – wiem – zobaczymy – ❺ – mogę – brat – chory

**30**

# Trentième leçon

## [Une] invitation à [un] concert

**1** – Que fais[-tu] lundi prochain *(en prochain lundi)* ?
**2** – Et pourquoi demandes[-tu] ?

ote

Les jours de la semaine, lorsqu'ils servent de complément de temps, c'est-à-dire en réponse à la question *quand*, s'emploient à l'accusatif et sont précédés de la préposition **w**, *en, dans*.

**3** – Chcę cię za**pro**sić na **kon**cert [2].
**4** – Nie**ste**ty, **jes**tem zajęta. **Mo**że we **wto**rek [3].
**5** – Już **pat**rzę. Nie, **i**dę na **ba**sen.
**6** – A w **śro**dę [4]?
**7** – **Jes**tem **wol**ny. Zobaczę, co jest w pro**gra**mie [5].
**8** **Lu**bisz Mo**zar**ta [6]?
**9** – U**wiel**biam. Gdzie się spot**ka**my?
**10** – U mnie, o dzie**wią**tej [7].
**11** – Dosko**na**le. To do **śro**dy.

**3** Htsè ts¡è zapros¡its¡ … **5** … **pat**'chè … **ba**ssèn **6** a f **s**¡**ro**dè **7** …
zo**ba**tchè … f pro**gra**myè **9** ouv**yèl**bya'm … **10** ou … dz¡è**vyo'n**teill…
**11** … **s**¡**ro**dé

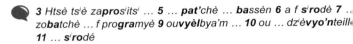

### Notes

**2** Revenons un instant sur la préposition **na**, utilisée en concurrence ave…
do pour indiquer un lieu à atteindre, un but. Parmi les cas où **na** rem…
place **do**, citons celui où la destination est un spectacle, une représen…
tation ou une manifestation culturelle, sportive ou autre. C'est ce qu…
vous avez ici avec **na koncert**, *au concert*.

**3** Devant un mot commençant par un groupe de consonnes dont la pre…
mière est **w** ou **f**, la préposition **w** prend la forme **we**, d'où **we wtore**…
*mardi*.

**4** Certains jours de la semaine, comme **środa**, *mercredi*, sont du gen…
féminin, ce qui explique la terminaison **-ę** à l'accusatif.

**5** La finale **-e** du locatif singulier peut, après certaines consonnes, prend…
la forme **-ie**, d'où **w programie**, *au programme*.

\*\*\*

Ćwiczenie pierwsze – Proszę przetłumaczyć
**❶** Spotkamy się w domu, o dziewiątej. **❷** Czy dzisiaj jest pa…
wolny? **❸** W przyszły wtorek jestem zajęty. **❹** Uwielbia…
chodzić na basen. **❺** U mnie nic ciekawego.

**103 • sto trzy** *[sto t'ché]*

**3** – [Je] veux t'inviter à [un] concert.

**4** – Malheureusement, [je] suis occupée. Peut-être *(en)* mardi.

**5** – Je regarde tout de suite *(Déjà regarde)*. Non, [je] vais à [la] piscine.

**6** – Et *(en)* mercredi ?

**7** – [Je] suis libre. [Je] vais voir ce qu'il y a au programme.

**8** Aimes[-tu] Mozart ?

**9** – [J']adore. Où nous retrouvons *(retrouverons)*-nous ?

**0** – Chez moi, à neuf heures *(neuvième)*.

**1** – Formidable*(ment)*. Alors, à mercredi.

Ne vous étonnez pas de voir les noms propres d'origine étrangère – ici **Mozart** – déclinés comme les noms polonais. La forme **Mozarta** correspond à l'accusatif.

Pour dire *à telle heure*, on emploie la préposition **o** + le locatif de l'adjectif numéral ordinal au féminin. Sa terminaison **-ej** est la même que celle des adjectifs qualificatifs.

\*\*\*

orrigé de l'exercice 1

Nous nous retrouverons à la maison, à neuf heures. **❷** Est-ce que ous êtes libre aujourd'hui, monsieur ? **❸** Mardi prochain, je suis cupé. **❹** J'adore aller à la piscine. **❺** Chez moi, rien d'intéressant.

Ćwiczenie drugie – Wpisać brakujące słowa

❶ Lundi et mardi, je suis occupé.

W . . . . . . . . . . . . i we . . . . . . jestem . . . . . . .

❷ Tu es libre mercredi ?

Jesteś . . . . . w . . . . . ?

❸ Si nous allions à la piscine ?

. . . . pójdziemy . . . . . . . ?

\*\*\*

*La culture étant très vivante en Pologne, vous y trouverez beauco*
*de manifestations culturelles fort intéressantes. Dans le domai*
*musical, par exemple, les mélomanes en tout genre séjournant*
*Varsovie en été seront comblés. Pour les amateurs de musique cl*
*sique, il y a le Festival Mozart, le Festival d'orgue Jean-Sébastien Ba*
*et surtout les concerts Frédéric Chopin, de mai à octobre, au pe*
*de Łazienki et au château de Wilanów. Ceux qui aiment la musiq*
*contemporaine pourront se rendre à l'Automne de Varsovie. En*
*le Festival de jazz, en octobre, sera un régal pour les admirateurs*
*cette musique. Mais les autres grandes villes ne sont pas en rest*

**31**

# Lekcja trzydziesta pierwsza

▶ **Wakacje**

1 – Gdzie **by**łaś [1] na wa**ka**cjach?
2 – W tym **ro**ku, **by**łam nad **mo**rzem [2], **ko**ło **Gdań**sk

💬 Prononciation
*va**ka**tsyè 1 … **bé**was<sup>i</sup> … va**ka**tsyaH 2 f tém … **bé**wa'm nat **moj***
***ko**wo **gdagn**ska*

 : Notes
1  Vous serez agréablement surpris d'apprendre que le polonais n'a qu
   temps passé et que sa formation est régulière, à quelques exceptio
   près. Il n'y a qu'une seule singularité, qui peut certes dérouter au

❹ Je peux t'inviter au cinéma.

.... cię ........ do .....

❺ Au programme, il y a un concert de Mozart.

W ......... jest ....... Mozarta.

Corrigé de l'exercice 2

❶ – poniedziałek – wtorek – zajęty ❷ – wolny – środę ❸ Może – na basen ❹ Mogę – zaprosić – kina ❺ – programie – koncert –

\*\*\*

*toutes mettent en place divers événements, journées, concerts ou récitals. Cracovie vous offre, entre autres, les Journées Beethoven à Pâques, les Journées de la musique d'orgue en avril-mai ou encore le Festival de musique de la vieille ville en août. La ville de Poznań organise le prestigieux Festival international de violon Henryk Wieniawski, celle de Wrocław, son fameux Festival international Jazz sur Oder, et son Festival d'oratorios et de cantates. Enfin, si vous vous trouvez au mois d'août à Sopot, près de Gdańsk, allez au Festival international de la chanson. Il se déroule en plein air dans un amphithéâtre de verdure, dit* **Opera Leśna** *(Opéra sylvestre).*

31

# Trente et unième leçon

## [Les] vacances

**1** – Où as[-tu] été en vacances ?

**2** – *(En)* cette année, [j']ai été au bord de [la] mer, à côté [de] Gdansk.

but : les formes sont différentes suivant le genre grammatical du sujet. Contentons-nous pour le moment de remarquer que **byłaś**, *tu as été*, s'emploie pour le féminin, que l'on reconnaît facilement à la lettre **a** dans la terminaison du singulier.

**nad** signifiant normalement *au-dessus* apparaît également dans quelques expressions toutes faites, comme ici **nad morzem**, *au bord de la mer*. Le nom qui suit, vous l'aurez constaté, est à l'instrumental.

**3** – No i co? [3]
**4** – **By**ło [4] **bar**dzo [5] **du**żo **lu**dzi.
**5** Dla**te**go w **przy**szłym **ro**ku, chcę po**je**chać na
Ma**zu**ry.
**6** – **Wi**dzę, że **lu**bisz **wo**dę.
**7** – No **pew**nie. **Wszy**scy to **lu**bią.
**8** **Ką**piel i **spor**ty **wod**ne to na**praw**dę **wiel**ka
przy**jem**ność.
**9** – To za**le**ży, mnie to **wca**le nie inte**re**suje.
**10** – A co cię inte**re**suje? **Mo**że **gó**ry?
**11** – Nie, po**dró**że za gra**ni**cę [6]. W **tym ro**ku **by**łem w
**Gre**cji.
**12** – I nie **mia**łeś [7] kło**po**tów z **ję**zykiem?
**13** – **Ja** nie, **a**le **Gre**cy tak.

*4 béwo … doujo loudz'i 5 pchéchouém … Htsè poyèHats'*
*mazouré 6 … loubich vodè 7 … pèvgnè fchéstsé to loubid*
*8 ko'mpyèl i sporté vodnè … napravdè vyèlka pchéyè'mnosit*
*9 … zalèjé … i'ntèrèssouyè 10 … gouré 11 … podroujè z*
*gragnitsè … béwè'm v grètsi 12 … miaouès' kouopotouf*
*yinzékyè'm 13 … grètsé …*

---

: Notes

**3** Voici une expression très courante pour s'enquérir de quelque cho
Retenez-la telle quelle, sans en décomposer les trois éléments.

**4** Au passé, la 3ᵉ personne du singulier possède aussi le genre neut
qui se caractérise, comme vous le voyez dans **było**, *il/elle était*, par
terminaison **-o**.

**5** Vous vous êtes sûrement aperçu que **bardzo** se traduit par *très*
*beaucoup*, selon le mot qu'il accompagne. Dans le premier cas, il s'a
généralement d'un adjectif : **bardzo uprzejmy**, *très aimable* ; **bar**
**proste**, *très simple*, et, dans le second, d'un verbe : **dziękuję barc**
*merci beaucoup*. Par ailleurs, à *beaucoup* – en tant qu'adverbe de qu

**3** – Et alors ?

**4** – Il y avait *(Était)* énormément de monde *(très beaucoup gens)*.

**5** C'est pourquoi *(Pour-cela)*, l'année prochaine *(en prochaine année)*, [je] veux aller en Mazurie.

**6** – [Je] vois que [tu] aimes [l']eau.

**7** – Évidemment. Tout le monde l'aime *(Tous l'aiment)*.

**8** [La] baignade et [les] sports nautiques, c'[est] vraiment [un] énorme plaisir.

**9** – Ça dépend. Moi, ça ne m'intéresse pas du tout.

**10** – Et qu'est-ce qui t'intéresse ? Peut-être la montagne *(les montagnes)* ?

**11** – Non, [les] voyages à l'étranger. *(En)* cette année, [j']ai été en Grèce.

**12** – Et [tu] n'as pas eu [de] problèmes avec [la] langue ?

**13** – Moi non, mais [les] Grecs, oui.

tité – correspond **dużo** (ex.: **dużo ludzi**, *beaucoup de monde*). Pour une *grande quantité*, on dit donc **bardzo dużo**.

La traduction littérale de **za granicę** est "derrière la frontière". Lorsque, comme ici, l'expression *à l'étranger* implique une idée de déplacement, la préposition **za** est suivie de l'accusatif. En revanche, s'il s'agit d'indiquer l'emplacement, comme dans *j'habite à l'étranger*, on utilise l'instrumental : **mieszkam za granicą**. Signalons enfin, pour éviter toute erreur, qu'il existe aussi un mot, **zagranica**, qui lui, signifie *pays étrangers*.

**miałeś**, *tu as eu*, correspond au masculin, le féminin étant **miałaś**.

▶ Ćwiczenie pierwsze – Proszę przetłumaczyć

**①** Moja siostra mieszka nad morzem. **②** W przyszły poniedziałek, jadę za granicę. **③** Już byłem w centrum Warszawy. **④** W tym roku jest bardzo dużo ludzi. **⑤** Nie miałeś ochoty zadzwonić?

\*\*\*

Ćwiczenie drugie – Wpisać brakujące słowa

**①** L'année prochaine, je vais à l'étranger.
. przyszłym . . . . jadę . . . . . . . . .

**②** Maintenant, j'habite au bord de la mer.
Teraz . . . . . . . . nad . . . . . . .

**③** Le soir, il y avait beaucoup de monde.
Wieczorem . . . . dużo . . . . . .

\*\*\*

*Au nord du pays, sur les bords de la Baltique, Gdańsk doit sa renommée aux célèbres chantiers navals, d'où est partie en 1980, Lech Wałęsa en tête, la révolte contre le régime communiste. Mais la ville tire aussi sa réputation d'un riche patrimoine architectural qui attire chaque année de nombreux touristes étrangers. À ne pas manquer la rue Mariacka, avec ses maisons à terrasses auxquelles on accède par un escalier en pierre.*

*Située à une vingtaine de minutes de Gdańsk, Sopot – surnommé "la Deauville de la Baltique" – est une station balnéaire très courue*

**32**

# Lekcja trzydziesta druga

▶ # Rozrywki

**1** – Co lubicie robić po ¹ pracy?
**2** – Ja bardzo lubię czytać.

🗨 Prononciation
*rozréfki 1 … loubits'è … pratsé 2 … tchétats'*

## Corrigé de l'exercice 1

❶ Ma sœur habite au bord de la mer. ❷ Lundi prochain, je vais à l'étranger. ❸ J'ai déjà été dans le centre de Varsovie. ❹ Cette année, il y a beaucoup de monde. ❺ Tu n'as pas eu envie de téléphoner ?

\*\*\*

❹ Je suis désolé, mais j'ai été malade.
   Przykro . . , ale . . . . . chory.

❺ Ça me fait plaisir que le travail t'intéresse.
   . . . . . . się, . . praca . . . interesuje.

## Corrigé de l'exercice 2

❶ W – roku – za granicę ❷ – mieszkam – morzem ❸ – było – ludzi ❹ – mi – byłem – ❺ Cieszę – że – cię –

\*\*\*

On vient y profiter des plages de sable fin, de l'eau à 18 degrés en été et du fameux molo, une très longue jetée qui s'avance dans la mer et sert de lieu de promenade.
En allant vers l'est, la Mazurie (**Mazury**) est une région de lacs, de bois et de rivières, où vivent, protégés dans des parcs nationaux, élans, loups, lynx et autres espèces rares. De nombreuses petites îles abritent des réserves naturelles d'oiseaux aquatiques : cormorans, cygnes sauvages, hérons. Le site, très peu urbanisé, est un véritable paradis pour les pêcheurs, les campeurs et tous les amoureux de la nature.

**32**

# Trente-deuxième leçon

## [Les] distractions

**1** – Qu'est-ce que [vous] aimez faire après [le] travail ?
**2** – Moi, j'aime beaucoup (beaucoup aime) lire.

ote

Nous l'avons déjà signalé : la préposition **po** figure malheureusement parmi celles qui possèdent beaucoup d'emplois assez disparates. En voici un nouveau, où elle équivaut à après et demande le locatif.

**3** **Czyt**am prak**tyczn**ie **wszyst**ko: biogra**f**ie, po**wieś**ci, poe**zję**.

**4** – Ja **chę**tnie **chodzę** ² do te**a**tru i do o**pe**ry.

**5** – A ja oso**biś**cie **wolę chodzić** ³ do **ki**na.

**6** Szcze**gól**nie **lubię fil**my przygo**do**we.

**7** – A **mo**je **ho**bby to sport.

**8** **G**ram w te**ni**sa, **jeż**dżę ⁴ na ro**we**rze.

**9** A **zi**mą, na **nar**tach ⁵.

**10** – Ja, **praw**dę **mó**wiąc, nie **lu**bię ani **spor**tu, ani te**a**tru, **a**ni czy**ta**nia.

**11** **Mo**ja ulu**bio**na roz**ryw**ka, to gra w **kar**ty.

**12** – Tak? To się **dob**rze **skła**da, my też to lu**bi**my. ⃞

**3** tch**éta**'m prak**tétch**gnè … biogra**f**iè po**vyès**ˈtsˈi poè**zyè 4 Hèntgr**
… o**pè**rè **5** osso**bis**ˈtsˈè vo**lè** Ho**dz**ˈitsˈ … **6** chtchè**goul**gnè … **film**
pché**go**dovè **7 Ho**bbi … sport **8** gra'm f tè**ni**ssa i**èj**djè na ro**vè**
**9** zˈimon … **nar**taH **10 mou**vyonts … **11** … oulou**bio**na roz**réf**ka .
**12** … s**koua**da

## Notes

**2** Rappelons que pour la marche à pied, on dispose en polonais de de
verbes à l'imperfectif. Vous connaissez ainsi (leçon 20, note 3) la d
tinction entre **idę** et **chodzę**, pour *je vais*, suivant le type de déplac
ment : unique pour **idę** et répété pour **chodzę**. Il arrive parfois que
contexte ajoute un élément supplémentaire à l'information portée p
le verbe lui-même. On voit, par exemple dans cette phrase, grâce
mot **chętnie**, *volontiers*, que **chodzę** signifie bien une action habituel
L'emploi de **idę** est en effet incompatible avec **chętnie**.

**3** Contrairement à la phrase précédente, seul le verbe **chodzić** perm
de dire qu'il ne s'agit pas ici d'une action spécifique. Dans le cas d'
souhait portant sur un déplacement unique, on dirait : **A ja osobiśc**
**wolę iść do kina**.

**4** Il n'y a pas d'équivalent exact de l'expression *faire du vélo* ; on dit to
jours "aller à vélo". Comme il ne s'agit pas d'un déplacement à pied, o
n'utilise ni **iść** ni **chodzić**, mais un autre couple de verbes de mêm

**3** [Je] lis pratiquement tout : biographies, romans, poésie.

**4 –** Moi, je vais volontiers *(volontiers vais)* au théâtre et à l'opéra.

**5 –** Et moi, personnellement, [je] préfère aller au cinéma.

**6** J'aime particulièrement *(Particulièrement aime)* [les] films [d']aventure.

**7 –** Et [moi], mon hobby, c'[est le] sport.

**8** [Je] joue au tennis, je fais du *(vais à)* vélo.

**9** Et [en] hiver, [je fais du] *(à)* ski.

**10 –** Moi, à vrai dire *(vérité disant)*, [je] n'aime ni [le] sport, ni [le] théâtre, ni [la] lecture.

**11** Ma distraction préférée *(préférée distraction)*, c'[est le] jeu de cartes.

**12 –** Oui ? Ça tombe bien *(se bien compose)*, nous aussi, [nous] l'aimons.

caractéristiques, qui sont respectivement **jechać** – que vous connaissez déjà – et **jeździć**. Ainsi on dit **Dziś jadę na rowerze**, *Aujourd'hui, je vais à vélo*, mais **Często jeżdżę na rowerze**, *Je vais souvent à vélo*. Remarquez, pour les deux verbes, les changements entre l'infinitif et les formes personnelles. Ce sont, pour **jechać**, la modification des voyelles **e/a** à la 1re personne du singulier et, pour **jeździć**, la transformation **ź(zi)/ż**. On retrouve les mêmes changements à la 3e personne du pluriel : **jadą** et **jeżdżą**, *ils/elles vont*.

5 Pour la pratique du ski, on utilise également le verbe **jeździć** + **na** + locatif. Le nominatif correspondant à *skis* est **narty**.

▶ Ćwiczenie pierwsze – Proszę przetłumaczyć

❶ Po pracy, chętnie gram w karty. ❷ Ja nie lubię sportu, wolę czytać. ❸ Może pan pojechać na rowerze. ❹ Nie znam ani Gdańska ani Krakowa. ❺ Adam i Marek grają bardzo dobrze w tenisa.

Ćwiczenie drugie – Wpisać brakujące słowa

❶ Où nous retrouverons-nous après le travail ?
Gdzie . . . spotkamy . . pracy?

❷ Je préfère envoyer une lettre en France.
. . . . wysłać . . . . do . . . . . . . .

❸ On va *(allons)* au cinéma ? Volontiers.
. . . . . . . do . . . . ? . . . . . . . .

**33**

# Lekcja trzydziesta trzecia

▶ ## Sklep

**1** – **I**dę do **skle**pu. **Pój**dziesz ¹ ze mną ²?
**2** – **Dob**rze, **je**śli chcesz. (…)
**3** – Co **my**ślisz o tej su**kien**ce ³?
**4** – **Mo**im **zda**niem ⁴, jest za **krót**ka.

🗨 Prononciation
*sklèp **1** … **sklè**pou **pouill**dz'èch ze mnon **2** … **yes**'li Htsèch **3** … **més**'lich … sou**kyèn**tsè **4** **mo**'i'm **zda**gnèm … **krout**ka*

📋 : Notes
: **1** Vous savez maintenant que le perfectif **pójdziesz**, 2ᵉ personne du singulier de **pójść**, *aller*, renvoie à l'action future.
: **2** **mną** est l'instrumental de **ja**, *je, moi*.

Corrigé de l'exercice 1

❶ Après le travail, je joue volontiers aux cartes. ❷ Moi, je n'aime pas le sport, je préfère lire. ❸ Vous pouvez y aller à vélo. ❹ Je ne connais ni Gdansk ni Cracovie. ❺ Adam et Marek jouent très bien au tennis.

❹ En hiver, je fais du ski.
Zimą . . . . . . na . . . . . . . .

❺ J'ai été à vélo à côté de Gdansk.
. . . . . na . . . . . . . koło . . . . . . . .

Corrigé de l'exercice 2

❶ – się – po – ❷ Wolę – list – Francji ❸ Idziemy – kina – Chętnie
❹ – jeżdżę – nartach ❺ Byłem – rowerze – Gdańska

## Trente-troisième leçon

33

### [Le] magasin

1 – [Je] vais au magasin. Tu viens *(iras)* avec moi ?
2 – D'accord *(Bien)*, si [tu] veux. (…)
3 – Que penses[-tu] de cette robe ?
4 – [À] mon avis, [elle] est trop courte.

Le verbe **myśleć**, *penser*, est suivi de la préposition **o**, *à*, *de*, qui exige le locatif. Remarquez, dans la forme **tej**, issue de **ta**, *cette*, le changement a/e. De même, **sukienka**, *robe*, subit l'alternance k/c et donne au locatif **sukience**.

La tournure *à mon avis* se dit en polonais à l'aide de l'instrumental, sans préposition. Le nominatif correspondant, du genre neutre, est **moje zdanie**.

5 – Co ty opo**wia**dasz?! **Te**raz się **ta**kie **no**si [5].

6 – To **mo**że ta **bluz**ka?

7 – Nie po**do**ba mi się **ko**lor.

8 – **Prze**cież zie**lo**ny jest **bar**dzo **mod**ny.

9 Po**win**naś **ra**czej przy**mie**rzyć te **spod**nie.

10 – **A**le mam **pra**wie **ta**kie **sa**me.

11 – **Któ**re [6]? Te **czar**ne? **Chy**ba żar**tu**jesz!

12 **Te**raz się już **ta**kich [7] nie **no**si! ☐

*5 … opo**via**dach … **nos**$^i$i 6 … **blous**ka 8 pché**ts**$^i$èch ziè**lo**né … 9 …*
*ra**tcheille** pché**my**èjéts$^i$ … 11 … **tchar**nè … 12 … **ta**kiH …*

: Notes

5  Dans certaines constructions impersonnelles, on recourt à la 3ᵉ personne
   du singulier d'un verbe au présent en y ajoutant le pronom réfléchi **się**.
   Le tout, comme par exemple **nosi się coś**, peut être traduit en français
   par une expression avec *on* : *on porte quelque chose*, ou par une tournure
   pronominale : *quelque chose se porte*. En voici un autre exemple : **Gdzie**
   **się kupuje bilety?**, *Où achète-t-on / où s'achètent les billets ?*

\*\*\*

Ćwiczenie pierwsze – Proszę przetłumaczyć

❶ Po pracy, muszę iść do sklepu. ❷ Chcesz przymierzyć
ten sweter? ❸ Mam nadzieję, że żartujesz. ❹ Powinna
pojechać ze mną do Francji. ❺ Które lody wolisz?

\*\*\*

Ćwiczenie drugie – Wpisać brakujące słowa

❶ Je voudrais *(fém.)* essayer ce pantalon.
   . . . . . . . . . przymierzyć . . . . . . . . . . .

❷ Nous allons au magasin acheter des fruits.
   . . . . . . . do . . . . . . . . . . . owoce.

❸ Tu devrais *(fém.)* voir cette couleur.
   . . . . . . . . zobaczyć . . . . . . . .

**5 –** Qu'est-ce que tu racontes ?! Maintenant, on les porte comme ça *(se telles porte)*.

**6 –** Alors peut-être ce chemisier ?

**7 –** Je n'aime pas *(Ne plaît à-moi)* [la] couleur.

**8 –** Pourtant [le] vert est très à la mode.

**9 –** [Tu] devrais plutôt essayer ce pantalon.

**10 –** Mais [j'en] ai [un qui est] presque pareil.

**11 –** Lequel ? Le *(Ce)* noir ? Tu plaisantes sans doute *(Sans-doute plaisantes)* !

**12** Maintenant, on n'en porte plus des comme ça *(se plus telles ne porte)* !

**6** Le pronom *(le)quel* a deux équivalents en polonais : **jaki** et **który** – ce dernier ici sous la forme du pluriel **które**. Le premier se rapporte plutôt à la qualité d'un objet ou d'une personne, le second porte sur leur identité parmi d'autres possibles. C'est ainsi que **który**, au féminin, sert à demander l'heure : **która godzina?**

**7** Comme la phrase est à la forme négative, on a **takich**, génitif de **takie**, *tel(le)s*.

\*\*\*

Corrigé de l'exercice 1

**1** Après le travail, je dois aller au magasin. **2** Tu veux essayer ce pull ? **3** J'espère que tu plaisantes. **4** Tu devrais aller avec moi en France. **5** Quelles glaces préfères-tu ?

\*\*\*

**4** Est-ce que tu penses que ce pull est joli ?

Czy . . . . . . . , że . . . . . . . . jest . . . . . ?

**5** Tu veux aller avec moi à Varsovie ?

. . . . . . pojechać . . mną . . Warszawy?

Corrigé de l'exercice 2

**1** Chciałabym – te spodnie **2** Idziemy – sklepu kupić – **3** Powinnaś ten kolor **4** – myślisz – ten sweter – ładny **5** Chcesz – ze – do –

## Lekcja trzydziesta czwarta

### Marzenia o przyszłości

1 – **Dzie**ci [1], kto wie **ja**ki jest **dzi**siaj **te**mat **lek**cji?
2 – Ja wiem: ma**rze**nia [2] o przy**szło**ści.
3 – **Bar**dzo **dob**rze. To kto za**czy**na? **Mo**że ty, **Ka**siu [3]?
4 – Ja **ma**rzę o tym, **że**by **zo**stać ak**tor**ką [4].
5 – To **bar**dzo cie**ka**wy za**wód**. A ty, **Mar**ku?
6 – Ja **chciał**bym polecieć [5] na **księ**życ.
7 – O, to **bar**dzo orygi**nal**ne ma**rze**nie.
8 Kto **jesz**cze chce coś po**wie**dzieć? **To**mek?

🗨 Prononciation

*majègna o pchéchouostsi 1 dziètsi … 3 … zatchéna … kasio 4 … majè … jèbé zostatsi aktorkon 5 … zavout … 6 … polètsièti na ksiinjéts 7 … oréguinalnè …*

🗂 Notes

1 Le singulier correspondant à **dzieci**, *enfants*, est **dziecko** (nom neutre). Nous avons ici affaire au vocatif qui, au pluriel des trois genres, a même forme que le nominatif.

2 Les noms dérivés de verbes exigent, le cas échéant, l'emploi de même préposition. **Marzyć**, *rêver*, étant suivi de **o**, *à*, on trouve cette préposition également après **marzenia**, *rêves*.

3 Rappelons que pour les prénoms, on se sert, la plupart du temps, diminutifs. Pour *Catherine*, la forme usuelle **Kasia** apparaît ici au vocatif **Kasiu**.

4 La construction de **zostać**, *devenir*, est la même que celle du verbe être : le nom qui suit se met à l'instrumental (**aktorką**, *actrice*).

## [Les] rêves d'avenir

**1** – [Les] enfants, qui sait quel est *(aujourd'hui)* le sujet de [la] leçon [aujourd'hui] ?

**2** – Moi, [je] sais : [les] rêves d'avenir.

**3** – Très bien. Alors qui commence ? Peut-être toi, Kasia *(Catherine)* ?

**4** – Moi, [je] rêve de *(cela pour)* devenir actrice.

**5** – C['est un] métier très intéressant *(très intéressant métier)*. Et toi, Marek ?

**6** – Moi, [je] voudrais aller sur la lune.

**7** – Oh, c['est un] rêve très original *(très original rêve)*.

**8** Qui d'autre *(encore)* veut dire quelque chose *(quelque chose dire)* ? **Tomek** *(Thomas)* ?

Vous avez déjà eu un petit aperçu des distinctions que connaît la catégorie des verbes de mouvement. Continuons donc notre chemin avec, cette fois-ci, un déplacement dans l'air. Celui-ci s'exprime à l'aide des mêmes verbes que pour les oiseaux ou les insectes : *voler*. La forme **polecieć** correspond au perfectif que l'on reconnaît au préfixe **po-**, comme dans **pojechać**, *aller en véhicule*.

**9** – Ja **ma**rzę o tym, **że**by za**ra**biać [6] **du**żo
     pie**nię**dzy [7].
**10**   Tak jak mój **ta**ta.
**11** – Twój **ta**ta za**ra**bia **du**żo pie**nię**dzy?
**12** – Nie, **a**le **ma**rzy o tym od **daw**na.

*9 ... za**ra**biats¹ ... piè**gnin**dzé 12 ... **dav**na*

: Notes

**6** **zarabiać**, *gagner*, en parlant de l'argent, est imperfectif. Il a pour homologue perfectif **zarobić** qui se conjugue comme **robić**. Mais attention
ne les confondez pas ! En effet, malgré une lointaine origine commune
il s'agit de deux verbes, et surtout de deux aspects différents. Ain
**robię** signifie *je fais* et **zarobię**, *je gagnerai*, ce qui n'a pas grand-chose
voir. Pour mémoire, *je ferai* se dit **zrobię**.

\*\*\*

Ćwiczenie pierwsze – Proszę przetłumaczyć
❶ Dzieci są już w domu. ❷ Moja siostra chce zostać aktorką
❸ Kto wie, jak to trzeba powiedzieć? ❹ Jaki jest two
ulubiony zawód? ❺ Od dawna o tym myślisz?

Ćwiczenie drugie – Wpisać brakujące słowa
❶  Les enfants jouent volontiers au tennis.
    . . . . . . chętnie . . . . . w . . . . . . . .
❷  Thomas commence [à] gagner beaucoup d'argent.
    Tomek . . . . . . . zarabiać . . . . pieniędzy.
❸  Je voudrais *(masc.)* dire quelque chose.
    . . . . . . . . . coś . . . . . . . . . . .

**9** – Moi, [je] rêve de *(cela pour)* **gagner beaucoup [d']**
   **argent.**
**0** *(Ainsi)* **comme mon père.**
**1** – **Ton père gagne beaucoup [d']argent ?**
**2** – **Non, mais [il] en** *(de cela)* **rêve depuis longtemps.**

L'équivalent polonais du mot *argent* au sens de "monnaie" est le nom
pluriel **pieniądze**. Il est ici employé au génitif, car il se rapporte à la
quantité : **dużo pieniędzy**, *beaucoup d'argent*. Remarquez le changement **ą/ę** qui se produit généralement pour les noms masculins lors
du passage au génitif. Le singulier **pieniądz**, qui désigne une *pièce de
monnaie*, est peu usité.

\*\*\*

orrigé de l'exercice 1
● Les enfants sont déjà à la maison. ❷ Ma sœur veut devenir actrice.
● Qui sait comment il faut le dire ? ❹ Quel est ton métier préféré ?
● Tu penses à cela depuis longtemps ?

● Depuis longtemps, j'aime ce métier.
   **Od . . . . . lubię . . . . . . . . .**
● C'est un sujet très intéressant.
   **To . . . . . . ciekawy . . . . . .**

orrigé de l'exercice 2
● Dzieci – grają – tenisa ❷ – zaczyna – dużo – ❸ Chciałbym –
owiedzieć ❹ – dawna – ten zawód ❺ – bardzo – temat

# Lekcja trzydziesta piąta

## Powtórka – Révision

### 1 Les jours de la semaine

Commençons par les jours de la semaine. Parmi ceux que nou
avons rencontrés, certains sont du genre masculin :
**poniedziałek**, *lundi* et **wtorek**, *mardi*.
Ajoutons-y :
**czwartek**, *jeudi* et **piątek**, *vendredi*.

Notez cette petite astuce qui vous permettra de retenir facilemer
les deux derniers : **czwartek** vient de **czwarty**, *quatrième* et **piąte**
de **piąty**, *cinquième*. Vous avez vu aussi que :
**środa**, *mercredi*, est féminin, tout comme les deux jours d
week-end :
**sobota**, *samedi* et **niedziela**, *dimanche*.

Lorsqu'ils sont utilisés en tant que complément de temps, les jour
de la semaine se mettent à l'accusatif. Pour les noms masculin
les formes sont les mêmes qu'au nominatif, et pour les féminin
la terminaison est **-ę**. On les fait précéder de la préposition **w** : **v**
**poniedziałek**, **w środę**. N'oubliez pas que pour faciliter la pronor
ciation, **w** se transforme en **we** dans **we wtorek**.
Contrairement au français, le polonais ne fait pas de distinctio
entre le jour particulier *lundi* et le jour habituel *le lundi*. Ce sor
d'autres mots : **przyszły**, *prochain* ou **zwykle**, *d'habitude*, qui pe
mettent de lever une éventuelle ambiguïté. Le verbe lui-mêm
peut aussi, dans certains cas, apporter une précision sur le typ
d'action, particulière ou habituelle. Ainsi **w środę idę na base**
correspond à *mercredi, je vais à la piscine*, et **w środę chodzę n**
**basen** a pour équivalent *le mercredi, je vais à la piscine*.

## 2 L'emploi des prépositions

Malheureusement, ce n'est pas ce qu'il y a de plus facile ! On s'aperçoit très vite en effet que, la plupart du temps, il n'y a pas de correspondance exacte d'une langue à l'autre. De plus, l'utilisation des prépositions polonaises est assez délicate car chacune entraîne l'emploi d'un cas particulier, voire, pour certaines, de deux cas différents.
Voici donc un petit récapitulatif, cas par cas, des prépositions rencontrées jusqu'ici.

### 2.1 Les prépositions suivies du génitif

**• Avec le génitif, sont employées :**

**dla**, *pour* : **dla kolegi**, *pour un ami*, **dla mnie**, *pour moi* ;
**do**, *à, chez* : **do Krakowa**, *à Cracovie*, **do lekarza**, *chez le médecin*, **do jutra**, *à demain*, **do środy**, *à mercredi* ;
**u**, *chez* : **u rodziny**, *chez la famille*, **u was**, *chez vous*, **u nas**, *chez nous* ;
**z**, *de* : **z Warszawy**, *de Varsovie*, **z wakacji**, *de vacances*.

### 2.2 Les prépositions suivies de l'accusatif

**Avec l'accusatif :**

**na**, *à, pour* : **na koncert**, *à un concert*, **na basen**, *à la piscine*, **na tydzień**, *pour une semaine* ;
**po**, *pour* : **Idę po owoce**, *Je vais (pour) chercher les fruits* ;
**w** ou **we**, *en* : **w poniedziałek**, *(le) lundi*, **we wtorek**, *(le) mardi* ;
**za**, *derrière* : **Jadę za granicę**, *Je vais à l'étranger* (litt. "derrière la frontière").

### 2.3 Les prépositions suivies de l'instrumental

**Avec l'instrumental :**

**przed**, *devant* : **przed nami**, *devant nous* ;
**z** ou **ze**, *avec* : **z cytryną**, *avec du citron*, **z telewizorem**, *avec la télé*, **ze śmietanką**, *avec de la crème* ;
**za**, *derrière* : **Jestem za granicą**, *Je suis à l'étranger*.

## 2.4 Les prépositions suivies du locatif

### • Avec le locatif :

**na**, *sur*, *à*, *dans* : **na stole**, *sur la table*, **na ulicy**, *dans la rue*, **na rowerze**, *à vélo* ;

**o**, *de* : **o sukience**, *de la robe*, **o tym**, *de cela* ;

**po**, *après* : **po pracy**, *après le travail* ;

**w**, *à*, *dans* : **w domu**, *à la maison*, **w kiosku**, *dans un kiosque*, **w programie**, *dans le programme* ;

Comme vous voyez, les prépositions **na**, **po** et **w** dépendent soit de l'accusatif, soit du locatif. Dans le premier cas, **na** et **po** expriment

\*\*\*

▶ **Dialog-powtórka**

**1** – Idę na basen. Pójdziesz ze mną?
**2** – Chyba żartujesz!
**3**   W środę jest bardzo dużo ludzi.
**4** – Widzę, że nie lubisz sportu.
**5** – Lubię, ale dziś nie mam ochoty.
**6**   Źle się czuję.
**7** – Co ci jest?
**8** – Boli mnie głowa.
**9** – Powinnaś iść spać.
**10** – Nie, dziś wieczorem idę do opery.
**11** – Ja też chciałbym pójść. Marzę o tym od dawna.
**12**   Uwielbiam Mozarta.

la destination ou le but et **w**, la situation dans le temps. Dans le second, il s'agit de l'emplacement pour **na** et **w**, et de la succession dans le temps pour **po**. Par ailleurs, **za** avec l'instrumental désigne un lieu fixe, et avec l'accusatif, elle indique le déplacement vers un but.

*Ouf ! Assez d'explications pour aujourd'hui. Vous pourrez toujours y revenir plus tard pour vous rappeler tel ou tel détail. Il vous reste encore, avant de reprendre demain une nouvelle série de leçons, à lire notre petit dialogue de révision.*

\*\*\*

Traduction

**1** [Je] vais à la piscine. [Tu] viens *(iras)* avec moi ? **2** Tu plaisantes sans doute *(Sans-doute plaisantes)* ! **3** Le *(en)* mercredi, il y a énormément *(très beaucoup)* [de] monde. **4** [Je] vois que [tu] n'aimes pas [le] sport. **5** []'aime mais aujourd'hui, [je] n'ai pas envie. **6** Je me sens mal *(Mal me sens)*. **7** Qu'est-ce que tu as *(Que à-toi il-y-a)* ? **8** J'ai mal à la tête *(Fait-mal à-moi tête)*. **9** [Tu] devrais aller dormir. **10** Non, ce *(aujourd'hui)* soir, [je] vais à [l']opéra. **11** Moi aussi [je] voudrais [y] aller. J'en rêve *(Rêve de cela)* depuis longtemps. **12** []'adore Mozart.

## Lekcja trzydziesta szósta

### Mieszkanie

1 – O, Monika! Co za niespodzianka!
2 – Cześć. Ja **tylko** na **chwilę**.
3 **Byłam blisko** i pomyślałam [1], że…
4 – Miałaś [2] rację. Proszę. (…)
5 – Ale [3] tu się zmieniło [4]!
6 Mieszkanie jak nowe. Gratulacje!
7 – O, prawdę mówiąc, jest tu jeszcze dużo pracy.
8 – Widzę, że masz nowe meble.
9 – Tylko wersalka jest nowa.
10 I fotele. Stół i krzesła są stare.
11 – A w kuchni? Nie ma zmian?
12 – Na razie nie. Chodź [5], pokażę ci teraz mały pokój.

Prononciation

*myèchkagnè* **1** … *gnèspodz'a'nka* **2** … *Hfilè* **3** … *pomés'laoua'n*
… **5** … *zmyègniouo* **6** … *gratoulatsyè* **7** … *pratsé* **8** *mèblè* **9** …
*versalka* … **10** … *stou°u i kchèsoua* … **11** *a f kouHgni* … *zmya'n*
**12** … *Hots' pokajè* … *maoué* …

Notes

1 Revenons sur la formation du passé. Il se caractérise, comme vous avez pu vous en apercevoir, par la présence au singulier de la lettre **ł**, suivie des désinences personnelles. Puisqu'il faut tenir compte du genre grammatical du sujet, vous avez ici la terminaison **-am** pour le *je* féminin.

2 Dans la leçon 25, **miałaś** équivalait à l'imparfait *tu avais*. Vous constatez qu'on utilise la même forme pour traduire le passé composé *tu as eu*.

3 Remarquez que **ale**, *mais*, permet aussi d'exprimer son admiration.

# Trente-sixième leçon

## [L']appartement

**1** – Oh, Monika ! Quelle surprise !
**2** – Salut. Je [viens] seulement *(pour)* [un petit] moment.
**3** [J']étais tout près et j'ai pensé que…
**4** – [Tu] as eu raison. [Entre,] je t'en prie. (…)
**5** – Comme ça a changé ici !
**6** [Ton] appartement [est] comme neuf. Félicitations !
**7** – Oh, à vrai dire *(vérité disant)*, il y a ici encore beaucoup [de] travail.
**8** – [Je] vois que [tu] as [de] nouveaux meubles.
**9** – Seul*(ement)* [le] canapé-lit est neuf.
**10** Et [les] fauteuils. [La] table et [les] chaises sont vieilles.
**11** – Et dans [la] cuisine ? Il n'y a pas [de] changements ?
**12** – Pour [le] moment non. Viens, [je] vais te montrer *(maintenant)* [la] petite pièce [maintenant].

TO MIESZKANIE BARDZO SIĘ ZMIENIŁO.

**4** Pour parler d'une transformation, on emploie la forme pronominale du verbe *changer* : **zmienić się**. Dans ce contexte, avec un sujet sous-entendu, **to**, *cela*, ou **wszystko**, *tout*, on utilise la forme neutre du passé, que l'on reconnaît à la terminaison **-o** : **zmieniło się**.

**5** C'est du verbe **chodzić**, *aller*, que vient l'impératif **chodź**, *viens*. On l'obtient en supprimant la terminaison **-i** de la 3e personne du singulier **chodzi**. Notez que la finale est **dź** pour conserver le son mouillé.

► Ćwiczenie pierwsze – Proszę przetłumaczyć

**❶** To mieszkanie bardzo się zmieniło. **❷** Miałaś problemy językiem? **❸** W tym roku byłam za granicą. **❹** Chodź tera do kuchni. **❺** Pokażę ci moje nowe meble.

\*\*\*

Ćwiczenie drugie –Wpisać brakujące słowa

**❶** C'est vraiment une énorme surprise.

To . . . . . . . . wielka . . . . . . . . . . . . .

**❷** Tu as eu *(fém.)* une excellente idée.

. . . . . . doskonały . . . . . . .

**❸** Viens ici *(pour)* un moment.

. . . . . tu . . chwilę.

---

**37**

# Lekcja trzydziesta siódma

► 

## Gitara

**1** – **Ład**nie [1] **tu**taj. To twój **po**kój do **pra**cy?

**2** – No i jedno**cześ**nie sy**pial**nia.

**3** – **Śpi**sz na tap**cza**nie?

**4** – Tak, **od**kąd **jes**tem sam, nie potrze**bu**ję [2] du**że**g łó**ż**ka.

**5** – **Pew**nie [3]. **A**le masz **wszy**stko, co **trze**ba: tab**le**ta kom**pu**ter...

💬 Prononciation

*guitara* **1** *ouad***gnè** *tou***taille** *...* **2** *... yèdnot***chès**'*gnè sé***pyal**gna **3** *s'pich na tap***tcha**gnè **4** *... ot***ko**'nt *... pot'chè***bouyè** *...* **5** *pèv***gnè** *... ko'm***pou**tèr *...*

🔲 Notes

**1** Remarquez que dans l'appréciation *c'est joli ici*, on se sert de l'adverbe **ładnie**. Nous avons déjà rencontré ce type d'emploi dans **jest zimno,** *il fait froid* (leçon 22).

**127 • sto dwadzieścia siedem** *[sto dva***dz**'*ès*'*ts*'*a s*'*èdèm]*

Corrigé de l'exercice 1

❶ Cet appartement a beaucoup changé. ❷ Tu as eu *(fém.)* des problèmes avec la langue ? ❸ Cette année, j'ai été *(fém.)* à l'étranger. ❹ Viens maintenant à la cuisine. ❺ Je vais te montrer mes nouveaux meubles.

\*\*\*

❹ Je vais te montrer mon nouvel appartement.

. . . . . . ci . . . . nowe . . . . . . . . . . .

❺ Je ne vois pas de changements ici.

Nie . . . . . tu . . . . . . .

Corrigé de l'exercice 2

❶ – naprawdę – niespodzianka ❷ Miałaś – pomysł ❸ Chodź – na – ❹ Pokażę – moje – mieszkanie ❺ – widzę – zmian

**37**

# Trente-septième leçon

## [La] guitare

**1** – [C'est] joli*(ment)* ici. C'[est] ton bureau *(pièce pour travail)* ?

**2** – Et en même temps [la] chambre à coucher.

**3** – [Tu] dors sur [le] divan ?

**4** – Oui, depuis [que je] suis seul, [je] n'ai pas besoin [d'un] grand lit.

**5** – C'est sûr *(Sûrement)*. Mais [tu] as tout ce qu'il faut : tablette, ordinateur...

**2** *Avoir besoin* se dit **potrzebować** + génitif. Dans les formes conjuguées au présent, les lettres **-ow-** sont remplacées par les lettres **-uj-** ; il en est de même pour **dziękować**, *remercier*, qui fait **dziękuję**.

**3** L'adverbe **pewnie**, *sûrement*, déjà rencontré (leçon 25), peut, comme vous le voyez, servir à confirmer le propos de l'interlocuteur.

6 – Połączenie z internetem, drukarkę, skaner...
7 – O, i nawet kupiłeś sobie [4] gitarę.
8 – Nie kupiłem, pożyczyłem od [5] sąsiada.
9 – I co, ćwiczysz codziennie?
10 – Nie, ale odkąd jest u mnie, nie ćwiczy sąsiad! □

*6* powont**chè**gnè z i'ntèr**nèt**èm drou**kar**kè **ska**nèr ... *7* ... kou**pi**wè ... **gui**tarè *8* ... pojé**tché**wèm ot sons'ada *9* ... **ts'fi**tchéch ... *10* ... **sons**'at

: Notes

4    Vous connaissez le pronom réfléchi **się** qui accompagne les verbes pronominaux. C'est, rappelons-le, la forme commune à toutes les personnes du singulier et du pluriel : **nazywam się**, *je m'appelle*, **nazywasz się**, *t t'appelles*, etc. Lorsque **się** est utilisé avec un verbe non pronomina

\*\*\*

Ćwiczenie pierwsze – Proszę przetłumaczyć
❶ Pożyczyłem od sąsiada komputer. ❷ Kupiłeś sobi drukarkę? ❸ Mam wszystko, co trzeba. ❹ Potrzebuj prezentu dla siostry. ❺ Gitara jest na tapczanie.

Ćwiczenie drugie – Wpisać brakujące słowa
❶ Lundi, je me suis acheté un nouvel ordinateur.
   W . . . . . . . . . . . kupiłem . . . . . nowy . . . . . . . . .
❷ Mon voisin a tout ce qu'il faut.
   Mój . . . . . . ma . . . . . . . . co . . . . . . .
❸ Pour l'instant, je n'ai pas besoin de changements.
   Na . . . . . nie . . . . . . . . . . zmian.

**6** – Connexion à Internet, imprimante, scanner…
**7** – Oh, et tu t'es même acheté *(même as-acheté à-toi)*
      [une] guitare.
**8** – [Je] ne [l']'ai pas acheté[e], [je l']ai emprunté[e] à
      [un] voisin.
**9** – Et alors *(quoi)*, [tu t']exerces tous les jours ?
**10** – Non, mais depuis [qu'elle] est chez moi, le voisin ne
      [s']exerce pas *(n'exerce pas voisin)* !

en tant que complément direct ou indirect, sa forme varie selon la
construction verbale, d'où **sobie**, le datif, exigé ici après le verbe **kupić**,
*acheter*. Récapitulons : **sobie** ne distinguant ni genre ni nombre,
vous avez **kupiłem** (ou **kupiłam**) **sobie**, *je me suis acheté*, **kupiłeś** (ou
**kupiłaś**) **sobie**, *tu t'es acheté*, etc.

**5** La préposition **od**, *depuis*, (leçon 34), signifie aussi *de*, *à partir de*, et elle
est toujours suivie du génitif.

\*\*\*

Corrigé de l'exercice 1

**❶** J'ai emprunté un ordinateur à un voisin. **❷** Tu t'es acheté *(masc.)*
une imprimante ? **❸** J'ai tout ce qu'il faut. **❹** J'ai besoin d'un cadeau
pour ma sœur. **❺** La guitare est sur le divan.

**❹** Tu es fatiguée, pourquoi ne dors-tu pas ?
      . . . . . . **zmęczona**, . . . . . . . . **nie** . . . . . ?

**❺** Où as-tu acheté la guitare ?
      **Gdzie** . . . . . . . **gitarę?**

Corrigé de l'exercice 2

**❶** – poniedziałek – sobie – komputer **❷** – sąsiad – wszystko – trzeba
**❸** – razie – potrzebuję – **❹** Jesteś – dlaczego – śpisz **❺** – kupiłeś –

*Beaucoup de Polonais habitent des appartements standard, de 2 à pièces, dans ce qu'on appelle **bloki**. Ce sont des immeubles préfabr qués regroupés dans les quartiers périphériques des grandes ville. Bien que leur aspect extérieur fasse tout de suite penser aux cité HLM, les habitants des **bloki** appartiennent, eux, à toutes les cate gories sociales. Cette situation est le résultat de la cruelle pénurie d' logements après la guerre et de la nécessité d'y remédier au plus vite Bien entendu, avec les changements des dernières années, l'accès au logement s'améliore et varie de plus en plus en fonction de la situatio. économique des ménages. Les conditions de logement tendent ains à devenir, comme partout, un signe extérieur de réussite financière !*

**38**

## Lekcja trzydziesta ósma

### U lekarza

**1** – Dzień **do**bry, **pa**nie dok**to**rze [1].
**2** – Dzień **do**bry. Niech pan **sia**da [2]. (...)
**3** – **Daw**no [3] pan u mnie nie był [4].
**4** – Tak. Os**tat**nio **by**łem u **pa**na dwa **la**ta **te**mu [5].
**5** – Rzeczy**wiś**cie. Więc jak się pan **te**raz **czu**je?

Prononciation
*ou lè**ka**ja **1** ... dok**to**jè **2** ... gnèH pa'n **s**'ada **3** **dav**no ... béou **4** .. **tè**mou **5** jètché**vis**'tsiè vyènts ... **tchou**yè*

Notes
**1** De même que pour **panie dyrektorze** (leçon 27), dans le vocatif **dok** **torze**, dérivé de **doktor**, *docteur*, la lettre **r** se transforme en **rz**.
**2** Pour le *vous* de politesse, l'impératif s'exprime habituellement à l'aide de la construction **niech + pan/pani +** 3e personne du singulier. Or peut aussi se servir de la structure **proszę** + infinitif, légèrement plus formelle.

GITARA

# Trente-huitième leçon

## Chez [le] médecin

**1** – Bonjour *(monsieur)* docteur.

**2** – Bonjour. Asseyez-vous *(S'il-vous-plaît s'asseoir)*. (...)

**3** Il y a longtemps [que] vous êtes venu chez moi
*(monsieur chez moi n'était)*.

**4** – Oui. La dernière fois *(Dernièrement)* [que] je suis venu
*(étais)* chez vous [c'était] il y a deux ans.

**5** – Effectivement. Et bien, comment vous sentez-vous
maintenant *(se monsieur maintenant sent)* ?

L'expression *il y a longtemps* se traduit par l'adverbe **dawno**. Signalons
en outre que la question **jak dawno?**, *depuis combien de temps ?* est, la
plupart du temps, synonyme de **jak długo?** (leçon 20).

Les verbes au passé, à la 3e personne du masculin singulier, se caractérisent par l'absence de terminaison personnelle. Toutes les formes
finissent donc en **ł**.

Placé après une expression de durée, ici **dwa lata**, *deux ans*, le mot **temu**
correspond à *il y a*. **Lata** étant une forme irrégulière de pluriel, *il y a un
an* se dit **rok temu**.

6 – **Świet**nie. Dał mi pan zna**komi**ty **spo**sób na
reu**ma**tyzm: u**ni**kać wil**go**ci.

7 – I co, po**mog**ło [6] **pa**nu?

8 – **Bar**dzo. **Jes**tem wyle**czo**ny!

9 – To co **pa**nu w tej **chwi**li do**le**ga?

10 – Nic. Przy**szed**łem za**py**tać, czy **mo**gę się **te**raz
wy**ką**pać…

**6** … daou … **spo**soup na rèou**ma**tézm: ou**gni**kats<sup>i</sup> vil**gof**
**7** … po**mo**gouo … **8** … vélè**tcho**né **10** … pché**chèd**ouèm
vé**ko'm**patsi …

\*\*\*

Ćwiczenie pierwsze – Proszę przetłumaczyć
❶ Przyszedłem zapytać, jak się pani czuje. ❷ Panie doktorz
jestem chory. ❸ To mi bardzo pomogło. ❹ Byłem tu trzy la
temu. ❺ Twój brat dał mi komputer.

Ćwiczenie drugie – Wpisać brakujące słowa
❶ Qui t'a donné cette idée ?
. . . ci . . . ten . . . . . . ?

❷ Docteur, je me sens mal.
Panie . . . . . . . . , źle . . . czuję.

❸ Je suis venu *(masc.)* seulement pour un moment.
. . . . . . . . . . . tylko . . chwilę.

**6** – Parfaitement [bien]. Vous m'avez donné *(A-donné à-moi monsieur)* [un] excellent moyen contre *(pour)* [le] rhumatisme : éviter [l']humidité.

**7** – Et alors *(quoi)*, [cela] vous a-t-il aidé *(a aidé monsieur)* ?

**8** – Beaucoup. [Je] suis guéri !

**9** – Alors qu'est-ce qui vous fait souffrir en ce moment *(à monsieur en ce moment fait-souffrir)* ?

**10** – Rien. [Je] suis venu demander si [je] peux *(me maintenant)* prendre un bain [maintenant]...

Corrigé de l'exercice 1

① Je suis venu [vous] demander comment vous vous sentez, madame. ② Docteur, je suis malade. ❸ Cela m'a beaucoup aidé. ❹ J'ai été *(masc.)* ici il y a trois ans. ❺ Ton frère m'a donné un ordinateur.

● Asseyez-vous sur le divan.

. . . . . pani . . . . . na . . . . . . . . . .

● Mardi, j'ai été *(masc.)* chez le médecin.

. . wtorek . . . . . u . . . . . . . .

Corrigé de l'exercice 2

❶ Kto – dał – pomysł ❷ – doktorze – się – ❸ Przyszedłem – na – ❹ Niech – siada – tapczanie ❺ We – byłem – lekarza

# Lekcja trzydziesta dziewiąta

## Wizyta w zoo

1 – **By**liśmy [1] **pew**ni, że się wam **zoo** spo**do**ba [2].
2 – Fak**ty**cznie, **mie**liście [3] na**praw**dę **do**bry **po**mys
3 – Nie wiem jak wy, mnie [4] naj**bar**dziej [5]
   podo**ba**ły [6] się **ma**łpy.
4 **By**ły **ta**kie **śmiesz**ne!
5 – To **praw**da. **A**le za to żyrafa by**ła tro**chę smutn
6 – A ja **pier**wszy raz w **ży**ciu wi**dzia**łem praw**dziw**
   **żu**bry.
7 – Tak? A czy **wie**cie, że **daw**niej [7] **żu**bry **ży**ły w
   **Pol**sce na wol**no**ści?

Prononciation

vi**zé**ta v zoo **1** bé**lis**mé **pè**vgni ... **2** fak**té**tchgnè **my**èlis**ts**è
**3** ... naill**bardz**eille podo**ba**oué ... **ma**oupé **4** bé**ou**é ... s**myèch**
**5** ... jé**ra**fa ... **smout**na **6** ... **jéts**ou vi**dz**aouèm prav**dz**ivè **jou**
**7** ... **dav**gneille ... **jé**wé f **pol**stsè ... vol**nos**ts**i

Notes

1 Au pluriel, les formes passées des verbes distinguent deux genres
masculin personnel et les autres. Dans la première catégorie, deva
terminaison personnelle, la lettre **ł** (leçon 36, note 1), est remplacée
**l** : **byliśmy**, *nous étions*. Ajoutons qu'à la 1re et la 2e personne du plu
dans les verbes de plus de deux syllabes, l'accent tonique se dépla
tombe toujours sur la 3e syllabe à partir de la fin : **byliśmy, byliści**

2 Avec le préfixe **s-**, le verbe **spodobać się**, *plaire*, est perfectif, et
voie, rappelons-le, au futur. Comparons : **podoba się**, *plaît*, **spodob**
*plaira*.

# Trente-neuvième leçon

## [Une] visite au zoo

**1** – [Nous] étions sûrs que [le] zoo vous plairait *(à vous zoo plaira)*.

**2** – Effectivement, [vous] avez vraiment eu [une] bonne idée.

**3** – [Je] ne sais pas pour *(comment)* vous, mais moi, j'ai le plus aimé *(à-moi le-plus ont-plu)* [les] singes.

**4** [Ils] étaient si drôles !

**5** – C'est vrai. Mais par contre *(hors cela)* [la] girafe était un peu triste.

**6** – Et moi, [c'est la] première fois de [ma] vie [que j']ai vu [de] vrais bisons.

**7** – [Ah] oui ? Et savez[-vous] qu'autrefois [les] bisons vivaient en liberté en Pologne ?

---

Vous souvenez-vous des formes **miałeś** (masculin) et **miałaś** (féminin) : *tu as eu/tu avais ?* Sachez qu'au pluriel du masculin personnel, à la place de la voyelle **a**, on trouve **e** : **mieliście**, *vous avez eu/vous aviez.*

Certains pronoms ont des formes spéciales d'insistance pour mettre la personne en relief. Ainsi, à côté de **mi**, datif de **ja**, on peut utiliser **mnie**, ce qui permet d'opposer, par exemple, **Podoba mi się Warszawa**, *Varsovie me plaît*, et **Mnie się nie podoba**, *Moi, elle ne me plaît pas.*

**najbardziej**, *le plus*, vient de **bardzo**, *très, beaucoup*. On y ajoute d'une part le préfixe **naj-**, signe du superlatif et, d'autre part, le suffixe **-iej**, qui indique le degré comparatif.

Au passé, la terminaison **-ły** de la 3e personne du pluriel s'emploie pour tous les genres, sauf le masculin personnel, qui fait **-li**.

Bien que **dawniej**, dérivé de **dawno**, *il y a longtemps*, soit un adverbe comparatif, il s'utilise généralement dans le sens de *autrefois, jadis.*

**8** **Te**raz **ży**ją **tyl**ko w rezer**wa**tach.
**9** – To mo**że**my tam po**je**chać? **Pro**szę!

8 … **jé**yon … rèzèr**va**taH

\*\*\*

Ćwiczenie pierwsze – Proszę przetłumaczyć
❶ Gdzie dzieci były na wakacjach? ❷ Dwa lata temu byliś█
w Polsce. ❸ Jakie małpy ci się podobały? ❹ Widziałem t█
nowe filmy. ❺ Który lubisz najbardziej?

Ćwiczenie drugie – Wpisać brakujące słowa
❶ Les films ont été très drôles.
   Filmy . . . . bardzo . . . . . . . . .
❷ En Pologne, j'ai vu beaucoup de changements.
   W . . . . . . widziałem . . . . zmian.
❸ Qu'aimes-tu le plus ?
   . . lubisz . . . . . . . . . . ?
❹ Nous y avons été [pour] la première fois de notre (dans) vie.
   . . . . . . . tam . . . . . . . . raz . życiu.
❺ Vous avez eu (pl.) de vraies vacances.
   . . . . . . . . . prawdziwe . . . . . . . .

\*\*\*

Avez-vous déjà eu l'occasion de goûter la fameuse vodka de █
(**Żubrówka**), à la saveur inimitable ? Elle tire son nom du fait q█
est parfumée à l'herbe préférée des **żubry**, bisons, dont chaque █
teille contient un brin. Une plaisanterie, très fréquente duran█

**8** Maintenant, [ils] vivent seulement dans [des] réserves.

**9** – Alors, pouvons[-nous] y aller ? S'il te plaît !

\*\*\*

Corrigé de l'exercice 1

❶ Où les enfants ont-ils été en vacances ? ❷ Il y a deux ans, nous avons été en Pologne. ❸ Quels singes t'ont plu ? ❹ J'ai vu trois nouveaux films. ❺ Lequel aimes-tu le plus ?

Corrigé de l'exercice 2

❶ – były – śmieszne ❷ – Polsce – dużo – ❸ Co – najbardziej ❹ Byliśmy pierwszy – w – ❺ Mieliście – wakacje

\*\*\*

...irées "arrosées", consiste à dire que ce serait l'urine des bisons qui ...nne à cette herbe son goût si particulier. Quoi qu'il en soit, plusieurs ...ntaines de cette espèce d'animaux rares vivent en quasi-liberté dans ...forêt de Białowieża, au nord-est de la Pologne.

## Lekcja czterdziesta

### Kolacja [1]

1 – **Jes**tem **głod**ny [2]. Co jest na ko**lac**ję?
2 – Nie wiem, **mu**szę zo**ba**czyć w lo**dów**ce [3].
3 – Jak to!? Nie zro**bi**łaś za**ku**pów?
4 – Nie **mia**łam czasu. Praco**wa**łam **ca**ły dzień. (…)
5   Więc tak, jest **tro**chę **szyn**ki, ka**wa**łek **se**ra i o**górk**
6 – Hm…
7 – **Ma**my też **piz**zę w zamra**żar**ce.
8   O, są **jesz**cze **jaj**ka. Na co masz o**cho**tę?
9 – Wiesz co, **mo**że **le**piej [4] **bę**dzie jak pój**dzie**my (
    restau**ra**cji.
10 – No **do**brze, to **chodź**my [5].

🔊 Prononciation

*kolatsya 1 … **gouod**né … ko**lats**yè 2 … lo**douf**tsè 3 … zro**biou**
za**kou**pouf 4 … prats**ovaoua**'m … 5 … **chén**ki ka**vaouè**k … o**gou**
6 Hm … 7 … **piz**zè v zamra**jart**sè 8 … **yay**ka … 9 … **lè**pye
**bègn**dz'è … rèstaou**rat**si 10 … **Hots**'mé*

📑 Notes

1  Faites attention au mot **kolacja**, qu'il ne faut pas confondre avec
   terme "collation", au sens de "repas léger". C'est un faux ami, car
   lacja désigne toujours le repas du soir. Notez au passage que le ve
   *dîner* n'a pas de correspondant direct, pas plus, d'ailleurs, que les ver
   *déjeuner* ou *goûter*. On emploie **jeść**, *manger* + le nom du repas cor
   pondant à l'accusatif, par exemple **jem kolację**, *je dîne*.

2  Pour dire qu'on a faim, on se sert du verbe *être*, ici **jestem**, *je suis* + l
   jectif **głodny** (masculin) ou **głodna** (féminin), signifiant littéralem
   "affamé(e)".

3  Dans ces formes de locatif, il y a, par rapport aux nominatifs cor
   pondants **lodówka**, *frigo*, et **zamrażarka**, *congélateur* (phrase 7 du
   logue), le même changement **k/c** que celui de **Polska/w Polsce**.

# Quarantième leçon

## [Le] dîner

**1** – J'ai faim *(Suis affamé)*. Qu'est-ce qu'il y a à dîner ?
**2** – [Je] ne sais pas. [Je] dois regarder dans [le] frigo.
**3** – Comment cela !? [Tu] n'as pas fait [de] courses ?
**4** – [Je] n'ai pas eu [le] temps. [J']ai travaillé toute [la] journée. (…)
**5** – Eh bien *(oui)*, il y a un peu [de] jambon, [un] morceau [de] fromage et [des] concombres.
**6** – Hum…
**7** – [Nous] avons aussi [une] pizza dans [le] congélateur.
**8** – Oh, il y a encore [des] œufs. De quoi as[-tu] envie ?
**9** – [Tu] sais *(quoi)*, ce serait peut-être mieux *(peut-être mieux sera)* que nous allions *(irons)* au restaurant.
**10** – Eh bien, *(alors)* allons-y.

MAM OCHOTĘ NA PIZZĘ.

L'adverbe **lepiej**, *mieux*, est le comparatif de l'adverbe **dobrze**, *bien*. Même si sa formation est irrégulière, nous retrouvons la même terminaison que dans **najbardziej**, *le plus*, ou **dawniej**, *jadis*.

La terminaison **-my**, ajoutée à l'impératif de la 2e personne du singulier, permet de créer celui de la 1re personne du pluriel, ce qui donne ici **chodźmy**, *allons-y*.

Ćwiczenie pierwsze – Proszę przetłumaczyć
❶ Może jesteś głodny? ❷ Chodźmy do restauracji. ❸ C
zrobiłaś na kolację? ❹ W lodówce są jajka. ❺ Mam ochot
na pizzę.

Ćwiczenie drugie – Wpisać brakujące słowa
❶ Allons *(à)* dîner.

. . . . . . . na . . . . . . . .

❷ J'espère *(ai espoir)* que tu as fait *(masc.)* les courses.
Mam . . . . . . . . że . . . . . . . zakupy.

❸ Y a-t-il encore quelque chose au frigo ?
. . . . jeszcze . . . w . . . . . . . ?

41

# Lekcja czterdziesta pierwsza

## Obrus

1 – Wyglą**da** na to, że nie ma **wol**nych miejsc ¹.
2 – Tak my**śl**isz? Może bę**dą** w dru**giej** sali.
3 – **Zo**bacz ², ko**ło ok**na ³ jest **wol**ny stolik.
4 – To jest miejsce dla pa**lą**cych ⁴.

Prononciation
*ob*rous **1** *v*é*glo'nda … **vol***néH myèysts **2** … **més***lich … **bèn***don*
***drou***guyeille … **3 zo***batch **ko***wo … **4** … pa*lon*tséH*

Notes

¹ **Wolnych miejsc** est le génitif pluriel de **wolne**, *libres*, **miejsc**
*places*. Dans le cas présent, notez la disparition de la terminaison -a
Cela arrive parfois. Nous en reparlerons.

² Pour former l'impératif **zobacz**, *regarde*, on utilise de nouveau (leço
36, note 5), la 3ᵉ personne du singulier (ici **zobaczy**), dont on supprim

Corrigé de l'exercice 1

❶ Peut-être as-tu faim ? ❷ Allons au restaurant. ❸ Qu'est-ce que tu as fait *(fém.)* à dîner ? ❹ Au frigo, il y a des œufs. ❺ J'ai envie d'une pizza.

❹ Pour l'instant, je n'ai pas faim.

.. razie ... jestem .......

❺ As-tu envie d'aller au restaurant ?

.... ochotę ... do ..........?

Corrigé de l'exercice 2

❶ Chodźmy – kolację ❷ – nadzieję – zrobiłeś – ❸ Jest – coś – lodówce ❹ Na – nie – głodny ❺ Masz – iść – restauracji

**41**

# Quarante et unième leçon

## [La] nappe

**1 –** [Il] semble *(à ce)* qu'il n'y ait *(a)* pas de places libres *(libres places)*.

**2 –** *(Ainsi)* tu crois *(penses)* ? Peut-être y en aura-t-il *(seront)* dans l'autre *(deuxième)* salle.

**3 –** Regarde, à côté de [la] fenêtre, il y a une table de libre *(libre table)*.

**4 –** C'est [une] place pour fumeurs.

la terminaison. On procède ainsi pour les verbes finissant en **-ę** à la 1ʳᵉ personne du singulier (1ʳᵉ et 2ᵉ conjugaisons).

La préposition **koło**, *à côté*, est suivie du génitif, ici **okna**, de **okno**, *fenêtre*.

Comme dans **wolnych** (note 1), la terminaison **-ych** renvoie au génitif pluriel. Pour *fumeurs*, on utilise le terme **palący**, qui équivaut à un participe présent et se décline comme un adjectif.

**5** – Wiem, **a**le nie ma in**ne**go.

**6** – No **trud**no. Ja **bio**rę **zu**pę pomido**ro**wą z **ry**żem i **szny**cel w **so**sie grzy**bo**wym.

**7** Do **pi**cia ⁵, **lamp**kę czerwo**ne**go **wi**na, a na **de**se krem czekola**do**wy.

**8** – Skąd wiesz co jest do je**dze**nia ⁶?

**9** **Prze**cież kel**ner**ka jeszcze nam nie po**da**ła ⁷ **kar**ty.

**10** – Skąd wiem? Przyj**rza**łam się obru**so**wi!  ☐

**6** … **trou**dno … **byo**rè … **ré**jèm … **chné**tsèl f **so**s'è gjé**bo**vém **7** . **la'mp**kè … **dè**ssèr krèm … **8** sko'nt … yè**dzè**gna **9** pchè**ts**'èch . **10** … pchéille**ja**oua'm obrou**sso**vi

**Notes**

**5** Il s'agit ici du génitif du nom neutre **picie**, dérivé de **pić**, *boire*. Sache que **picie** désigne aussi bien l'action de boire que la boisson.

\*\*\*

Ćwiczenie pierwsze – Proszę przetłumaczyć

**❶** Koło okna są wolne miejsca. **❷** Chcesz lampkę wina

**❸** Nie ma nic do jedzenia. **❹** No trudno, idę do drugiej sal

**❺** Zobacz, co mamy do picia.

\*\*\*

Ćwiczenie drugie – Wpisać brakujące słowa

**❶** As-tu fait *(fém.)* quelque chose à manger ?

. . . . . . . . coś . . jedzenia?

**❷** Regarde s'il y a encore du vin.

. . . . . . czy . . . . jeszcze . . . . .

**❸** Tu penses que cette table est libre ?

. . . . . . . . , że . . . , stolik . . . . wolny?

**5** – [Je] sais, mais il n'y [en] a pas d'autre[s].
**6** – Eh bien, tant pis *(difficilement)*. Moi [je] prends [une] soupe à la tomate avec [du] riz et [une] escalope à la *(dans)* sauce [aux] champignons.
**7** Comme boisson *(à boire)*, [un] verre [de] vin rouge *(rouge vin)* et comme *(pour)* dessert, [une] crème [au] chocolat.
**8** – Comment *(D'où)* sais[-tu] ce qu'il y a à manger ?
**9** *(Puisque)* [La] serveuse ne nous a pas encore *(encore à nous)* donné [la] carte.
**10** – Comment *(D'où)* [je] sais ? []'ai regardé *(attentivement)* [la] nappe !

**6** Concernant **jedzenie**, issu de **jeść**, *manger*, on peut faire les mêmes remarques que dans la note 5. Retenez bien l'expression **jedzenie i picie**, *le manger et le boire*.

**7** En plus du sens *servir*, en parlant du restaurant, le verbe **podać** signifie plus généralement *donner*. La forme **podała**, avec sa terminaison **-a**, dénote le féminin singulier. Rappelez-vous que le masculin, lui, n'a pas de terminaison. On dira donc **kelner podał**, *le serveur a donné*.

\*\*\*

Corrigé de l'exercice 1
**❶** À côté de la fenêtre, il y a des places libres. **❷** Veux-tu un verre de vin ? **❸** Il n'y a rien à manger. **❹** Tant pis, je vais dans la deuxième salle. **❺** Regarde ce que nous avons à boire.

\*\*\*

**❹** Je prends la place *(pour)* fumeurs.
Biorę . . . . . . . dla . . . . . . . . .

**❺** As-tu quelque chose à boire ?
Masz . . . do . . . . . ?

Corrigé de l'exercice 2
**❶** Zrobiłaś – do – **❷** Zobacz – jest – wino **❸** Myślisz – ten – jest **❹** – miejsce – palących **❺** – coś – picia

# Lekcja czterdziesta druga

## Powtórka – Révision

### 1 Le passé

Par rapport au système français qui distingue plusieurs temps, le passé polonais se caractérise par sa simplicité. Il n'a qu'une forme : la même pour tous les verbes, perfectifs et imperfectifs. Autrement dit, il n'y a pas de modèles différents selon la conjugaison.

Pour obtenir le passé, on supprime la désinence de l'infinitif et on ajoute l'élément **ł** (ou **l** au pluriel du masculin personnel), suivi des terminaisons personnelles. Celles-ci comportent la distinction des personnes, des genres et des nombres.
Voici l'exemple du verbe **być**, *être* :

| Singulier | Masculin | Féminin | Neutre |
|---|---|---|---|
| 1re personne | **byłem** | **byłam** | |
| 2e personne | **byłeś** | **byłaś** | |
| 3e personne | **był** | **była** | **było** |

| Pluriel | Masculin personnel | Masc. non personnel, féminin, neutre |
|---|---|---|
| 1re personne | **byliśmy** | **byłyśmy** |
| 2e personne | **byliście** | **byłyście** |
| 3e personne | **byli** | **były** |

Pour certains verbes, il y a parfois des changements de voyelles ou de consonnes. Nous l'avons vu pour **mieć**, *avoir*, qui comporte la lettre **a** à toutes les formes (**miałem, miałam, miała, miałeś, miałaś** etc.), sauf au pluriel du masculin personnel (**mieliśmy, mieliście, mieli**). Mais rassurez-vous, même s'il existe quelques vrais passés irréguliers, comme **przyszedłem**, *je suis venu*, de **przyjść**, *venir*, ils sont heureusement très peu nombreux !

# Quarante-deuxième leçon

## L'impératif

### 1 La deuxième personne du singulier

Pour les verbes des 1<sup>re</sup> et 2<sup>e</sup> conjugaisons (finissant en **-ę** à la première personne du singulier), on supprime la terminaison de la 3<sup>e</sup> personne du singulier : **zobaczy-zobacz**, *regarde*, **chodzi-chodź**, *viens*. Pour ce dernier, n'oubliez pas le **-dź** final, afin de conserver son mouillé.

### 2 Le "vous" de politesse

On l'exprime à l'aide de la construction **niech** + **pan/pani** + 3<sup>e</sup> personne du singulier : **Niech pan siada**, *Asseyez-vous*. Une autre façon, plus neutre, consiste à employer **proszę** + infinitif : **Proszę siadać**.

### 3 La première personne du pluriel

Elle est obtenue en ajoutant **-my** à l'impératif de la 2<sup>e</sup> personne du singulier : **chodź-chodźmy**, *allons*.

## Comparatifs et superlatifs des adverbes

### 1 Le comparatif

Le degré plus élevé dans la signification des adverbes est marqué par la terminaison **-iej** :
**bardzo**, *très* – **bardziej**, *plus* ;
**dawno**, *il y a longtemps* – **dawniej**, *jadis*.
Comme en français, certains adverbes forment leur comparatif de manière irrégulière :
**dobrze**, *bien* – **lepiej**, *mieux*.

### 2 Le superlatif

Pour exprimer le degré le plus élevé d'un adverbe, on fait précéder le mot au comparatif du préfixe **naj-** :
**bardziej** – **najbardziej**, *le plus* ;
**lepiej** – **najlepiej**, *le mieux*.

## ▶ Dialog-powtórka

1 – Co za niespodzianka!
2   Dawno u mnie nie byłeś.
3 – Tak, ostatnio byłem tu dwa lata temu.
4 – Chodź, proszę. Może jesteś głodny?
5   Podać coś do jedzenia?
6 – Nie, ja tylko na chwilkę.
7 – No trudno. W takim razie, coś do picia.
8   Na co masz ochotę? Może lampkę wina?
9 – O, dziękuję. Wygląda na to, że nic się tu nie zmieniło.

**43**

## Lekcja czterdziesta trzecia

## ▶ Obiad

1 – Ktoś **dzwo**ni. Idę ot**wor**zyć.
2 – Idź ¹, to **mo**że na**resz**cie **na**si ² **goś**cie. (...)
3   To nie **o**ni?
4 – Nie. To był lis**to**nosz.

💬 Prononciation
**o**byat **1** ktos' **dzvo**gni ... ot**fo**jéts' **2** its' ... **na**s'i **gos'**tsiè **4** . lis**to**noch

🗄 Notes
1  Les deux formes du verbe *aller à pied*, **chodzić** et **iść**, permettent de créer chacune un impératif. Il arrive toutefois que leur sens diffère. Faites donc bien la distinction entre **chodź**, *viens*, déjà rencontré, et **idź**, *va, vas-y*.

**147 • sto czterdzieści siedem** *[sto tchtèr**dz**'ès'ts'i s'èdèm]*

**10** – Rzeczywiście. Na razie nie potrzebuję zmian.
**11** Pierwszy raz w życiu, mam wszystko, co trzeba.

Traduction

**1** Quelle surprise ! **2** Il y a longtemps [que] tu es venu chez moi *(chez moi n'étais)*. **3** Oui. La dernière fois *(dernièrement)*, je suis venu *(étais)* ici il y a deux ans. **4** Viens, je t'en prie. Peut-être, as-tu faim *(es affamé)* ? **5** [Je peux te] servir quelque chose à manger ? **6** Non, je [viens] seulement pour [un petit] moment. **7** Eh bien, tant pis *(difficilement)*. Dans ce cas, quelque chose à boire. **8** De quoi as[-tu] envie ? Peut-être [un] verre [de] vin ? **9** Oh, merci. [Il] semble *(à ce)* que rien n'ait changé ici *(rien ici n'a changé)*. **10** Effectivement. Pour [le] moment, [je] n'ai pas besoin [de] changements. **11** [Pour la] première fois de [ma] vie, [j']ai tout ce qu'il faut.

43

# Quarante-troisième leçon

## [Le] déjeuner

**1** – Quelqu'un sonne. [Je] vais ouvrir.
**2** – Vas[-y], c'[est] peut-être enfin nos invités. (...)
**3** Ce n'[est] pas eux ?
**4** – Non. C'était [le] facteur.

JEST TROCHĘ ZA WCZEŚNIE NA OBIAD.

Le possessif *nos* a deux formes suivant le genre grammatical : **nasi**, pour le masculin personnel et **nasze**, pour toutes les autres catégories.

5 – To co robimy? Czekamy na nich [3], czy nie?

6 – Poczekajmy [4] jeszcze trochę.

7　Jest dopiero za dziesięć pierwsza [5].

8 – Ale obiad jest gotowy od półtorej [6] godziny!

9 – Zrobiłaś za wcześnie.

10　Wiesz przecież, że oni się zawsze spóźniają [7].

11 – O, ktoś dzwoni. Idź otworzyć.

5 … gniH … 6 potchèkaillmé … troHè 7 … dzʲèsʲègntsʲ … 8 pouwtoreille godzʲiné 9 zrobiwasʲ … ftchèsʲnʲè 10 … zafcʲ spouzʲgnaillon

**Notes**

3　Le verbe czekać, *attendre*, s'il s'accompagne d'un complément d'obj est toujours suivi de la préposition na + l'accusatif, ce qui explique forme nich, issue de oni, *eux*. Nich s'emploie toujours après une prép sition (autrement on utilise ich).

4　Pour former l'impératif, on préfère poczekać, forme préfixée du ve *attendre*. En effet, comme vous l'avez déjà appris, le préfixe sign généralement que l'action a une fin. Avec poczekajmy, *attendons*, sous-entend que la durée de l'attente prévue sera limitée. Pour dire choses plus simplement, on espère ne pas attendre trop longtemps

\*\*\*

Ćwiczenie pierwsze – Proszę przetłumaczyć

❶ Budzik dzwoni o dziewiątej. ❷ Idę do domu, już ósm ❸ Czekamy już od półtorej godziny. ❹ Oni się przecież n spóźniają. ❺ Jest trochę za wcześnie na obiad.

\*\*\*

Ćwiczenie drugie –Wpisać brakujące słowa

❶ Nous vous attendons *(pour monsieur)* au restaurant, à huit heur

....... na .... w ............, o .......

❷ Va au magasin acheter un peu de jambon.

... do ...... kupić ...... szynki.

❸ Il est seulement une heure moins dix.

Jest ....... za ........ pierwsza.

**5** – Alors que faisons[-nous] ? [Nous les] attendons *(pour eux)* ou pas ?
**6** – Attendons encore un peu.
**7** [Il] est seulement une heure moins dix *(dans dix première)*.
**8** – Mais [le] déjeuner est prêt depuis une heure et demie !
**9** – [Tu l']as fait trop tôt.
**10** [Tu] sais pourtant qu'ils sont toujours en retard.
**11** – Oh, quelqu'un sonne. Va ouvrir.

5 Nous avons déjà vu comment exprimer les heures pleines : on se sert des numéraux ordinaux au féminin (**pierwsza**, *une heure*, **druga**, *deux heures*, etc.). Pour indiquer les heures incomplètes, on se sert de la préposition **za** + les minutes qui manquent + l'heure ; par exemple **za dziesięć pierwsza**, *une heure moins dix*. Remarquez que **za** a ici un sens nouveau : il marque le futur et équivaut à *dans*.

Le polonais dispose d'un terme spécifique pour désigner la mesure de quantité correspondant à *un(e) et demi(e)* : **półtora** (masculin et neutre) et **półtorej** (féminin). Comme pour toute expression de quantité, le nom qui suit se met au génitif : **półtora roku**, *un an et demi*, **półtorej godziny**, *une heure et demie*.

Notez que l'équivalent de l'expression *être en retard* est un verbe pronominal **spóźniać się**.

\*\*\*

orrigé de l'exercice 1
❶ Le réveil sonne à neuf heures. ❷ Je vais à la maison, il est déjà huit eures. ❸ Nous attendons déjà depuis une heure et demie. ❹ Ils ne nt pourtant pas en retard. ❺ Il est un peu trop tôt pour le déjeuner.

\*\*\*

Tu peux aller voir qui sonne ?
Możesz . . . . . . . . , kto . . . . . . ?

C'est le facteur, je vais ouvrir.
To . . . . . . . . . , idź . . . . . . . .

orrigé de l'exercice 2
Czekamy – pana – restauracji – ósmej ❷ Idź – sklepu – trochę – dopiero – dziesięć – ❹ – zobaczyć – dzwoni ❺ – listonosz – otworzyć

## Lekcja czterdziesta czwarta

### Spotkanie

1 – **Bar**dzo się **cie**szę z **na**szego spot**ka**nia [1].
2 – Ja też. **Ty**le lat mi**nę**ło [2] **od**kąd **by**liśmy **ra**zem w li**ce**um [3]!
3 – **Sły**szałem, że **by**łeś za gra**ni**cą.
4 – Tak, po ma**tu**rze [4] wyje**cha**łem do **Sta**nów [5].
5 – I co tam ro**bi**łeś?
6 – Na po**czą**tku [6] studio**wa**łem hi**sto**rię a **po**tem **pra**wo i **han**del. A ty?
7 – Ja skoń**czy**łem medy**cy**nę. Pra**cu**ję w szpi**ta**lu.
8   **Pra**ca jest **trud**na, **a**le pasjo**nu**jąca.
9 – A co **sły**chać u **na**szych ko**le**gów?
10 – **O**powiem ci, **a**le **naj**pierw na**pij**my się **cze**goś! □

**Prononciation**

*2 ... mi**nè**ouo ... **bé**lis'mé ... lit**sè**oum 3 sou**écha**ouèm ... 4 . ma**tou**jè véyè**Ha**ouèm do **sta**nouf 5 ... ro**biou**èsi 6 ... **potcho'n**tko stoudyo**va**ouèm Hi**sto**ryè ... **Ha'n**dèl ... 7 ... skognt**ché**ouè. mè**dé**t**sé**nè prat**sou**yè f chpi**ta**lou 8 ... pasyo**nou**illontsa 10 . **naill**pyèrf na**pill**mé ...*

# Quarante-quatrième leçon

## [Une] rencontre

**1** – Je suis très content *(Beaucoup me réjouis)* **de notre rencontre.**

**2** – Moi aussi. Tant d'années ont passé depuis que [nous] étions ensemble au lycée !

**3** – [J']ai entendu [dire] que [tu] as été à l'étranger.

**4** – Oui, après [le] bac, [je] suis parti [aux] États[-Unis].

**5** – Et qu'as-tu fait là-bas *(là-bas as-fait)* ?

**6** – Au début, [j']ai étudié [l']histoire, et ensuite [le] droit et [le] commerce. Et toi ?

**7** – Moi, [j']ai terminé [ma] médecine. [Je] travaille à [l'] hôpital.

**8** [Le] travail est difficile, mais passionnant.

**9** – Et comment ça va *(qu'entendre)* **chez nos amis ?**

**10** – Je vais te raconter *(Vais-raconter à-toi)*, **mais d'abord, buvons quelque chose !**

---

Vous souvenez-vous du mot **centrum** (leçon 23, note 2) ? Avec **liceum**, *lycée*, nous avons affaire au même phénomène : il n'existe qu'une seule forme pour tous les cas du singulier.

Étant en rapport avec la chronologie, la préposition **po**, *après*, entraîne le locatif. Cela donne **maturze** qui, par rapport au nominatif **matura**, *le bac*, subit le même sort que de nombreux mots polonais : c'est le fameux changement **r/rz**.

**Stany Zjednoczone** se traduit normalement par *les États-Unis* mais la plupart du temps, on n'emploie que la première partie de l'expression.

Le *début* se dit **początek**. Lors du passage de ce mot à d'autres cas, comme au locatif **początku**, la lettre **e** disparaît.

▶ Ćwiczenie pierwsze – Proszę przetłumaczyć

❶ Po maturze, pracowałem w liceum. ❷ Dwa lata temu, skończyłem historię. ❸ Co robiłeś za granicą? ❹ Opowiem ci potem, teraz jestem zajęta. ❺ Ta lekcja jest za trudna.

Ćwiczenie drugie – Wpisać brakujące słowa

❶ J'ai entendu [dire] *(masc.)* que tu as été *(masc.)* à l'hôpital.
. . . . . . . . . , że . . . . . w . . . . . . . . .

❷ Qu'est-ce que tu as fait *(masc.)* après le bac ?
Co . . . . . . po . . . . . . . ?

❸ Cette année, je vais aux États[-Unis].
W . . . roku . . . . do . . . . . . .

❹ Mon voyage a été passionnant.
Moja . . . . . . była . . . . . . . . . . . .

❺ Nous y avons été *(masc.)* il y a tant d'années !
. . . . . . . tam . . . . lat . . . . !

\*\*\*

*L'enseignement supérieur en Pologne est organisé, à quelques petites différences près, selon les mêmes principes qu'en France : licence, master et doctorat. Pour les salariés, il existe des cours du soir et un enseignement par correspondance qui s'accompagne généralement de cours durant le week-end. Des sessions d'études de 2 à 4 semaines sont quelquefois organisées durant les vacances scolaires. La scolarité en dehors*

Corrigé de l'exercice 1

❶ Après le bac, j'ai travaillé au lycée. ❷ Il y a deux ans, j'ai terminé [mes études d']histoire. ❸ Qu'est-ce que tu as fait à l'étranger ? ❹ Je te [le] raconterai après, maintenant je suis occupée. ❺ Cette leçon est trop difficile.

Corrigé de l'exercice 2

❶ Słyszałem – byłeś – szpitalu ❷ – robiłeś – maturze ❸ – tym – jadę – Stanów ❹ – podróż – pasjonująca ❺ Byliśmy – tyle – temu

\*\*\*

...u cursus normal est généralement payante, et son coût varie suivant ...école, l'année d'études ou la filière. Il faut hélas déplorer que l'augmen-...ation continuelle de ce prix oblige beaucoup d'étudiants à abandonner ...urs études en cours de route. Toutefois certains s'en sortent grâce à ...es leçons particulières, appelées **korepetycje**, dispensées aux élèves du ...rimaire et du secondaire en difficulté scolaire.

# Lekcja czterdziesta piąta

## Obrazy Marka [1]

1 – Masz kon**tak**ty z kole**ga**mi z li**ce**um?
2 – Wła**ści**wie [2] **tyl**ko z **Mar**kiem.
3 – **Mó**wisz o **Mar**ku No**wa**ku? I co u **nie**go [3]?
4   Pa**mię**tam, że **cią**gle coś ry**so**wał.
5 – Fak**tycz**nie. I w **koń**cu [4] **zo**stał ma**la**rzem.
6   **By**łem nie**daw**no [5] na **je**go [6] os**tat**nim
    werni**sa**żu.
7 – Ach tak?! A **je**go ob**ra**zy?
8 – **Mó**wi, że sprze**da**ją się jak **świe**że **buł**ki.
9 – Tak **szyb**ko?
10 – Nie, tak **ta**nio!                                     □

🗣 Prononciation

o**bra**zé **mar**ka **1** ... ko'n**tak**té ... lit**sè**oum **2** vouasˡ**ts**ˡi**vyè** ..
**mar**kyèm **3** ... **mar**kou no**va**kou ... **gnè**go **4** pa**myèn**ta'm ..
**ré**ssovaou **5** fak**tétch**gnè i f **kogn**tsou **zo**staou ma**la**jèm **6** ... **yè**g(
os**tat**gni'm vèrgni**sa**jou **7** aH ... **8** ... spchè**dail**lon ... sˡ**fyé**jé **bou**ᵒᵘ̷k
**9** ... **chép**ko **10** ... **ta**gno

🗂 Notes

**1**   Le nominatif **Marek** fait au génitif **Marka**, à l'instrumental **Markiem** e
au locatif **Marku** (phrase 3 du dialogue). Encore une fois (leçon 44, note 6
le **e** du nominatif disparaît. Cette transformation intervient régulière
ment pour tous les noms finissant en **-ek**.

**2**   Notez que l'adverbe **właściwie**, *proprement*, signifie ici à peu près la même
chose que l'expression déjà rencontrée **prawdę mówiąc**, *à vrai dire*.

**3**   Comme vous l'avez sans doute deviné, **niego** est le génitif de **on**, *il*. De
nouveau, comme pour **nich** (leçon 43, note 3), **niego** apparaît toujou
avec une préposition.

# Quarante-cinquième leçon

## [Les] tableaux [de] Marek

**1** – As[-tu des] contacts avec [nos] amis du lycée ?

**2** – [À] proprement [parler], seulement avec Marek.

**3** – [Tu] parles de Marek Nowak ? Et [alors], que devient-il *(quoi chez lui)* ?

**4** – [Je] me souviens qu'il était tout le temps en train de dessiner quelque chose *(que tout-le-temps quelque-chose dessinait)*.

**5** – En effet. Et en fin [de compte], [il] est devenu peintre.

**6** – []'ai été il n'y a pas longtemps à son dernier vernissage.

**7** – Ah bon *(oui)* ?! Et ses tableaux ?

**8** – [Il] dit qu'ils se vendent comme [des] petits *(frais)* pains.

**9** – Aussi vite ?

**10** – Non, aussi bon marché !

---

**4** Encore une modification liée à la déclinaison : le locatif **końcu** vient de **koniec**, *la fin*.

**5** Pour créer le contraire d'un terme, il suffit très souvent de le faire précéder du mot négatif **nie**. C'est ce que nous avons ici avec **niedawno**, *il n'y a pas longtemps*, obtenu à partir de **dawno**, *il y a longtemps*. C'est un procédé très économique qui simplifie bien des choses !

**8** Contrairement au français, les possessifs à la 3e personne dépendent du possesseur et non pas de l'objet possédé. Par exemple, en parlant d'un homme, on emploie toujours **jego**, sans distinguer le genre ou le nombre de ce qui lui appartient. Par conséquent, **jego** correspond à la fois à *son*, *sa* et *ses* (phrase 7 du dialogue).

▶ Ćwiczenie pierwsze – Proszę przetłumaczyć
❶ Nie pamiętam, jak się nazywa ten malarz. ❷ Gdzie można tanio kupić jego obrazy? ❸ Idź szybko do sklepu, nie ma nic do jedzenia. ❹ W liceum, Marek dużo rysował. ❺ Co wolisz, chleb czy bułki?

Ćwiczenie drugie – Wpisać brakujące słowa
❶ Je me souviens bien [de] son dernier vernissage.
. . . . . . . . dobrze . . . . ostatni . . . . . . . . .

❷ J'ai acheté *(masc.)* ce tableau très bon marché.
. . . . . . . . ten . . . . . bardzo . . . . . . .

❸ Moi aussi, je voudrais devenir peintre.
. . też . . . . . . . . . zostać . . . . . . . . .

❹ Je ne comprends pas, tu parles trop vite.
. . . rozumiem, . . . . . . za . . . . . . .

❺ Est-ce que ces petits pains sont frais ?
. . . te . . . . . są . . . . . . ?

**46**

# Lekcja czterdziesta szósta

## Śniadanie

1 – Aniu, **mo**żesz o**bu**dzić **ta**tę?
2 **Po**wiedz mu [1], że **ka**wa jest go**to**wa.
3 – Sły**sza**łam, że **wsta**je [2]. O, już i**dzie**.

🗣 Prononciation
s'n'**ada**gnè **1** … o**boudz**'its' ta**tè 2 po**vyèts mou … **3** … **fsta**yè …

📋 Notes
1 Sachant que **mu** est le datif de **on**, **il**, quel est l'équivalent de *dis-moi* ? C'est bien **powiedz mi**. Si cela vous dit, vous pouvez continuer ce peti

## Corrigé de l'exercice 1

❶ Je ne me souviens pas comment s'appelle ce peintre. ❷ Où peut-on acheter ses tableaux bon marché ? ❸ Va vite au magasin, il n'y a rien à manger. ❹ Au lycée, Marek dessinait beaucoup. ❺ Qu'est-ce que tu préfères, le pain ou les petits pains ?

CO WOLISZ, CHLEB CZY BUŁKI?

## Corrigé de l'exercice 2

❶ Pamiętam – jego – wernisaż ❷ Kupiłem – obraz – tanio ❸ Ja – chciałbym – malarzem ❹ Nie – mówisz – szybko ❺ Czy – bułki – świeże

**46**

# Quarante-sixième leçon

## [Le] petit-déjeuner

**1** – Ania, peux[-tu] réveiller papa ?
**2**    Dis-lui que [le] café est prêt.
**3** – [J']ai entendu qu'[il] se levait *(lève)*. Oh, il arrive *(déjà va)*.

jeu avec d'autres pronoms déjà appris. Si vous avez des doutes, n'hésitez pas à vous reporter à l'appendice grammatical. Vous y retrouverez, sous une forme à la fois synthétique et complète, tous les points essentiels de la grammaire qui ont été traités dans les leçons.

Une bonne nouvelle : le polonais ne connaît pas la concordance des temps ! Ainsi, dans cette phrase, on n'a pas besoin d'utiliser le passé, comme en français, mais le présent **wstaje**, *il/elle se lève*.

4 – Dzień **do**bry. **Ja**ki **pię**kny **za**pach!
5 – **Ro**bię jajecz**ni**cę z **szyn**ką. Chcesz?
6 – Z naj**więk**szą przyjem**noś**cią!
7   To **mo**je ulu**bio**ne **da**nie.
8 – A ty, **A**niu? Co **bę**dziesz jeść [3]?
9 – Nic. Chce mi się **tyl**ko pić [4].
10 – **Do**brze, **a**le nie za**pom**nij [5] **za**brać dru**gie**go
      śnia**da**nia [6].                                                ☐

🗨 *4 … za*pa**H** *5 … yayè*tch**gni**tsè *s* **ché**n*kon … 6 z naill***vien**chon
*pchéyèm***nos**'ts'on *8 …* **bègn**dz'èch *yès'ts'i* *10 …* za**po'm**nille *…
drou***guy**è*go …*

**Notes**

3  Il y a deux façons d'exprimer l'avenir : l'emploi de la forme perfective
   du verbe, ou celui du futur du verbe **być**, *être*, + infinitif : **będziesz jeść**
   (litt. "tu seras manger"). Selon la situation, il a pour équivalent le futur
   proche *tu vas manger* ou le futur simple *tu mangeras*.

4  **Chce mi się pić** signifie *j'ai soif*. Il s'agit d'une expression idiomatique, où
   le verbe **chcieć**, *vouloir*, est exceptionnellement pronominal et s'emploie
   uniquement à la 3e personne du singulier. En remplaçant **pić**, *boire*, par
   d'autres verbes, on forme différentes expressions : **chce mi się jeść**, synonyme de **jestem głodny/-a**, *j'ai faim* ; **chce mi się spać**, *j'ai sommeil*, etc.

5  L'impératif à la 2e personne du singulier des verbes terminés par un
   groupe de consonnes prend la terminaison **-ij** : **nie zapomnij**, *n'oublie
   pas*.

\*\*\*

▶ Ćwiczenie pierwsze – Proszę przetłumaczyć
❶ Czy możesz mnie obudzić jutro o ósmej? ❷ Ania jest
już duża, wstaje sama. ❸ Co będziesz jeść na śniadanie?
❹ Może chce ci się pić? ❺ Nie zapomnij zadzwonić do
Marka.

**4** – Bonjour. Quelle bonne *(belle)* odeur !

**5** – [Je] fais [des] œufs brouillés avec [du] jambon. [Tu en] veux ?

**6** – Avec le plus grand plaisir !

**7** – C'[est] mon plat préféré *(préféré plat)*.

**8** – Et toi, Ania ? Qu'est-ce que [tu] vas manger ?

**9** – Rien. J'ai seulement soif *(Veut à-moi se seulement boire)*.

**10** – Bien, mais n'oublie pas [de] prendre le casse-croûte *(deuxième petit-déjeuner)*.

⑥ Rappelez-vous qu'un verbe à la forme négative, ici **nie zapomnij**, *n'oublie pas*, exige toujours l'emploi du génitif, même s'il est suivi d'un autre verbe à la forme affirmative, ici **zabrać**, *prendre*. Le complément **drugiego śniadania** est donc ici au génitif. Sa forme nominative est **drugie śniadanie**, litt. "deuxième petit-déjeuner".

\*\*\*

Corrigé de l'exercice 1

❶ Est-ce que tu peux me réveiller demain à huit heures ? ❷ Ania est déjà grande, elle se lève toute seule. ❸ Qu'est-ce que tu vas manger au petit-déjeuner ? ❹ Tu as peut-être soif ? ❺ N'oublie pas de téléphoner à Marek.

Ćwiczenie drugie – Wpisać brakujące słowa

**❶** Maman se lève toujours très tôt.

. . . . zawsze . . . . . . bardzo . . . . . . . . .

**❷** N'oublie pas d'acheter le journal.

Nie . . . . . . . . kupić . . . . . . .

**❸** Il faut réveiller Marek, il est déjà huit heures.

Trzeba . . . . . . . Marka, . . . ósma.

\*\*\*

*En Pologne, le repas du matin, **śniadanie**, est d'habitude assez co-
pieux. Il se compose de pain, charcuterie, fromage, laitages, œufs,
céréales et thé ou café. La raison de cette pratique est simple : beaucoup de Polonais font la journée continue – qui commence vers 7 ou
8 heures – et n'ont pas de véritable pause-déjeuner. Autour de 11 h,
ils s'arrêtent donc un peu pour prendre un casse-croûte, appelé*

**47**

# Lekcja czterdziesta siódma

▶

# Mejl

**1** – A, **jes**teś na**resz**cie!
**2**  **Dzwo**nię do **cie**bie ¹ od ty**god**nia.
**3** – Na**praw**dę? Nic nie wie**dzia**łem ².

🗨 Prononciation
*2 … **ts**ˈ**è**byè ot té**god**gna 3 … vyè**dz**ˈ**a**ouèm*

▯ Notes

**1**  dzwonić do + génitif est le terme courant pour dire *téléphoner à
quelqu'un*. Comme nous l'avons vu en leçon 43, ce verbe signifie par
ailleurs *sonner*. **Ciebie** correspond à *tu*, *toi* à l'accusatif.

**2**  Comparons l'infinitif **wiedzieć**, *savoir*, avec **wiedziałem**, *je savais*.
De nouveau, comme dans **mieć**, *avoir*, qui fait **miałem**, *j'avais*, nous
sommes face à la transformation **e/a**.

❹ Je n'ai pas soif.
Nie . . . . mi . . . pić.

❺ Viens vite, le petit-déjeuner est prêt.
. . . . . szybko, . . . . . . . . . jest . . . . . . .

Corrigé de l'exercice 2
❶ Mama – wstaje – wcześnie ❷ – zapomnij – gazety ❸ – obudzić – już
– ❹ – chce – się ❺ Chodź – śniadanie – gotowe
\*\*\*

**drugie śniadanie**, *qu'ils ont généralement préparé à la maison. De retour à la maison après le travail, vers 15 h, on prend le* déjeuner, **obiad**. *C'est le repas principal de la journée, qui comprend généralement une soupe, un plat principal et un dessert. Pour le* repas du soir, **kolacja**, *on se contente donc souvent de quelque chose de froid : sandwiches, salades, fromages, etc.*

**47**

# Quarante-septième leçon

## [L']e-mail

1 – Ah, [tu] es [là], enfin !
2 Je t'appelle *(Téléphone à toi)* depuis une semaine.
3 – Vraiment ? Je n'en savais rien *(Rien ne savais)*.

MEJL

4 – Jak to? Zostawiłem ci co **naj**mniej ³ trzy
wiado**moś**ci ⁴.

5 – To dziwne. Wi**docz**nie sekre**tar**ka ⁵ jest ze**psu**ta.

6 **Muszę spraw**dzić. A dla**cze**go **dzwo**nisz?

7 – Nie dos**ta**łeś mo**je**go **mej**la?

8 – **Któ**rego? **Te**go, w **któ**rym przypo**mi**nasz mi, że
mam ci **zwró**cić **trzy**sta **zło**tych?

9 – Tak.

10 – Nie, **jesz**cze nie dos**ta**łem.     □

**4** ... zosta**viouè**m ... **naill**mgneille ... vi**dotchn**è
... **6** ... **spravdz**itsi ... **dzvo**gnich **7** ... dos**taouè**si ... **8** ...
pché**po**minach ... **zvrou**ts**itsi t'ché**sta **zouo**téH

## Notes

3 Dans cette expression, la forme du mot **najmniej** vous dit-elle quelque
chose ? Oui, il s'agit bien du superlatif correspondant à l'adverbe le
moins. On le reconnaît, rappelons-le, grâce à la présence simultanée de
**naj-** et de **-iej**.

\*\*\*

Ćwiczenie pierwsze – Proszę przetłumaczyć
❶ Wczoraj dostałam twój mejl. ❷ Muszę sprawdzić, czy
sekretarka nie jest zepsuta. ❸ Pracuję tu od tygodnia.
❹ Jeszcze nie miałam wiadomości. ❺ Dzwonisz za wcześnie,
nie wiesz która godzina?

Ćwiczenie drugie – Wpisać brakujące słowa
❶ Ton répondeur ne marche pas.
    Twoja . . . . . . . . . . nie . . . . . . . .
❷ As-tu reçu *(fém.)* mes messages ?
    . . . . . . . . moje . . . . . . . . . . ?
❸ Je ne savais pas *(fém.)* quelle heure il était.
    Nie . . . . . . . . . . , która . . . . . . . .

**4 –** Comment ça ? Je t'ai laissé *(Ai-laissé à toi)* au moins
   trois messages.
**5 –** C'[est] bizarre. Apparemment [mon] répondeur est cassé.
**6 –** [Je] dois vérifier. Et pourquoi appelles[-tu] ?
**7 –** [Tu] n'as pas reçu mon e-mail ?
**8 –** Lequel ? Celui où *(Dans lequel)* tu me rappelles
   *(rappelles à-moi)* que je dois *(ai)* te rendre [les] trois
   cents zlotys ?
**9 –** Oui.
**10 –** Non, je ne l'ai pas encore reçu *(encore pas reçu)*.

1 **wiadomości** signifie aussi *informations*, notamment en parlant du
journal. Le singulier est **wiadomość**. Toutefois, les deux consonnes
finales n'en font pas pour autant un nom masculin, mais féminin. En
effet, pour ce dernier genre, il existe quelques mots finissant en **-ć**,
**miłość**, *amour*, ou par d'autres consonnes : **rzecz**, *chose* ; **noc**, *nuit*, etc.

Pour le *répondeur téléphonique*, le polonais emploie un terme désignant la profession de *secrétaire*, au féminin, **sekretarka**. C'est bon à
savoir, non ?

\*\*\*

**orrigé de l'exercice 1**
1 Hier, j'ai reçu *(fém.)* ton e-mail. 2 Je dois vérifier si le répondeur
'est pas cassé. 3 Je travaille ici depuis une semaine. 4 Je n'ai pas
ncore eu *(fém.)* de messages. 5 Tu téléphones trop tôt, tu ne sais pas
uelle heure il est ?

**Peux-tu vérifier mon e-mail ?**
Możesz . . . . . . . . . mój . . . . ?

**Depuis une semaine, j'habite à l'étranger.**
Od . . . . . . . . mieszkam . . granicą.

rrigé de l'exercice 2
– sekretarka – działa 2 Dostałaś – wiadomości 3 – wiedziałam
odzina 4 – sprawdzić – mejl 5 – tygodnia – za –

# Lekcja czterdziesta ósma

## Ciasto

1 – Pamiętasz, o **któr**ej ¹ wło**ży**łyśmy ² **cias**to ³ do **pie**ca?

2 – Wpół do **dru**giej ⁴.

3 – To **trze**ba już je ⁵ **wy**jąć.

4 – Tak **my**ślisz? Jest do**pie**ro dwa**dzieś**cia po **dru**giej ⁶.

5 – **Jes**teś **pew**na? Twój ze**ga**rek **chy**ba **sto**i ⁷.

6 – To nie**moż**liwe. **Wczo**raj włożyłam **no**wą ba**te**rię

7 – Nie masz in**ne**go ze**gar**ka?

8 – **Za**raz zo**ba**czę. (…) Coś ta**kie**go!

9 Na **każ**dym jest **in**na go**dzi**na!

10 – To nic. Wyj**mie**my je z **pie**ca i zoba**czy**my.

### Prononciation
**ts**ˈasto **1** pa**myèn**tach … vouo**jé**oué**sˈ**mé … **pyè**tsa **2** … fpou⁰ᵘ .
**3** … yè **vé**yognts⁽ **4** … dvadzˈèsˈtsia … **5** … **sto**ï **6** … **ftcho**rail .
ba**tè**ryè **9** … **iˈ**nna … **10** … vé**ymyè**mé …

### Notes

1 Puisque vous savez comment on dit *à telle heure* (leçon 30, note vous pouvez également formuler la question *à quelle heure*, n'est pas ? On retrouve en effet, dans **o której**, la préposition **o** + le locatif pronom **która**. Comme vous le voyez, ce dernier se décline comme adjectifs. Notez aussi que le mot **godzina**, *heure*, est omis.

2 Nous parions que dans **włożyłyśmy**, *nous avons mis*, vous avez tout suite reconnu le féminin. Le masculin, souvenez-vous, est **włożyliśm**

# Quarante-huitième leçon

## [Le] gâteau

**1** – [Tu] te souviens à quelle [heure nous] avons mis [le] gâteau dans [le] four ?

**2** – À une heure et demie *(demi à deuxième)*.

**3** – Alors, il faut déjà le sortir.

**4** – [Tu] *(ainsi)* crois *(penses)* ? [Il] est seulement deux heures vingt *(vingt après deuxième)*.

**5** – [Tu] es sûre ? Ta montre est sans doute arrêtée.

**6** – C'[est] impossible. Hier, j'ai mis [une] nouvelle pile.

**7** – [Tu] n'as pas [d']autre montre ?

**8** – [Je] *(Tout-de-suite)* vais voir. (...) Ça par exemple *(Quelque-chose tel)* !

**9** Sur chacune, il y a une heure différente *(autre heure)* !

**0** – Ce [n'est] rien. [Nous] allons le sortir du four et [nous] allons voir.

---

Il faut distinguer **ciasto**, *gâteau*, de son diminutif **ciastko** (leçon 12, phrase 5 du dialogue), qui désigne un *gâteau individuel* ou un *biscuit*. Notez que **ciasto** signifie aussi *pâte*.

Pour indiquer les demi-heures, on fait suivre **wpół do**, litt. "demi à", de l'heure qui vient – au génitif. Remarquez que la terminaison **-ej** est la même que celle du locatif.

**je** est l'accusatif du pronom personnel neutre **ono**, *il*, *elle*.

Voici la manière d'indiquer une heure déjà passée : les minutes + la préposition **po**, *après* + l'heure au locatif : **dwadzieścia po drugiej**, *deux heures vingt*.

**stoi**, qui signifie ici *est arrêté(e)*, correspond à la 3e personne du singulier du verbe **stać**, *être/se tenir debout*, *immobile* au présent. Notez que **stać** est employé notamment pour indiquer l'absence de mouvement, en parlant de mécanismes, de véhicules, etc.

▶ Ćwiczenie pierwsze – Proszę przetłumaczyć

❶ Nie masz innego budzika? ❷ Jest wpół do dziewiątej.
❸ Byłam u ciebie pięć po pierwszej. ❹ Pamiętasz, jak działa
ten komputer? ❺ Dziesięć minut temu włożyłam ciasto do
pieca.

Ćwiczenie drugie – Wpisać brakujące słowa

❶ À quelle heure allons-nous au cinéma ?
   O . . . . . . idziemy . . kina?

❷ À sept heures et demie.
   O . . . . do . . . . . .

❸ Le réveil sonne à une heure cinq.
   Budzik . . . . . . pięć . . pierwszej.

❹ J'ai fait un gâteau pour les invités.
   Zrobiłam . . . . . . dla . . . . . .

❺ Tu te souviens de ce qu'il faut acheter pour dîner ?
   . . . . . . . . . . , co . . . . . . kupić . . kolację?

**49**

# Lekcja czterdziesta dziewiąta

## Powtórka – Révision

### 1 L'heure

#### 1.1 L'emploi des numéraux

Pour répondre à la question **która godzina**, *quelle heure [est-il]* ?, s'
s'agit d'une heure pleine, il vous suffit de reprendre les numérai
des leçons : **pierwsza**, *première* ; **druga**, *deuxième* ; **trzecia**, *troisièn*
etc. L'heure étant indiquée à l'aide des nombres ordinaux au fér
nin, vous aurez l'équivalent de *une heure, deux heures, trois heur*
etc. Notez que, dans la réponse, le mot **godzina**, *heure*, est omis.
*À telle heure* = **o** + numéral au locatif. Ex : **o pierwszej, o drugi**
etc.

## Corrigé de l'exercice 1

❶ Tu n'as pas un autre réveil ? ❷ Il est huit heures et demie. ❸ J'ai été chez toi à une heure cinq. ❹ Tu te souviens comment marche cet ordinateur ? ❺ Il y a dix minutes [que] j'ai mis le gâteau au four.

## Corrigé de l'exercice 2

❶ – której – do – ❷ – wpół – ósmej ❸ – dzwoni – po – ❹ – ciasto gości ❺ Pamiętasz – trzeba – na –

**49**

# Quarante-neuvième leçon

## 2 L'heure et les minutes

On dit d'abord les minutes, puis l'heure.
Pour exprimer les minutes après une certaine heure, on utilise la construction :
minutes + **po** + heure au locatif : **pięć po pierwszej**, *une heure cinq*.
Pour exprimer les minutes avant une certaine heure, on utilise :
**za** + minutes + heure au nominatif : **za pięć pierwsza**, *une heure moins cinq*.

## 3 Les demi-heures

On indique toujours l'heure qui vient et on emploie :
**wpół** + **do** + heure au génitif (équivalant au locatif) : **wpół do pierwszej**, *midi et demi*.

## 2 Le futur

Rappelez-vous qu'un simple ajout des terminaisons personnelles au radical des verbes perfectifs permet d'exprimer une action future. Ainsi, en conjuguant, par exemple **zrobić**, *faire*, vous aurez :

| | |
|---|---|
| **zrobię**, *je vais faire* | **zrobimy**, *nous allons faire* |
| **zrobisz**, *tu vas faire* | **zrobicie**, *vous allez faire* |
| **zrobi**, *il/elle va faire* | **zrobią**, *ils/elles vont faire* |

Nous avons vu que l'avenir peut aussi se traduire par une forme composée. L'infinitif imperfectif est alors précédé du verbe "être" au futur, dont voici les formes :

| | Singulier | Pluriel |
|---|---|---|
| 1re personne | **będę** | **będziemy** |
| 2e personne | **będziesz** | **będziecie** |
| 3e personne | **będzie** | **będą** |

Si nous prenons l'exemple de *faire*, nous aurons : **będę robić**, *je vai faire*, **będziesz robić**, *tu vas faire*, etc. Ajoutons que les deux forme de futur **zrobię** et **będę robić** traduisent à la fois le futur proche *j vais faire* et le futur simple *je ferai*. Comme vous le voyez, l'emplo des temps ne pose vraiment pas de problèmes en polonais !

## 3 Les changements de voyelles et de consonnes

Passons maintenant à quelque chose qui vous tracasse peut-êt un peu plus. Vous avez remarqué que dans les diverses form d'un mot (singulier ou pluriel, changement de cas, de personne de genre), certaines lettres se substituent aux autres. Ces transfo mations, que l'on trouve aussi en français : *fou/folle*, *peut/pouvo coupable/culpabilité*, etc., sont particulièrement fréquentes polonais. Nous en avons rencontré de nombreux exemples da nos leçons, et certaines vous sont maintenant familières. Il s'a d'un phénomène assez complexe qui obéit à des lois phonétiqu et historiques, trop longues à expliquer ici.

Voici, à titre indicatif, un tableau des changements les plus fréquents. Comme vous avez dû vous en apercevoir, ils sont souvent doubles : un changement de voyelle s'accompagne de celui d'une consonne – et vice versa. De plus, un mot peut comporter plus d'un changement. C'est pourquoi nous vous déconseillons de vouloir créer vous-mêmes des formes. Il est préférable de retenir les quelques exemples réunis ci-après :

## 3.1 Les changements de voyelles

| a/o | **zarabiać/zarobić**, *gagner* (imperfectif/perfectif) |
|---|---|
| ą/ę | **pieniądze/pieniędzy**, *argent* (nominatif pluriel/génitif pluriel) |
| ę/ą | **dziewięć/dziewiąty**, *neuf/neuvième* |
| o/e | **biorę/bierze**, *je prends / il (elle) prend* |
| ó/o | **mój/moja**, *mon/ma* |
| y/ę | **być/będę**, *être / je serai* |
| e/Ø | **Marek/Marka**, *Marek* (nominatif/génitif) |

## 3.2 Les changements de consonnes

| d/dzi/dź | **idę/idzie/idź**, *je vais / il (elle) va / va* |
|---|---|
| g/ż | **mogę/może**, *je peux / il (elle) peut* |
| ł/l | **był/byli**, *il était / ils étaient* |
| k/c (nominatif/locatif) | **Polska/Polsce**, *Pologne* |
| r/rz | **dobry/dobrze**, *bon/bien* |
| sz/si | **proszę/prosimy**, *je prie / nous prions* |

▶ **Dialog-powtórka**

1 – Jesteś nareszcie!
2   Już za dziesięć ósma!
3 – Byłem na wernisażu kolegi z liceum.
4   Nie dostałaś wiadomości?
5 – Nie, może sekretarka jest zepsuta.
6   Będziesz coś jeść?
7 – Nie, chce mi się tylko pić.
8 – O, ktoś dzwoni. To może nasi goście.
9 – Jest jeszcze za wcześnie.
10  Mają być o wpół do dziewiątej.

\*\*\*

*Cette leçon marque la fin de votre phase passive – ou "premièr‹ vague". Jusqu'à aujourd'hui, vous vous êtes contenté d'assimile‹ les bases de la langue polonaise, en vous imprégnant du vocabu‹ laire, de la prononciation et de la structure de la langue. À pa‹ tir de demain, vous allez aborder votre phase active – ou "de‹ xième vague". Voici comment : après avoir vu la cinquantièm‹ leçon, vous allez reprendre la première (nous vous l'indiqueror‹ à chaque fin de leçon) puis, en cachant le texte polonais, vo‹*

**50**

# Lekcja pięćdziesiąta

▶ ## Przyszły mąż

1 – Wiesz, że **Zo**sia wy**cho**dzi za mąż [1]?

🔲 Note

1   Selon qu'il s'agit d'une femme ou d'un homme, *se marier* se dit resp‹ tivement **wychodzić za mąż**, litt. "sortir pour mari" et **żenić się**.

**11** – Twój zegarek chyba stoi.
**12** Jest już dwadzieścia po ósmej.

Traduction

**1** [Tu] es [là] enfin ! **2** [Il est] déjà huit heures moins dix *(dans dix huitième)* ! **3** [J']ai été au vernissage [d']un ami du lycée. **4** [Tu] n'as pas reçu [mon] message ? **5** Non, peut-être [que le] répondeur est cassé. **6** Tu vas *(Seras)* manger quelque chose *(quelque-chose manger)* ? **7** Non, j'ai seulement soif *(veut à-moi se seulement boire)*. **8** Oh, quelqu'un sonne. C'[est] peut-être nos invités. **9** [Il] est encore trop tôt. **10** Ils doivent être là *(ont être)* à huit heures et demie. **11** Ta montre est probablement arrêtée. **12** [Il] est déjà huit heures vingt *(vingt après huitième)*.

\*\*\*

*allez traduire le dialogue à partir du français. Faites de même avec l'exercice de traduction. Faites-le d'abord oralement, puis, si vous le souhaitez, par écrit. Grâce à cette deuxième vague, vous allez constater tout le chemin parcouru depuis le début, en vous étonnant des progrès réalisés. Rien de tel que cette révision quotidienne pour consolider votre acquis et vous amener à parler naturellement. Courage ! Lancez-vous franchement !*

**50**

# Cinquantième leçon

*our célébrer notre accession à la phase active, nous allons alléger notre raduction de certaines "béquilles". Nous ne mettrons donc plus de cro-nets pour signaler l'omission du pronom personnel sujet ou de l'article n polonais. Votre lecture deviendra ainsi beaucoup plus agréable.*

## Le futur mari

**1** – Sais-tu que Zosia se marie *(sort pour mari)* ?

2 – Tak **mło**do ²?

3 – Co ty opo**wia**dasz? Ma **pra**wie trzy**dzieś**ci lat!

4 – Na**praw**dę? Jak ten czas **le**ci ³!

5 – Sły**sza**łam, że **dłu**go się wa**ha**ła.

6    Po**dob**no ⁴ **cią**gle zmie**nia**ła **zda**nie.

7 – To nor**mal**ne. **Wca**le się nie **dzi**wię.

8    Szu**ka**ła **pew**nie odpowied**nie**go kandy**da**ta.

9 – No i **wresz**cie zna**laz**ła. Jej **przy**szły mąż jest
     archeo**lo**giem.

10 – Czy to **ta**kie **waż**ne?

11 – **Jas**ne. Im **bę**dzie **star**sza ⁵, tym ⁶ **bar**dziej
     **bę**dzie ją **ko**chał ⁷!                                □

🗨 Prononciation
**4** … *tchas* **lèts**ⁱi **5** … *vaHaoua* **7** … **ftsal**è … **dz**ⁱ*ivyè* **8** *choukaoua* ..
*otpovyèd***gnè**go *ka'ndèdata* **9** … **vrèch**ts'è … *arHèo***lo**guièm **10** ..
**vaj**nè **11** … *i'm* … **star**cha *tém* … **ko**Ha^{ou}

📑 Notes

2  Notez que l'usage de l'adverbe **młodo**, *de manière jeune*, est ici compa‹
   rable à celui de l'expression française *s'habiller jeune*, qui se dit **ubiera**
   **się młodo**. On l'emploie également, par exemple, dans **czuć się młodo**
   *se sentir jeune*, ou **wyglądać młodo**, *paraître jeune*.

3  Il s'agit ici d'un emploi idiomatique. La véritable signification de **lecie**
   est *voler*, en parlant des oiseaux ou des avions.

4  Ne vous laissez pas tromper : **podobno**, qui peut vous faire penser
   un adverbe (rappelez-vous **podobna**, *ressemblante*, leçon 25, phrase
   du dialogue), est un mot invariable, correspondant à *il paraît*, *il semb*‹
   L'adverbe est **podobnie**, *de façon semblable*.

\*\*\*

▶ Ćwiczenie pierwsze – Proszę przetłumaczyć
❶ Nie rozumiem, co opowiadasz. ❷ Nie wiem, czy to taki‹
ważne. ❸ Znalazła pani mój list? ❹ Dziwię się, że nie chce‹
iść do kina. ❺ Słyszałam, że wychodzi pani za mąż.

**2** – *(De manière)* si jeune ?

**3** – Qu'est-ce que tu racontes ? Elle a presque trente ans !

**4** – Vraiment ? Comme le *(ce)* temps passe *(vole)* !

**5** – J'ai entendu [dire] qu'elle a longtemps hésité.

**6** Il paraît [qu']elle changeait tout le temps *(tout le temps changeait)* [d']avis.

**7** – C'est normal. Ça ne m'étonne pas du tout *(Pas-du-tout me n'étonne)*.

**8** Elle cherchait sûrement un bon *(convenable)* prétendant *(candidat)*.

**9** – Et enfin, elle a trouvé. Son futur mari est archéologue.

**10** – Est-ce que c'est si important ?

**11** – Évidemment *(Clair)*. Plus elle sera *(plus)* vieille, plus *(plus)* il l'aimera !

PRZYSZŁY MĄŻ

Le comparatif de la plupart des adjectifs est formé en remplaçant la voyelle finale par la terminaison **-szy** (masc.), **-sza** (fém.) ou **-sze** (neutre).

La suite **im… tym…** correspond à la structure comparative *plus… plus…*. Les deux termes sont suivis du comparatif de l'adjectif ou de l'adverbe. Pour vous rafraîchir la mémoire, reportez-vous à la leçon 42, § 3.

Le verbe *aimer* au sens de "éprouver de l'amour" se dit **kochać**. Retenez aussi, cela peut toujours servir, **kocham cię**, *je t'aime*.

\*\*\*

orrigé de l'exercice 1

❶ Je ne comprends pas ce que tu racontes. ❷ Je ne sais pas si c'est si mportant. ❸ Avez-vous trouvé *(madame)* ma lettre ? ❹ Je m'étonne ue tu ne veuilles *(veux)* pas aller au cinéma. ❺ J'ai entendu [dire] que us vous mariez *(madame)*.

Ćwiczenie drugie –Wpisać brakujące słowa

**❶** Il paraît [que] ta sœur se marie.

. . . . . . . twoja . . . . . . wychodzi . . mąż.

**❷** Tu penses qu'elle a trouvé un prétendant ?

. . . . . . . , że . . . . . . . . kandydata?

**❸** Je sais qu'elle a longtemps hésité.

. . . , że . . . . . się . . . . . . .

**❹** [Cela] ne m'étonne pas que tu aimes le sport.

Nie . . . . . . się, . . lubisz . . . . . .

# Lekcja pięćdziesiąta pierwsza

## Sukienka na Sylwestra

**1** – Cześć **E**wa. **Do**kąd tak **bie**gniesz [1]?

**2** – **Wra**cam do **do**mu.

**3** – Chodź ze mną, **bar**dzo cię **pro**szę!

**4** **Mu**szę **so**bie **ku**pić coś na Syl**wes**tra [2].

**5** – Nie **mo**gę, **śpie**szy mi się [3].

**6** **I**dę goto**wać** [4] **o**biad.

Prononciation

... *sélvèstra* **1** ... *byèg'gnèch* **2** *vratsa'm* ... **4** ... *mouchè* . **5** ... *s'pyèché* ...

Notes

**1** À côté de l'infinitif **biegnąć**, *courir*, on rencontre la forme **biec**. En pl.. de cette particularité, le radical de ce verbe est double. Le premi.. est commun à la 1ʳᵉ personne du singulier, **biegnę** et la 3ᵉ du pluri.. **biegną**. Le second apparaît pour les autres personnes : **biegniesz**, *cours*, **biegnie**, *il/elle court*, etc. Remarquez le parallèle avec la conjug.. son de **iść** et **jechać** qui, dans les mêmes conditions, modifient le d .. **dzi**. Vous reverrez tout ceci en leçon de révision.

**175 • sto siedemdziesiàt pięć**

❺ C'est pourtant très important.
.. jest ........ bardzo ......

Corrigé de l'exercice 2
❶ Podobno – siostra – za – ❷ Myślisz – znalazła – ❸ Wiem – długo
– wahała ❹ dziwię – że – sport ❺ To – przecież – ważne

**Commencez ici votre phase active suivant les indications que
nous vous donnons à la fin de la leçon 49.**

Deuxième vague : 1ʳᵉ leçon

---

51

# Cinquante et unième leçon

## Une robe pour la Saint-Sylvestre

1 – Salut Ewa. Où cours-tu comme ça *(comme ça cours)* ?
2 – Je rentre à la maison.
3 – Viens avec moi, *(beaucoup)* je t'[en] prie !
4   Je dois m'acheter quelque chose pour la Saint-
    Sylvestre.
5 – Je ne peux pas, je suis pressée *(presse à-moi se)*.
6   Je vais préparer le déjeuner.

---

2  **Sylwestra** est l'accusatif de **Sylwester**, *la Saint-Sylvestre*. Comme pour
   les noms finissant en **-ek**, le **e** disparaît.

3  Suivant la construction, le verbe **śpieszyć się** correspond à *être pressé*
   ou à *se dépêcher*. Dans la première expression, **śpieszy mi się**, on se sert
   de la 3ᵉ personne du singulier suivie du datif. C'est une tournure que
   l'on peut, comme ici, employer seule. Dans la deuxième, **śpieszę się**, on
   conjugue tout simplement le verbe.

   Dans cette phrase, **gotować** prend le sens général de *préparer un repas*.
   Mais il peut également se traduire par *cuire* – par exemple un œuf – ou
   encore *faire bouillir*, par exemple de l'eau.

7 – To **tyl**ko **chwi**la. Wi**dzia**łam tu **o**bok wspa**nia**łą su**kien**kę.
8   **Sa**ma zo**ba**czysz. O, już jes**teś**my.
9   Dzień **do**bry. Czy **mo**głabym [5] przy**mie**rzyć tę su**kien**kę na wys**ta**wie [6]?
10 – Oczy**wi**ście, ale **ma**my też przymie**rzal**nię! ☐

🗣 *9 … **mo**gouabém … vés**ta**vyè **10** … pchémyè**jal**gnè*

📑 Notes

5 *Je voudrais* se dit **chciałbym** (masc.) ou **chciałabym** (fém.). Tout comme le passé, le conditionnel différencie donc le genre grammatical. Récapitulons : on le forme avec la 3ᵉ personne du singulier ou du pluriel au passé, en intercalant la particule **by** entre le radical et la ter-

\*\*\*

▶ Ćwiczenie pierwsze – Proszę przetłumaczyć
❶ Dokąd idziesz na Sylwestra? ❷ Chciałabym przymierzyć te spodnie. ❸ Gdzie mogłabym kupić ładną sukienkę? ❹ Zobaczysz, że to jest bardzo proste. ❺ To prawda, śpieszy ci się?

\*\*\*

Ćwiczenie drugie – Wpisać brakujące słowa
❶ Je ne suis pas pressé, j'ai du temps.
Nie . . . . . . . mi . . . , mam . . . . . .
❷ Où as-tu acheté *(fém.)* cette robe ?
Gdzie . . . . . . . tę . . . . . . . . ?
❸ Peut-être pourrais-je *(fém.)* t'aider ?
Może . . . . . . . . ci . . . . . ?
❹ Quand vas-tu préparer le déjeuner ?
. . . . . będziesz . . . . . . . obiad?
❺ J'ai vu *(fém.)* quelque chose d'intéressant dans la vitrine.
. . . . . . . . . coś . . . . . . . . . na . . . . . . . . .

**7** – Il n'y en a pas pour longtemps *(C'est seulement un moment)*. J'ai vu à côté d'ici *(ici à côté)* une robe magnifique *(magnifique robe)*.

**8** Tu verras toi-même *(Toute-seule verras)*. Oh, nous y sommes déjà *(déjà sommes)*.

**9** Bonjour. Est-ce que je pourrais essayer cette robe dans la vitrine ?

**10** – Bien sûr, mais nous avons aussi une cabine d'essayage !

minaison. Ainsi **mogła** *(fém.), elle a pu*, permet d'obtenir **mogłabym**, *je pourrais*. Ajoutons que, pour un homme on a **mógłbym**.

**6** Dans **na wystawie**, *dans la vitrine*, la préposition **na** exige le locatif, car il s'agit d'indiquer un emplacement.

\*\*\*

Corrigé de l'exercice 1

❶ Où vas-tu pour la Saint-Sylvestre ? ❷ Je voudrais essayer ce pantalon. ❸ Où pourrais-je acheter une jolie robe ? ❹ Tu verras que c'est très simple. ❺ C'est vrai, tu es pressé ?

\*\*\*

Corrigé de l'exercice 2

❶ – śpieszy – się – czas ❷ – kupiłaś – sukienkę ❸ – mogłabym – pomóc ❹ Kiedy – gotować – ❺ Widziałam – ciekawego – wystawie

Deuxième vague : 2ᵉ leçon

# Lekcja pięćdziesiąta druga

▶

## Boże Narodzenie [1]

**1** – Za **mie**siąc **świę**ta [2]. **Ja**kie **ma**cie **pla**ny?

**2** – O, nic specjal**ne**go.

**3** – Na Wigilię [3] i**dzie**cie jak **zwy**kle do ro**dzi**ców?

**4** – Tak. A w **pier**wszy dzień świąt [4], do **teś**ciów [5].

**5** – **Wi**dzę, że trzy**ma**cie się [6] tra**dy**cji.

**6**   A jak spę**dza**cie **dru**gi dzień świąt?

**7** – Zapro**si**liśmy przyja**ciół** [7]. A wy?

**8** – My bę**dzie**my w tym **ro**ku da**le**ko od ro**dzi**ny.

**9**   **Je**dzie**my w **pod**róż doo**ko**ła **świa**ta.

**10** – Ach tak? A co ro**dzi**ce? Nie są zawie**dze**ni?

**11** – **Tro**chę. Ale obie**ca**liśmy, że pój**dzie**my do nich na **Wiel**kanoc. ☐

💬 Prononciation

*bo**jè** naro**dzè**gnè **1** … **myès**ᵢo'nts sᵢ**fyèn**ta … pla**né 3** … vi**gui**lyé … **4** … sᵢfyo'nt … **tès**ᵢtsᵢouf **7** zaprosᵢilisᵢmé pché**yat**sᵢouᵒᵘ … **9** .. doo**ko**wa sᵢ**fya**ta **10** … za**vyè**dz**è**gni **11** … obyè**tsa**lisᵢmé …*

📖 Notes

**1**  L'expression utilisée pour *Noël*, **Boże Narodzenie**, signifie littéralement "divine naissance". Le Père Noël, lui, est désigné par le prénom **Mikołaj**, mais pour les petits Polonais, c'est un **dziadek**, *grand-père* : **dziadek Mikołaj**.

**2**  Le singulier de **święta**, *fêtes*, est **święto** (nom neutre).

**3**  Le mot **Wigilia**, *réveillon*, est ici à l'accusatif, car il suit la préposition **na**. Employé avec une majuscule, il désigne la veille de Noël et le repas solennel servi à cette occasion.

**4**  Il y a deux jours fériés à Noël, les 25 et 26 décembre. Pour les distinguer, on utilise respectivement **pierwszy**, *premier* et **drugi**, *deuxième* (phrase

# Cinquante-deuxième leçon

## Noël

**1** – Dans un mois, [ce sont les] fêtes. Quels plans avez-vous *(Quels avez plans)* ?

**2** – Oh, rien [de] spécial.

**3** – Pour [le] réveillon de Noël, vous allez comme d'habitude chez [tes] parents ?

**4** – Oui. Et à Noël *(premier jour [de] fêtes)*, chez [mes] beaux-parents.

**5** – Je vois que vous respectez *(tenez vous)* les traditions.

**6** Et comment passez-vous le 26 décembre *(deuxième jour [de] fêtes)* ?

**7** – Nous avons invité des amis. Et vous ?

**8** – Nous serons *(en)* cette année loin de la famille.

**9** Nous allons en voyage autour [du] monde.

**0** – Ah oui ? Et *(que)* [tes] parents ? Ne sont-ils pas déçus ?

**1** – Un peu. Mais nous avons promis que nous irions *(irons)* chez eux à Pâques.

---

du dialogue) **dzień świąt**, *jour [de] fêtes*. Ce dernier mot, issu de **święto**, *fête*, est au génitif pluriel. Remarquez l'absence de terminaison, phénomène très fréquent pour ce cas, ainsi que le changement **ę/ą**.

Certains noms de personnes au pluriel (membres de la famille, noms propres) se terminent en **-owie**, comme ici **teściowie**, *beaux-parents*.

Le verbe **trzymać się**, *se tenir*, *s'en tenir à*, a de nombreux usages, parmi lesquels *respecter*, *suivre quelque chose*. Il est alors suivi du génitif. On dit **trzymać się instrukcji**, *respecter les instructions*, **planu**, *le plan*, etc.

Le verbe **zaprosić**, *inviter*, exige l'emploi de l'accusatif ; d'où, au pluriel, **przyjaciół**, issu de **przyjaciele**, *amis*. Comme c'est aussi la forme du génitif, il y a absence de terminaison (note 4), en plus du changement **e/ó**. Ajoutons que **przyjaciel** désigne un ami plus intime que **kolega**.

▶ Ćwiczenie pierwsze – Proszę przetłumaczyć
❶ Na Boże Narodzenie idziemy do rodziców. ❷ Zaprosiliśmy kolegów na kolację. ❸ Za miesiąc Wielkanoc, co robicie? ❹ Lubię święta, ale nie lubię gotować. ❺ Muszę zadzwonić do teściów.

Ćwiczenie drugie – Wpisać brakujące słowa
❶ À Pâques, nous avons invité mes beaux-parents.
   Na . . . . . . . . zaprosiliśmy . . . . . . . .

❷ Où passez-vous le réveillon de Noël *(en)* cette année ?
   Gdzie . . . . . . . . Wigilię . tym . . . . ?

❸ Un voyage autour du monde, c'est mon rêve.
   . . . . . . dookoła . . . . . . to . . . . marzenie.

❹ Dans un mois, [c'est] Noël, comme le temps passe !
   . . miesiąc . . . . Narodzenie, . . . ten . . . . leci!

❺ Avez-vous des projets pour les fêtes ?
   . . . . . jakieś . . . . . na . . . . . . ?

\*\*\*

*Tradition catholique oblige, les Polonais attachent une grande impo-*
*tance aux fêtes religieuses, qu'ils passent généralement en famille.*
*À Noël, c'est surtout* **Wigilia**, *le Réveillon, qui donne l'occasion de s*
*réunir autour d'un traditionnel repas du même nom. La coutume ve*
*que l'on prépare 12 plats pour la circonstance, un pour chacun d*
*Apôtres ! Même si dans les faits, ce nombre est rarement respecté, c*
*essaie de proposer plusieurs mets traditionnels, toujours sans viand*
*carpe, harengs, soupe de champignons, pâtes au pavot…*

Corrigé de l'exercice 1

❶ À Noël, nous allons chez mes parents. ❷ Nous avons invité des amis à dîner. ❸ Dans un mois, [c'est] Pâques, que faites-vous ? ❹ J'aime les fêtes, mais je n'aime pas cuisiner. ❺ Je dois téléphoner à mes beaux-parents.

orrigé de l'exercice 2

❶ – Wielkanoc – teściów ❷ – spędzacie – w – roku ❸ Podróż – świata moje – ❹ Za – Boże – jak – czas – ❺ Macie – plany – święta

\*\*\*

Pâques, Wielkanoc, on a l'habitude de partager les œufs, mais ssi d'en décorer ! Il est donc normal que ces **pisanki** (les œufs ints) occupent une bonne place dans l'art populaire. Enfin, le lundi Pâques connaît une attraction toute particulière, **śmigus dyngus**, i signifie plus ou moins arrosage. Le nom parle de lui-même… utons que la tradition ne précise pas quelle est la quantité d'eau erser sur ses proches ou ses amis !

Deuxième vague : 3ᵉ leçon

# Lekcja pięćdziesiąta trzecia

## Wyjazd [1]

**1** – Gdzie spędzacie wakacje?
**2** – W lipcu lecimy [2] do Włoch [3], a w sierpniu
będziemy na wsi [4].
**3** – Nie boicie się [5] wyjeżdżać na tak długo?
**4** – Nie. Dlaczego?
**5** – Dzieci też z wami jadą?
**6** – Oczywiście, jedziemy wszyscy razem.
**7** – A mieszkanie? Będzie cały czas puste?
**8** – Nie, zostawiamy klucze Nowakowi [6].
**9** Będzie tu mieszkał jego syn.
**10** – A jak będzie jakaś awaria, albo pożar?
**11** – To zrobi, co my byśmy [7] zrobili: zadzwoni po
straż pożarną!

### Prononciation
**véyast 2** v **liptsou lèts'imé** do vouoH a f **s'èr**pgnou … **fs'i 3**
bo'its'è … **véyèj**djats' … **8** … **klou**tchè … **9** … **sén 10** … a**var**ya
**po**jar **11** … strach po**jar**non

### Notes
**1** Le terme *départ* a plusieurs équivalents en polonais. En plus de **wyja**
– qui concerne plutôt les personnes –, vous trouverez **odjazd**, à prop
d'un train, par exemple. Sachez aussi que dans un aéroport, vous ve
le terme **odlot** car, pour les voyages en avion, on emploie un ve
particulier (voir note suivante). Le contraire, l'*arrivée*, est **przyjazd**, p
les deux premiers et **przylot**, pour le troisième.

**2** Le verbe **lecieć** prend ici son véritable sens de déplacement dans
Il fait partie du groupe de verbes de mouvement qui, comme vou
savez, sont très spécifiques en polonais. Par conséquent, si vous voya
en avion, vous direz toujours **lecę** et non pas **jadę**.

# Cinquante-troisième leçon

## Le départ

**1** – Où passez-vous les vacances ?

**2** – En juillet, nous allons *(volons)* en Italie et en août, nous serons à la campagne.

**3** – N'avez-vous pas peur [de] partir pendant *(pour)* si longtemps ?

**4** – Non. Pourquoi ?

**5** – Les enfants partent aussi avec vous *(aussi avec vous vont)* ?

**6** – Bien sûr, nous [y] allons tous ensemble.

**7** – Et l'appartement ? Il sera tout le temps vide ?

**8** – Non, nous laissons les clés [à] Nowak.

**9** Son fils habitera ici *(ici habitera son fils)*.

**10** – Et s'il y a *(sera)* une *(quelconque)* panne ou un incendie ?

**11** – Alors il fera ce que nous ferions : il téléphonera aux *(pour)* pompiers !

---

*L'Italie* se dit **Włochy**. C'est un pluriel, ce qui pour un nom de pays, est assez exceptionnel en polonais. La forme du génitif est donc **Włoch**.

**Wieś**, *la campagne*, apparaît ici au locatif : **wsi**.

Dans la conjugaison au présent du verbe pronominal **bać się**, *avoir peur*, la lettre **i** est remplacée par **j** à la 1re personne du singulier et la 3e du pluriel.

Après **zostawiać**, *laisser* à quelqu'un (complément d'objet indirect), le nom se met au datif, d'où **Nowakowi**.

La particule **by**, caractéristique du conditionnel, accompagnée des terminaisons verbales **-m**, **-ś**, **Ø**, **-śmy**, **-ście**, **Ø**, est parfois détachée du verbe. Comme vous le voyez dans la phrase, cela arrive généralement dans une subordonnée. Nous y reviendrons.

▶ Ćwiczenie pierwsze – Proszę przetłumaczyć

**❶** Od dawna chciałbym mieszkać na wsi. **❷** W lipcu dzieci jadą za granicę. **❸** Wiesz przecież, że nie lubię wyjeżdżać zimą. **❹** Dlaczego boicie się jechać do Włoch? **❺** Zostawiłem klucze sąsiadowi.

\*\*\*

Ćwiczenie drugie – Wpisać brakujące słowa

**❶** J'ai acheté *(fém.)* une belle maison à la campagne.
. . . . . . . piękny . . . na . . . .

**❷** En août, il y a d'habitude beaucoup de monde *(gens)*.
W . . . . . . . . jest . . . . . . dużo . . . . . .

**❸** J'espère *(ai espoir)* que vous n'avez pas peur de rester à l'hôpital.
. . . nadzieję, . . nie . . . . . . się . . . . . . w . . . . . . . . .

**❹** Je ne me souviens pas où sont les clés.
. . . pamiętam, . . . . . są . . . . . . . .

**54**

# Lekcja pięćdziesiąta czwarta

▶ ## Telefon do szefa

**1** – **Ha**lo, **pa**ni **Ha**nia? Tu Ko**wal**ski.
**2**    Czy **móg**łbym ¹ roz**ma**wiać z ² kierow**ni**kiem ³?
**3** – Tak, już **łą**czę (…) Nikt nie odpo**wia**da.

🗨 Prononciation
*2 … **moug**ᵒᵘ**bém** … 3 … **won**tchè … otpo**vya**da*

📖 : Notes

    1  Après le féminin **mogłabym**, *je pourrais*, rencontré en leçon 51 e
       phrase 9 du dialogue, voici le masculin **mógłbym** (voir leçon 51, no
       5). Remarquez le changement **o/ó**, dû à la différence entre **mogła**, *elle
       pu*, et **mógł**, *il a pu*.

Corrigé de l'exercice 1

❶ Depuis longtemps, je *(voudrais)* veux habiter à la campagne. ❷ En juillet, les enfants vont à l'étranger. ❸ Tu sais pourtant que je n'aime pas partir en hiver. ❹ Pourquoi avez-vous peur d'aller en Italie ? ❺ J'ai laissé les clés au voisin.

*** 

❻ Je dois téléphoner aux pompiers.

. . . . . **zadzwonić** . . **straż** . . . . . . . .

Corrigé de l'exercice 2

❶ Kupiłam – dom – wsi ❷ – sierpniu – zwykle – ludzi ❸ Mam – że – boicie – zostać – szpitalu ❹ Nie – gdzie – klucze ❺ Muszę – po – pożarną

Deuxième vague : 4ᵉ leçon

**54**

# Cinquante-quatrième leçon

## Un coup de fil *(téléphone)* au patron

**1** – Allô, madame Hania ? Ici Kowalski.

**2** Est-ce que je pourrais parler au *(avec)* patron ?

**3** – Oui, je vous le passe *(déjà joins)* (…) Personne ne répond.

Pour demander à *parler à quelqu'un au téléphone*, vous pouvez remplacer **mówić** par **rozmawiać**. N'oubliez pas d'utiliser la préposition **z**, *avec*, + instrumental. Pour commencer la phrase, vous pouvez aussi dire **czy mogę**, *puis-je*, ou simplement **chciałbym/chciałabym**, *je voudrais*.

Dans une institution, **kierownik** désigne le *responsable d'un service* ou *d'un secteur* (ce mot est plus ou moins synonyme de **szef** en plus protocolaire). Il dépend hiérarchiquement du *directeur* qui se dit, rappelons-le, **dyrektor**.

4   Niech pan spró**bu**je za pół go**dzi**ny. (...)

5 – **Ha**lo, to **zno**wu ja. Czy szef [4] już jest?

6 – **Przy**kro mi, **a**le kie**row**nik jest **te**raz na ze**bra**niu [5].

7 – **Trud**no, to zadz**wo**nię po po**łud**niu.

8 – Niech pan **chwi**lę za**cze**ka.

9   **Za**raz za**py**tam, o **kt**órej **bę**dzie.

10 – Nie **trze**ba. To nic pil**ne**go.

11   Spró**bu**ję zadz**wo**nić tro**chę póź**niej.   □

**4** ... *sproubouyè* ... *pou^{ou}* ... **7** ... *zadzvognè* ... *powoudgniou*
**11** ... *pouz'gneille*

## Notes

4   Le terme *szef*, *patron*, *chef*, est très large : il prend souvent, comme ici, un
sens légèrement familier, comme dans l'anglais ***boss***. On l'emploie généralement pour indiquer la personne qui dirige ou commande, quel que
soit le domaine institutionnel (entreprise, appareil d'État, armée, etc.).

\*\*\*

Ćwiczenie pierwsze – Proszę przetłumaczyć

❶ Spróbuję to zrobić później. ❷ Nie mogę teraz rozmawiać,
jestem na zebraniu. ❸ Wyjeżdżamy jutro po południu. ❹ Nikt
nie rozumie, o co chodzi. ❺ Widziałam go pół godziny temu.

\*\*\*

Ćwiczenie drugie – Wpisać brakujące słowa

❶ Je voudrais parler à Marek.
Chciałbym . . . . . . . . z . . . . . . . .

❷ La réunion est dans l'après-midi.
. . . . . . . . jest . . południu.

❸ Personne ne sait où est le responsable.
. . . . nie . . . , gdzie . . . . kierownik.

❹ Essayez de mettre une nouvelle pile.
. . . . . pan . . . . . . . . włożyć . . . . baterię.

❺ Le déjeuner est dans une demi-heure.
Obiad . . . . za . . . godziny.

**4** Essayez *(Que monsieur essaie)* **dans une demi-heure.** (...)

**5** – Allô, c'est encore *(de-nouveau)* **moi. Est-ce que le patron est** *(déjà est)* **[là] ?**

**6** – Désolée *(Désagréablement à-moi)*, **mais le patron est actuellement en réunion.**

**7** – Tant pis *(Difficilement)*, **alors je vais téléphoner [dans] l'après-midi.**

**8** – Attendez un instant *(Que monsieur instant attendra)*.

**9** **Je vais demander tout de suite** *(Tout-de-suite vais-demander)* **à quelle [heure] il sera [là].**

**10** **[Ce] n'est pas nécessaire. Cela [n'a] rien [d']urgent.**

**11** **J'essaierai de téléphoner un peu plus tard.**

---

**5**  Avec le verbe *être*, la préposition **na** indique un lieu où l'on se trouve. C'est donc tout naturellement qu'elle entraîne le locatif, ici **zebraniu**, *réunion*, dérivé de **zebranie**.

\*\*\*

Corrigé de l'exercice 1

❶ Je vais essayer de le faire plus tard. ❷ Je ne peux pas parler maintenant, e suis en réunion. ❸ Nous partons demain après-midi. ❹ Personne ne comprend de quoi il s'agit. ❺ Je l'ai vu il y a une demi-heure.

\*\*\*

Corrigé de l'exercice 2

❶ – rozmawiać – Markiem ❷ Zebranie – po – ❸ Nikt – wie – jest ❹ Niech – spróbuje – nową – ❺ – jest – pół –

Deuxième vague : 5ᵉ leçon

# Lekcja pięćdziesiąta piąta

## Prośba

1 – Dzień **do**bry. **Dzwo**nię z **małą proś**bą.
2 – **Słu**cham, o co **cho**dzi ¹?
3 – **Żo**na postano**wi**ła **zro**bić **re**mont ² miesz**ka**nia:
4   malo**wa**nie, wy**mia**na ka**fel**ków w ła**zien**ce...
5 – Rozu**miem**, **wie**le ³ **ko**biet uwiel**bia** zaj**mo**wać
    się ⁴ **do**mem.
6 – Tak, **a**le chce, **że**bym ⁵ jej po**mógł**.
7 – Ma **ra**cję. To wy**ma**ga wy**si**łku ⁶.
8 – No **właś**nie. Chce, **że**bym wziął **kil**ka dni ur**lo**pu.
9 – Hm, to się **bar**dzo źle **skła**da. **Du**żo **lu**dzi jest na
    zwol**nie**niu.
10   Praw**dzi**wa epi**de**mia. Żałuję **bar**dzo, **a**le w tej
    **chwi**li, to nie**moż**liwe.
11 – To **świe**tnie! **Po**wiem **żo**nie.
12   **Zaw**sze wie**dzia**łem, że **mo**gę na **pa**na **li**czyć! ☐

🗣 Prononciation

*proz'ba 3 ... rèmo'nt ... 4 ... kafèlkouf ... 5 ... vyèlè ... zaillmovats-*
*... 6 ... pomoug^ou 7 ... vés'iwkou 10 ... jawouyè ... 12 ... litchéts'-*

📑 Notes

1   Retenez bien cet emploi idiomatique de **chodzić**, *aller à pied*. Toujours
    employé à la 3ᵉ personne du singulier et suivi de la préposition **o**, *o*
    + accusatif, il correspond à *il s'agit de*. Pour vous en souvenir, pensez à
    l'expression française équivalente *il y va de*.

2   Pour désigner *l'ensemble des travaux de rénovation* ou *de réparation*,
    on emploie un nom masculin au singulier, **remont**. Il s'applique à de
    nombreux domaines : immeubles, installations, routes, véhicules, etc.

3   Après **wiele**, tout comme après son synonyme **dużo**, *beaucoup*, le verbe
    se met au singulier, à l'inverse du français.

# Cinquante-cinquième leçon

## Une demande

**1** – Bonjour. Je téléphone au sujet *(avec)* [d'une] petite requête.

**2** – J'écoute, de quoi s'agit-il ?

**3** – [Ma] femme a décidé [de] faire des travaux [dans l']appartement :

**4** peinture, changement [de] carrelage dans [la] salle de bains…

**5** – Je comprends, beaucoup [de] femmes adore[nt] s'occuper de la maison.

**6** – Oui, mais elle veut que je l'aide.

**7** – Elle a raison. Cela exige [des] effort[s].

**8** – Eh bien, justement. Elle veut que je prenne quelques jours [de] congé.

**9** – Hum, ça tombe très mal *(se très mal compose)*. Beaucoup [de] gens sont *(est)* en arrêt.

**10** Une véritable épidémie. Je regrette beaucoup, mais en ce moment, ce [n'est] pas possible.

**11** – Parfait*(ement)* ! Je [le] dirai [à ma] femme.

**12** J'ai toujours su que je pouvais *(peux)* compter sur vous *(sur monsieur compter)* !

---

**zajmować się**, *s'occuper de*, exige l'emploi de l'instrumental, d'où la forme **domem**, *maison*.

Revoilà la particule **by** + la terminaison verbale, qui se joint cette fois-ci à **że**, *que*. Le tout, accompagné du verbe au passé, permet notamment d'introduire une subordonnée indiquant un souhait.

Le complément d'objet qui suit **wymagać**, *exiger*, se met au génitif. De nouveau, le **e** de la terminaison de **wysiłek**, *effort*, disparaît pour donner **wysiłku**.

▶ Ćwiczenie pierwsze – Proszę przetłumaczyć
**❶** Nie można na ciebie liczyć. **❷** Uwielbiam chodzić do teatru. **❸** Mam wielką prośbę: chodź ze mną. **❹** Dokąd jedziesz na urlop? **❺** Malowanie to prawdziwa przyjemność.

Ćwiczenie drugie – Wpisać brakujące słowa
**❶** Tu peux compter sur moi.
Możesz . . mnie . . . . . . .

**❷** [Ma] femme adore manger au restaurant.
Żona . . . . . . . . jeść . restauracji.

**❸** Je regrette, mais je ne peux pas t'aider.
. . . . . . , ale . . . mogę . . pomóc.

**❹** Je ne travaille pas, je suis en arrêt.
Nie . . . . . . . , jestem . . zwolnieniu.

**❺** Où avez-vous décidé d'aller en vacances ?
. . . . . pani . . . . . . . . . . pojechać . . wakacje?

**56**

# Lekcja pięćdziesiąta szósta

## Powtórka – Révision

### 1 Les cas

Vous êtes maintenant relativement familiarisé avec l'utilisatio[n] des cas dans une phrase. Nous avons déjà revu leur emploi aprè[s] différentes prépositions en leçon 35. Mais, comme vous le save[z] on les utilise aussi après les verbes sans préposition. Récapitulon[s] donc ce que vous savez sur le sujet.

### 1.1 L'accusatif

Nous commençons par l'accusatif, car c'est lui que l'on trouve gén[é]ralement dans une phrase affirmative à la suite d'un verbe transit[if]

## Corrigé de l'exercice 1

❶ On ne peut pas compter sur toi. ❷ J'adore aller au théâtre. ❸ J'ai une grande requête : viens avec moi. ❹ Où vas-tu en congé ? ❺ La peinture est un véritable plaisir.

## Corrigé de l'exercice 2

❶ – na – liczyć ❷ – uwielbia – w – ❸ Żałuję – nie – ci – ❹ – pracuję – na – ❺ Gdzie – postanowiła – na –

Deuxième vague : 6ᵉ leçon

**56**

# Cinquante-sixième leçon

C'est le cas du complément d'objet direct. Parmi les très nombreux verbes concernés, citons :

| | |
|---|---|
| **mieć**, *avoir* | **lubić**, *aimer* |
| **czytać**, *lire* | **pić**, *boire* |
| **jeść**, *manger* | **robić**, *faire* |
| **kupować**, *acheter* | **widzieć**, *voir*, etc. |

## 2 Le génitif

N'oubliez surtout pas que, dans une phrase négative, le génitif remplace l'accusatif. Ainsi, on dit : **mieć dom**, *avoir une maison*, **mieć pracę**, *avoir un travail*, etc. mais **nie mieć domu**, **pracy**, etc., *ne pas avoir de maison, de travail*, etc.

Quelques verbes sont cependant toujours suivis du génitif, même à la forme affirmative :

| **bać się**, *avoir peur* | **potrzebować**, *avoir besoin* |
| **słuchać**, *écouter* | **szukać**, *chercher* |
| **wymagać**, *exiger*, etc. | |

### 1.3 Le datif

Il correspond au complément d'objet indirect, après des verbes tels que :

| **dawać**, *donner* | **pokazywać**, *montrer* |
| **podobać się**, *plaire* | **służyć**, *être utile* |

### 1.4 L'instrumental

Nous l'avons rencontré en fonction d'attribut après : **być**, *être* et **zostać**, *devenir* : **Jestem (chcę zostać) aktorką, lekarzem**, *Je suis (je veux devenir) actrice, médecin*. Notez toutefois qu'après l'expression **to jest**, *c'est*, on emploie le nominatif : **to jest aktorka, lekarz** Citons encore deux autres verbes suivis de l'instrumental : **zajmować się**, *s'occuper de* ; **interesować się**, *s'intéresser à*.

## 2 Les verbes au présent

Vous connaissez déjà beaucoup de verbes au présent mais jusqu'ici, nous n'avons pas fait de présentation systématique des différentes conjugaisons. Vous savez déjà qu'il y en a trois, d'après les terminaisons au présent de la 1$^{re}$ et de la 2$^{e}$ personne du singulier. Pour certains verbes, il est nécessaire également de connaître la 3$^{e}$ personne du pluriel.
Voici le récapitulatif des terminaisons de chaque conjugaison toutes les personnes :

| Personnes | Conjugaisons | | |
|---|---|---|---|
| | 1$^{re}$ | 2$^{e}$ | 3$^{e}$ |
| (ja) | -ę | -ę | -m |
| (ty) | -esz | -isz/-ysz | -sz |
| (on, ona, ono) | -e | -i/-y | ø |
| (my) | -emy | -imy/-ymy | -my |
| (wy) | -ecie | -icie/-ycie | -cie |
| (oni, one) | -ą | -ą | -ją/-dzą |

Comme vous voyez, si l'on veut savoir utiliser un verbe polonais, il n'est pas suffisant, comme en français, de prendre uniquement en compte la forme de l'infinitif. Prenons l'exemple de **czytać**, *lire*, et **pisać**, *écrire*, dont la terminaison est identique. Le premier, qui fait **czytam**, *je lis*, **czytasz**, *tu lis*, etc., appartient à la 3e conjugaison et le second, **piszę**, *j'écris*, **piszesz**, *tu écris*, etc., à la 1re. Mais soyez sans crainte, on s'y habitue vite et, de toute façon, nous sommes là pour vous aider et nous vous indiquerons désormais le modèle des verbes dont la conjugaison peut s'avérer problématique.

Un autre petit problème est lié au changement de certaines lettres. Mais encore une fois, à force de voir ces formes dans les phrases, vous les retiendrez, soyez-en sûr.

Voici un petit rappel de quelques verbes qui présentent de légères transformations :

| **móc** | **móc** | **iść** | **jechać** |
|---|---|---|---|
| *pouvoir* | *avoir peur* | *aller à pied* | *aller en véhicule* |
| mogę | boję się | idę | jadę |
| możesz | boisz się | idziesz | jedziesz |
| może | boi się | idzie | jedzie |
| możemy | boimy się | idziemy | jedziemy |
| możecie | boicie się | idziecie | jedziecie |
| mogą | boją się | idą | jadą |

WYJAZD

## ▶ Dialog-powtórka

1 – Przepraszam, śpieszy mi się.
2 – To normalne, rozumiem.
3   Za miesiąc święta.
4 – To nie o to chodzi.
5   Idę rozmawiać z kierownikiem.
6 – To coś pilnego?
7 – Chciałbym kilka dni urlopu.
8   Kasia wychodzi za mąż.
9   A wy gdzie spędzacie Boże Narodzenie?
10 – Ja i dzieci będziemy na wsi.
11   Mąż postanowił zrobić remont mieszkania.
12 – Co ty opowiadasz, w Boże Narodzenie!
13   Czy to takie ważne?

**57**

# Lekcja pięćdziesiąta siódma

## ▶ Malarstwo nowoczesne

1 – **Ro**bi się **ciem**no [1], wra**caj**my.
2 – Na**praw**dę chcesz już **wra**cać do **do**mu?
3   Nie chcesz sko**rzys**tać z wol**ne**go popo**łud**nia [2]?

💬 Prononciation
*ma***lar***stfo novo***tchès***nè* **1** *…* **ts'èm***no vrat***saill***mé* **3** *… sko***jés***tats'* .

🗂 : Notes

1  L'adverbe **ciemno**, *sombrement*, s'emploie généralement dans des tou[r]
  nures impersonnelles. Utilisée avec la forme pronominale du verbe *fai[re]*
  **robi się ciemno**, l'expression indique que *le jour commence à baisser*. D[e]
  la même manière, on dit **robi się zimno**, *il commence à faire froid*.

## Traduction

**1** Excuse-moi, je suis pressé *(presse à-moi se)*. **2** C'[est] normal, je comprends. **3** Dans un mois [ce sont les] fêtes. **4** Ce n'[est] pas de cela [qu']il s'agit. **5** Je vais parler au responsable. **6** C'[est] *(quelque-chose d')*urgent ? **7** Je voudrais quelques jours [de] congé. **8** Kasia se marie *(sort pour mari)*. **9** Et vous, où passez-vous Noël ? **10** Moi et les enfants, nous serons à la campagne. **11** [Mon] mari a décidé [de] faire des travaux [dans l']appartement. **12** Qu'est-ce que tu racontes à Noël ! **13** C'est si important ?

Deuxième vague : 7ᵉ leçon

---

**57**

## Cinquante-septième leçon

## La peinture moderne

**1** – Il commence à faire nuit *(Fait se sombrement)*, rentrons.
**2** – Vraiment, tu veux déjà rentrer à la maison ?
**3** Tu ne veux pas profiter de [cet] après-midi libre *(libre après-midi)* ?

Remarquez que **popołudnia**, *après-midi*, génitif de **popołudnie**, est écrit en un seul mot, contrairement à **po południu** (leçon 54, phrase 7). En effet, le premier terme est un nom neutre, alors que le second est un complément de temps, composé de la préposition **po**, *après*, et du locatif de **południe**, *midi*.

**4**  Tak **rzad**ko jes**teś**my **sa**mi [3].

**5** – To fakt. Więc co propo**nu**jesz?

**6** – Znasz tę ga**le**rię? **Ma**rek wys**ta**wia tu **swo**je [4] o**bra**zy.

**7** – No **do**brze, **chodź**my. **A**le ja i ma**lar**stwo [5] nowo**czes**ne... (...)

**8** – Hm... Co to **mo**że być?

**9** – **Mo**że to wschód [6] **sło**ńca?

**10** – Nie, to **ra**czej **za**chód. Znam **do**brze **Mar**ka.

**11**  Wiem, że **nig**dy nie **wsta**je przed po**łud**niem! □

**4** ... *jatko* ... **9** ... *fsHout* **souogn**tsa **10** ... *zaHout* ... **11** ... *pchèt* ...

Notes

**3**  Vous savez déjà qu'à l'inverse du singulier qui connaît trois genres, le pluriel en distingue deux : le masculin personnel et les autres. Le premier comprend également les groupes mixtes, à condition qu'il y ait au moins un homme (tant pis pour la parité homme-femme !). Ainsi **sam**, *seuls*, s'oppose à **same**, qui peut s'appliquer aussi bien aux femmes qu'aux objets ou animaux des trois genres.

**4**  Lorsque le possessif se rapporte au sujet de la phrase, on utilise un terme spécifique, ici au pluriel (non masculin personnel) : **swoj**. Commun à toutes les personnes, il remplace les formes **moje**, *mes*, **twoje**, *tes*, etc. : **Wystawiam swoje obrazy**, *J'expose mes tableaux*, **Wystawiasz swoje obrazy**, *Tu exposes tes tableaux*, etc.

\*\*\*

Ćwiczenie pierwsze – Proszę przetłumaczyć

❶ Nie lubię, jak jest ciemno. ❷ Zobacz, jaki ładny zachód słońca! ❸ To jest na wschód od Warszawy. ❹ Kasia i Tomek są bardzo rzadko sami. ❺ Chciałbym skorzystać z naszego spotkania.

**4** [C'est] si rare*(ment)* [que] nous soyons *(sommes)* tout seuls.

**5** – C'est un fait. Alors, qu'est-ce que tu proposes ?

**6** – Tu connais cette galerie ? Marek expose ses tableaux ici.

**7** – Eh bien, allons-y. Mais moi et la peinture moderne… (…)

**8** – Hum… Qu'est-ce que ça peut être ?

**9** – Peut-être [que] c'est le lever du soleil ?

**10** – Non, c'est plutôt le coucher. Je connais bien Marek.

**11** Je sais qu'il ne se lève jamais avant midi !

MALARSTWO NOWOCZESNE

Tandis que **malowanie** (leçon 55) désigne *l'action de peindre* en général, **malarstwo** relève du seul domaine artistique. C'est toujours un terme abstrait. Pour un *tableau*, on emploie **obraz** (voir phrase 6).

Est-ce grâce à Copernic que le polonais indique bien que le soleil se lève à l'*est* et se couche à l'*ouest* ? Quoi qu'il en soit, on se sert dans ce cas des deux points cardinaux, qui sont respectivement **wschód** et **zachód** (phrase 10).

\*\*\*

**Corrigé de l'exercice 1**

❶ Je n'aime pas quand il fait *(est)* sombre*(ment)*. ❷ Regarde, quel joli coucher de soleil ! ❸ C'est à l'est de Varsovie. ❹ Kasia et Tomek sont très rarement seuls. ❺ Je voudrais profiter de notre rencontre.

Ćwiczenie drugie –Wpisać brakujące słowa

❶ Je ne vois pas, il fait *(est)* trop sombre*(ment)*.
. . . widzę, . . . . za . . . . . . .

❷ Est-ce que tu connais bien l'Est de la Pologne ?
Czy . . . . . dobrze . . . . . . Polski?

❸ Tu n'as jamais d'après-midi de libre *(libre après-midi)* !
. . . masz . . . . . wolnego . . . . . . . . . !

❹ Il faut profiter de cette occasion.
Trzeba . . . . . . . . . . z . . . okazji.

---

**58**

## Lekcja pięćdziesiąta ósma

### Pogoda [1]

1 – **Jes**teś w złym hu**mor**ze. Coś cię **ma**rtwi [2]?
2 – Nie, **tyl**ko mam już **dos**yć [3] tej pog**o**dy.
3 – **Cie**bie [4] to nie dener**wu**je?
4 – Jak to nie?! Wiesz **prze**cież, że nie **zno**szę
  **desz**czu.
5 – Na **ra**zie nie wy**glą**da na to, że prze**sta**nie
  **pa**dać [5].

Prononciation
*1 … zouém … 2 … dosétsi …*

Notes

1 Le nom féminin **pogoda** est utilisé pour le *temps qu'il fait*. Notez que l
qualificatifs les plus courants sont : **ładna**, litt. "joli", **ładna pogoda**, *bee
temps*, opposé à **brzydka**, litt. "laid(e)", **brzydka pogoda**, *mauvais temp*

2 Le complément d'objet de **martwić**, *tracasser*, est à l'accusatif, d'où c
te. Il s'agit de la forme faible du pronom, que l'on emploie sans insis
sur la personne.

**❺** C'est si rare *(rarement)* [que] tu proposes quelque chose d'intéressant.
Tak . . . . . . proponujesz . . . ciekawego.

Corrigé de l'exercice 2
**❶** Nie – jest – ciemno **❷** – znasz – wschód – **❸** Nie – nigdy –
popołudnia **❹** – skorzystać – tej – **❺** – rzadko – coś –

Deuxième vague : 8e leçon

**58**

# Cinquante-huitième leçon

## Le temps

**1** – Tu es de *(en)* mauvaise humeur. Quelque chose te
tracasse ?
**2** – Non, seulement j'[en] ai *(déjà)* assez [de] ce temps.
**3** Toi, ça ne [t']énerve pas ?
**4** – Comment ça *(non)* ?! Tu sais pourtant que je ne
supporte pas la pluie.
**5** – Pour le moment, on ne dirait pas *(il ne semble pas à
ce)* qu'il va s'arrêter [de] pleuvoir.

Tout comme en français, l'adverbe **dosyć**, *assez*, permet aussi de dire
que l'on est excédé. Dans les deux langues, on se sert du verbe *avoir* et,
en polonais, l'objet de l'agacement se met au génitif : **mam tego dosyć**,
*j'en ai assez.*

Comme il s'agit ici, à l'inverse de la phrase 1, de bien souligner la
personne, l'accusatif du pronom *tu* apparaît sous la forme accentuée
**ciebie**.

Si le contexte est assez explicite, *pleuvoir* peut se dire à l'aide du seul
verbe **padać**, *tomber*. Le mot **deszcz**, *pluie*, est alors sous-entendu.

6 – Słuchałaś prog**no**zy?

7 – Tak. **Wszę**dzie jest tak **sa**mo [6].

8 Na po**łud**niu [7], wiatr i **zim**no, a na pół**no**cy, **jesz**cze **go**rzej.

9 Po**dob**no **na**wet **pa**dał śnieg.

10 – Śnieg w **ma**ju? Coś podob**ne**go!

11 **Pew**nie to nie**praw**da, co **mó**wią.

12 – Co ta**kie**go?

13 – No, że atmos**fe**ra się o**ciep**la! □

7 ... **fchèg**n*dz*<sup>i</sup>è ... 8 ... **go**jeille 9 ... s<sup>i</sup>gnêk 10 ... **ma**you

Notes

6 **tak samo** est une locution adverbiale figée signifiant *pareillement*, de même. Remarquez l'utilisation de la forme neutre de **sam**, que vou connaissez comme équivalent de *seul*, mais que nous avons égalemen rencontrée au sens de *pareil* (leçon 33, phrase 10 du dialogue).

7 Le mot **południe**, en plus de son sens horaire *midi*, signifie *sud*. C double sens concerne également son contraire **północ**, *minuit* et *nord*

\*\*\*

Ćwiczenie pierwsze – Proszę przetłumaczyć

❶ Dlaczego cię to martwi? ❷ Mam dosyć tej pracy. ❸ N południu Włoch jest zawsze ładna pogoda. ❹ Nie znosz robić zakupów. ❺ Tak samo jak ty, nie lubię deszczu.

\*\*\*

Ćwiczenie drugie – Wpisać brakujące słowa

❶ J'aime quand tu es de *(en)* bonne humeur.

. . . . . , jak . . . . . . w . . . . . . humorze.

❷ Ces derniers temps *(Dernièrement)*, tout m'énerve.

Ostatnio . . . . . . . . mnie . . . . . . . . .

❸ Dans le Nord de la France, il pleut très souvent *(très souve tombe)*.

Na . . . . . . . Francji . . . . . . często . . . . .

**6** – Tu as écouté la météo ?

**7** – Oui. C'est pareil partout *(Partout est ainsi pareillement)*.

**8** Dans le sud, [c'est] le vent et le froid, et dans le nord, [c'est] encore pire.

**9** Il paraît même qu'il a neigé *(tombait neige)*.

**10** – De la neige en mai ? Ça alors *(Quelque-chose pareil)* !

**11** Ce n'est sûrement pas vrai *(Sûrement cela pas-vérité)*, ce qu'ils disent.

**12** – Quoi donc *(Quoi tel)* ?

**13** – Eh bien, que l'atmosphère se réchauffe !

Corrigé de l'exercice 1

❶ Pourquoi cela te tracasse-t-il ? ❷ J'[en] ai assez [de] ce travail. ❸ Dans le sud de l'Italie, il fait *(est)* toujours beau temps. ❹ Je ne supporte pas [de] faire les courses. ❺ Comme toi, je n'aime pas la pluie.

***

❹ Je me sens comme *(ainsi pareillement)* hier.

. . . . . się . . . samo . . . wczoraj.

❺ Tu n'[en] as pas assez [de] cette pluie ?

. . . masz . . . . . tego . . . . . . . ?

Corrigé de l'exercice 2

❶ Lubię – jesteś – dobrym – ❷ – wszystko – denerwuje ❸ – północy bardzo – pada ❹ Czuję – tak – jak – ❺ Nie – dosyć – deszczu

*La Pologne bénéficie d'un climat continental, assez stable, avec des saisons bien marquées et peu de différences entre le Nord et le Sud.* **Lato**, *l'été, est certainement la meilleure saison pour visiter le pays. En juillet-août, les températures moyennes de Varsovie varient entre 17 et 20 °C, mais il peut faire très chaud, jusqu'à 30 °C.* **Wiosna**, *le printemps, est généralement ensoleillé, souvent déjà chaud, même si à la mi-mai, vous verrez parfois le retour du gel.* **Jesień**, *l'automne,*

**59**

# Lekcja pięćdziesiąta dziewiąta

## Dom towarowy [1]

1 – **A**le tłok! **Gdy**bym **wie**dział [2], że **bę**dzie **ty**le **lu**dzi…
2 – O, to **jesz**cze nic. Naj**gor**zej jest w so**bo**tę.
3 – To od **cze**go zaczy**na**my?
4 – **Mo**ment, **mu**szę się zasta**no**wić [3]…
5   A, **ko**ło **scho**dów [4] jest ta**bli**ca informa**cyj**na.
6 – Po**jedź**my win**dą** [5], **bę**dzie **szyb**ciej.
7 – Po**cze**kaj [6]! Więc tak, **par**ter: perfu**mer**ia, bie**liz**na, galan**ter**ia skó**rza**na…

🗣 Prononciation
*4 mo**mèn**t … 5 … **ko**wo s**Ho**douf … ta**bli**tsa i'nforma**tséïl**n 6 … **vi**'ndon … **chép**ts'eille 7 … gala'n**tè**rya skou**ja**na*

 Notes

1 Pour désigner un *grand magasin*, on utilise la tournure **dom towarow…** litt. "maison de marchandise", où le deuxième terme est un adjec… dérivé du nom **towar**. C'est un procédé que vous connaissez bien ma… tenant. Vous pourrez donc facilement citer quelques adjectifs en **-ow…** n'est-ce pas ?

2 Dans une phrase hypothétique, les deux propositions se mettent… conditionnel. Toutefois, comme vous le savez, la terminaison du con… tionnel (**by** + la désinence personnelle) est mobile. De ce fait, dans…

*est souvent beau et sec avec une arrière-saison,* **babie lato** *– ou* été indien. *Enfin* **zima**, *l'hiver, est très froid (de - 5 à - 15 °C) et très enneigé. Les montagnes, surtout au-dessus de 2 000 m, sont couvertes de leur manteau neigeux d'octobre à mai. En somme, il y en a pour tous les goûts !*

Deuxième vague : 9ᵉ leçon

**59**

# Cinquante-neuvième leçon

## Le grand magasin

**1** – Quelle cohue ! Si j'avais su qu'il y aurait *(aura)* autant [de] monde *(gens)*…
**2** – Oh, ce n'est *(encore)* rien. Le pire, c'est le *(en)* samedi.
**3** – Alors, par *(de)* quoi commençons-nous ?
**4** – Un moment, je dois réfléchir…
**5** Ah, à côté de l'escalier, il y a un panneau d'information.
**6** – Prenons *(Allons)* l'ascenseur, [ce] sera plus rapide *(vite)*.
**7** – Attends ! *(ainsi)* Rez-de-chaussée : parfumerie, lingerie, maroquinerie *(articles de-cuir)*…

subordonnée introduite par **gdy**, *si*, elle se détache du verbe pour se joindre à la conjonction. Cela aboutit ici à **gdybym wiedział**, *si je savais*. Il en résulte que, dans ce type de phrases, le verbe est toujours à la 3ᵉ personne du passé.

Remarquez que **zastanowić się**, *réfléchir*, est un verbe pronominal.

**schody**, *escalier*, ne s'emploie qu'au pluriel, ce qui explique la forme du génitif **schodów**.

Le moyen de transport, ici **winda**, *ascenseur*, se met à l'instrumental lorsqu'il est employé après le verbe *aller*, d'où **pojechać** (perfectif) **windą**.

**poczekaj!** *attends !* est l'impératif de **poczekać**. Ce verbe s'emploie comme synonyme de **zaczekać** (leçon 54, phrase 8).

**8** **pierwsze piętro: odzież dam**ska [7], **dru**gie **pię**tro: **o**dzież **mę**ska,

**9** **trze**cie: za**baw**ki, **czwar**te: sprzęt do**mo**wy, **pią**te…

**10** – Uf, **a**le tu go**rą**co. **Chodź**my od **ra**zu na **pierw**sze **pię**tro.

**11** – Nie, po**cze**kaj. **Mu**szę **ku**pić **kil**ka **rze**czy na par**te**rze: **kos**tium kąpie**lo**wy, **szmin**ka…

**12** – **Mo**że po**win**niśmy po**cze**kać na prze**ce**nę?   □

🗨 *8 … **pyèn**tro **o**dż'**èch da'm**ska … **min**ska 9 … za**baf**ki … **spchènt** … 11 … **kos**tyoum … **chmi'n**ka*

🔖 Note

**7** L'adjectif **damski**, ici au féminin **damska**, *pour dames*, concerne prin- cipalement le domaine de la mode. Son contraire, **męski**, a un sens plus général, signifiant aussi bien *pour hommes* que *masculin* (dans son usage grammatical, par exemple).

\*\*\*

▶ Ćwiczenie pierwsze – Proszę przetłumaczyć

❶ Jeszcze nie jestem gotowy, musisz chwilę poczekać ❷ Nie możesz jeść szybciej!? ❸ Jedźmy od razu na czwarte piętro. ❹ Powinniśmy najpierw zapytać, gdzie jest winda ❺ Bielizna i perfumy są na parterze.

\*\*\*

Ćwiczenie drugie – Wpisać brakujące słowa

❶ Attends un moment, *(tout de suite)* je m'habille [tout de suite].

. . . . . . . . chwilę, . . . . . się . . . . . . . .

❷ Je suis fatiguée, je ne peux pas marcher *(aller)* plus vite.

Jestem . . . . . . . . ., nie . . . . iść . . . . . . . . .

❸ Viens avec moi au troisième étage.

. . . . . ze . . . na . . . . . . . piętro.

**8** premier étage : vêtements [pour] dames, deuxième
étage : vêtements [pour] hommes,

**9** troisième : jouets, quatrième : équipement ménager,
cinquième…

**10** – Ouf, comme il fait chaud ici *(comme ici chaud)* !
Allons tout de suite au premier étage.

**11** – Non, attends. Je dois acheter quelques trucs *(choses)*
au rez-de-chaussée : maillot de bain, rouge à lèvres…

**12** – Peut-être devrions-nous attendre *(pour)* les soldes ?

\*\*\*

Corrigé de l'exercice 1

❶ Je ne suis pas encore prêt, tu dois attendre un peu. ❷ Tu ne peux
pas manger plus vite !? ❸ Allons tout de suite au quatrième étage.
❹ Nous devrions d'abord demander où est l'ascenseur. ❺ La lingerie
et la parfumerie sont au rez-de-chaussée.

\*\*\*

❹ La salle de bains est à côté de l'escalier.

. . . . . . . . jest . . . . schodów.

❺ Peut-être devrions-nous prendre *(aller)* l'ascenseur ?

Może . . . . . . . . . . pojechać . . . . . ?

Corrigé de l'exercice 2

❶ Poczekaj – zaraz – ubieram ❷ – zmęczona – mogę – szybciej
❸ Chodź – mną – trzecie – ❹ Łazienka – koło – ❺ – powinniśmy
windą

*Comme en français, les emprunts à d'autres langues sont très nombreux en polonais. L'un des domaines les plus représentatifs est celui de la mode. Beaucoup de mots viennent de l'anglais :* **sweter**, *pull ;* **blezer**, *blazer ;* **dżinsy**, *jean. Le français, lui, a donné* **beret**, *béret ;* **kostium**, *costume ;* **krawat**, *cravate ;* **peleryna**, *pèlerine ;* **palto**, *manteau,* **piżama**, *pyjama, ou* **żakiet**, *jaquette.*

*Comme vous pouvez le constater, les mots empruntés s'écrivent généralement suivant les règles de l'orthographe polonaise. En revanche, la prononciation est plutôt fidèle à celle de la langue d'origine. Pour certains de ces mots, on peut faire deux remarques. D'abord, de nom-*

**60**

# Lekcja sześćdziesiąta

## Ciekawe zajęcia

**1** – Jak tam **by**ło na ko**lo**niach ¹?

**2** – Tak **so**bie ².

**3** – O**po**wiedz. Na **pew**no **mie**liście **du**żo cie**ka**wych **za**jęć.

**4** – Co dzień **by**ło to **sa**mo ³: je**dze**nie, za**ba**wy, **spa**nie ⁴.

**5** – Nie cho**dzi**liście na wy**cie**czki ⁵?

**6** – Tak, **a**le **po**tem bo**la**ły mnie **no**gi.

### Prononciation

… za**yè**gnts'a **1** … ko**lo**gnyaH **3** o**po**vyèts … za**yè**gnts' **5** … véts'**è**tchki **6** … bo**la**oué … **no**gui

### Notes

**1** Pour *colonie de vacances*, on utilise le pluriel **kolonie**. La terminaison -ach indique le locatif.

**2** Si vous n'êtes pas franchement enthousiaste sur la manière dont déroulent les choses, vous avez là une expression toute trouvée : t **sobie**, *comme ci comme ça*, qui est invariable. En revanche, pour q lifier quelque chose ou quelqu'un de *moyen*, voire de *médiocre*, vo pouvez utiliser, au masculin **taki sobie**, au féminin, **taka sobie**, etc.

*breux termes sont, si l'on peut dire, passés de mode dans la langue source, tel le mot français "paletot", alors que **palto** s'emploie très couramment en polonais. Ensuite, on rencontre souvent des "faux amis". C'est le cas pour **kostium** dont la signification ne recouvre que partiellement celle de* costume. *Nous avons vu, par exemple, que* **kostium kąpielowy** *signifie* maillot de bain. *Ajoutons que* costume, *au sens de "vêtement deux ou trois pièces pour homme", se dit en polonais* **garnitur**. *Amusant, non ?*

Deuxième vague : 10ᵉ leçon

**60**

# Soixantième leçon

## Des activités intéressantes
### *(Intéressantes activités)*

**1** – Comment *(là-bas)* c'était en colonie(s) ?
**2** – Comme ci comme ça.
**3** – Raconte. Vous avez certainement eu beaucoup [d']
   activités intéressantes *(intéressantes activités)*.
**4** – Chaque jour, c'était la même chose : manger, jouer
   *(jeux)*, dormir.
**5** – Vous n'alliez pas en excursion ?
**6** – Si, mais ensuite j'avais mal aux jambes *(faisaient-mal
   à-moi jambes)*.

---

**3** Encore une locution figée, invariable, elle aussi : **to samo**, *la même chose*. À rapprocher – sans la confondre – de l'expression **tak samo**, *pareillement* (leçon 58, note 6).

**4** **spanie** est un nom neutre dérivé du verbe **spać**, *dormir*. Vous y avez certainement reconnu le suffixe **-nie**, qui indique *l'action de faire quelque chose*, comme dans **jedzenie**, de **jeść**, *manger*, ou **malowanie**, de **malować**, *peindre*.

**5** Puisqu'il s'agit d'un déplacement, **na** est suivi de l'accusatif, qui est ici identique au nominatif.

**7** A **po**za tym [6], **trze**ba **by**ło [7] **no**sić **ple**cak.

**8** – Pi**sa**łeś, że **by**liście nad **wo**dą.

**9** **Zaw**sze mó**wi**łeś, że **lu**bisz się **ką**pać.

**10** – **Posz**liśmy **tyl**ko raz **ło**wić **ry**by.

**11** – I co, zła**pa**łeś coś?

**12** – Tak, **ka**tar! ☐

💬 **7** … **plètsak 10** … **wovits**[i] …

📝 : Notes

6 **tym** est la forme commune au locatif et à l'instrumental de **to**, *cela*. Ce dernier s'emploie, vous l'avez deviné, après la préposition **poza**, *à part*, *en dehors de*.

\*\*\*

▶ Ćwiczenie pierwsze – Proszę przetłumaczyć

❶ Biorę to samo, co ty. ❷ Pamiętasz nasze wycieczki w góry? ❸ Czytanie i malowanie to moje ulubione zajęcia. ❹ Nie mogę się kąpać, mam katar. ❺ Dzieci lubią zabawy nad wodą.

Ćwiczenie drugie – Wpisać brakujące słowa

❶ Pourquoi répondez-vous toujours la même chose ?
Dlaczego . . . . . . . . . pan . . . . . . to . . . . ?

❷ J'adore les excursions à l'étranger.
Uwielbiam . . . . . . . . . za . . . . . . . .

❸ Raconte quelles activités vous aviez en colonie.
. . . . . . . . jakie . . . . . . . mieliście . . koloniach.

❹ Et à part ça, tout va bien ?
A . . . . tym, . . . . . . . . w . . . . . . . . ?

❺ Comme ci comme ça, rien d'intéressant.
Tak . . . . . , nic . . . . . . . . . . .

**7**   Et à part ça, il fallait porter le sac à dos.

**8** – Tu as écrit que vous étiez [allés] au bord de l'eau.

**9**   Tu as toujours dit que tu aimais *(aimes)* te baigner.

**10** – Nous sommes allés seulement une fois pêcher des poissons.

**11** – Et alors *(quoi)*, tu as attrapé quelque chose ?

**12** – Oui, un rhume !

**7**   Voici le passé de *falloir*. On fait suivre **trzeba**, *il faut*, de **było**, (verbe *être* au passé, 3ᵉ personne du singulier neutre). C'est enfantin, non ?

\*\*\*

## Corrigé de l'exercice 1

❶ Je prends la même chose que toi. ❷ Te rappelles-tu nos excursions à la montagne ? ❸ La lecture et la peinture sont mes activités préférées. ❹ Je ne peux pas me baigner, j'ai un rhume. ❺ Les enfants aiment les jeux au bord de l'eau.

## Corrigé de l'exercice 2

❶ – odpowiada – zawsze – samo ❷ – wycieczki – granicę ❸ Opowiedz – zajęcia – na – ❹ – poza – wszystko – porządku ❺ – sobie – ciekawego

Deuxième vague : 11ᵉ leçon

# Lekcja sześćdziesiąta pierwsza

## Gdzie jest dworzec?

1 – **Kt**órym auto**bu**sem ¹ **mo**żna do**je**chać na **dwo**rzec?
2 – **Kt**óry, kole**jo**wy czy autobu**so**wy ²?
3 – Hm, sam nie wiem ³...
4 – Za**le**ży, **do**kąd pan **je**dzie.
5 – Chcę **je**chać do **Gdań**ska.
6 – To naj**le**piej po**cią**giem ⁴, z **Dwor**ca ⁵ Central**ne**go.
7 Ma pan bezpo**śre**dni **tram**waj. **Ó**sem**ka** lub pięt**nas**tka ⁶.
8 – A gdzie jest przy**sta**nek?
9 – **Pro**szę przejść przez **ry**nek, a **po**tem **skrę**cić w **pra**wo.

Prononciation
*... **dvo**jèts 1 ... a'outo**bou**sèm ... do**yè**Hatsⁱ ... 2 ... kolè**yo**vè ... 5 ... **gdagn**ska 6 ... pots**ⁱon**guièm ... 7 ... bèspos**ⁱrè**dgn tra'mvaille ... 9 ... **skrè**gntsⁱitsⁱ ...*

Notes
1 Encore une fois, nous attirons votre attention sur l'usage de l'instrumental pour évoquer les moyens de transport. Vous savez déjà que les noms masculins et neutres finissent en **-em** : **autobusem** (de **autobus**) et les féminins en **-ą** : **windą** (de **winda**, *ascenseur*). Notez maintenant la terminaison des adjectifs singuliers **-ym** : **którym** (de **który**, *(lequel*). Cette terminaison a une variante : **-im**, utilisée lorsque le radical finit en **g** ou **k**, deux lettres au statut un peu particulier (voyez aussi note 4).

# Soixante et unième leçon

## Où est la gare ?

**1** – [Avec] quel bus peut-on rejoindre *(aller à)* la gare ?
**2** – Laquelle, ferroviaire ou routière ?
**3** – Hum, je ne sais pas, moi *(moi-même ne sais)*...
**4** – Ça dépend où vous allez.
**5** – Je veux aller à Gdansk.
**6** – Alors, le mieux [est d'y aller en] train, depuis la gare centrale.
**7** Vous avez un tram direct *(direct tram)*. Le huit ou le quinze.
**8** – Et où est l'arrêt ?
**9** – Traversez *(S'il-vous-plaît traverser par)* le marché et ensuite tournez *(tourner)* à droite.

---

Voici deux nouveaux adjectifs formés à l'aide du suffixe **-owy** : **kolejowy**, de **kolej**, *chemin de fer*, et **autobusowy**, de *autobus*.

**sam nie wiem** est une manière de dire, tout en hésitant, que l'on ne sait pas quelque chose, comme dans *je ne sais pas, moi*. Faites donc bien attention à distinguer cette utilisation de **sam**, différente de celle que vous connaissez dans **jestem sam**, *je suis seul*, par exemple. Notez aussi **taki sam**, *le même*.

L'instrumental de **pociąg**, *train*, est **pociągiem**. On retrouve la particularité commune aux lettres **g** et **k** : dans les formes dérivées, on les fait souvent suivre d'un **i**.

**dworzec**, *gare*, est ici au génitif **dworca**.

Il existe en polonais une série de chiffres qui désignent notamment les numéraux des moyens de transport. Ces chiffres sont toujours au féminin : **ósemka**, *le bus* ou *tram numéro huit*, **piętnastka**, *le quinze*, etc.

**10**  Przystanek jest za rogiem [7].

**11** – A gdzie się kupuje bilety na tramwaj?

**12** – W każdym kiosku. Najbliższy jest na
przystanku tramwajowym.

☐

🗨 *10 ... roguièm 12 ... naillblichché ...*

📄 Note

7  **róg**, *coin*, fait **rogiem** à l'instrumental. L'ajout du **i** à la terminaison **-em**
ne doit plus vous étonner. En revanche, pour ce qui est de la modifica-
tion **ó/o**, il faut peut-être encore prendre votre mal en patience !

\*\*\*

▶ Ćwiczenie pierwsze – Proszę przetłumaczyć

❶ Dworzec kolejowy jest w centrum Gdańska. ❷ Na
przystanku autobusowym jest dużo ludzi. ❸ Czy jest
bezpośredni pociąg do Warszawy? ❹ Nie wiem, czy trzeba
jechać prosto, czy skręcić. ❺ Najlepiej będzie pojechać
autobusem.

Ćwiczenie drugie – Wpisać brakujące słowa

❶ Tu sais quel est la ligne directe *(téléphone)* du *(à)* chef ?
   Wiesz, .... jest .......... telefon .. szefa?

❷ Pouvez-vous me dire où est la gare routière ?
   Może .. pan .........., gdzie .... dworzec
   ..........?

❸ Tournez à gauche, et puis allez tout droit.
   Proszę ....... w ...., a ..... iść .......

❹ Allons [en] tram, ce sera plus rapide*(ment)*.
   Pojedźmy ........., będzie ........

**10**   L'arrêt est après le coin [de la rue].
**11** – Et où s'achète[nt] les tickets de *(pour)* tram ?
**12** – Dans chaque kiosque. Le plus proche est à l'arrêt du tram.

\*\*\*

Corrigé de l'exercice 1

❶ La gare ferroviaire est dans le centre de Gdansk. ❷ À l'arrêt du bus, il y a beaucoup de monde. ❸ Est-ce qu'il y a un train direct pour Varsovie ? ❹ Je ne sais pas s'il faut aller tout droit ou [s'il faut] tourner. ❺ Le mieux, ce sera [d'y] aller [en] bus.

❻   L'arrêt le plus proche est à côté de la banque.
   **Najbliższy . . . . . . . . . . jest . . . . banku.**

Corrigé de l'exercice 2

– jaki – bezpośredni – do – ❷ – mi – powiedzieć – jest – autobusowy – skręcić – lewo – potem – prosto ❹ – tramwajem – szybciej – przystanek – koło –

Deuxième vague : 12ᵉ leçon

# Lekcja sześćdziesiąta druga

## Pióro

1 – Co ty **ro**bisz? Nie **i**dziesz do **szko**ły?
2 – **Mu**szę **naj**pierw zna**le**źć **pió**ro ¹.
3    Nie wi**dzia**łaś go przy**pad**kiem ²?
4 – **Cią**gle coś **gu**bisz! A **ja**kie **o**no jest?
5 – Czer**wo**ne w **czar**ne **pas**ki ³.
6 – Szu**ka**łeś w pió**rni**ku ⁴?
7 – Szu**ka**łem **wszę**dzie: w ple**ca**ku, w szu**fla**dzie ⁵...
8 – Pa**trzy**łeś w kie**sze**niach? W **spod**niach, w
      **kurt**ce ⁶?
9 – Już spraw**dza**łem, nie ma.
10 – Z **to**bą **cią**gle to **sa**mo! **Tru**dno, weź mój
      **dłu**gopis.

🗨 Prononciation
**pyou**ro **2** ... **zna**lès'ts' ... **3** ... pché**pat**kyèm **7** ... **fchèg**ndz'è .
chou**fla**dz'è ... **9** ... spraw**dza**ouèm ˙... **10** ... **dwou**gopis

📄 : Notes
: 1  Les deux types de *stylos*, *à plume* et *à bille*, portent des noms distinct[s]
:    pour le premier, on emploie **pióro**, litt. "plume", et pour le seco[nd]
:    **długopis**. Une petite astuce pour vous rappeler ce dernier terme :
:    stylo à bille permet d'*écrire* (**pisać**) *longtemps* (**długo**).

: 2  **przypadek**, *cas*, *imprévu*, utilisé à l'instrumental **przypadkiem** sign[ifie]
:    *par hasard*.

# Soixante-deuxième leçon

## Le stylo

**1** – Qu'est-ce que tu fais, toi ? Tu ne vas pas à l'école ?

**2** – Je dois d'abord trouver [mon] stylo.

**3**    Tu ne l'as pas vu par hasard ?

**4** – Tu perds tout le temps quelque chose *(Tout-le-temps quelque-chose perds)* ! Et comment il est ?

**5** – Rouge à rayures noires *(noires rayures)*.

**6** – Tu as cherché dans [ta] trousse ?

**7** – J'ai cherché partout : dans le sac à dos, dans le tiroir...

**8** – Tu as regardé dans [tes] poches ? Dans [ton] pantalon, dans [ton] blouson ?

**9** – J'ai déjà vérifié, il n'[y] est pas.

**0** – Avec toi, [c'est] tout le temps la même chose. Tant pis *(Difficilement)*, prends mon stylo bille.

---

Contrairement au français, les adjectifs de couleur se placent d'habitude avant les noms : **czerwone pióro**, litt. "rouge stylo", **czarne paski**, litt. "noires rayures".

Dans **piórniku**, le locatif de **piórnik**, *trousse*, se cache le mot **pióro**, *stylo*. Pensez-y, car il y a un autre mot pour *trousse de toilette*, qui se dit **kosmetyczka**.

Encore un locatif : **szufladzie**, de **szuflada**, *tiroir*. Remarquez le changement **d/dzi**.

Dans ce nouveau locatif : **kurtce**, de **kurtka**, *blouson*, ce sont les lettres **k/c** qui alternent.

**11** – Nie **lu**bię **pi**sać **dłu**go**pi**sem [7].

**12** – Nie ma **in**nej **ra**dy. **Trze**ba pil**no**wać **swo**ich
  **rze**czy!                                                            □

**11** … **pi**ssats¹ … **12** … **i'n**neille … **sfo'**iH …

Note

7  Voici l'emploi typique de l'instrumental : **długopisem**, *avec un*
   *stylo bille*. Vous le trouverez pour toute utilisation d'un outil ou
   d'un instrument.

\*\*\*

Ćwiczenie pierwsze – Proszę przetłumaczyć

❶ Nie lubię pisać piórem, wolę długopisem. ❷ Z tobą s
zawsze problemy. ❸ Nie wiesz przypadkiem, gdzie jes
najbliższy dom towarowy? ❹ Szukałem cię wszędzie, gdzi
byłeś? ❺ Marek nie może nigdy znaleźć swoich rzeczy!

Ćwiczenie drugie – Wpisać brakujące słowa

❶ On ne peut jamais parler avec toi *(avec toi parler)* !
   . . . . . nie . . . . . z . . . . rozmawiać!

❷ Je me suis acheté *(masc.)* un nouveau stylo bille.
   Kupiłem . . . . . nowy . . . . . . . . .

❸ Tu ne te rappelles pas, par hasard, comment rejoindre *(aller à)*
   gare ?
   . . . pamiętasz . . . . . . . . . . . , jak . . . . . . . . na
   . . . . . . . ?

❹ Je ne peux pas aller à l'école, j'ai un rhume.
   . . . mogę . . . do . . . . . . , mam . . . . . .

**11** – Je n'aime pas écrire [avec] un stylo bille.
**12** – Il n'y a pas le choix *(d'autre moyen)*. Il faut surveiller
ses affaires !

\*\*\*

Corrigé de l'exercice 1

❶ Je n'aime pas écrire [avec] un stylo plume, je préfère [avec] un stylo
bille. ❷ Avec toi, il y a toujours des problèmes. ❸ Tu ne sais pas par
hasard où est le grand magasin le plus proche ? ❹ Je t'ai cherché
partout, où étais-tu ? ❺ Marek ne peut jamais retrouver ses affaires !

Vraiment, j'ai vérifié presque partout.
Naprawdę, . . . . . . . . . . prawie . . . . . . . . .

Corrigé de l'exercice 2

❶ Nigdy – można – tobą – ❷ – sobie – długopis ❸ Nie – przypadkiem
dojechać – dworzec ❹ Nie – iść – szkoły – katar ❺ – sprawdzałem
wszędzie

Deuxième vague : 13e leçon

# Lekcja sześćdziesiąta trzecia

## Powtórka – Révision

## 1 Le locatif

Récapitulons ce que vous savez sur ce cas qui, rappelons-le, s'emploie toujours avec l'une des prépositions suivantes : **na**, *sur*, *à*, *en*, *dans*, **o**, *de*, **po**, *après*, **przy**, *à côté*, **w**, *à*, *dans*.

### 1.1 Les noms

Si la diversité des terminaisons vous tracasse un peu, c'est tout à fait normal. En effet, elles dépendent, pour chaque genre, de la dernière lettre du radical. De plus, celle-ci peut parfois être modifiée. Pour vous permettre de vous y retrouver, voici un tableau qui résume toutes les formes des noms au locatif singulier :

| Consonne finale du radical | Masc. | Fém. | Neutre |
|---|---|---|---|
| b, f, m*, n*, p, s, w, z | | ie | |
| d, ł, r, t | | (dzi)e, (l)e, (rz)e, (ci)e | |
| g, ch, k | u | (dz)e, (sz)e, (c)e | u |
| c, cz, dz, sz, rz, ż | u | y | u |
| ć, dś, j, l, ń, ś, ź | u | i | u |

* À l'exception de quelques mots qui finissent en **-u** : **w domu**, *à la maison* ; **o synu**, *du fils* ; **przy panu**, *à côté de monsieur*.
Au pluriel, tous les noms se terminent en **-ach** : **na koloniach**, *en colonie* ; **po wakacjach**, *après les vacances* ; **w spodniach**, *dans un pantalon* ; **przy oknach**, *à côté des fenêtres*.

### 1.2 Les adjectifs

Au singulier, les adjectifs masculins et neutres se terminent en **-ym** ou **-im** : **w tym roku**, *(en) cette année*, **na drugim oknie**, *sur la deuxième fenêtre*, et les féminins, en **-ej** : **w dobrej szkole**, *dans une bonne école*.

# Soixante-troisième leçon

Au pluriel, tous les adjectifs se terminent en **-ych** ou **-ich** : **po tych wakacjach**, *après ces vacances*, **w drogich sklepach**, *dans des magasins chers*, **o dobrych szkołach**, *de(s) bonnes écoles*.

## 2 Les différentes formes et usages de *sam*

### 2.1 *Sam* dans le sens de "seul"

Vous l'avez surtout rencontré dans le sens de *seul*. C'est donc d'abord un adjectif et, en tant que tel, il possède trois genres au singulier : **sam** (masculin), **sama** (féminin), **samo** (neutre) et deux au pluriel : **sami** (masculin personnel) et **same** (les autres genres). Mis à part la distinction des genres, les usages dans les deux langues sont comparables : **jestem sam(a)**, *je suis seul(e)* ; **dziecko jest samo**, *l'enfant est seul* ; **jesteśmy sami(-e)**, *nous sommes seul(e)s* ; **dzieci są same**, *les enfants sont seuls*.

### 2.2 *Sam* dans le sens de "même" et "pareil"

Nous avons également vu l'autre sens de **sam** : *(le) même, pareil*, dans les expressions telles que **sam nie wiem**, *je ne sais pas moi-même* ; **ten sam**, *le même*, **ta sama**, *la même*.
Enfin, à partir de ce second usage, la forme neutre du singulier est employée dans quelques locutions figées : **to samo**, *la même chose* ; **tak samo**, *pareillement*.

## 3 Les pronoms personnels

Vous avez largement eu le temps de vous faire à l'idée que les pronoms personnels se déclinent. Mais vous n'avez peut-être pas encore en tête toutes les formes que nous vous indiquons au fil des leçons. Essayons donc d'y voir un peu plus clair.

### 3.1 Les pronoms personnels au génitif singulier

Au génitif singulier, ce sont :

| | |
|---|---|
| 1<sup>re</sup> personne | **mnie**, *me, moi* |
| 2<sup>e</sup> personne | **ciebie**, **cię**, *te, toi* |

| 3ᵉ personne masc. | **jego**, **go**, **niego**, *le*, *lui* |
| 3ᵉ personne fém. | **jej**, **niej**, *la*, *elle*, *lui* |

La forme longue – accentuée – sert à mettre le sujet en valeur. On peut l'utiliser au début de la phrase. La courte – faible – se met toujours après le verbe.

**Kocham cię**, *Je t'aime*.

**Ciebie kocham, nie jego**, *Je t'aime, toi, pas lui*.

Les formes commençant par un **n** : **niego**, **niej** sont employées après une préposition : **Idę do niego/do niej**, *Je vais chez lui / chez elle*.

### 3.2 Les pronoms personnels au datif singulier

Au datif singulier, ce sont :

| 1ʳᵉ personne | **mnie**, **mi**, *me*, *moi* |
| 2ᵉ personne | **tobie**, **ci**, *te*, *toi* |

\*\*\*

▶ **Dialog-powtórka**

**1** – Nigdy mnie tak nie bolały nogi!

**2** – Ah, to dlatego jesteś w złym humorze.

**3** – Nie, tylko robi się ciemno. Powinniśmy wracać.

**4** – Zawsze mówiłeś, że lubisz zachód słońca.

**5**  Nie podoba ci się?

**6** – Tak sobie. Zobacz, jest wiatr, zimno i zaczyna padać.

**7** – I chyba złapałeś katar!

**8** – Poza tym, Ewa i Marek są sami w domu.

**9** – Martwi cię to? No trudno, to wracamy autobusem

**10** – Pojedźmy tramwajem, będzie szybciej.

**11**  Przystanek jest za rogiem.

**12** – Dobrze. To ty masz bilety, w plecaku.

**13**  Co, nie masz? A patrzyłeś w kieszeniach?

**14**  Z tobą ciągle to samo!

| 3ᵉ personne masc. | **jemu**, **mu**, **niemu**, *le*, *lui* |
| 3ᵉ personne du féminin | **jej**, **niej**, *la*, *elle*, *lui* |

L'usage des différentes formes obéit aux mêmes règles que précédemment. En voici quelques exemples :

**Czy ten film ci się podoba?**, *Est-ce que ce film te plaît ?*
**Mnie się podoba, a tobie?**, *À moi, il me plaît, et à toi ?*

## 3.3 Les pronoms personnels au génitif singulier

À l'accusatif singulier, on retrouve les mêmes formes qu'au génitif, à l'exception de la 3ᵉ personne du féminin : **ją**, **nią**, *la*, *elle*, *lui*.

Voilà pour les formes les plus fréquentes, mais dans l'appendice grammatical, vous en trouverez, bien entendu, le tableau complet.

\*\*\*

### Traduction

**1** Je n'ai jamais eu si mal aux jambes (*Jamais à-moi aussi ne faisaient-mal jambes*) ! **2** Ah, voilà pourquoi (*ce pour cela*) tu es de (*en*) mauvaise humeur. **3** Non, seulement il commence à faire nuit (*se fait sombrement*). Nous devrions rentrer. **4** Tu as toujours dit que tu aimais (*aimes*) les couchers de soleil. **5** [Il] ne te plaît pas ? **6** Comme ci comme ça. Regarde, il y a du vent, [il fait] froid et [il] commence [à] pleuvoir (*tomber*).  **7** Et tu as probablement attrapé un rhume ! **8** À part ça, Ewa et Marek sont seuls à la maison. **9** Cela te tracasse (*Tracasse te cela*) ? Eh bien alors, tant pis (*difficilement*), nous rentrons [en] bus. **10** Prenons (*Allons*) [le] tram, ce sera plus rapide(*ment*). **11** L'arrêt est après le coin [de la rue]. **12** Bien. C'est toi [qui] as les tickets, dans le sac à dos. **13** Quoi, tu ne [les] as pas ? Et tu as regardé dans [tes] poches ? **14** Avec toi, [c'est] tout le temps la même chose !

Deuxième vague : 14ᵉ leçon

# Lekcja sześćdziesiąta czwarta

## Pożyczka ¹

**1** – Już wró**ci**łeś z **pra**cy?
**2** – Tak, skoń**czy**liśmy **dzi**siaj **tro**chę **wcześ**niej.
**3**    A ty **wra**casz do**pie**ro ² **te**raz? Gdzie **by**łaś?
**4** – Cho**dzi**łam po **skle**pach ³.
**5** – Przez **ca**ły dzień?
**6** – No tak, **pra**wie. Aha, **chcia**łam ci po**wie**dzieć…
**7** – Co ta**kie**go?
**8** – Za**brak**ło ⁴ mi pie**nię**dzy, więc wstą**pi**łam do
     two**je**go **biu**ra…
**9** – Tak? **Mie**liśmy ze**bra**nie. A o **któ**rej **by**łaś?

🗨 Prononciation
*po**jétch**ka 1 … vrou**ts**iᵒᵘ**è**si … 2 … skognt**ché**lisimé … **ftchès**igneille
5 pchès … 8 … fston**pi**ᵒᵘa'm …*

---

📓 : Notes

1  Le nom féminin **pożyczka** désigne aussi bien l'*emprunt* que le *prêt*
   Le verbe correspondant est **pożyczyć**, et c'est la construction verbale
   qui permet d'en spécifier la signification. Dans le sens de *emprunter*
   *(à quelqu'un)*, on fait suivre **pożyczyć** de la préposition **od** + génitif, e
   pour *prêter*, on emploie directement le datif.

2  Ne confondez pas les deux équivalents de l'adverbe "seulement" qu
   sont **tylko** (leçon 36) et **dopiero**. Le second terme a uniquement le sen
   temporel.

3  Très fréquente après un verbe de mouvement, la préposition **po** + lo
   catif indique généralement un parcours de plusieurs lieux successif
   comme ici avec l'expression **chodzić po sklepach**, *faire les magasins*.

# Soixante-quatrième leçon

## Un emprunt

**1** – Tu es déjà rentré du travail ?
**2** – Oui, aujourd'hui, nous avons fini un peu plus tôt.
**3**    Et toi, tu rentres seulement maintenant ? Où étais-tu ?
**4** – J'ai fait *(allais par)* les magasins.
**5** – *(Pendant)* Toute la journée ?
**6** – Eh bien oui, presque. Ah, je voulais te dire…
**7** – Quoi donc *(tel)* ?
**8** – Je n'avais plus *(A-manqué à-moi)* d'argent, donc je suis passée à ton bureau…
**9** – [Ah] oui ? Nous avions une réunion. Et à quelle [heure] es-tu venue *(étais)* ?

**1**   Si quelque chose vient à manquer ou est épuisé, on se sert de **zabrakło**, forme passée (3e personne du singulier neutre) de **zabraknąć**. Mis à part l'infinitif, c'est pratiquement la seule personne qui est utilisée. L'objet qui fait défaut est au génitif, et la personne à qui se rapporte le manque, au datif.

**10** – Około **dru**giej. Nie **by**ło [5] cię w po**ko**ju, więc **wzię**łam z **two**jej mary**nar**ki **pięć**set **zło**tych.

**11** Mam na**dzie**ję, że się nie **gnie**wasz [6].

**12** – **A**leż skąd [7]! Tym **bar**dziej, że **by**łem dziś w **pra**cy w **swe**trze...

□

🗨 **10** ... vz[i] **è**oua'm ... **pyèg**ntsèt **11** ... **ggnè**vach **12** a**lèch** ... f **sfèt**'chè

: Notes

5 L'absence de quelqu'un ou de quelque chose est marquée, rappelons-le, par **nie ma**. L'équivalent passé **nie było** est également accompagné du génitif.

6 La rancune, le fait d'en vouloir à quelqu'un, est exprimé à l'aide du verbe pronominal **gniewać się** au présent.

\*\*\*

▶ Ćwiczenie pierwsze – Proszę przetłumaczyć

❶ Poczekajmy jeszcze, jest dopiero trzecia. ❷ Jutro wracam z pracy trochę wcześniej. ❸ Wiesz, że nie znoszę chodzić po sklepach. ❹ Ależ nie, nie gniewam się. ❺ Nie skończyłem jeszcze, zabrakło mi czasu.

Ćwiczenie drugie –Wpisać brakujące słowa

❶ Tu n'étais pas à la maison de *(pendant)* toute la semaine ?
   Nie . . . . cię . domu . . . . . cały . . . . . . . ?

❷ Deux [heures], c'est trop tard, allons[-y] plus tôt.
   Druga . . za . . . . . , chodźmy . . . . . . . . .

❸ Je n'aime pas quand tu es fâché.
   . . . lubię, . . . się . . . . . . . . .

❹ Le déjeuner sera prêt seulement vers trois [heures].
   Obiad . . . . . . gotowy . . . . . . . . . . . trzeciej.

**10** – Vers deux*(ième)* [heures]. Tu n'étais pas dans le bureau *(pièce)*, alors j'ai pris dans *(de)* ta veste cinq cents zlotys.

**11** J'espère que tu n'es pas fâché.

**12** – Mais pas du tout ! D'autant plus qu'aujourd'hui, j'étais au travail en pull…

**7** Voici une tournure qui permet de contester ou de refuser une affirmation. Les deux composantes : **ależ**, la variante de *ale*, *mais*, et **skąd**, *d'où*, *comment*, peuvent s'utiliser séparément. Notez aussi que pour renforcer une affirmation, on dit **ależ tak**, *mais oui*.

\*\*\*

Corrigé de l'exercice 1

❶ Attendons encore, il est seulement trois [heures]. ❷ Demain, je rentre du travail un peu plus tôt. ❸ Tu sais que je ne supporte pas de faire *(aller par)* les magasins. ❹ Mais non, je ne suis pas fâché. ❺ Je n'ai pas encore fini, je n'avais plus *(a-manqué à-moi)* le temps.

❺ Je n'ai pas pu faire le gâteau, je n'avais plus de *(a-manqué à-moi)* beurre.

. . . mogłam . . . . . . ciasta, . . . . . . . . mi . . . . . .

Corrigé de l'exercice 2

❶ – było – w – przez – tydzień ❷ – to – późno – wcześniej ❸ Nie – jak – gniewasz ❹ – będzie – dopiero około – ❺ Nie – zrobić – zabrakło – masła

Deuxième vague : 15ᵉ leçon

# Lekcja sześćdziesiąta piąta

## Świadectwo szkolne [1]

**1** – W **któ**rej **kla**sie są **two**je **dzie**ci?

**2** – Syn jest **jesz**cze w przed**szko**lu.

**3** – A **cór**ki już **cho**dzą do **szko**ły [2]?

**4** – **Młod**sza **cho**dzi do **żłob**ka, a **star**sza [3] jest w **pierw**szej **kla**sie.

**5**   A **two**i [4] sy**no**wie [5]?

**6** – **O**baj [6] już skoń**czy**li **szko**łę podsta**wo**wą.

**7**   **Ju**rek jest w **pierw**szej **kla**sie gim**naz**jum, a **Ro**mek, w os**tat**niej **kla**sie li**ce**um.

**8**   Za rok **zda**je ma**tu**rę.

**9** – To **wiel**kie wyda**rze**nie. **Chy**ba się niepo**ko**isz.

**10** – **Wca**le nie [7]! Mam zau**fa**nie do **Rom**ka.

**11** – No tak, to przy**jem**nie, jak się **dzie**ci **do**brze **u**czą.

### Prononciation

*sifya**dèts**tfo … **2** … f pchèt'**chko**lou **3** … **tsour**ki … **4** mou**ot'cha** … **jou**opka … **5** … tfo'i … **7** **you**rek … gui'm**naz**youm … **9** … gnèpoko'ich **10** … zaou**fa**gnè … **ro'm**ka*

### Notes

**1**  L'adjectif **szkolny**, *scolaire*, est dérivé de **szkoła**. Comme vous le voyez, les changements de lettres, ici **ł/l**, n'interviennent pas seulement lors de la déclinaison ou de la conjugaison. C'est un phénomène massif auquel il faudra malheureusement vous habituer.

**2**  Ne confondez pas **chodzą do szkoły**, *ils/elles vont à l'école*, qui exprime la fréquentation régulière et **idą do szkoły**, pour un déplacement au moment où l'on parle. Sur la distinction entre **iść** et **chodzić**, voyez la leçon 32, notes 2 et 3.

# Soixante-cinquième leçon

## Le bulletin scolaire

1 – En quelle classe sont tes enfants ?
2 – [Mon] fils est encore à l'école maternelle.
3 – Et [tes] filles vont déjà *(déjà vont)* à l'école ?
4 – La cadette *(plus-jeune)* va à la crèche et l'aînée *(plus-âgée)* est au CP *(première classe)*.
5  Et [tes] fils ?
6 – [Tous] les deux ont déjà terminé l'école primaire.
7  Jurek est en première année *(classe)* de collège et Romek, en dernière année *(classe)* de lycée.
8  Dans un an, il passe le bac.
9 – C'est un grand événement. Tu dois être inquiète *(Sans-doute tu t'inquiètes)*.
10 – Pas du tout ! J'ai confiance en Romek.
11 – Eh oui, c'est agréable quand les enfants étudient bien *(bien étudient)*.

Dans une famille de deux enfants, on emploie le comparatif **młodszy**, *plus jeune*, pour le cadet et **starszy**, *plus âgé*, pour l'aîné. Lorsqu'une famille compte plus de deux enfants, on utilise, dans le premier cas, le superlatif **najmłodszy**, *le plus jeune*, et, dans le second, **najstarszy**, *le plus âgé*.

L'adjectif possessif **twoi**, *tes*, se rapporte au genre masculin personnel. L'autre forme du pluriel, **twoje**, est également celle du singulier neutre.

**syn**, *fils*, fait **synowie** au pluriel. On retrouve la même terminaison seulement dans le cas de **teściowie**, *beaux-parents*, rencontré en leçon 52, note 5.

Le polonais possède un numéral spécifique pour dire *les deux*. Il est ici au masculin personnel **obaj**.

**wcale nie**, *pas du tout*, permet de nier catégoriquement. Rappelons que dans une phrase, **wcale**, toujours accompagné de **nie**, *non*, sert de négation renforcée (leçons 27, phrase 6 et 50, phrase 7).

**12** – Hm... **Każ**de **je**go świa**dec**two jest
niespo**dzian**ką!  □

🗨 *12 ... gnèspodz*ⁱ*a'nkon*

\*\*\*

▶ Ćwiczenie pierwsze – Proszę przetłumaczyć
❶ Czy twoi synowie dobrze się uczą? ❷ Mój starszy bra[t]
idzie za rok do liceum. ❸ Możesz mieć do mnie zaufanie[.]
❹ Wiem, że się niepokoisz, ale nie trzeba. ❺ Dzieci są w
przedszkolu przez cały dzień.

Ćwiczenie drugie – Wpisać brakujące słowa
❶ Il faut avoir confiance en [ses] enfants.
. . . . . . mieć . . . . . . . . do . . . . . . .
❷ Est-ce que tes parents habitent à la campagne ?
Czy . . . . rodzice . . . . . . . . . na . . . ?
❸ Ma sœur cadette *(plus-jeune sœur)* est à l'école maternelle.
Moja . . . . . . . siostra . . . . w . . . . . . . . . . .
❹ Les deux fils de Marek vont à la crèche.
Obaj . . . . . . . Marka . . . . . do . . . . . . .

**66**

# Lekcja sześćdziesiąta szósta

▶ ## Sprawdzian z polskiego

**1** – A, to ty. Nie **wzią**łeś ¹ **klu**czy?

🗨 Prononciation
***sprav**dzⁱa'n ... **1** ... **vz**ⁱoᵒᵘèsⁱ **klou**tché*

🔖 Note
1  wziąłeś, *tu as pris*, s'utilise pour un homme. Pour une femme, on [dit]
wzięłaś. Au passé, les verbes dont l'infinitif finit en **-ąć**, comm[e]

**12** – Hum... Chacun de ses bulletins *(chaque son bulletin)*
       est une surprise !

***

Corrigé de l'exercice 1

❶ Est-ce que tes fils étudient bien ? ❷ Mon frère aîné *(plus-âgé frère)*
va au lycée dans un an. ❸ Tu peux avoir confiance en moi *(en-moi
confiance)*. ❹ Je sais que tu t'inquiètes, mais il ne faut pas. ❺ Les
enfants sont à l'école maternelle *(pendant)* toute la journée.

❼ Que préfères-tu : l'école primaire ou le collège ?
    .. wolisz, . . . . . . . . . . . . . . . czy . . . . . . . . . ?

Corrigé de l'exercice 2

❶ Trzeba – zaufanie – dzieci ❷ – twoi – mieszkają – wsi ❸ – młodsza
jest – przedszkolu ❹ – synowie – chodzą – żłobka ❺ Co – szkołę
podstawową – gimnazjum

Deuxième vague : 16ᵉ leçon

---

**66**

# Soixante-sixième leçon

## Un contrôle de polonais

– Ah, c'est toi. Tu n'as pas pris [tes] clés ?

wziąć, *prendre*, présentent en effet une petite particularité. À l'exception du masculin singulier, la lettre **ą** est remplacée par le **ę** : **wzięłam**,
*j'ai pris*, **wzięłaś**, *tu as pris*, **wzięła**, *elle a pris*, **wzięliśmy/wzięłyśmy**,
*nous avons pris*, etc.

**2** – Zapom**nia**łem.

**3** – No i jak **by**ło w **szko**le?

**4** – **Dob**rze. **Mie**liśmy kla**sów**kę z mate**ma**tyki.

**5** – I co dos**ta**łeś?

**6** – **Pa**ni ² **jesz**cze nie popra**wi**ła. **A**le **dob**rze mi
      **po**szło ³.

**7** – **Jes**teś **pe**wien ⁴? Bo os**tat**nio dos**ta**łeś **dwój**kę ⁵.
      I co **jesz**cze?

**8** – Był **spraw**dzian z pol**skie**go.

**9** – I **ma**cie już **stop**nie?

**10** – Tak, dos**ta**łem **trój**kę z **plu**sem ⁶.

**11** – To **kiep**sko. **Pew**nie zro**bi**łeś **du**żo **błę**dów?

**12** – **A**le to nie **by**ło dyk**tan**do.

**13** – A co to **by**ło?

**14** – Od**mia**na przymiot**ni**ków przez przy**pad**ki!

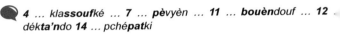

**4** … kla**ssouf**ké … **7** … **pè**v**yèn** … **11** … **bouèn**douf … **12** …
dék**ta'n**do **14** … pché**pat**ki

: Notes

: **2** Comme vous voyez, **pani** désigne ici la *maîtresse d'école*. On trouvera
  même **pani domu**, *maîtresse de maison*. Notez enfin qu'en dehors
  son usage dans les formes polies d'adresse, **pani** signifie *dame*.

: **3** Dans cette locution courante, **poszło** est la forme passée du perfe
  **pójść**, *aller*, à la 3ᵉ personne du singulier neutre. N'oubliez pas le d
  pour la personne concernée. Donc, si vous voulez savoir comment
  sont déroulées les choses, vous demandez **jak ci poszło?** à un inter
  cuteur que vous tutoyez, **jak panu/pani poszło?** à quelqu'un que v
  vouvoyez, **jak mu/jej poszło?** à propos d'une autre personne (mascu
  féminin), etc.

: **4** Après **pewni**, *sûrs*, et **pewna**, *sûre*, voici maintenant le tour du mas
  lin singulier, qui a deux formes : **pewien** et **pewny**. Vous devinez s
  doute que la forme **pewne** se rapporte au pluriel de tous les genr
  sauf le masculin personnel – ainsi qu'au neutre singulier.

**2** – J'ai oublié.

**3** – Et alors, comment ça s'est passé *(était)* à l'école ?

**4** – Bien. Nous avons eu une interrogation de maths.

**5** – Et combien *(qu'est-ce que)* tu as eu ?

**6** – La maîtresse n'a pas encore corrigé. Mais ça s'est bien passé *(bien à-moi est-allé)*.

**7** – Tu es sûr ? Parce que dernièrement tu as eu *(reçu)* un deux. Et quoi encore ?

**8** – Il y a eu un contrôle de polonais.

**9** – Et vous avez déjà les notes ?

**10** – Oui, j'ai eu *(reçu)* un trois *(avec un)* plus.

**11** – Ce n'est pas fameux *(Ce médiocrement)*. Tu as sûrement fait beaucoup de fautes ?

**12** – Mais ce n'était pas une dictée.

**13** – Et qu'est-ce que c'était ?

**14** – La déclinaison *(changement)* des adjectifs *(par les-cas)* !

Tout comme les moyens de transport (leçon 61, note 6), les notes scolaires (de 1 à 6) sont désignées à l'aide des noms féminins : **dwójka**, *un deux*.

Comme la fourchette des notes est restreinte, on y ajoute le signe (+) **plus**, qui relève la note ou (-) **minus**, qui la rabaisse. Cela paraît étrange, mais on s'y habitue vite. Ainsi, **trójka z plusem**, litt. "un trois avec un plus", correspond à une moins bonne note que **czwórka z minusem**, litt. "un quatre avec un moins" !

▶ Ćwiczenie pierwsze – Proszę przetłumaczyć

**❶** Jesteś pewien, że nie zapomniałeś kluczy? **❷** To nieprawda, że mówisz kiepsko po polsku. **❸** Czy wziąłeś coś do jedzenia? **❹** To przyjemnie, jak dzieci mają dobre stopnie. **❺** Dziś mieliśmy sprawdzian z matematyki.

*** 

Ćwiczenie drugie – Wpisać brakujące słowa

**❶** J'ai oublié *(masc.)* que nous avions *(avons)* une interrogation de polonais.

. . . . . . . . . . . , że mamy . . . . . . . . z . . . . . . . . . .

**❷** Je suis sûr que tu as pris *(masc.)* mon sac à dos.

Jestem . . . . . . , że . . . . . . . mój . . . . . . .

**❸** Je ne savais pas *(masc.)* que tu jouais *(joues)* si médiocrement !

Nie . . . . . . . . . . , że . . . . . tak . . . . . . . !

***

*Les petits Polonais entrent à l'école à l'âge de sept ans. Ceux qu...*
*vont à la maternelle ont la possibilité, à six ans, de suivre une anné...*
*préparatoire, dite* **zerówka**, *année zéro.*
*Les études à l'école primaire durent sept ans et commencent par* **kla...**
**sa pierwsza**, *classe 1, littéralement "première", pour finir par* **klas...**
**szósta**, *classe 6. L'enseignement obligatoire se poursuit au* **gimna...**
**zjum**, *collège, durant trois ans.*
*Ensuite, l'élève entre dans le cycle secondaire. Il peut choisir de faire s...*
*études au* lycée *d'enseignement général (***liceum ogólnokształcąc...**
*ou* professionnel *(***zawodowe**). *Après* **matura**, *le bac, il a la possibili...*

**67**

# Lekcja sześćdziesiąta siódma

## W komisariacie

**1** – **Ha**lo, komi**sa**riat?
**2** – Tak, **słu**cham.

🔊 Prononciation
*f komissar**ya**ts'è*

## Corrigé de l'exercice 1

❶ Es-tu sûr que tu n'as pas oublié les clés ? ❷ Ce n'est pas vrai que tu parles mal *(médiocrement)* en polonais. ❸ As-tu pris quelque chose à manger ? ❹ C'est agréable*(ment)* quand *(comme)* les enfants ont de bonnes notes. ❺ Aujourd'hui, nous avons eu un contrôle de maths.

\*\*\*

❹ Peux-tu me dire si j'ai fait *(masc.)* beaucoup de fautes ?
. . . . . . mi . . . . . . . . . . . , czy . . . . . . . . dużo . . . . . . ?

❺ Est-ce que la maîtresse a déjà corrigé votre dictée ?
Czy . . . . już . . . . . . . . . wasze . . . . . . . . ?

## Corrigé de l'exercice 2

❶ Zapomniałem – klasówkę – polskiego ❷ – pewien – wziąłeś – plecak
❸ – wiedziałem – grasz – kiepsko ❹ Możesz – powiedzieć – zrobiłem
– błędów ❺ – pani – poprawiła – dyktando

\*\*\*

…le poursuivre ses études pendant encore trois ans, jusqu'à la licence, ou …inq, jusqu'au master 2. Les plus persévérants prépareront un doctorat. …e système d'éducation polonais est, comme vous le voyez, large-…ent comparable à celui des autres pays européens. Une petite dif-…rence, quand même, réside dans la façon de compter les classes au …ollège et au lycée. Tandis qu'en France on va dans l'ordre décrois-…ant pour tout le cycle secondaire (sixième, cinquième, etc. jusqu'à la …rminale), en Pologne on compte séparément le collège et le lycée … dans l'ordre croissant.

Deuxième vague : 17ᵉ leçon

**67**

# Soixante-septième leçon

## Au commissariat

… – Allô, le commissariat ?
… – Oui, j'écoute.

3 – Zaginął [1] mój mąż!

4 – **Pro**szę się uspo**ko**ić [2]. Jest **pa**ni **pew**na?

5 – Oczy**wiś**cie. Nie ma go w **do**mu od trzech [3] dni.

6 – Czy **mo**że **pa**ni opisać **mę**ża?

7 – Jest wy**so**ki [4], **szczu**pły, ma **ciem**ne [5] **wło**sy…

8 – Co **jesz**cze? **Ja**kieś **zna**ki szcze**gól**ne?

9 – Nie. Aha, ma **bro**dę i **wą**sy [6].

10 – Czy **no**si oku**la**ry?

11 – Tak, w meta**lo**wej o**praw**ce.

12 – Jak był u**bra**ny?

13 – Jak **zwy**kle. **Sza**re **spod**nie, nie**bies**ka ko**szu**la i far**tu**szek w **kwiat**ki [7].  ☐

🗨 **3** … za**gui**no^ou … **4** … ouspo**ko**'its^i … **7** … **chtchou**poué ..
**vouo**ssé … **9** … **bro**dè i **von**ssé **11** … o**praf**tsè **13** … far**touchè**
f **kfyat**ki

---

🗂 : Notes

**1** Si quelque chose ou quelqu'un a disparu ou s'est égaré, on peut em
ployer, comme ici, **zaginąć** ou **zginąć**. Le second verbe a toutefois u
sens plus large : il signifie aussi *disparaître définitivement*, c'est-à-di
*mourir*, par exemple **zginąć tragicznie**, *disparaître tragiquement*,
**wypadku**, *dans un accident*, etc.

**2** Lorsqu'on vouvoie quelqu'un, on peut aussi dire **niech się pan/pa**
**uspokoi**. L'impératif à la 2^e personne du singulier est **uspokój s**
*calme-toi !*

**3** Le numéral **trzy**, *trois*, est ici au génitif **trzech**, car il suit la préposit
**od**, *depuis*.

**4** Pour indiquer la taille d'une personne, on remplace **duży**, *grand*,
**wysoki**, *haut*. Ce dernier adjectif s'emploie aussi pour indiquer,
exemple, un prix élevé : **wysoka cena**. Le contraire (taille ou au
chose) est **niski**, *bas*.

**5** Bien entendu, il y a tout une gamme de termes pour décrire la c
leur de la chevelure ! Ce n'est que par commodité et économie que

**3** – Mon mari a disparu *(A-disparu mon mari)* !

**4** – Calmez-vous. [En] êtes-vous *(Est madame)* certaine ?

**5** – Bien sûr. Il n'est plus à la maison depuis trois jours.

**6** – Est-ce que vous pouvez *(peut madame)* décrire [votre] mari ?

**7** – Il est grand, mince, il a les cheveux bruns *(sombres cheveux)*…

**8** – Quoi d'autre *(encore)* ? Des *(quelconques)* signes particuliers ?

**9** – Non. Ah, il a une barbe et une moustache.

**10** – Est-ce qu'il porte des lunettes ?

**11** – Oui, avec une monture métallique *(à métallique monture)*.

**12** – Comment était-il habillé ?

**13** – Comme d'habitude. Un pantalon gris *(gris pantalons)*, une chemise bleue *(bleue chemise)* et un tablier à petites fleurs.

cheveux bruns sont désignés à l'aide de l'adjectif **ciemne**, *sombres*, par opposition à **jasne**, *clairs*.

Contrairement au français qui utilise le singulier : la *moustache*, le polonais utilise le pluriel **wąsy**. En revanche, avec **broda**, la *barbe*, les deux langues concordent : même nombre et – oh, bonne surprise ! – même genre.

Dans cette expression, la préposition **w**, *à*, demande l'emploi de l'accusatif. Ce dernier, ici au pluriel **kwiatki**, est identique au nominatif. Le singulier est **kwiatek** et c'est, avec son suffixe caractéristique **-ek**, le diminutif de **kwiat**.

▶ Ćwiczenie pierwsze – Proszę przetłumaczyć
❶ Odkąd nosisz brodę, jesteś podobny do brata. ❷ Poczekaj, jeszcze nie jestem ubrana. ❸ To dobry sposób, żeby się uspokoić. ❹ Widzę, że nareszcie masz nowe okulary. ❺ Gdzie jest moja koszula w kwiatki?

\*\*\*

Ćwiczenie drugie – Wpisać brakujące słowa
❶ Je sais bien que tu as des ennuis, mais tu dois te calmer.
. . . . dobrze, . . masz . . . . . . . ., ale . . . . . . się
. . . . . . . . .

❷ Kasia est toujours très joliment habillée.
Kasia . . . . zawsze . . . . . . ładnie . . . . . . .

❸ Que penses-tu de cette robe à petites fleurs ?
. . myślisz . tej . . . . . . . . w . . . . . . . ?

❹ Est-ce que quelqu'un veut décrire sa chambre (pièce) ?
Czy . . . . chce . . . . . . swój . . . . . ?

**68**

# Lekcja sześćdziesiąta ósma

▶ ## Mecz piłki nożnej [1]

**1** – Za **i**le za**czy**na się mecz?
**2** – Za **dzie**sięć **mi**nut.
**3** – **A**le ten **stad**ion o**grom**ny!
**4** – Tak. **Je**śli się nie **my**lę, jest na dwa**dzie**ścia ty**się**cy [2] miejsc.

💬 Prononciation
*mètch pi^ou ki nojneille 3 … stadyonne … 4 … mélè … tés'intsé ..*

📑 : Notes
**1** Le polonais n'a pas adopté le terme anglais *football*, mais utilise sa tra... duction : **piłka**, *balle*, **nożna**, *de pied*. Le second mot est dérivé de **nog**...

## Corrigé de l'exercice 1

❶ Depuis que tu portes la barbe, tu ressembles à [ton] frère. ❷ Attends, je ne suis pas encore habillée. ❸ C'est un bon moyen pour se calmer. ❹ Je vois qu'enfin tu as de nouvelles lunettes. ❺ Où est ma chemise à petites fleurs ?

\*\*\*

❺ J'ai entendu [dire] que Marek porte la barbe maintenant.
   **Słyszałem, . . Marek . . . . teraz . . . . . .**

## Corrigé de l'exercice 2

❶ Wiem – że – kłopoty – musisz – uspokoić ❷ – jest – bardzo – ubrana ❸ Co – o – sukience – kwiatki ❹ – ktoś – opisać – pokój ❺ – że – nosi – brodę

Deuxième vague : 18ᵉ leçon

**68**

# Soixante-huitième leçon

## Un match de football

**1 –** Dans combien [de temps] commence le match ?
**2 –** Dans dix minutes.
**3 –** Comme ce stade [est] immense !
**4 –** Oui. Si je ne me trompe pas, il fait *(est pour)* 20 000 places.

qui signifie également *jambe* (leçon 60), avec le changement **g/ż**. **Piłki nożnej** est le génitif.

**tysięcy** est le génitif pluriel de **tysiąc**, *mille*.

**5** **A**le byw**a**ją [3] **jesz**cze wi**ę**ksze.

**6** – Na **szczę**ście, stąd **wszys**tko **wi**dać [4]. **Ca**łe **bo**isko i **o**bie [5] **bram**ki. (...)

**7** O, już **i**dzie **sę**dzia. I **o**bie dru**ży**ny.

**8** **Na**si **ma**ją **żół**te ko**szul**ki?

**9** – Nie, **A**nglicy. Po**la**cy [6] **ma**ją zie**lo**ne i **bia**łe spo**den**ki.

**10** – Mam na**dzie**ję, że wy**gra**ją.

**11** – **Mu**szą **wy**grać. O**stat**ni mecz prze**gra**li trzy do **ze**ra.

**12** – **A**le dziś grają u **sie**bie [7].

**13** – No i jest **in**ny **bram**karz!

🗨 **5** ... **bé**vayon ... **vien**kchè **6** ... **bo**'isko ... **bra**'mki **8** ... **jou**outè ...
**9** ... a'**n**glitsé polatsé ... spode'nki **13** ... **bra**'mkach

▯: Notes

⋮ **3** En plus de **być**, il existe une forme spéciale du verbe *être*, qui est **bywać**.
On peut l'employer comme verbe impersonnel (à la 3ᵉ personne du sin
gulier ou du pluriel) au sens *il y a parfois*, *il arrive qu'il y ait*. Par ailleurs
conjugué normalement, il indique la fréquence ou la répétition : **bywa**
**gdzieś**, *être souvent quelque part* ; **bywać u kogoś**, *fréquenter quelqu'ur*
etc.

\*\*\*

▶ Ćwiczenie pierwsze – Proszę przetłumaczyć

❶ Stadion piłki nożnej jest niedaleko. ❷ Widać, że Anglic
grają lepiej. ❸ Jak myślisz, kto wygra ten mecz? ❹ Polac
czują się tu tak, jak u siebie. ❺ Obie córki Jurka maj
zielone koszulki.

**5** Mais il y en a *(sont)* d'encore plus grands.

**6 –** Heureusement *(Pour bonheur)*, d'ici on voit tout. **Tout le terrain et les deux buts. (…)**

**7** Oh, l'arbitre arrive déjà *(déjà va arbitre)*. **Et les deux équipes.**

**8** Les nôtres ont des maillots jaunes *(jaunes maillots)* ?

**9 –** Non, [ce sont] les Anglais. Les Polonais ont [des maillots] verts et des shorts blancs *(blancs shorts)*.

**10 –** J'espère *(Ai espoir)* qu'ils gagneront.

**11 –** Ils doivent gagner. Le dernier match, ils [l']ont perdu trois à zéro.

**12 –** Mais aujourd'hui, ils jouent chez eux.

**13 –** Et il y a un autre gardien de but !

---

Le verbe **widać** n'existe que sous la forme de l'infinitif et signifie *on voit*. Tout comme **słychać**, *on entend*, dont vous vous souvenez peut-être.

**obie**, *les deux*, est l'équivalent féminin de **obaj** (leçon 65, note 6).

**Anglicy** et **Polacy** sont les pluriels respectifs de **Anglik**, *Anglais*, et **Polak**, *Polonais*.

Vous rappelez-vous la forme **sobie** (leçon 37, note 4), le datif du pronom réfléchi **się**, *se* ? **Siebie** est son homologue au génitif. S'il se rapporte au sujet de la phrase, on l'emploie à toutes les personnes : **jestem u siebie**, *je suis chez moi*, **jesteś u siebie**, *tu es chez toi*, etc.

\*\*\*

Corrigé de l'exercice 1

❶ Le stade de football [n']est pas loin. ❷ On voit que les Anglais jouent mieux. ❸ Qu'en *(Comment)* penses-tu, qui va gagner ce match ? ❹ Les Polonais se sentent ici comme chez eux. ❺ Les deux [fil]les de Jurek ont des maillots verts *(verts maillots)*.

Ćwiczenie drugie – Wpisać brakujące słowa

❶ Mes deux sœurs jouent parfaitement aux cartes.
   Moje . . . . siostry . . . . . doskonale . karty.

❷ On ne voit pas encore la fin des travaux.
   Nie . . . . . jeszcze . . . . . remontu.

❸ Sais-tu si tes parents sont déjà chez eux ?
   Wiesz, . . . twoi . . . . . . . są . . . u . . . . . . ?

❹ Les Polonais ont malheureusement perdu le premier match.
   . . . . . . niestety . . . . . . . . pierwszy . . . . .

**69**

# Lekcja sześćdziesiąta dziewiąta

## Sąsiedzi [1]

**1** – Nie uwa**ża**sz, że Nowa**ko**wie [2] to **pięk**na **pa**ra?
**2** – Nowa**ko**wie? To ci [3] z **do**łu?
**3** – Nie, to ci, **któ**rzy [4] miesz**ka**ją nad **na**mi.
**4** – Ach tak? Nie zauwa**ży**łem.
**5** – **Jes**tem przeko**na**na, że są **bar**dzo szczę**śli**wi.
**6** – Dla**cze**go tak **my**ślisz?

Prononciation
**2** … **do**$^{ou}$ou **4** … zaouva**jé**ouèm

Notes

**1** Vous devez commencer à vous habituer à toutes ces modification[s]
de lettres lorsqu'un mot change de forme. Vous en avez encore u[n]
exemple avec **sąsiedzi**, pluriel de **sąsiad**, voisin.

**2** Revoilà la terminaison spéciale du pluriel **-owie** (notes 5 des leçons 5[?]
et 65). Elle est cette fois ajoutée au nom de famille Nowak. En revanch[e]

❺ Tu as raison, ce stade est immense.
   Masz  . . . . . , ten  . . . . . . .  jest  . . . . . . . . .

**Corrigé de l'exercice 2**
❶ – obie – grają – w – ❷ – widać – końca – ❸ – czy – rodzice – już
– siebie ❹ Polacy – przegrali – mecz ❺ – rację – stadion – ogromny

Deuxième vague : 19ᵉ leçon

# Soixante-neuvième leçon

## Les voisins

**1** – Ne trouves-tu pas que les Nowak sont *(ce)* un beau couple ?
**2** – Les Nowak ? C'est ceux d'en bas ?
**3** – Non, c'est ceux qui *(lesquels)* habitent au-dessus de nous.
**4** – Ah oui ? Je n'ai pas remarqué.
**5** – Je suis persuadée qu'ils sont très heureux.
**6** – Qu'est-ce qui te fait croire ça *(Pourquoi le ainsi penses-tu)* ?

les noms en **-ski**, dérivés en fait des adjectifs, ne prennent pas cette terminaison. *Les Kowalski* se dit **Kowalscy**.

Le pronom *ten*, *ce*, devient **ci** au pluriel, lorsqu'il se rapporte au genre masculin personnel.

**którzy**, *(les)quels*, est le pluriel de **który**.

**7** – Obser**wuj**ę ich czę**sto** przez **ok**no. Są **zaw**sze **ra**zem, trzy**maj**ą się za ⁵ **rę**kę...

**8** – Wi**docz**nie to **mło**de małż**eń**stwo ⁶.

**9** – Nie wiem. W **każ**dym **ra**zie, on wy**glą**da na czu**łe**go mę**ż**a ⁷.

**10**  **Wi**dzę, że czę**sto** przy**no**si jej **kwia**ty.

**11**  Jak wysia**daj**ą z samo**cho**du, ot**wie**ra jej **drzwicz**ki, podaje rę**kę**...

**12**  Ty też tak powi**nie**neś **ro**bić.

**13** – Prze**sa**dzasz. Nie znam jej aż tak ⁸ **dob**rze!

□

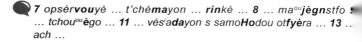

**7** ops**èr**vou**y**è ... t'**ché**ma**yon** ... **rin**kè ... **8** ... ma^ou**j**è**gn**stfo ... tchou^ou**è**go ... **11** ... vés^iadayon s samo**Ho**dou otfy**è**ra ... **13** ... ach ...

**: Notes

**5**  En polonais comme en français, les prépositions peuvent avoir plusieurs sens. C'est le cas pour *za*, correspondant ici à *par*, qui peut aussi être utilisé pour traduire **przez**.

**6**  **małżeństwo**, ici *couple marié*, signifie aussi *mariage*.

**7**  Nous avons déjà rencontré **wyglądać**, *sembler*, *avoir l'air*, suivi d'un adverbe (leçon 29, note 1). Voici une autre construction, permettant cette fois-ci de marquer une qualité ou d'indiquer une caractéristique : **wyglądać na** + accusatif.

\*\*\*

Ćwiczenie pierwsze – Proszę przetłumaczyć

❶ Sąsiedzi z dołu skończyli już malowanie mieszkani

❷ Zauważyłem, że Nowakowie chodzą często do kin

❸ Uważam, że powinieneś nosić brodę. ❹ Nie zapomn kluczy od samochodu. ❺ Wcale nie przesadzam, to prawd

**7** – Je les observe souvent par la fenêtre. Ils sont
toujours ensemble, se tiennent par la main...

**8** – Apparemment, c'est un jeune couple.

**9** – Je ne sais pas. En tout cas, il a l'air d'un mari
affectueux *(affectueux mari)*.

**10** Je vois qu'il lui apporte souvent *(souvent apporte
à-elle)* des fleurs.

**11** Quand ils descendent de la voiture, il lui ouvre *(ouvre
à-elle)* la portière, [lui] tend *(donne)* la main...

**12** Toi aussi, tu *(ainsi)* devrais [le] faire.

**13** – Tu exagères. Je ne la connais pas *(ne connais elle)* si
bien que cela *(jusque aussi bien)* !

En faisant précéder **tak**, au sens de *ainsi*, de la particule **aż**, on en ren-
force le sens. Cela donne quelque chose comme *à ce point-là*. Notez
aussi l'usage de **aż** en tant que conjonction dans, par exemple, **aż do
wieczora**, *jusqu'au soir*.

\*\*\*

rrigé de l'exercice 1

Les voisins d'en bas ont déjà fini la peinture de l'appartement.
J'ai remarqué que les Nowak vont souvent au cinéma. ❸ Je trouve
e tu devrais porter une barbe. ❹ N'oublie pas les clés de la voiture.
Je n'exagère pas du tout, c'est la vérité.

Ćwiczenie drugie – Wpisać brakujące słowa

❶ J'ai oublié *(masc.)* que [nos] voisins n'ont pas encore de voiture.

. . . . . . . . . . . , że . . . . . . . . nie . . . . jeszcze . . . . . . . . . .

❷ Je suis persuadé que les nôtres peuvent gagner ce match.

Jestem . . . . . . . . . . , że . . . . mogą . . . . . . ten . . . . .

❸ Tu n'as pas remarqué *(masc.)* que Romek a une moustache ?

Nie . . . . . . . . . . , że . . . . . ma . . . . ?

❹ Comme d'habitude, tu exagères un peu.

. . . zwykle, . . . . . . . . . . . trochę.

---

**70**

# Lekcja siedemdziesiąta

## Powtórka – Révision

### 1 Les chiffres

Pour les chiffres au masculin, vous pouvez regarder les folios d
bas de page.

### 1.1 Les chiffres au féminin

Nous avons appris comment on désigne les numéros des moyen
de transport : **ósemka**, *bus* ou *tram n° 8*, **piętnastka**, *bus* ou *tran*
*n° 15*. Pour les notes scolaires (de 1 à 6), nous avons également v
**dwójka**, *le deux* et **trójka**, *le trois*. Comme vous voyez, les chiffre
possèdent en polonais des équivalents sous forme d'un nom fém
nin. Leur usage est très répandu : ils servent à indiquer les numéro
des bâtiments, appartements ou chambres d'hôtel, les cartes
jouer, chaussures et pièces de monnaie, etc.
On emploie principalement ces noms jusqu'à 20, puis les dizain
Leur forme rappelant celle des nombres ordinaux, cette petite liste
vous permettre de les revoir. Si, bien entendu, ce n'est pas encore fa

| 1 | jedynka | 11 | jedenastka |
|---|---------|----|-----------|
| 2 | dwójka | 12 | dwunastka |

**⑤** Connais-tu *(ce)* le jeune couple [d']en bas ?
Znasz .. młode .......... z .... ?

Corrigé de l'exercice 2

**❶** Zapomniałem – sąsiedzi – mają – samochodu **❷** – przekonany
– nasi – wygrać – mecz **❸** – zauważyłeś – Romek – wąsy **❹** Jak –
przesadzasz – **❺** – to – małżeństwo – dołu

Deuxième vague : 20ᵉ leçon

70

# Soixante-dixième leçon

| 3 | trójka | 13 | trzynastka |
|---|--------|----|-----------|
| 4 | czwórka | 14 | czternastka |
| 5 | piątka | 15 | piętnastka |
| 6 | szóstka | 16 | szesnastka |
| 7 | siódemka | 17 | siedemnastka |
| 8 | ósemka | 18 | osiemnastka |
| 9 | dziewiątka | 19 | dziewiętnastka |
| 10 | dziesiątka | 20 | dwudziestka |

| 30 | trzydziestka |
|----|--------------|
| 40 | czterdziestka, etc. |
| 100 | setka |

## 2 La déclinaison du numéral *trzy*

forme **trzech**, *trois*, est commune au génitif et au locatif. Le datif
**trzem** et l'instrumental **trzema**. Quant à l'accusatif, il est identique
au génitif (genre masculin personnel), soit au nominatif (les autres
res). Le même modèle de déclinaison s'applique à **cztery**, *quatre*.

## e pluriel en *-owie*

s souvenez-vous des mots **synowie**, *les fils*, et **teściowie**, *les
ux-parents* ? Certains noms masculins de personnes prennent

en effet au pluriel la terminaison **-owie**. Elle s'applique notamment :
– aux noms de parenté : **ojcowie**, *les pères* ; **wujkowie**, *les oncles* ;
**mężowie**, *les maris* ;
– aux fonctions et titres : **profesorowie**, *les professeurs* ; **oficerowie**,
*les officiers*, **królowie**, *les rois* ;
– aux noms de famille (excepté ceux en **-ski** ou **-cki**) : **Nowakowie**,
*les Nowak* ; **Wójcikowie**, *les Wójcik*.
Et pensez aussi, tout simplement, au pluriel de **pan**, *monsieur*, qui
est **panowie**.

## 3 Le passé

Ce paragraphe fait suite à celui de la leçon 42.
Nous vous avons déjà signalé quelques particularités dans la
conjugaison de certains verbes au passé. C'est généralement le cas
de ceux dont l'infinitif finit en **-ąć** : **odpocząć**, *se reposer* ; **wyjąć**,
*retirer, sortir* ; **wziąć**, *prendre* ; **zacząć**, *commencer* ; **zająć**, *occuper*,

\*\*\*

## ▶ Dialog-powtórka

1 – Pamiętasz, że jutro macie sprawdzian z
   matematyki i klasówkę z polskiego?
2 – Pamiętam. Dlaczego się niepokoisz?
3 – Ależ skąd! Mam do ciebie zaufanie.
4   A gdzie byłeś przez cały dzień?
5 – Był mecz piłki nożnej.
6   Mam nadzieję, że się nie gniewasz.
7 – Wcale nie. No i jak im poszło?
8 – Przegrali trzy do zera.
9   Zabrakło im szczęścia. I zrobili dużo błędów.
10 – To kiepsko. Byłeś sam?
11 – Nie. Był też sąsiad z dołu.
12 – Ten, który jest wysoki, szczupły i nosi brodę i
   wąsy?
13 – Tak. I był Jurek, kolega z gimnazjum.
14   Znasz go, ma ciemne włosy i okulary w
   metalowej oprawce.

N'oubliez pas que seul le masculin singulier conserve la lettre **ą**. Dans toutes les autres formes, elle est remplacée par **ę**. Voici, par exemple, la conjugaison de **wziąć** :

| Singulier | Masculin | Féminin | Neutre |
|---|---|---|---|
| 1ʳᵉ personne | **wziąłem** | **wzięłam** | |
| 2ᵉ personne | **wziąłeś** | **wzięłaś** | |
| 3ᵉ personne | **wziął** | **wzięła** | **wzięło** |

| Pluriel | Masculin personnel | Masc. non personnel Féminin, neutre |
|---|---|---|
| 1ʳᵉ personne | **wzięliśmy** | **wzięłyśmy** |
| 2ᵉ personne | **wzięliście** | **wzięłyście** |
| 3ᵉ personne | **wzięli** | **wzięły** |

\*\*\*

15 – Nie zauważyłem. W której jest klasie?
16 – W trzeciej. Za rok idzie do liceum.

Traduction

1 Tu te souviens que demain vous avez un contrôle de maths et une interrogation de polonais ? **2** Je me souviens. Pourquoi t'inquiètes-tu ? **3** Mais pas du tout ! J'ai confiance en toi *(en toi confiance)*. **4** Et où étais-tu *(pendant)* toute la journée ? **5** Il y avait un match de football. **6** J'espère *(Ai espoir)* que tu n'es pas fâché. **7** Pas du tout. Et alors, comment ça s'est passé *(à-eux est-allé)* ? **8** Ils ont perdu trois à zéro. **9** Ils n'ont pas eu de chance *(A-manqué à-eux bonheur)*. Et ils ont fait beaucoup de fautes. **10** Ce n'est pas fameux *(Ce médiocrement)*. Tu [y] été seul ? **11** Non. Il y avait aussi le voisin d'en bas. **12** Celui qui est grand, mince et porte la barbe et la moustache ? **13** Oui. Et il y avait Marek, un ami du collège. **14** Tu le connais *(Connais le)*, il a les cheveux bruns *(sombres cheveux)* et des lunettes avec une monture métallique *(métallique monture)*. **15** Je n'ai pas remarqué. En quelle classe est-il ? **16** En troisième. Dans un an, il va au lycée.

Deuxième vague : 21ᵉ leçon

## Lekcja siedemdziesiąta pierwsza

### Wypadek na nartach

**1** – Iwona? Ale niespo**dzian**ka! Nie wie**dzia**łam, że **jeź**dzisz ¹ na **nar**tach.

**2** – Do**pie**ro się **u**czę ². **Sta**wiam, jak to się **mó**wi, **pierw**sze **kro**ki.

**3** – Ale **bar**dzo mi się po**do**ba.

**4** – To **wi**dać. **Kie**dy przyje**cha**łaś?

**5** – Przed**wczo**raj. A ty? **Jes**teś **sa**ma?

**6** – Nie, z **Mar**kiem i z **dzieć**mi. Przyje**cha**liśmy w **pią**tek.

**7** – A, **wy**daje mi się, że wi**dzia**łam ich **ko**ło wy**cią**gu.

**8** – To na **pew**no oni. **Jeż**dżą już od **ra**na.

**9** – A ty dla**cze**go nie **jeź**dzisz? Nie **u**miesz ³?

**10** – **Wo**lę nie ryzy**ko**wać. Mam bo**les**ne doświad**cze**nie z zesz**łe**go **ro**ku.

🗨 Prononciation
**5** pchèt**ftcho**rail … **6** … f **pio'n**tèk **10** … dos'fyat'**tchè**gnè …

🗂 Notes

**1** Nous avons déjà vu (leçon 32, note 5) que pour la pratique du ski, o se sert du verbe **jeździć**, *aller*. Rappelons qu'à la première personne singulier, on dit **jeżdżę**, tandis que la deuxième est **jeździsz**. Notez q les lettres **żdż** apparaissent aussi à la troisième personne du plurie **jeżdżą**.

**2** Vous savez déjà que pour *apprendre*, au sens d'*étudier*, on emploie verbe pronominal **uczyć się**. La forme non pronominale **uczyć** corr pond à *enseigner*.

**3** Ne confondez pas les deux équivalents du verbe *savoir* : **wiedzieć** **umieć** (ici à la 2ᵉ personne du singulier **umiesz**, *tu sais*). Tandis q

# Soixante et onzième leçon

*À ce stade de votre parcours, vous êtes parfaitement familiarisé avec l'ordre des mots en polonais. Le mot à mot ne nous semble donc plus utile. D'ores et déjà, nous vous proposerons la traduction littérale uniquement pour les termes et les structures encore inconnus.*

## Un accident de ski*(s)*

**1** – Iwona ? Quelle surprise ! Je ne savais pas que tu faisais du *(vas en)* ski*(s)*.
**2** – J'apprends seulement. Je fais *(mets)*, comme on *(cela se)* dit, les premiers pas.
**3** Mais cela me plaît beaucoup.
**4** – Cela se voit. Quand es-tu arrivée ?
**5** – Avant-hier. Et toi ? Tu es seule ?
**6** – Non, avec Marek et les enfants. Nous sommes arrivés vendredi.
**7** – Ah, il me semble que je les ai vus à côté du téléski.
**8** – C'est sûrement eux. Ils skient *(vont)* depuis [ce] matin.
**9** – Et toi, pourquoi tu ne skies *(vas)* pas ? Tu ne sais pas ?
**0** – Je préfère ne pas prendre de risque *(risquer)*. J'ai une douloureuse expérience de l'année dernière *(passée)*.

WYPADEK NA NARTACH

wiedzieć signifie *avoir présent à l'esprit*, comme dans **wiem, kto to jest**, *je sais qui c'est*, **umieć** concerne le savoir-faire, par exemple **umiem czytać**, *je sais lire*.

**11** Wyo**b**raź **so**bie [4], że u**pad**łam pierw**sze**go dnia po przy**jeź**dzie [5].

**12** – O, **gdy**byś wie**dzia**ła, **i**le **ra**zy ja u**pad**łam!

**13** – Tak, ale ja mu**sia**łam **po**tem le**żeć** [6] przez dwa ty**god**nie.

**14** – Co ty **mó**wisz? Nie **by**ło ni**ko**go [7], **że**by cię **pod**nieść?

□

**11** vé**ob**ras[i] …

**Notes**

**4** Vous vous souvenez sans doute que le pronom réfléchi **sobie** a la même forme à toutes les personnes, d'où **wyobraź sobie**, *imagine-toi*.

**5** **przyjeździe** est le locatif de **przyjazd**, *arrivée*.

\*\*\*

Ćwiczenie pierwsze – Proszę przetłumaczyć

❶ Uczę się grać w tenisa od zeszłego miesiąca ❷ Przyjechaliśmy tu dopiero przedwczoraj. ❸ Jestem chora muszę leżeć w łóżku. ❹ Dzieci jeżdżą na nartach, a m chodzimy po sklepach. ❺ Widziałam ich w piątek, koł dworca.

Ćwiczenie drugie –Wpisać brakujące słowa

❶ Vendredi matin, je ne travaille pas, je fais du *(vais à)* vélo.
W . . . . . . rano . . . pracuję, . . . . . . na . . . . . . . . .

❷ Ce sont des informations de la semaine dernière.
. . są . . . . . . . . . . . z . . . . . . . . tygodnia.

❸ Avant-hier soir, je suis tombée dans l'escalier.
. . . . . . . . . . . . wieczorem . . . . . . . na . . . . . . . . . .

❹ Les enfants vont toujours à l'école en bus.
. . . . . . zawsze . . . . . . do . . . . . . autobusem.

**11** Imagine-toi que je suis tombée le lendemain de *(premier jour après)* [mon] arrivée.

**12** – Oh, si tu savais combien de fois je suis tombée, moi !

**13** – Oui mais moi, j'ai dû ensuite rester allongée pendant deux semaines.

**14** – Qu'est-ce que tu dis ? Il n'y avait personne pour te relever ?

**6** **leżeć**, litt. "rester allongé", "être couché", s'emploie aussi pour désigner la position horizontale d'un objet : **książka leży na stole**, *le livre est sur la table*. En revanche, pour la position verticale, on dit : **książka stoi na półce**, *le livre est sur l'étagère*.

**7** **nikogo** est le génitif de **nikt**, *personne*.

\*\*\*

Corrigé de l'exercice 1

**❶** J'apprends à jouer au tennis depuis le mois dernier. **❷** Nous sommes arrivés ici seulement avant-hier. **❸** Je suis malade, je dois rester au lit. **❹** Les enfants font du ski et nous, nous faisons les magasins. **❺** Je les ai vus vendredi, à côté de la gare.

**❺** J'apprends seulement à écrire en polonais.

. . . . **się** . . . . . . . **pisać** . . **polsku.**

Corrigé de l'exercice 2

**❶** – piątek – nie – jeżdżę – rowerze **❷** To – wiadomości – zeszłego – **❸** Przedwczoraj – upadłam – schodach **❹** Dzieci – jeżdżą – szkoły – **❺** Uczę – dopiero – po –

Deuxième vague : 22ᵉ leçon

# Lekcja siedemdziesiąta druga

▶

## Ale historia!

1 – **Nig**dy już ¹ **nig**dzie nie **pój**dę ² z Wol**ski**mi!
2 – **Wi**dzę, że cię zdener**wo**wali.
3 – Na**praw**dę, naro**bi**li mi ta**kie**go **wsty**du ³...
4 – A co się **sta**ło?
5 – **By**liśmy w mu**ze**um z ko**le**gą z **pra**cy i **je**go **żo**ną.
6 W **pew**nym mo**men**cie, ko**le**ga za**py**tał **Wol**ską ⁴, czy zna Ru**ben**sa.
7 – Wyo**bra**żam **so**bie ciąg **dal**szy ⁵.
8 – Powie**dzia**ła, że **ow**szem, zna go **bar**dzo **dob**rze,
9 i że os**tat**nio spot**ka**ła go **na**wet na przy**stan**ku pięt**nast**ki, **ko**ło **dwo**rca.
10 – **A**le his**to**ria!
11 – To nie **ko**niec. **Zgad**nij, co po**wie**dział **Wol**ski.
12 – Nie mam po**ję**cia.

💬 Prononciation
*8 ... ofchèm ... 12 ... poyègntsⁱa*

◨ Notes

¹ Selon le type de phrase, affirmative ou négative, **już** a un sens différent. Dans le premier cas, comme vous le savez, il correspond à *déjà* : **już pracuję**, *je travaille déjà*, et, dans le second, à *plus*, lorsqu'il est associé à une négation : **już nie pracuję**, *je ne travaille plus*.

² Comme vous le voyez, lorsqu'on utilise des mots négatifs : **nigdy**, *jamais* ; **nigdzie**, *nulle part*, **nikt**, *personne*, etc., on conserve **nie**, *ne ... pas*, à la différence du français, où le *pas* est supprimé au profit du mot négatif. Comparez : **nie pójdę**, *je n'irai pas*, et **nigdzie nie pójdę**, *je n'irai nulle part*.

# Soixante-douzième leçon

## Quelle histoire !

**1** – Je n'irai plus jamais nulle part avec les Wolski !

**2** – Je vois qu'ils t'ont énervé.

**3** – Vraiment, ils m'ont fait une telle honte…

**4** – Et que s'est-il passé ?

**5** – Nous étions au musée avec un collègue de travail et sa femme.

**6** À un *(certain)* moment, le collègue a demandé à Wolska si elle connaissait *(connaît)* Rubens.

**7** – J'imagine *(me)* la suite *(plus lointaine)*.

**8** – Elle a dit que, bien entendu, elle le connaissait *(connaît)* très bien,

**9** et que dernièrement, elle l'avait même rencontré à l'arrêt du quinze, à côté de la gare.

**10** – Quelle histoire !

**11** – Ce n'est pas fini *(fin)*. Devine ce qu'a dit Wolski.

**12** – Je n'[en] ai [aucune] idée.

---

Avez-vous remarqué la forme verbale dans **narobić wstydu**, *faire honte* ? Sachez que l'ajout du préfixe **na-** au verbe **robić** apporte une nuance particulière à ce dernier, qui sous-entend la réalisation de choses ou d'actes généralement fâcheux. Le complément, souvent au pluriel, se met au génitif.

Les noms de famille en **-ski** ou **-cki** se comportant comme des adjectifs, leur féminin se termine en **-ska** et **-cka**. **Wolską** est un accusatif, car il suit le verbe **zapytać**, *demander à*, *questionner*.

L'équivalent du mot *suite* pour signifier ce qui vient après, est un terme composé de **ciąg**, *suite*, *série*, et **dalszy**, *plus lointain*. Ce dernier est le comparatif de **daleki**, *lointain*.

**13** – **Po**wiedział, że się **pew**nie pomyli**ła**, że mu**sia**ła
go **wi**dzieć gdzie **in**dziej [6],

**14** ponie**waż** pięt**nast**ka nie **jeź**dzi na
**dwo**rzec! ☐

**14** … po**gnè**vach …

**6** En ajoutant le mot **indziej** à **gdzie**, *où*, on obtient *ailleurs*. De même
**kiedy**, *quand* + **indziej** signifie *à un autre moment*. Ce sont pratiquement les seuls emplois de **indziej** en polonais actuel.

\*\*\*

Ćwiczenie pierwsze – Proszę przetłumaczyć

**❶** Nie wyobrażam sobie mieszkać na wsi. **❷** Ale wstyd
naprawdę! **❸** Nie mam pojęcia, co się stało. **❹** Jutro
opowiem ci ciąg dalszy. **❺** Nie widzę nigdzie mojego swetra.

Ćwiczenie drugie – Wpisać brakujące słowa

**❶** Demain après-midi, nous verrons la suite.

. . . . . po . . . . . . . . zobaczymy . . . . dalszy.

**❷** J'imagine ce qu'il s'est passé.

. . . . . . . . . sobie, . . się . . . . . . .

**❸** Devine qui j'ai rencontré *(fém.)* à l'arrêt du tram.

. . . . . . . , kogo . . . . . . . . . na . . . . . . . . . .
tramwajowym.

**❹** Nous y avons déjà été, allons ailleurs.

. . . tam . . . . . . . , chodźmy . . . . . indziej.

**13** – Il a dit qu'elle s'était sûrement trompée, qu'elle avait
dû le voir ailleurs,
**14** car le quinze ne va pas à la gare !

\*\*\*

Corrigé de l'exercice 1

❶ Je n'imagine pas habiter à la campagne. ❷ Quelle honte, vraiment !
❸ Je n'ai aucune idée de ce qu'il s'est passé. ❹ Demain, je te
raconterai la suite. ❺ Je ne vois mon pull nulle part.

❺ Il me semble que vous vous êtes trompée.
. . . . . . mi . . . , że . . . pani . . . . . . . . .

Corrigé de l'exercice 2

❶ Jutro – południu – ciąg – ❷ Wyobrażam – co – stało ❸ Zgadnij
spotkałam – przystanku – ❹ Już – byliśmy – gdzie – ❺ Wydaje – się
się – pomyliła

Deuxième vague : 23ᵉ leçon

# Lekcja siedemdziesiąta trzecia

## Na zdrowie [1]!

1 – **Po**móż mi **na**kryć do **sto**łu [2]. **Wkrót**ce
przy**cho**dzą Mi**chal**scy.
2 – Oczy**wi**ście. **Któ**re ta**le**rze po**ło**żyć?
3 – **Bia**łe. **Pos**taw [3] też krysz**ta**łowe kie**lisz**ki [4].
4   **No**że i wi**del**ce są w zmy**war**ce.
5 – Co **jesz**cze po**ło**żyć: **sztuć**ce do ryb, **łyż**ki?
6 – Nie, **tyl**ko **łyżecz**ki dese**ro**we.
7 – Po**ło**żę też popiel**nicz**kę, bo Mi**chal**ska **pa**li.
8 – **Do**brze. **My**ślę, że **ma**my **wszyst**ko… O, **sły**chać
**win**dę.
9   **I**dę zo**ba**czyć. **Mo**że to **o**ni. (…)
10 – Dzień **do**bry. Drzwi [5] na **do**le **by**ły ot**war**te.
11 – Tak my**śla**łam. To **pro**szę, **mo**żemy już **sia**dać do
**sto**łu.
12 – **A**le wspa**nia**łe przy**ję**cie!

🗨 Prononciation
**1 po**mouch … **5** … **chtouts**ʲtsè … rép … **10** … djvi …

📄 Notes

1   L'expression **na zdrowie** a deux usages différents. C'est d'abord, comm
ici, la formule traditionnelle lorsqu'on porte un toast : À la vôtre ! o
littéralement "à la santé". Mais **na zdrowie** peut également être adress
à quelqu'un qui éternue : À vos (tes) souhaits !

2   Pour mettre la table, on utilise une expression figée : **nakryć** (litt. "cou
vrir") **do stołu** "à table". Dans le dernier mot, vous avez sans dout
reconnu le génitif de **stół**.

# Soixante-treizième leçon

## Santé !

**1** – Aide-moi [à] mettre *(couvrir à)* la table. Les Michalski arrivent bientôt.
**2** – Bien sûr. Quelles assiettes je mets *(mettre)* ?
**3** – Les blanches. Mets aussi les verres en cristal.
**4** Les couteaux et les fourchettes sont dans le lave-vaisselle.
**5** – Qu'est-ce que je mets encore : couverts à poissons, cuillers ?
**6** – Non, seulement les cuillers à dessert.
**7** – Je vais mettre aussi un cendrier parce que Michalska fume.
**8** – Bien. Je pense que nous avons tout… Oh, on entend l'ascenseur.
**9** Je vais voir. C'est peut-être eux. (…)
**10** – Bonjour. La porte en bas était ouverte.
**11** – C'est ce que *(Ainsi)* je pensais. Eh bien, je vous en prie, nous pouvons *(déjà)* nous asseoir à table [dès maintenant].
**12** – Quel accueil magnifique !

Le verbe relatif à l'action de poser un objet comporte toujours une indication quant à sa position, horizontale ou verticale. Ainsi, comme nous venons de le voir (phrase 2), en parlant d'une assiette, on se sert de **położyć**. Pour un verre, en revanche, on emploie **postawić**. Le français se contente du seul verbe *mettre* dans les deux cas.

Le singulier correspondant est **kieliszek**, *verre à pied* ou *petit verre*.

Le nom **drzwi**, *la porte*, s'emploie exclusivement au pluriel.

**13** – Dzię**ku**ję **bar**dzo. Czę**stuj**cie się [6], **pro**szę.
**14** – No to, **zdro**wie gospo**dy**ni [7]!

🗨 **13** … tchins**touill**ts'è …

🗂 Notes

**6** L'impératif **częstujcie się** vient du verbe pronominal **częstować się**, *se servir*, qui, contrairement au français, ne s'applique qu'à la nourriture.

\*\*\*

▶ Ćwiczenie pierwsze – Proszę przetłumaczyć

❶ Czy ktoś może nakryć do stołu? ❷ Ja położę noże i widelce, a ty możesz postawić kieliszki. ❸ Mógłbyś mi powiedzieć, jak działa ta zmywarka? ❹ Zobacz, czy drzwi są zamknięte. ❺ Pomóż mi zrobić to ćwiczenie.

Ćwiczenie drugie – Wpisać brakujące słowa

❶ Aide-moi à chercher le numéro de téléphone de Marek.
. . . . . mi . . . . . . numeru . . . . . . . . Marka.

❷ Je n'ai pas le temps, je dois mettre la table.
. . . mam . . . . . ., muszę . . . . . . do . . . . . .

❸ J'ai acheté de nouvelles assiettes, tu veux [les] voir ?
. . . . . . . nowe . . . . . . ., chcesz . . . . . . . . ?

\*\*\*

*L'hospitalité des Polonais est légendaire. D'une part, les occasions de recevoir un grand nombre d'invités ne manquent pas. Il y a, bien sûr, les événements liés aux traditions catholiques – restées très vivaces – comme le baptême, la communion solennelle ou le mariage ; on reçoit aussi énormément pour la fête ou l'anniversaire. Mais on aime également se retrouver en petit comité sans raison particulière, et vous verrez qu'on met toujours les petits plats dans les grands. La coutume veut en effet que l'on ne regarde pas à la dépense et que les invités soient très bien traités.*

**13** – Merci beaucoup. Servez-vous, je vous en prie.
**14** – Eh bien, [à la] santé de [notre] hôtesse !

**7** Tout comme **pani**, *(ma)dame*, **gospodyni**, *hôtesse*, fait partie d'un petit groupe de noms féminins finissant en **-i**. N'oubliez pas que certains d'entre eux peuvent également se terminer par une consonne. Mais, comme vous le savez, c'est la terminaison **-a** qui est la plus répandue.

\*\*\*

Corrigé de l'exercice 1

❶ Est-ce que quelqu'un peut mettre la table ? ❷ Moi, je vais mettre les couteaux et les fourchettes et toi, tu peux mettre les verres. ❸ Pourrais-tu me dire comment marche ce lave-vaisselle ? ❹ Regarde si la porte est fermée. ❺ Aide-moi à faire cet exercice.

❹ Va ouvrir la porte, Iwona n'a pas pris ses clés.

. . . otworzyć . . . . . , Iwona . . . wzięła . . . . . . .

❺ Où dois-je mettre les gâteaux ?

. . . . . mam . . . . . . . ciastka?

Corrigé de l'exercice 2

❶ Pomóż – szukać – telefonu – ❷ Nie – czasu – nakryć – stołu ❸ Kupiłam – talerze – zobaczyć ❹ Idź – drzwi – nie – kluczy ❺ Gdzie położyć –

\*\*\*

*Par ailleurs, vous aurez sans doute l'occasion de constater que les Polonais enlèvent systématiquement leurs chaussures, le seuil de la maison franchi. Ainsi, si vous êtes en visite, on vous proposera sûrement des pantoufles réservées aux invités. Cette tradition – qui n'est pas spécifique à la Pologne – est parfois considérée comme contradictoire avec les règles élémentaires du savoir-vivre. Par conséquent, ne vous étonnez pas non plus si certaines maîtresses de maison vous invitent à garder vos chaussures !*

Deuxième vague : 24e leçon

## Lekcja siedemdziesiąta czwarta

### Recepta [1]

1 – Idę kupić zapałki. Potrzebujesz czegoś [2] z kiosku?
2 – Nie, ale czy mógłbyś iść do apteki?
3 – Do apteki? A po co?
4 – Byłam u lekarza i przepisał [3] mi lekarstwa.
5 – Daj. O, to bardzo skomplikowane.
6 – Wcale nie. Wszystko mi wytłumaczył.
7 Rano mam brać kapsułkę z dużą szklanką [4] wody.
8 W południe, dwie [5] pastylki z dużą szklanką wody.
9 Po południu, tabletkę musującą z dużą szklanką wody.
10 A wieczorem, łyżeczkę syropu z dużą szklanką wody.
11 – Potrzebujesz aż tyle [6] lekarstw? To wygląda poważnie.

### Prononciation
rètsèpta **4** … pchèpissa^ou … lèkarstfa … **7** … kapsou^oukè . chkla'nkon … **9** … moussouyo'ntson …

### Notes

1 Le nom féminin recepta, utilisé ici pour *ordonnance*, signifie égaleme[nt] *recette*, y compris au sens figuré.

2 Rappelons que le verbe potrzebować, *avoir besoin*, est suivi du géni[tif] d'où czegoś, dérivé de coś, *quelque chose*. Pensez toujours, à prop[os] de potrzebować, aux lettres -uj- que l'on trouve dans les formes [du] présent.

3 przepisać, qui signifie ici *prescrire*, veut aussi dire *(re)copier*.

# Soixante-quatorzième leçon

## Une ordonnance

**1** – Je vais acheter des allumettes. As-tu besoin de quelque chose au kiosque ?

**2** – Non, mais pourrais-tu aller à la pharmacie ?

**3** – À la pharmacie ? Et pour quoi [faire] ?

**4** – J'ai été chez le médecin et il m'a prescrit des médicaments.

**5** – Donne. Oh, c'est très compliqué.

**6** – Pas du tout. Il m'a tout expliqué.

**7** Le matin, je dois *(ai)* prendre une gélule avec un grand verre d'eau.

**8** À midi, deux pastilles avec un grand verre d'eau.

**9** L'après-midi, un comprimé effervescent avec un grand verre d'eau.

**10** Et le soir, une cuillerée de sirop avec un grand verre d'eau.

**1** – Tu as besoin d'autant de médicaments ? Ça a l'air sérieux *(sérieusement)*.

---

Le nom féminin **szklanka** désigne *un grand verre sans pied*, qu'il faut distinguer de **kieliszek** (leçon 73, note 4).

Parlons un peu du chiffre **dwa**, *deux*. Il se rapporte aux noms masculins non personnels et aux noms de choses neutres. Son homologue féminin est **dwie**. Quant au genre masculin personnel, il a deux formes : **dwaj** ou **dwóch**. Enfin, pour compléter le tableau, il nous reste **dwoje**, qui concerne les personnes de genres différents, les noms neutres animés et les noms employés seulement au pluriel. Décidément, c'est bien plus compliqué qu'en français ! Heureusement, pour les autres chiffres, les choses sont plus simples.

Revoilà la particule **aż** (leçon 69, note 8), avec sa valeur d'intensification. **Aż tyle** signifie donc *autant*, *une si grande quantité*.

**12** A po**wie**dział ci przy**naj**mniej, co ci jest?
**13** – Tak, pi**ję** za **ma**ło **wo**dy.  ☐

\*\*\*

Ćwiczenie pierwsze – Proszę przetłumaczyć
**❶** Apteka będzie zamknięta przez dwa tygodnie.
**❷** Chciałbym tylko szklankę wody. **❸** Nie zapomnij, że trzeba kupić lekarstwa. **❹** Jak długo mam brać te tabletki?
**❺** Zobacz przynajmniej, czy mamy wszystko.

Ćwiczenie drugie – Wpisać brakujące słowa
**❶** Sais-tu au moins de quoi tu as besoin ?
  Wiesz . . . . . . . . . . . . , czego . . . . . . . . . . . ?

**❷** La pharmacie à côté de la gare est peut-être encore ouverte.
  . . . . . . koło . . . . . . jest . . . . jeszcze . . . . . . . .

**❸** Je ne peux pas prendre autant de médicaments !
  Nie . . . . brać . . tyle . . . . . . . . !

**❹** Kasia, as-tu déjà pris [tes] comprimés et [ton] sirop ?
  Kasiu, . . . . . . . już . . . . . . . . . i . . . . . ?

**❺** Ce verre est-il pour moi ?
  Ta . . . . . . . . jest . . . mnie?

**12**   Et il t'a dit au moins ce que tu as ?
**13** – Oui, je ne bois pas assez *(bois trop peu)* d'eau.

\*\*\*

Corrigé de l'exercice 1

**❶** La pharmacie sera fermée pendant deux semaines. **❷** Je voudrais seulement un verre d'eau. **❸** N'oublie pas qu'il faut acheter des médicaments. **❹** [Pendant] combien de temps dois-je prendre ces comprimés ? **❺** Regarde au moins si nous avons tout.

Corrigé de l'exercice 2

**❶** – przynajmniej – potrzebujesz **❷** Apteka – dworca – może – otwarta **❸** – mogę – aż – lekarstw **❹** – wzięłaś – tabletki – syrop **❺** – szklanka – dla –

Deuxième vague : 25ᵉ leçon

# Lekcja siedemdziesiąta piąta

## Rozwód

1 – Kto by [1] pomyślał, że się tu spotkamy?
2 – **Przyznam**, że ja też [2] się nie spodziewałem.
3 – I co u **ciebie**? Słyszałem, że się ożeniłeś [3].
4 – O, to już **stara** historia.
5 – I **jesteś** tu sam, nie z żoną?
6 – W rzeczywistości, **moje** małżeństwo było pomyłką.
7    Skończyło się na rozwodzie.
8 – A, nie wiedziałem, przykro mi.
9 – Nie ma sprawy [4]. Ale opowiedz coś o sobie [5].
10   W dalszym ciągu [6] jesteś kawalerem?
11 – Tak, ale już nie znoszę tego życia [7].
12   Jedzenie w restauracjach, pranie, prasowanie…
13 – No popatrz, a ja się rozwiodłem dokładnie z tych samych powodów!

Prononciation
*rozvout* **9** … o*povyèts* … **10** … *kavalèrèm* **13** … *popat'ch* …

Notes

1   Nous vous avons déjà parlé de la facilité avec laquelle la particule d conditionnel **by** peut être détachée du verbe pour se mettre après u autre mot de la phrase. Ce dernier, ici **kto**, *qui*, est ainsi mis en relief.

2   **też**, *aussi*, se comporte comme **już** (leçon 72, note 1) : dans une phra affirmative, il équivaut à *aussi* et, dans une phrase négative, à *non plu*

3   Vous savez déjà (leçon 50, note 1) que *se marier*, pour un homme, se **żenić się**. Comme il s'agit ici d'un fait révolu, le verbe est au perfect **ożenić się**. Rappelons que pour le mariage d'une femme, on emple **wychodzić** (**wyjść** au perfectif) **za mąż**.

**265 • dwieście sześćdziesiąt pięć**

# Soixante-quinzième leçon

## Le divorce

**1** – Qui aurait pensé que nous nous rencontrer[i]ons ici ?

**2** – J'avoue*(rai)* que moi non plus, je ne m'[y] attendais pas.

**3** – Et quoi [de neuf] chez toi ? J'ai entendu dire que tu t'étais *(es)* marié.

**4** – Oh, c'est déjà une vieille histoire.

**5** – Et tu es ici tout seul, pas avec [ta] femme ?

**6** – En réalité, mon mariage était une erreur.

**7** Il *(Cela)* a fini par un divorce.

**8** – Ah, je ne savais pas, je suis désolé.

**9** – Il n'y a pas de mal *(affaire)*. Mais parle-moi un peu *(raconte quelque-chose)* de toi.

**10** Tu es toujours célibataire ?

**11** – Oui, mais je ne supporte plus cette vie.

**12** Manger au restaurant *(dans les restaurants)*, lessive, repassage…

**13** – Tiens *(regarde)*, et moi, j'ai divorcé exactement pour les mêmes raisons !

---

L'expression **nie ma sprawy** (litt. "il n'y a pas d'affaire") est un synonyme courant de **nie szkodzi**, *cela ne fait rien*, *il n'y a pas de mal*.

**sobie**, que vous connaissez en tant que datif du pronom réfléchi **się**, en est aussi le locatif. Comme toujours, lorsqu'il concerne le sujet de la phrase, il a la même forme pour toutes les personnes.

Vous avez déjà rencontré (leçon 72, note 5) l'expression **ciąg dalszy**, *suite*. Employée avec la préposition **w** + locatif : **w dalszym ciągu**, elle devient une tournure adverbiale équivalant à **ciągle**, *tout le temps*, *toujours*.

Est-ce que vous pensez toujours à utiliser le génitif après un verbe à la forme négative ?

▶ Ćwiczenie pierwsze – Proszę przetłumaczyć

**❶** Nie spodziewałem się, że będzie tyle problemów. **❷** Podobno Jurek ożenił się z córką Wolskiego. **❸** Kto by powiedział, że Polacy wygrają ten mecz? **❹** Na szczęście, wszystko się dobrze skończyło. **❺** Mam dosyć prania i prasowania.

Ćwiczenie drugie – Wpisać brakujące słowa

**❶** En réalité, je ne supporte plus cette ville.
W . . . . . . . . . . . . . , nie . . . . . . już . . . . miasta.

**❷** J'avouerai que je ne sais pas pourquoi je me suis marié.
. . . . . . . . , że . . . wiem, . . . . . . . . się . . . . . . . .

**❸** Tu t'attendais (fém.) [à ce] qu'il y ait un tel accueil ?
. . . . . . . . . . . się, . . będzie . . . . . przyjęcie?

**❹** Je ne peux pas, j'ai de la lessive et du repassage [à faire].
Nie . . . . , mam . . . . . . i . . . . . . . . . . .

**❺** Raconte-moi comment cela s'est terminé.
. . . . . . . . mi . . . to . . . skończyło.

**76**

# Lekcja siedemdziesiąta szósta

▶ ## Stara wieża

**1** – Już **da**lej nie **pój**dę! Zu**peł**nie nie **czu**ję nóg.
**2** – **Mó**wiłem ci, **że**byś [1] za**ło**żyła **in**ne **bu**ty.

💬 Prononciation
*1 ... nouk*

📄 Note

1 Remarquez que dans une subordonnée introduite par la conjoncti[on] **żeby**, *que*, le verbe se met au passé. Les terminaisons personnelles

Corrigé de l'exercice 1

❶ Je ne m'attendais pas à ce qu'il y ait autant de problèmes. ❷ Il paraît que Jurek s'est marié avec la fille de Wolski. ❸ Qui aurait dit que les Polonais gagneraient ce match ? ❹ Heureusement, tout s'est bien terminé. ❺ J'en ai assez de la lessive et du repassage.

Corrigé de l'exercice 2

❶ – rzeczywistości – znoszę – tego – ❷ Przyznam – nie – dlaczego – ożeniłem ❸ Spodziewałaś – że – takie – ❹ mogę – pranie – prasowanie ❺ Opowiedz – jak – się –

MAM DOSYĆ PRANIA
i PRASOWANIA.

Deuxième vague : 26ᵉ leçon

76

# Soixante-seizième leçon

## Une vieille tour

**1 –** Je n'irai pas plus loin. Je ne sens plus du tout mes jambes *(Tout-à-fait ne sens jambes)*.
**2 –** Je t'ai dit de mettre d'autres chaussures.

passé étant mobiles, elles s'ajoutent à la conjonction. Cela vous semble peut-être un peu déroutant, compte tenu de la structure française correspondante. Mais, à votre niveau, vous pouvez de plus en plus faire abstraction de votre langue maternelle. Vous n'êtes plus débutant, n'est-ce pas ?

3 – **Prze**stań, **mo**je **bu**ty są **bar**dzo wy**god**ne.

4 – To od**pocz**nij **so**bie **chwi**lę, **je**śli **je**steś **ta**ka zmę**czo**na.

5 – Dlaczego tu nie ma **win**dy?

6 – **Mó**wisz po**waż**nie? Wiesz, **i**le lat ma ta **wie**ża? **Po**nad **sie**demset.

7 – Wiem, wiem... **A**le nas**tęp**nym **ra**zem nie dam się ² na**mó**wić.

8 – No chodź. Zos**ta**ło ³ **tyl**ko **kil**ka **sto**pni.

9 – Zo**ba**czysz, z **gó**ry jest wspa**nia**ły **wi**dok na **ca**łą oko**li**cę. (...)

10 – Uf! Na**resz**cie jes**teś**my.

11 – No i co, nie **mia**łem **ra**cji? Nie **war**to **by**ło ⁴ **wejść** ⁵?

12 – Zapo**mi**nasz, że **te**raz **trze**ba **bę**dzie ⁶ zejść ⁷! ☐

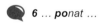 6 ... **po**nat ...

**Notes**

2 Le verbe **dać**, *donner*, est ici à la forme pronominale **dać się**. Il est alors suivi de l'infinitif et équivaut à *se laisser (faire quelque chose)*.

3 **zostało** est le passé (3ᵉ personne du singulier neutre) de **zostać**, *rester*. Notez l'usage de cette forme dans le sens de *il reste*, qui est au présent en français.

4 **warto** est un terme invariable équivalent à *ça vaut la peine de*. En le faisant suivre de **było** (verbe *être* au passé, à la 3ᵉ personne du singulier)

\*\*\*

**Ćwiczenie pierwsze – Proszę przetłumaczyć**

❶ Zobaczę, ile mi zostało pieniędzy. ❷ Nie wiem, czy wart iść dalej. ❸ Następnym razem trzeba będzie zadzwoni wcześniej. ❹ Musimy wejść na czwarte piętro. ❺ Przesta wreszcie liczyć na rodziców!

**3** – Arrête, mes chaussures sont très confortables.

**4** – Alors repose-toi un moment si tu es si fatiguée.

**5** – Pourquoi n'y a-t-il pas d'ascenseur ici ?

**6** – Tu parles sérieusement ? Tu sais quel âge a cette tour ? Plus *(Au-dessus)* de sept cents [ans].

**7** – Je sais, je sais… Mais la prochaine fois, je ne me laisserai pas entraîner *(persuader)*.

**8** – Allez, viens. Il ne reste que quelques marches.

**9** Tu verras, d'en haut, il y a une vue merveilleuse sur toute la région. (…)

**10** – Ouf ! Enfin, nous y sommes.

**11** – Et alors, je n'avais pas raison ? Ça ne valait pas la peine de monter ?

**12** – Tu oublies que maintenant, il va falloir descendre !

neutre), on exprime le passé. Cela vous rappelle sans doute **trzeba**, *il faut*, pour lequel on emploie le même procédé (leçon 60, note 7).

**wejść**, qui correspond ici à *monter* (en parlant des escaliers, d'une échelle, etc.), signifie par ailleurs *entrer*. C'est la forme perfective, dont l'homologue imperfectif est **wchodzić**.

Avez-vous eu du mal à reconnaître dans **trzeba będzie** le futur du verbe *falloir* ? Rappelons à tout hasard que **będzie** correspond à la 3e personne du singulier du verbe *être* au futur.

**zejść** est le contraire de **wejść** (au sens de *monter*). L'imperfectif est **schodzić**. Ajoutons que *sortir* se dit **wyjść/wychodzić**.

\*\*\*

orrigé de l'exercice 1

 Je vais voir combien d'argent il me reste. ❷ Je ne sais pas si cela aut la peine d'aller plus loin. ❸ La prochaine fois, il faudra téléphoner us tôt. ❹ Nous devons monter au quatrième étage. ❺ Arrête enfin : compter sur tes parents !

Ćwiczenie drugie – Wpisać brakujące słowa

❶ Arrête, cela ne vaut pas la peine de s'énerver.

. . . . . . . . , nie . . . . . się . . . . . . . . . .

❷ La prochaine fois, nous nous rencontrerons chez moi.

. . . . . . . . razem . . . . . . . . się . mnie.

❸ J'ai besoin de quelque chose, est-ce que tu peux descendre ?

. . . . . . . . . . czegoś, . . . możesz . . . . . ?

❹ Il reste encore un peu de bière, tu [en] veux ?

. . . . . . . jeszcze . . . . . . piwa, . . . . . . ?

**77**

# Lekcja siedemdziesiąta siódma

## Powtórka – Révision

### 1 Les numéraux

Au fil des leçons, nous avons rencontré plusieurs numéraux. Récapitulons donc vos acquis. Pour **jeden**, *un*, et **dwa**, *deux*, on fait les distinctions suivantes :

| masc. | jeden | dwa |
|-------|-------|-----|
| fém. | jedna | dwie |
| neutre | jedno | dwa |

**Jeden** se décline comme un adjectif qualificatif : **jeden**, **jednego** etc. ; **jedna**, **jednej**, etc.

À côté de **dwa**, il existe deux autres formes : **dwóch** (+ gén.) et **dwaj**, qui sont utilisées pour les personnes du genre masculin, ainsi que la forme **dwoje** pour le genre neutre personnel, les personnes de sexe différent, les groupes mixtes, et les noms employés seulement au pluriel : **dwaj panowie**, **dwóch panów**, *deux messieurs*, **dwoje dzieci**, *deux enfants*.

Dans **trzy**, *trois*, et **cztery**, *quatre*, la distinction des genres est beaucoup plus limitée. Elle se fait uniquement aux deux

❺ Je ne plaisante pas du tout, je parle sérieusement.

. . . . . nie . . . . . . . . , mówię . . . . . . . . .

Corrigé de l'exercice 2
❶ Przestań – warto – denerwować ❷ Następnym – spotkamy – u
❸ Potrzebuję – czy – zejść ❹ Zostało – trochę – chcesz ❺ Wcale –
żartuję – poważnie

Deuxième vague : 27ᵉ leçon

**77**

# Soixante-dix-septième leçon

cas qui distinguent le masculin personnel des autres. Ce sont
respectivement :
– au nominatif : **trzej** (**trzech**), **czterej** (**czterech**) et **trzy**, **cztery** ;
– à l'accusatif : **trzech**, **czterech** et **trzy**, **cztery** ;
Aux autres cas, la forme est la même pour les trois genres :
– au génitif et locatif : **trzech**, **czterech** ;
– au datif : **trzem**, **czterem** ;
– à l'instrumental : **trzema**, **czterema**.
Les numéraux de 5 à 100 ne distinguent le genre masculin per-
sonnel (**pięciu**, **sześciu**, etc.) des autres (**pięć**, **sześć**, etc.) qu'au
nominatif et à l'accusatif. Les autres cas ont tous la forme **pięciu**,
**sześciu**, etc.
Après les nombres à partir de **pięć**, on met le nom au génitif pluriel : **pięciu synów**, *deux fils*, **pięć córek**, *deux filles*.

## 2 Le verbe *jeździć*

Rappelons que le verbe **jeździć**, *aller*, s'emploie pour un déplacement habituel ou fréquent à l'aide d'un moyen de locomotion
terrestre : voiture, train, mais aussi skis, patins à roulettes, etc. Vous
savez que sa conjugaison au présent se caractérise par le changement **ż/ź** (**zi**). Voici donc un rappel de toutes les personnes.

|  | Singulier | Pluriel |
|---|---|---|
| 1$^{re}$ personne | jeżdżę | jeździmy |
| 2$^e$ personne | jeździsz | jeździcie |
| 3$^e$ personne | jeździ | jeżdżą |

## 3 Les verbes *wiedzieć* et *umieć*

Bien que **wiedzieć** et **umieć** correspondent tous les deux à *savoir* en français, ce sont deux verbes distincts. Tout d'abord, leur sens n'est pas tout à fait le même. Tandis que **wiedzieć** exprime la connaissance d'un fait, la conscience de quelque chose, **umieć** marque le savoir pratique, la capacité d'exercer une activité.

Ajoutons une précision importante en ce qui concerne leur construction. Seul **umieć** peut être suivi d'un infinitif : **Umiem grać na gitarze**, *Je sais jouer de la guitare*. En revanche, pour introduire une subordonnée commençant par *que*, on ne peut employer que **wiedzieć** : **Wiem, co chcesz zrobić**, *Je sais ce que tu veux faire*.

\*\*\*

## ▶ Dialog-powtórka

1 – Zgadnij, kto przychodzi dziś wieczorem.
2 – Nie mam pojęcia.
3 – Romek, kolega z pracy. Wiesz, że się ożenił w zeszłym tygodniu?
4 – Ale niespodzianka! Kto by pomyślał? Potrzebujesz czegoś?
5 – Tak. Możesz nakryć do stołu?
6 – Ile talerzy położyć?
7 – Przecież to nie skomplikowane. Nie umiesz liczyć?
8 – Nie wiem, gdzie są kieliszki.
9 – Przestań. Mówisz poważnie?
10 O, ktoś dzwoni. Idę otworzyć. (...)
11 Cześć Romek. Co się stało?
12 – Upadłem na nartach.
13 – Ale historia! I co, nie miałam racji?

Leur conjugaison au présent ne devrait pas vous poser de problèmes, sauf à la 3ᵉ personne du pluriel qui a une forme spéciale, respectivement **wiedzą** et **umieją**. Au passé, comme pour **mieć**, *avoir*, le changement **e/a** s'applique. Voici un tableau avec les formes de **wiedzieć**. (Vous pouvez l'appliquer à la conjugaison au passé de tous les verbes en **-eć**).

| Singulier | Masculin | Féminin | Neutre |
|---|---|---|---|
| 1ʳᵉ personne | **wiedziałem** | **wiedziałam** | |
| 2ᵉ personne | **wiedziałeś** | **wiedziałaś** | |
| 3ᵉ personne | **wiedział** | **wiedział** | **wiedziało** |

| Pluriel | Masculin personnel | Masc. non personnel, féminin, neutre |
|---|---|---|
| 1ʳᵉ personne | **wiedzieliśmy** | **wiedziałyśmy** |
| 2ᵉ personne | **wiedzieliście** | **wiedziałyście** |
| 3ᵉ personne | **wiedzieli** | **wiedziały** |

\*\*\*

**14** Warto było jeździć w góry?
**15** – Nie, następnym razem nie dam się namówić!

Traduction

**1** Devine qui vient *(arrive)* ce soir. **2** Je n'[en] ai [aucune] idée. **3** Romek, un collègue de travail. Tu sais qu'il s'est marié la semaine dernière ? **4** Quelle surprise ! Qui [l']aurait pensé ? As-tu besoin de quelque chose ? **5** Oui. Peux-tu mettre *(couvrir à)* la table ? **6** Combien d'assiettes je mets *(mettre)* ? **7** Ce n'est pourtant pas compliqué. Tu ne sais pas compter ? **8** Je ne sais pas où sont les verres. **9** Arrête. Tu parles sérieusement ? **10** Oh, on *(quelqu'un)* sonne. Je vais ouvrir. (...) **11** Salut Romek. Que s'est-il passé ? **12** Je suis tombé en ski(s). **13** Quelle histoire ! Et alors, je n'avais pas raison ? **14** Ça valait la peine d'aller à la montagne ? **15** Non, la prochaine fois, je ne me laisserai pas entraîner *(persuader)* !

Deuxième vague : 28ᵉ leçon

## Lekcja siedemdziesiąta ósma

### Kaktus

1 – Dzień **do**bry. Zapom**nia**łam **ku**pić **so**li ¹. **Mo**że mi **pa**ni po**ży**czyć ²?

2 – **A**leż oczy**wi**ście. Niech **pa**ni **wej**dzie.

3 – Nie chcę prze**szka**dzać…

4 – Nie prze**szka**dza mi **pa**ni. **Jes**tem **sa**ma, nie mam nic do ro**bo**ty ³.

5 – **Bar**dzo **pa**ni **mi**ła, na**praw**dę.

6 – To nor**mal**ne, **mię**dzy sąsia**da**mi. **Trze**ba sobie po**ma**gać ⁴.

7 – Dzię**ku**ję, **od**dam **ju**tro. (…) Ma **pa**ni cu**dow**ne ro**śli**ny!

8 U mnie **wca**le nie chcą **ros**nąć ⁵. **Jes**tem **pew**na, że **pa**ni o nie dba ⁶.

9 – Tak, **sta**ram się. Niech **pa**ni zo**ba**czy **te**go kak**tu**sa, na **przy**kład.

10 Wi**dzia**ła **pa**ni **kie**dyś **ta**ki kwiat?

11 – Rzeczy**wi**ście, zadziwia**ją**cy.

---

: Notes

**1** Rappelons qu'une quantité approximative ou non précisée est exprimée à l'aide du génitif. C'est l'équivalent, en français, d'un nom précédé d'un partitif (*du, de la*, etc.). Le nominatif est **sól**, *sel*.

**2** Comme **pożyczyć** signifie ici *prêter*, il s'accompagne du datif **mi**, *me*, forme non accentuée. Notez au passage que **pożyczyć** veut aussi dire *emprunter* ; dans ce cas, on le fait suivre du génitif précédé de la préposition **od**. L'objet direct (la chose prêtée ou empruntée) ne change pas, il se met toujours à l'accusatif. Vous remarquerez qu'il est omis ici, car le contexte est suffisamment clair.

**275 • dwieście siedemdziesiąt pięć**

# Soixante-dix-huitième leçon

## Un cactus

**1** – Bonjour. J'ai oublié d'acheter du sel, pouvez-vous m'[en] prêter ?

**2** – Mais bien sûr. Entrez.

**3** – Je ne veux pas [vous] déranger…

**4** – Vous ne me dérangez pas. Je suis seule, je n'ai rien à faire.

**5** – Vous êtes très gentille, vraiment.

**6** – C'est normal entre voisins. Il faut s'entraider.

**7** – Merci, je vous [le] rendrai demain. (…) Vous avez de merveilleuses plantes !

**8** Chez moi, elles ne veulent pas du tout pousser. Je suis sûre que vous en *(d'elles)* prenez soin.

**9** – Oui, j'essaie. Regardez ce cactus, par exemple.

**0** Avez-vous déjà vu une telle fleur ?

**1** – Effectivement, [elle est] étonnant[e].

---

Retenez, dans cette tournure, l'emploi du génitif singulier de **robota**, *boulot*, de la famille de **robić**, *faire*. Synonyme familier de **praca**, *travail*, on trouve **robota** dans de nombreuses expressions, dont celle qui exprime le contraire de notre exemple : **Mam coś do roboty**, *J'ai quelque chose à faire*.

**pomagać** est l'homologue imperfectif de **pomóc**, *aider*. Comme il est question d'une action réciproque, nous retrouvons **sobie**, le datif du pronom réfléchi **się**.

**rosnąć**, *pousser*, signifie également *grandir* (pour un enfant), *monter* (la température) ou *augmenter* (les prix).

**dbać o** + accusatif, *prendre soin de*. Comme le pronom personnel suit une préposition, il prend la forme **nie** (et non pas **je**). Rappelons que pour le genre masculin personnel, on emploie respectivement **nich** et **ich**.

**12** – Nie u**wa**ża **pa**ni, że po**dob**ny do para**sol**ki [7]?
**13** – Hm, nie po**dle**wa go pani za **du**żo? ☐

## Note

**7** Tandis que **parasolka**, *parapluie*, est plutôt destiné aux dames, **parasol** est le terme général, qui signifie également *parasol*.

\*\*\*

Ćwiczenie pierwsze – Proszę przetłumaczyć
**❶** Co masz do roboty dziś wieczorem? **❷** Między nami, na przykład, nie ma problemów. **❸** Możesz mi pożyczyć soli? **❹** Znowu zapomniałam zabrać parasolki. **❺** Te rośliny trzeba podlewać codziennie.

Ćwiczenie drugie –Wpisać brakujące słowa
**❶** Demain, par exemple, je n'ai rien à faire.
   Jutro . . przykład, . . . mam . . . do . . . . . . .
**❷** Qui, chez vous, arrose ces plantes ?
   Kto . was . . . . . . . te . . . . . . . ?
**❸** Je ne m'attendais pas à cela entre amis.
   . . . spodziewałem . . . tego . . . . . . kolegami.
**❹** J'essaie toujours d'être très gentille.
   Zawsze . . . . . . się . . . bardzo . . . . .
**❺** N'oublie pas qu'il faut prendre soin des fleurs.
   . . . zapomnij, . . trzeba . . . . o . . . . . . .

**12** –  Ne trouvez-vous pas qu'elle ressemble à un
        parapluie ?
**13** –  Hum, est-ce que vous ne l'arrosez pas trop ?

\*\*\*

Corrigé de l'exercice 1

❶ Qu'as-tu à faire ce soir ? ❷ Entre nous, par exemple, il n'y a pas
de problèmes. ❸ Peux-tu me prêter du sel ? ❹ J'ai encore oublié de
prendre le parapluie. ❺ Ces plantes, il faut [les] arroser tous les jours.

Corrigé de l'exercice 2

❶ – na – nie – nic – roboty ❷ – u – podlewa – rośliny ❸ Nie – się –
między – ❹ – staram – być – miła ❺ Nie – że – dbać – kwiaty

Deuxième vague : 29e leçon

# Lekcja siedemdziesiąta dziewiąta

## Wyjątkowa pielęgniarka

1 – Zastanawiam się, gdzie **E**dek **poznał** [1] **Agnieszkę**.

2 – Jak to, nie wiesz? W szpi**talu**. Tam, gdzie się **znalazł** po wy**padku**.

3 – Przypominam sobie. To **było** okropne, był ciężko **ranny**.

4 – Tak, **jego** stan wyglądał na bezna**dziejny**.

5 **Stracił dużo** krwi, miał połamane żebra, uraz głowy, kręgo**słupa**…

6 – **Zdaje** mi się, że był operowany dwa czy trzy **razy**

7 – Tak, **bardzo** się nacierpiał [2]. Nie **chciałbym** być na **jego** miejscu.

8 – **Jasne. A**le na szczęście, te**raz** ma się [3] doskonale.

9 – To **wszystko dzięki** Agnieszce [4]. **Gdy**by nie ona [5]…

Prononciation

*véyo'ntkova pyèling'gniarka 1 … ag'gnèchkè 2 … znalas … 3 tsʲinchko ra'nné 5 … krfi … ouras …*

Notes

1 Tandis que l'imperfectif **znać**, *connaître*, implique une situation permanente, un état (de connaissances), **poznać** (perfectif) dénote l'acquisition de cet état, la prise de connaissance. Ainsi, lorsqu'on vous présente quelqu'un, vous dites **miło mi pana/panią poznać**, *enchanté de faire votre connaissance*.

2 Vous retrouvez ici une construction que vous connaissez déjà avec deux versions du verbe *boire* : **pić** et **napić się** (leçon 29, note 2). D

# Soixante-dix-neuvième leçon

## Une infirmière exceptionnelle

**1** – Je me demande où Edek a connu Agnieszka.

**2** – Comment ça, tu ne sais pas ? À l'hôpital. Là où il s'est retrouvé après son accident.

**3** – Je me souviens. C'était horrible, il était grièvement *(lourdement)* blessé.

**4** – Oui, son état paraissait *(pour)* désespéré.

**5** Il avait perdu beaucoup de sang, il avait des côtes cassées, un traumatisme à la tête, à la colonne vertébrale…

**6** – Il me semble qu'il a été opéré deux ou trois fois.

**7** – Oui, il a beaucoup souffert. Je ne voudrais pas être à sa place.

**8** – C'est clair. Mais heureusement, maintenant il va très bien *(parfaitement)*.

**9** – Tout cela grâce à Agnieszka. Sans elle *(Si ne-pas elle)*…

le cas présent, à partir de l'imperfectif **cierpieć**, *souffrir*, on a formé **nacierpieć się**, qui apporte une nuance supplémentaire d'intensité.

Voici une tournure idiomatique fort utile : **mieć się**, correspondant à *aller*, *se porter*. Retenez bien **Jak się masz?**, *Comment vas-tu ?*

Très peu de prépositions exigent le datif. Parmi elles figure **dzięki**, *grâce à*, d'où **Agnieszce**. Ne soyez pas étonné par la transformation **k/c** : le datif singulier des noms féminins est, en effet, identique au locatif qui, comme vous le savez, s'accompagne d'une série d'alternances (leçon 63).

Cette expression est en fait une ellipse, dont le verbe au conditionnel est sous-entendu. Cela explique la présence de **gdyby**, *si*, avec son idée d'hypothèse.

**10** – Ag**niesz**ka jest le**ka**rzem [6]?

**11** – Nie, pielęg**niar**ką. Opieko**wa**ła się nim oso**biś**cie przez **ca**ły czas.

**12** – **Myś**lisz, że dla**te**go tak **szyb**ko **wró**cił do **zdro**wia?

**13** – To **wię**cej niż [7] **pew**ne. □

🗨 **13** … nich …

📑 Notes

**6** Une femme qui exerce la profession de *médecin* est généralement désignée à l'aide du nom masculin **lekarz**, même s'il existe l'équivalent féminin **lekarka**. Allez savoir pourquoi…

\*\*\*

▶ Ćwiczenie pierwsze – Proszę przetłumaczyć

**❶** Zastanawiam się, jak się ma nasz sąsiad. **❷** Mówisz po polsku lepiej niż ja. **❸** Dzięki koleżance, znalazłam doskonałą pracę. **❹** Co zrobiłbyś, gdybyś był na moim miejscu? **❺** Stan zdrowia mamy jest zadziwiający.

Ćwiczenie drugie – Wpisać brakujące słowa

**❶** Tu ne crois pas que tout cela [c'est] grâce à moi ?
Nie . . . . . . . ., że . . wszystko . . . . . . mnie?

**❷** Je suis persuadé qu'aujourd'hui, il va mieux qu'hier.
Jestem . . . . . . . . . ., że . . się . . . . . . . lepiej . . . wczora[j]

**❸** À sa place, je ferais sans doute la même chose.
. . jego . . . . . . ., chyba . . . . . . . . . to . . . . .

**❹** Je ne savais pas du tout que Romek avait (a) connu sa femme[à] l'hôpital.
Nie . . . . . . . . . wcale, . . Romek . . . . . . swoją
. . . . w . . . . . . . . .

**10** – Agnieszka est médecin ?

**11** – Non, infirmière. Elle a personnellement pris soin de lui *(pendant)* tout le temps.

**12** – Tu penses que c'est pour cela qu'il a si vite récupéré *(revenu à santé)* ?

**13** – C'est plus que certain.

**7** Pour introduire le second terme d'une comparaison, on se sert, entre autres, de la conjonction **niż**, *que*. Citons, par exemple, le proverbe : **Lepiej późno niż wcale**, *Mieux vaut tard que jamais*.

\*\*\*

Corrigé de l'exercice 1

❶ Je me demande comment va notre voisin. ❷ Tu parles polonais mieux que moi. ❸ Grâce à une amie, j'ai trouvé un excellent travail. ❹ Que ferais-tu si tu étais à ma place ? ❺ L'état de santé de maman est étonnant.

❺ J'ai perdu beaucoup de temps et d'argent.

. . . . . . . . . dużo . . . . . i . . . . . . . . . .

Corrigé de l'exercice 2

❶ – uważasz – to – dzięki – ❷ – przekonany – ma – dzisiaj – niż – ❸ Na miejscu – zrobiłbym – samo ❹ – wiedziałem – że – poznał – żonę szpitalu ❺ Straciłem – czasu – pieniędzy

Deuxième vague : 30ᵉ leçon

## Lekcja osiemdziesiąta

### W sklepie spożywczym ¹

1 – Czy jest **świe**że pie**czy**wo ²?
2 – Tak, dzi**siejs**ze ³. Co **po**dać?
3 – Pół **chle**ba i dwie **buł**ki. A co ma **pa**ni z
   wę**dli**ny?
4 – Jest kieł**ba**sa kra**kow**ska, ka**szan**ka, sal**ce**son,
   **bo**czek…
5 – **Pro**szę pół **ki**lo ⁴ kra**kow**skiej i trzy**dzieś**ci
   **de**ka ⁵ **bocz**ku.
6 – Po**kro**ić na plas**ter**ki?
7 – Nie, **mo**że być w ka**wał**ku. **Wez**mę też **sło**ik
   musz**tar**dy.
8 – Coś **jesz**cze?
9 – Tak, pół**to**ra **ki**lo ziem**nia**ków… To **wszyst**ko. Ile
   **pła**cę?
10 – Już **li**czę… **Pro**szę, **o**to ra**chu**nek. (…)

Prononciation
**4** … sal**tsè**so'n' … **6** … po**kro**'its' … **7** … **sou**o'ik …

Notes

1  Vous connaissez déjà le mot **sklep**, *magasin*. Parmi les plus courant
   figure naturellement **sklep spożywczy**, *magasin d'alimentation*. Note
   que l'adjectif **spożywczy** s'applique aussi aux noms tels que **artyku**
   **produkt**, *denrée, produit*, ou **przemysł**, *industrie*. Il équivaut alors
   *alimentaire*.
2  Le mot *pain* a deux équivalents en polonais : un correspondant dire
   **chleb**, et un terme collectif **pieczywo**, désignant l'ensemble des a
   ments de ce type, c'est-à-dire élaborés à base de farine et cuits au fo

# Quatre-vingtième leçon

## Au magasin d'alimentation

**1** – Est-ce qu'il y a du pain frais ?

**2** – Oui, d'aujourd'hui. Qu'est-ce que je vous donne
*(donner)* ?

**3** – Un demi-pain et deux petits pains. Et qu'avez-vous
comme *(de)* charcuterie ?

**4** – Il y a de la saucisse de Cracovie, du boudin, du
fromage de tête, de la poitrine fumée…

**5** – Une livre *(demi-kilo)* [de saucisse] de Cracovie et 300
grammes *(trente décagrammes)* de poitrine fumée, s'il
vous plaît.

**6** – Je vous la coupe *(couper)* en tranches ?

**7** – Non, elle peut rester *(être)* en [un seul] morceau. Je
prendrai aussi un pot de moutarde.

**8** – Autre chose *(Quelque-chose autre)* ?

**9** – Oui, un kilo et demi de pommes de terre… C'est
tout. Combien je vous dois *(paie)* ?

**10** – Je vous le calcule tout de suite *(Déjà compte)*… Je
vous en prie, voici le compte. (…)

---

Notez d'ailleurs que les mots **piec** (*four*, leçon 48, phrase 10), et **piec-zywo** font partie de la même famille.

**dzisiejszy** est un adjectif dérivé de **dziś**, *aujourd'hui*. De la même manière, on forme **wczorajszy**, *d'hier*, et **jutrzejszy**, de *demain*.

L'unité de poids correspondant à *une livre* n'existe plus en polonais actuel. On dit **pół kilo**, *un demi-kilo*.

En dessous d'un kilo, la mesure de poids pour les aliments n'est pas le gramme, mais *le décagramme*, **dekagram**, en abrégé **deka**.

**11** – Chwileczkę... Pomyliła się **pani**.

**12**   Poli**czy**ła [6] mi **pani** o dwa **zło**te za **du**żo.

**13** – Tak? Już **spraw**dzam. (...) No tak, **słu**sznie.

**14**   **Ale wczo**raj wy**da**łam **pani** o pięć **zło**tych za
     **du**żo.

**15** – To **praw**da, **wczo**raj nic nie powie**dzia**łam, **ale**
     dwie po**mył**ki pod rząd...                               □

---

:Note

: **6** Les deux aspects correspondant à *compter*, *calculer* sont **liczyć** (imper-
    fectif) et **policzyć** (perfectif). Pour un fait unique au passé, on se sert
    généralement de ce dernier.

*** 

🔊 Ćwiczenie pierwsze – Proszę przetłumaczyć
**❶** Czy możesz pokroić chleb i kiełbasę? **❷** Ten samochód
sprzedaje się jak świeże bułki. **❸** Nie ma już musztardy, słoik
jest pusty. **❹** Czy zawsze sprawdzasz wszystkie rachunki?
**❺** Pomyliłem się i teraz za to płacę.

Ćwiczenie drugie – Wpisać brakujące słowa
**❶** Je vais tout de suite calculer combien je paie par mois.
   Zaraz . . . . . . . . , ile . . . . . na . . . . . . . .

**❷** Donnez-moi, s'il vous plaît, une saucisse avec de la moutarde e
   un petit pain.
   Proszę . . . . . . . . z . . . . . . . . . i . . . . . .

**❸** Je t'ai donné deux morceaux de pain et trois tranches de jam
   bon.
   Dałem . . dwa . . . . . . . chleba . trzy . . . . . . . .
   szynki.

**11** – Un *(petit)* moment... Vous vous êtes trompée.

**12**  Vous m'avez compté *(de)* deux zlotys de trop.

**13** – Oui ? Je *(Déjà)* vérifie tout de suite. (...) Eh bien, oui, [c'est] juste*(ment)*.

**14**  Mais hier, je vous ai rendu *(de)* cinq zlotys de trop.

**15** – C'est vrai, hier je n'ai rien dit, mais deux erreurs de *(sous)* suite...

\*\*\*

Corrigé de l'exercice 1

❶ Est-ce que tu peux couper le pain et la saucisse ? ❷ Cette voiture se vend comme des *(frais)* petits pains. ❸ Il n'y a plus de moutarde, le pot est vide. ❹ Est-ce que tu vérifies toujours tous les comptes ? ❺ Je me suis trompé et maintenant je [le] *(pour cela)* paie.

❹  Apparemment, vous vous êtes trompé dans le compte.
   Widocznie . . . . . . . się . . . w . . . . . . . . .

❺  J'ai besoin de deux kilos de pommes de terre et de 250 g *(25 dag)* de beurre.
   Potrzebuję . . . kilo . . . . . . . . . . . i . . . . . . . . . . . .
   pięć . . . . masła.

orrigé de l'exercice 2

❶ – policzę – płacę – miesiąc ❷ – kiełbasę – musztardą – bułkę ❸ – ci – kawałki – i – plasterki – ❹ – pomylił – pan – rachunku ❺ – dwa ziemniaków – dwadzieścia – deka –

*Si, comme les Polonais, vous aimez le pain, vous ne serez pas déçu.
Vous constaterez en effet qu'on en trouve une très grande variété en
Pologne. Les différents types de pain sont d'ailleurs regroupés sous un
terme général :* **pieczywo**. *Vous n'aurez pas besoin de chercher une*
**piekarnia**, *boulangerie, car chaque* **sklep spożywczy**, *épicerie, vend
généralement du pain frais. Le pain de base,* **chleb**, *de forme ronde
ou ovale, peut être préparé avec de la farine de* seigle – *c'est le* **chleb
żytni** – *ou de* froment – **chleb pszenny**. *S'il se présente sous la forme*

**81**

# Lekcja osiemdziesiąta pierwsza

## Samochód

**1** – Ile **ra**zy mam ci **mó**wić, **że**byś za**my**kał [1]
    sa**mo**chód?

**2** – **Prze**cież za**my**kam.

**3** – **A**le **trze**ba za**my**kać na klucz!

**4** – A co, nie zam**kną**łem [2]?

**5** – Nie u**da**waj głu**pie**go [3]. Wi**dzia**łem przed **chwi**lą,
    że jest ot**war**ty.

**6**  **Dzię**ki **Bo**gu, zau**wa**żyłem.

**7** – Daj **spo**kój [4], za **bar**dzo się tym przej**mu**jesz [5].

### Notes

**1**  Quand le verbe de la principale exprime une demande, une volonté ou
    un ordre, la subordonnée commence par **żeby** et son verbe se met au
    passé. Rappelons (leçon 76, note 1), que les terminaisons personnelles
    de ce dernier (ici – pour la 2ᵉ personne du singulier), se joignent à la
    conjonction. Par conséquent, pour éviter la redondance, seule la 3ᵉ per-
    sonne, dépourvue de terminaison, est possible dans la subordonnée.
    Comme le contexte suggère une suite d'actions, on emploie l'imperfec-
    tif **zamykać**, *fermer*.

**2**  Dans **zamknąłem**, *j'ai fermé*, il s'agit d'un acte isolé. C'est donc le passé
    du perfectif **zamknąć** qui convient. Remarquez aussi la forme de ce

*d'une* petite boule, *on l'appelle* **bułka**. *Quant au* **chleb razowy**, pain complet, *on y ajoute souvent divers ingrédients. Vous pourrez ainsi goûter* **chleb słonecznikowy**, aux graines de tournesol ; **sojowy**, au soja *ou* **śliwkowy**, aux pruneaux. *Enfin, la tradition française en la matière est naturellement présente avec* **bagietka**, *la* baguette.

Deuxième vague : 31<sup>e</sup> leçon

---

**81**

# Quatre-vingt-unième leçon

## La voiture

**1** – Combien de fois dois-je te dire de fermer la voiture ?
**2** – Mais *(pourtant)* je [la] ferme.
**3** – [Oui], mais il faut [la] fermer à clé !
**4** – [Et] quoi, je ne [l']ai pas fermée ?
**5** – Ne fais pas l'idiot *(le bête)*. J'ai vu à *(avant)* l'instant qu'elle était *(est)* ouverte.
**6** Grâce à Dieu, je [l']ai remarqué.
**7** – Arrête *(Donne calme)*, tu t'en fais trop.

---

deux aspects : **zamykać** et **zamknąć** ne se différencient pas par le préfixe, mais par le suffixe.

**udawać** (imperfectif) signifie littéralement "faire semblant", "simuler", et s'accompagne de l'accusatif. On dit, par exemple **udawać chorego**, *faire semblant d'être malade* ; **udawać damę**, *faire la grande dame*.

Telle quelle, l'expression **daj spokój** (litt. "donne calme") exprime juste un léger agacement et équivaut à peu près à **przestań!**, *arrête !* Si vous voulez véritablement qu'on vous laisse en paix, dites **Daj mi spokój!**, *Laisse-moi tranquille !*

Notez que l'infinitif correspondant est **przejmować się**, *s'en faire*, suivi, le cas échéant, de l'instrumental. **Nie przejmuj się!**, *Ne t'en fais pas !*

   **8** – Nie ro**zu**miem, jak **moż**na być tak
       nieo**stroż**nym [6].
   **9**   Czy nie **przy**szło ci do **gło**wy, że **mo**gą ci
       u**kra**ść?!
   **10** – Jak to? Mam klucz.
   **11** – Co tam klucz! Ktoś, kto się na tym **tro**chę zna [7],
       po**tra**fi uru**cho**mić jaki**kol**wiek sa**mo**chód.
   **12** – Na **pew**no nie mój!                                 □

: Notes
   **6**  L'attribut qui suit le verbe *être* se met à l'instrumental. C'est ce que vous
       avez ici avec l'adjectif **nieostrożny**, *imprudent*, avec sa terminaison **-ym**.
   **7**  **znać się na**, *s'y connaître en*, demande, vous vous en doutez, l'emploi
       du locatif.

                                   ***

Ćwiczenie pierwsze – Proszę przetłumaczyć
   **❶** Nie wiem, jak można być tak głupim. **❷** Tyle razy
   ci mówiłem, żebyś zamykał pokój! **❸** Proszę zamknąć
   okno, jest zimno. **❹** Czy zauważyłeś, ile zrobiłeś błędów?
   **❺** Niestety, nie znam się na tym.


Ćwiczenie drugie – Wpisać brakujące słowa
   **❶** Es-tu sûr que tu as fermé la porte à clé ?
       Jesteś . . . . . . , że . . . . . . . . drzwi . . klucz?

   **❷** Je n'ai pas remarqué que la voiture était ouverte.
       Nie . . . . . . . . . . , że . . . . . . . jest otwarty.

   **❸** Pourquoi faut-il que tu fasses toujours *(dois-tu toujours faire)* l'idiot
       . . . . . . . . zawsze . . . . . . udawać . . . . . . . . ?

   **❹** Demande à Jurek, peut-être [qu']il s'y connaît.
       Zapytaj . . . . . , może . . się . . tym . . . .

**289 • dwieście osiemdziąt dziewięć**

**8** – Je ne comprends pas comment on peut être aussi
imprudent.

**9** Il ne t'est pas venu à l'esprit *(tête)* qu'on peut
*(peuvent)* te [la] voler ?!

**10** – Comment ça ? J'ai la clé.

**11** – Qu'importe la clé ! Quelqu'un qui s'y *(en cela)* connaît
un peu est capable de démarrer n'importe quel
voiture.

**12** – Sûrement pas la mienne !

Corrigé de l'exercice 1

❶ Je ne sais pas comment on peut être aussi bête. ❷ Je t'ai dit tant
de fois de fermer la chambre ! ❸ Fermez la fenêtre, s'il vous plaît,
il fait froid. ❹ As-tu remarqué combien de fautes tu avais fait ?
❺ Malheureusement, je ne m'y connais pas.

❺ Je ne comprends pas ce qui lui est passé par la tête *(venu à la
tête)*.

. . . rozumiem, . . mu . . . . . . . . do . . . . . .

Corrigé de l'exercice 2

❶ – pewien – zamknąłeś – na – ❷ – zauważyłem – samochód –
❸ Dlaczego – musisz – głupiego ❹ – Jurka – on – na – zna ❺ Nie – co
przyszło – głowy

Deuxième vague : 32e leçon

# Lekcja osiemdziesiąta druga

▶

## Książka o Chinach [1]

**1** – **Czę**sto [2] pan **jeź**dzi do Chin?
**2** – **Do**syć czę**sto. Na**sza **fir**ma ma tam
   przedstawi**ciel**stwo.
**3** – A, to **po**dróż służbo**wa** [3]!
**4** – **Te**raz tak, **a**le cza**sem jeź**dżę też **ja**ko tury**sta** [4].
**5** Polu**bi**łem [5] ten kraj. Tak się **róż**ni od na**sze**go…
**6** – To **praw**da. Co kraj, to o**by**czaj [6]… Ja **ja**dę po raz
   **pierw**szy.

🗨 Prononciation
**ks'on**chka o **Hi**naH **1** … **Hi**'n **5** … krail … **6** … o**bét**chail …

▢ Notes

**1** La préposition o, *de*, *sur*, réclame, comme vous le savez, l'emploi du
   locatif. Compte tenu de la terminaison **-ach**, vous pouvez en déduire
   que le nom du pays, la *Chine*, s'emploie au pluriel et se dit **Chiny**. Cela
   vous rappelle sans doute un autre exemple du même genre, **Włochy**
   *Italie*.

**2** Pour insister sur un mot, on peut plus facilement qu'en français le
   mettre au début de la phrase. Cela peut concerner non seulement un
   adverbe, comme ici **często**, *souvent*, mais aussi un complément d'objet
   direct ou indirect. Cette liberté est due aux cas qui spécifient la fonction d'un mot, alors qu'en français, celle-ci est indiquée par la place du
   mot dans la phrase.

**3** Voici quelques précisions sur l'adjectif **służbowy**, ici au féminin
   **służbowa**. On l'utilise en parlant d'un *voyage à caractère professionnel*.
   Notez en passant que *voyage d'affaires* se dira plutôt **podróż w inte**

# Quatre-vingt-deuxième leçon

## Un livre sur la Chine

**1** – Vous allez souvent en Chine ?
**2** – Assez souvent. Notre entreprise a une filiale là-bas.
**3** – Ah, c'est un voyage professionnel (de service) !
**4** – Maintenant oui, mais parfois j'[y] vais aussi en tant
que touriste.
**5** J'ai pris ce pays en affection (commencé à aimer). Il est
si différent (Aussi se-différencie) du nôtre...
**6** – C'est vrai. Autres (Chaque) pays autres (alors) mœurs...
Moi, j'[y] vais pour la première fois.

resach. **Służbowy** est issu de **służba**, *service*, et s'emploie notamment
pour qualifier les mots tels que **schody**, *escalier*, ou **obowiązki**, *obliga-
tions*. Par ailleurs, il équivaut à *de fonction* à propos, par exemple, de
**mieszkanie**, *appartement*, ou **samochód**, *voiture*.

Malgré la terminaison **-a**, **turysta**, *touriste*, est un nom masculin, le
féminin étant **turystka**. Rappelez-vous que **kolega**, *ami*, et **mężczyzna**,
*homme*, sont dans le même cas. On peut y ajouter **poeta**, *poète*, et
**kierowca**, *chauffeur*.

Avec **polubić**, on retrouve le même phénomène que pour le couple
**znać** et **poznać** (leçon 79, note 1). Il s'agit de marquer l'acquisition du
sentiment traduit par **lubić**, *aimer*.

En observant bien la structure de ce proverbe, vous constaterez notamment que, contrairement au français, les mots **kraj**, *pays*, et **obyczaj**,
*usage*, *coutume*, sont au singulier. Le pluriel **obyczaje** serait du reste plus
approprié, mais que faire... C'est la loi du genre !

7 – Prze**pra**szam za niedys**kre**cję, **a**le **ja**ki jest cel **pa**na po**dró**ży?

8 – Mam **za**miar na**pi**sać **ksią**żkę o his**to**rii Chin.

9 – To **bar**dzo interesu**ją**ce. Na **pew**no **je**dzie pan na **dłu**go?

10 – Nie, **tyl**ko na trzy dni.

11 – I ma pan już **ty**tuł **ksią**żki?

12 – Tak. "**Chi**ny **wczo**raj, dziś i **ju**tro." □

\*\*\*

Ćwiczenie pierwsze – Proszę przetłumaczyć

❶ Możesz mi pożyczyć książkę o historii Polski?
❷ Przepraszam za kłopot, chciałbym zadzwonić. ❸ Często jeżdżę w podróże służbowe. ❹ Zobaczysz, Chiny to niezwykły kraj. ❺ Co masz zamiar robić po maturze?

Ćwiczenie drugie – Wpisać brakujące słowa

❶ Dis-moi quel est ton but dans la vie.
Powiedz . . jaki . . . . twój . . . w . . . . . .

❷ Ce livre est étonnant, tu devrais le lire.
Ta . . . . . . . jest . . . . . . . . . . . ., powinieneś . . przeczytać.

❸ Je ne me rappelle plus quel est le titre de votre film.
Nie . . . . . . . . już, . . . . jest . . . . . pana . . . . . .

❹ Est-ce un voyage professionnel ou des vacances ?
To . . . . . . . . . . . . . . czy . . . . . . . ?

❺ J'ai l'intention d'aller souvent au pays.
Mam . . . . . . jeździć . . . . . . do . . . . . .

**7** – Excusez mon *(pour)* indiscrétion, mais quel est le but de votre voyage ?

**8** – J'ai l'intention d'écrire un livre sur l'histoire de la Chine.

**9** – C'est très intéressant. Vous [y] allez sûrement pour longtemps ?

**10** – Non, seulement pour trois jours.

**11** – Et avez-vous déjà le titre de votre livre ?

**12** – Oui. "La Chine hier, aujourd'hui et demain".

\*\*\*

Corrigé de l'exercice 1

❶ Peux-tu me prêter le livre sur l'histoire de la Pologne ? ❷ Excusez-moi pour le dérangement *(problème)*, je voudrais téléphoner. ❸ Je vais souvent en voyage professionnel. ❹ Tu verras, la Chine est un pays étonnant. ❺ Qu'as-tu l'intention de faire après le bac ?

Corrigé de l'exercice 2

❶ – mi – jest – cel – życiu ❷ – książka – zadziwiająca – ją – ❸ – pamiętam – jaki – tytuł – filmu ❹ – podróż służbowa – wakacje ❺ – zamiar – często – kraju

Deuxième vague : 33ᵉ leçon

# Lekcja osiemdziesiąta trzecia

## Podróż samolotem

**1** – **Za**piął ¹ pan pas? **Wkrót**ce będzie**my** ląd**ow**ać.
**2** *(Kilka minut póź**niej**...)*
**3** Uf, ale **ul**ga! **Moż**na już **od**piąć ²?
**4** – Tak. **Wi**dzę, że nie **lu**bi pan la**tać** ³ samo**lo**tem.
**5** – **Szcze**rze **mó**wiąc ⁴, nie **bar**dzo. **Po**za tym, nie
     znam **te**go lot**nis**ka.
**6** – To **ża**den **prob**lem. Niech pan **i**dzie ze mną. (...)
**7** – Dla**cze**go tu **ty**le **lu**dzi?
**8** – To nor**mal**ne, kon**tro**la paszpor**to**wa. Mu**si**my
     **sta**nąć ⁵ w ko**lej**ce. (...)
**9** – No, na**resz**cie. Gdzie **te**raz **i**dziemy?
**10** – Po ba**ga**że ⁶... **Wi**dzę, że **jesz**cze ich nie ma.
      **Trze**ba **bę**dzie **tro**chę po**cze**kać.

 Prononciation
**1** ... lo'n**do**vats ⁱ **8** ... **sta**nognts ⁱ f ko**ley**tsè

 Notes

**1** Le verbe **zapiąć** (perfectif), *boucler*, *attacher*, s'applique aussi aux vête‑
ments et se traduit alors par *boutonner*.

**2** Très souvent, les verbes de sens opposé se différencient par le préfix‑
(rappelez-vous **wejść/zejść**, *entrer/sortir*). Vous en avez ici un aut‑
exemple avec **odpiąć**, *détacher*, *déboutonner*, le contraire de **zapiąć**.

**3** Parmi les verbes de mouvement, vous n'avez sans doute pas oub‑
le fonctionnement des couples **iść/chodzić**, *aller (à pied)*, ou **jecha**‑
**jeździć**, *aller (en véhicule)*. S'agissant d'un déplacement dans l'air, ap‑
**lecieć** (litt. "voler"), voici donc son homologue **latać**. Les deux verb‑
s'emploient de façon analogue aux précédents. Le premier, **leci**‑
concerne un fait unique ou ayant lieu à un moment précis. En parla‑
d'oiseaux ou d'insectes, il indique également une destination précis‑

# Quatre-vingt-troisième leçon

## Un voyage [en] avion

1 – Avez-vous attaché [votre ceinture] ? Nous allons bientôt atterrir.
2   *(Quelques minutes plus tard…)*
3 – Ouf, quel soulagement ! Peut-on *(déjà)* [la] détacher maintenant ?
4 – Oui. Je vois que vous n'aimez pas *(voler)* prendre l'avion.
5 – Pour être franc *(Franchement parlant)*, pas beaucoup. À part ça, je ne connais pas cet aéroport.
6 – *(Ça)* Aucun problème. Venez *(allez)* avec moi. (…)
7 – Pourquoi [y a-t-il] autant de monde ici ?
8 – C'est normal, contrôle des passeports. Nous devons nous mettre dans la queue. (…)
9 – Enfin. Où allons-nous maintenant ?
10 – Chercher les bagages… Je vois qu'ils ne sont pas encore là. Il va falloir attendre un peu.

---

le sud, la ruche, etc. Le second, **latać**, s'applique, comme vous pouvez vous en douter, au déplacement habituel, régulier ou non orienté.

Vous rappelez-vous l'expression **prawdę mówiąc**, *à vrai dire* ? En voici une autre version avec l'adverbe **szczerze**, *franchement*, dérivé de l'adjectif **szczery**, *franc*. Quant à **mówiąc**, il s'agit du participe présent de **mówić**, *dire, parler*, dont la formation est très simple : on ajoute **-c** à la 3ᵉ personne du pluriel au présent ; par exemple **będąc**, *(en) étant*, **idąc**, *(en) allant*, etc.

Le perfectif **stanąć**, *se mettre, se dresser*, signifie par ailleurs *s'arrêter*. C'est un verbe d'action qu'il ne faut pas confondre avec celui de position **stać** (leçons 48, note 7 et 71, note 6).

N'oubliez pas cet emploi de la préposition **po**. Sans équivalent sous la même forme en français, elle sert, rappelons-le, à spécifier le but du déplacement.

**11** – Jak **dłu**go to **po**trwa [7]?

**12** – Nie ma **re**guł. To za**le**ży od perso**ne**lu, od i**lo**ści **lo**tów [8]…

**13** A **mo**że jest strajk… O, już jest **mo**ja **tor**ba.

**14** – A **mo**ja wa**liz**ka?

**15** – Niech się pan nie przej**mu**je. **Mu**si pan **zgło**sić, że **pa**na **ba**gaż zagi**nął**.

**16** – No też coś! O**sta**tni raz **le**cę samo**lo**tem! □

*11 … po**trfa** 13 … strailk … 14 … va**lis**ka 15 … **ba**gach …*

**Notes**

7 Le préfixe **po-** ne marque pas seulement l'accomplissement ou le début d'une action. Il indique également la limitation de la durée, la brièveté

\*\*\*

Ćwiczenie pierwsze – Proszę przetłumaczyć

❶ Proszę zapiąć pas, za chwilę będziemy lądować. ❷ Lot nie potrwa długo, tylko czterdzieści minut. ❸ Nie przejmuj się to żaden problem. ❹ To normalne, jak się lata samolotem ❺ Nie mam ochoty stać w kolejce.

Ćwiczenie drugie – Wpisać brakujące słowa

❶ J'avoue franchement que l'aéroport à Varsovie me plaît beaucou
Wyznam . . . . . . . . , że . . . . . . . . w . . . . . . . .
bardzo . . się . . . . . . .

❷ N'oublie pas qu'il faut attacher [ta] ceinture.
. . . zapomnij, . . trzeba . . . . . . pas.

❸ Que préfères-tu : [y] aller [en] voiture ou prendre *(voler)* l'avior
Co . . . . . . . : jeździć . . . . . . . . . . czy . . . . . samolotem

❹ J'espère que la grève ne durera pas longtemps.
Mam . . . . . . . . . , że . . . . . . nie . . . . . . długo.

**297 • dwieście dziewięćdziesiąt siedem**

**11** – Combien de temps *(Comment longtemps)* ça va durer ?

**12** – Il n'y a pas de règles. Ça dépend du personnel, du nombre de vols…

**13** – Et il y a peut-être la grève… Oh, voilà déjà mon sac.

**14** – Et ma valise ?

**15** – Ne vous en faites pas. Vous devez signaler que votre bagage s'est perdu.

**16** – Eh bien alors ! [C'est] la dernière fois [que] je *(vole)* prends l'avion !

Mais ne vous inquiétez pas, tous les préfixes verbaux ne sont pas aussi polyvalents.

8 **Lot**, *vol*, a donné son nom à la compagnie aérienne polonaise **LOT**. Ce mot est ici au génitif pluriel, car il suit un terme de quantité.

\*\*\*

Corrigé de l'exercice 1

❶ Veuillez attacher [votre] ceinture, dans un instant, nous allons atterrir. ❷ Le vol ne durera pas longtemps, seulement quarante minutes. ❸ Ne t'en fais pas, ça [ne pose] aucun problème. ❹ C'est normal quand on prend *(se vole)* l'avion. ❺ Je n'ai pas envie de faire *(être dans)* la queue.

❷ Pour moi, ça [ne pose] aucun problème. Et pour toi ?
    Dla . . . . to . . . . . problem. . dla . . . . . . ?

Corrigé de l'exercice 2

❶ – szczerze – lotnisko – Warszawie – mi – podoba ❷ Nie – że – zapiąć – – wolisz – samochodem – latać – ❹ – nadzieję – strajk – potrwa – – mnie – żaden – A – ciebie

Deuxième vague : 34ᵉ leçon

# Lekcja osiemdziesiąta czwarta

## Powtórka – Révision

### 1 Les préfixes verbaux

Ajoutés à la forme imperfective du verbe, ils permettent d'obteni
le perfectif. N'oubliez pas qu'ils ne changent pas le sens du verbe
au couple aspectuel correspond toujours un seul verbe français. C
sont principalement :

| na- | pisać – **napisać**, *écrire* |
|---|---|
| | uczyć – **nauczyć**, *enseigner* |
| po- | jechać – **pojechać**, *aller en véhicule* |
| | czekać – **poczekać**, *attendre* |
| | słuchać – **posłuchać**, *écouter* |
| prze- | czytać – **przeczytać**, *lire* |
| | tłumaczyć – **przetłumaczyć**, *traduire* |
| s- | kończyć – **skończyć**, *finir* |
| | pytać – **spytać**, *demander* |
| u- | gotować – **ugotować**, *cuire, cuisiner* |
| | myć – **umyć**, *laver* |
| wy- | pić – **wypić**, *boire* |
| | kąpać – **wykąpać**, *baigner* |
| z- | jeść – **zjeść**, *manger* |
| | robić – **zrobić**, *faire* |
| za- | dzwonić – **zadzwonić**, *téléphoner* |
| | płacić – **zapłacić**, *payer* |

### 2 L'ordre des mots

Comme vous le savez, les cas indiquent la fonction d'un mot da
la phrase. Ils permettent notamment de distinguer le sujet – qui
met au nominatif – du complément : objet direct (à l'accusatif
au génitif), objet indirect (généralement au datif) et complème

circonstanciel (aux autres cas). En français, en revanche, c'est la position d'un mot qui détermine son rôle. Ainsi, la phrase *Adam lit un livre* peut avoir une structure identique : **Adam czyta książkę**, mais peut aussi se dire **Książkę czyta Adam**.

Dans la seconde phrase, **książkę** est d'emblée identifié comme complément d'objet direct, puisqu'on sait que le nominatif est **książka**. C'est donc le mot **Adam**, même s'il est placé après le verbe, qui joue le rôle du sujet. En commençant par le complément, on signifie qu'il ne s'agit pas d'une information nouvelle, mais d'un thème déjà évoqué, ce que la position initiale permet de souligner. En français, cette inversion est bien sûr impossible. Pour obtenir le même effet, il faudrait, par exemple, utiliser une construction de mise en relief du type *Le livre, c'est Adam qui le lit*.

## 3 Pays, nationalités et adjectifs correspondants

En français, l'adjectif correspondant à un pays désigne aussi la nationalité :

C'est un Anglais.                    *C'est un film anglais.*

En polonais, on utilise deux mots différents :

| To jest Anglik. | To jest film angielski. |
|---|---|

Voici une liste de quelques noms de pays suivis de ces deux termes :

| Pays | Habitant | Adjectif |
|---|---|---|
| **Anglia**, *Angleterre* | **Anglik** | angielski |
| **Belgia**, *Belgique* | **Belg** | belgijski |
| **Chiny***, *Chine* | **Chińczyk** | chiński |
| **Czechy***, *République tchèque* | **Czech** | czeski |
| **Dania**, *Danemark* | **Duńczyk** | duński |
| **Francja**, *France* | **Francuz** | francuski |
| **Grecja**, *Grèce* | **Grek** | grecki |

| Hiszpania, *Espagne* | Hiszpan | hiszpański |
|---|---|---|
| Japonia, *Japon* | Japończyk | japoński |
| Kanada, *Canada* | Kanadyjczyk | kanadyjski |
| Niemcy*, *Allemagne* | Niemiec | niemiecki |
| Norwegia, *Norvège* | Norweg | norweski |
| Polska, *Pologne* | Polak | polski |
| Rosja, *Russie* | Rosjanin | rosyjski |
| Stany Zjednoczone, *États-Unis* | Amerykanin | amerykański |
| Szwajcaria, *Suisse* | Szwajcar | szwajcarski |
| Szwecja, *Suède* | Szwed | szwedzki |

\*\*\*

▶ **Dialog-powtórka**

**1** – Mam świeże wiadomości o wypadku Jurka.
**2**   Ma się lepiej niż w ubiegłym tygodniu.
**3** – Jest jeszcze w szpitalu?
**4** – Tak, trochę to potrwa. Był ciężko ranny.
**5** – Dzięki Bogu, miał dużo szczęścia.
**6** – Tak, naprawdę. Zastanawiam się, dlaczego nie
zapiął pasa.
**7** – Ja też nie wiem, jak można być tak
nieostrożnym.
**8** – Tym bardziej, że to była podróż służbowa. I
nowy samochód.
**9** – Lepiej latać samolotem.
**10** – Słusznie. No, to już pójdę. Może masz coś do
roboty.
**11** – Nie, mam zamiar iść spać.
**12** – O, widzę, że masz ostatnią książkę o Chinach.
**13**   Możesz mi pożyczyć? Oddam ci jutro.

| Węgry*, *Hongrie* | Węgier | węgierski |
|---|---|---|
| Włochy*, *Italie* | Włoch | włoski |

\* Les noms de ces pays n'existent qu'au pluriel.

Le féminin des noms des habitants est formé en ajoutant le suffixe **-ka** au nom masculin : **Francuz - Francuzka, Szwajcar - Szwajcarka**. Souvent, on trouve une des modifications suivantes :
• chute d'une ou de plusieurs lettres : **Niemiec - Niemka, Polak - Polka**
• ajout de lettres : **Anglik - Angielka, Belg - Belgijka**
• alternance de la consonne finale : **Czech - Czeszka, Włoch - Włoszka, Norweg - Norweżka**.

\*\*\*

## Traduction

**1** J'ai des nouvelles fraîches sur l'accident de Jurek. **2** Il va mieux que la semaine dernière. **3** Il est encore à l'hôpital ? **4** Oui, ça va durer un peu. Il était grièvement blessé. **5** Grâce à Dieu, il a eu beaucoup de chance. **6** Oui, vraiment. Je me demande pourquoi il n'a pas attaché sa ceinture. **7** Moi non plus, je ne sais pas comment on peut être aussi imprudent. **8** D'autant plus que c'était un voyage professionnel. Et une nouvelle voiture. **9** Il vaut mieux *(voler)* prendre l'avion. **10** [C'est] juste*(ment)*. Bon, eh bien, je vais *(déjà)* [y] aller. Tu as peut-être quelque chose à faire. **11** Non, j'ai l'intention d'aller dormir. **12** Oh, je vois que tu as le dernier livre sur la Chine. **13** Peux-tu me [le] prêter ? Je te [le] rendrai demain.

Deuxième vague : 35ᵉ leçon

# Lekcja osiemdziesiąta piąta

## Panna Kasia

**1** – Jak się ma **Ka**sia? Już **zdro**wa ¹?

**2** – O tak. To nie **by**ło nic poważ**ne**go. **Zwy**kłe przezię**bie**nie.

**3** – To **bar**dzo się **cie**szę, bo **tro**chę się o nią mar**twi**łam ².

**4** – To **mi**ło z **two**jej **stro**ny, **a**le nie **by**ło powo**du** ³.

**5** – Wiem, wiem, **a**le **bar**dzo ją **lu**bię. To **ta**ka u**ro**cza dziew**czyn**ka,

**6** i tak **dob**rze wycho**wa**na. **Zaw**sze uśmiech**nię**ta, **grzecz**na ⁴...

**7** – **Cza**sem **na**wet za **bar**dzo ⁵.

**8** – Co ty opo**wia**dasz?

**9** – No tak. **By**łam os**tat**nio zmu**szo**na **zwró**cić jej u**wa**gę ⁶.

**10** – To niemoż**li**we! Dla**cze**go?

---

**Notes**

**1** Comme vous le voyez, pour dire de quelqu'un qu'il est guéri, rem de sa maladie, on se sert de l'adjectif **zdrowy**, *en bonne santé, sair* Rappelons que son contraire est **chory**, *malade*.

**2** Avez-vous remarqué la construction du verbe **martwić się**, *se faire d souci* ? Il exige la préposition **o** (ici *pour*) + l'accusatif. De nouveau (leço 78, note 6), s'agissant d'un pronom personnel – en l'occurrence ur forme de **ona**, *elle* –, on choisit **nią** (et non pas **ją**). Notez aussi **N. martw się!**, synonyme de **Nie przejmuj się!**, *Ne t'en fais pas !*

**3** Le nominatif est **powód**, *raison*. N'oubliez pas qu'il faut toujours pens à ces nombreux changements de lettres dans les formes dérivées.

# Quatre-vingt-cinquième leçon

## Mademoiselle Kasia

**1** – Comment va Kasia ? Déjà remise *(en-bonne-santé)* ?

**2** – Oh oui. Ce n'était rien de grave. Un simple
refroidissement.

**3** – Alors, je suis très contente parce que je m'inquiétais
un peu pour elle.

**4** – C'est gentil de ta part, mais il n'y avait pas de raison.

**5** – Je sais, je sais, mais je l'aime beaucoup. C'est une
petite fille tellement adorable *(tellement adorable
petite fille)*,

**6** et si bien élevée. Toujours souriante, aimable…

**7** – Parfois même trop *(trop très)*.

**8** – Qu'est-ce que tu racontes ?

**9** – Eh oui. J'ai été dernièrement obligée de lui faire une
remarque *(tourner à-elle attention)*.

**10** – Ce n'est pas possible ! Pourquoi ?

---

L'adjectif **grzeczny** est presque exclusivement réservé aux enfants et
correspond à *sage*. Pour un adulte *poli*, *aimable*, on emploie **uprzejmy**.

Tandis que le français se contente ici d'un seul adverbe (*trop*), le polonais a besoin d'en employer deux : **za bardzo** (litt. "trop très").

Lorsqu'elle est accompagnée d'un complément d'objet indirect,
comme ici **jej**, *lui*, *à elle*, l'expression **zwrócić uwagę** signifie *faire une
remarque*, *réprimander légèrement*. Seule, elle prend son sens littéral
de "tourner l'attention", c'est-à-dire *remarquer*, *noter*. Dans ce cas, elle
est suivie de la préposition **na**, *sur* + accusatif.

**11** – Jak spoty**ka**ła **ko**goś nieznajo**me**go, **mó**wiła **za**wsze: "**Jes**tem **pan**na **Ka**sia".

**12** Mu**sia**łam jej po**wie**dzieć, że jak się ma cztery **la**ta, to się nie **mó**wi "**pan**na" [7]. Wys**tar**czy "**Ka**sia".

**13** – To **praw**da. I co, posłu**cha**ła cię?

**14** – Tak. **Te**raz **mó**wi: "**Jes**tem **Ka**sia, **a**le już nie **pan**na".

□

**Note**

\*\*\*

Ćwiczenie pierwsze – Proszę przetłumaczyć

❶ Panna Kasia jest bardzo dobrze wychowana. ❷ To miło z pana strony, ale to nic poważnego. ❸ Mam nadzieję, że w przyszłym tygodniu będziesz zdrowa. ❹ Kto to jest ta urocza dziewczynka? ❺ Musisz jej zwrócić uwagę, że tak się nie mówi.

Ćwiczenie drugie –Wpisać brakujące słowa

❶ J'espère que ce n'est rien de grave.
Mam . . . . . . . . , że . . nic . . . . . . . . . .

❷ Elle m'a écouté et maintenant elle est remise *(en-bonne-santé)*.
. . . . . . . . . . . mnie i . . . . . jest . . . . . . . .

❸ Cette petite fille est toujours très sage et souriante.
Ta . . . . . . . . . . . jest . . . . . . bardzo . . . . . . . . i
. . . . . . . . . . . . .

❹ Malheureusement, je serai obligée de lui *(fém.)* dire la vérité.
. . . . . . . . będę . . . . . . . . powiedzieć . . . prawdę.

**11** –  Quand elle rencontrait quelqu'un d'inconnu, elle
disait toujours : "Je suis mademoiselle Kasia."

**12**     J'ai dû lui dire que, quand on a quatre ans, *(alors)* on
ne dit pas "mademoiselle", il suffit [de dire] "Kasia".

**13** –  C'est vrai. Et alors, elle t'a obéi *(écouté toi)* ?

**14** –  Oui. Maintenant, elle dit : "Je suis Kasia, mais plus
une demoiselle."

\*\*\*

Corrigé de l'exercice 1

❶ Mademoiselle Kasia est très bien élevée. ❷ C'est gentil de votre
part, mais ce n'est rien de grave. ❸ J'espère que la semaine prochaine
tu seras remise *(en-bonne-santé)*. ❹ Qui est cette adorable petite fille ?
❺ Tu dois lui faire remarquer qu'on ne parle pas comme ça.

❺  Que dit-on quand on rencontre quelqu'un d'inconnu ?
  . . się . . . . , jak . . . spotyka . . . . . nieznajomego ?

Corrigé de l'exercice 2

❶ – nadzieję – to – poważnego ❷ Posłuchała – teraz – zdrowa
❸ – dziewczynka – zawsze – grzeczna – uśmiechnięta ❹ Niestety
zmuszona – jej – ❺ Co – mówi – się – kogoś –

Deuxième vague : 36e leçon

# Lekcja osiemdziesiąta szósta

## Zegar

**1** – Czy **mógł**by mi pan u**dzie**lić infor**ma**cji [1] o u**mo**wach ubezpiecze**nio**wych?

**2** – Oczy**wiś**cie. **Ja**ki typ po**li**sy pana inte**re**suje?

**3** – **Cho**dzi mi [2] o ubezpie**cze**nie za**kła**du od kra**dzie**ży.

**4** – Ro**zu**miem. Przed podpi**sa**niem u**mo**wy, **wyś**lę **pa**nu na**sze**go a**gen**ta.

**5** – Dosko**na**le. Na **kie**dy się mo**że**my u**mó**wić [3]?

**6** – **Mo**gę **pa**nu zapropo**no**wać **ju**tro o czter**nas**tej? Odpo**wia**da [4] **pa**nu?

**7** – Tak, **bar**dzo **dob**rze. No to do **ju**tra.

**8** (*Następnego dnia.*)

🗨 Prononciation
**4** ... a**guèn**ta

📖 Notes

**1** udzielić informacji (litt. "fournir informations") est l'équivalent de poinformować, *renseigner*. Les deux verbes sont perfectifs ; pour le second, vous l'avez certainement deviné grâce au préfixe po-. Leur imperfectifs sont respectivement udzielać et informować.

**2** Dans la leçon 55, phrase 2, nous avons vu la locution chodzi o, *il s'agit de*. Telle quelle, elle est neutre mais, en y ajoutant le datif, on définit la personne concernée par le fait évoqué. C'est ce que nous avons ici avec mi, *me, à moi*. L'usage de cette structure étant très répandu en polonais, elle correspond plus à *je veux* qu'à la traduction littérale "il s'agit pour moi". Voyez ces exemples : O co panu/pani chodzi?, *Que voulez-vous*, Nie wiem o co mu chodzi, *Je ne sais pas ce qu'il veut*, etc.

# Quatre-vingt-sixième leçon

## La pendule

**1** – Pourriez-vous me renseigner *(fournir informations)* sur les contrats d'assurance(s) ?
**2** – Bien sûr. Quel type de police vous intéresse ?
**3** – Je voudrais assurer *(il s'agit pour-moi de l'assurance)* mon établissement contre le vol.
**4** – Je comprends. Avant la signature du contrat, je vais vous envoyer notre agent.
**5** – Parfait*(ement)*. Pour quand pouvons-nous fixer un rendez-vous ?
**6** – Je peux vous proposer demain à quatorze [heures] ? [Cela] vous convient-il ?
**7** – Oui, très bien. Alors à demain.
**8** *(Le lendemain (suivant jour).)*

Lorsqu'il s'agit de *fixer un rendez-vous* – à prendre ou à donner –, on se sert du verbe **umówić się** (perfectif), qui signifie par ailleurs *convenir de quelque chose, se concerter*. L'imperfectif est **umawiać się**. Remarquez la parenté de ce verbe avec le nom **umowa**, *contrat*.

**odpowiadać** (imperfectif), dont le sens premier est *répondre*, veut aussi dire *convenir*, *correspondre* ; de ce fait, il n'a pas d'homologue perfectif.

9 – Dzień **do**bry. Jestem z a**ge**ncji **War**ta. Co pan **bę**dzie ube**zpiecz**ał [5]?

10 – **Ca**ły sprzęt biu**ro**wy: kompu**te**ry, ko**piar**ki, dru**kar**ki…

11 – O**bra**zy też? I **ze**gar?

12 – Nie, ze**ga**ra nie ube**zpie**czam.

13 – Dla**cze**go? To praw**dzi**we **dzie**ło **sztu**ki. Na **pew**no jest **wiel**kiej war**to**ści.

14 – Wiem, **a**le **mo**i pracow**ni**cy nie spus**zcza**ją go z **o**czu [6]!

☐

🗨 **9** … a**guèn**tsi …

📑 Notes

⋮ 5 Voici une autre manière de former le futur des verbes imperfectifs. On remplace l'infinitif qui suit le verbe **być**, *être* – au futur – par la forme

\*\*\*

▶ Ćwiczenie pierwsze – Proszę przetłumaczyć

❶ Czy możemy się umówić na przyszłą sobotę? ❷ Nie zapomni ubezpieczyć samochodu od kradzieży. ❸ Kiedy może pan zaproponować podpisanie umowy? ❹ Ten sprzęt biurowy jes wielkiej wartości. ❺ Nasz agent zaraz panu udzieli informacji.

Ćwiczenie drugie – Wpisać brakujące słowa

❶ J'appelle pour prendre un rendez-vous avec monsieur Nowak.
Dzwonię, . . . . się . . . . . . z . . . . . Nowakiem.

❷ Ce type de contrat ne me convient pas du tout.
. . . typ . . . . . wcale .. nie . . . . . . . . . .

❸ De quelle valeur est cette belle pendule ?
Jakiej . . . . . . . . jest . . . piękny . . . . . ?

❹ Qui peut me renseigner sur les polices d'assurances ?
. . . może . . . . . . . . mi . . . . . . . . . . o . . . . . . . .
ubezpieczeniowych?

**9** – Bonjour. Je suis de l'agence Warta. Qu'allez-vous assurer ?

**10** – Tout le matériel de bureau : ordinateurs, photocopieuses, imprimantes…

**11** – Les tableaux aussi ? Et l'horloge ?

**12** – Non, l'horloge, je ne l'assure pas.

**13** – Pourquoi ? C'est un vrai chef-d'œuvre. Elle est sûrement de très grande valeur.

**14** – Je sais, mais mes employés ne la quittent pas des yeux !

---

personnelle correspondante au passé. Les deux sont équivalentes : **Co pan będzie ubezpieczał?** = Co pan będzie ubezpieczać?, *Qu'allez-vous assurer ?* C'est à vous de choisir. Quel luxe, pour une fois !

**oczu** est le génitif pluriel de **oko**, *œil*. Vous avez raison d'être étonné : la déclinaison de ce mot est en effet particulière et se caractérise, au pluriel, par la présence des lettres **cz** à la place du **k**.

\*\*\*

Corrigé de l'exercice 1

❶ Pouvons-nous prendre rendez-vous pour samedi prochain ? ❷ N'oublie pas d'assurer la voiture contre le vol. ❸ Quand pouvez-vous proposer la signature du contrat ? ❹ Ce matériel de bureau est de grande valeur. ❺ Notre agent va tout de suite vous renseigner.

Les employés de cet établissement ont un excellent matériel de bureau.

. . . . . . . . . tego . . . . . . . mają . . . . . . . . . sprzęt

. . . . . . . .

Corrigé de l'exercice 2

❶ – żeby – umówić – panem – ❷ Ten – umowy – mi – odpowiada – ❸ – wartości – ten – zegar ❹ Kto – udzielić – informacji – polisach – ❺ Pracownicy – zakładu – doskonały – biurowy

Deuxième vague : 37ᵉ leçon

# Lekcja osiemdziesiąta siódma

## Wieczór przed telewizorem

1 – Jest coś ciekawego w telewizji dziś wieczorem?
2 – Poczekaj, zobaczę w gazecie ¹ (...) Na jedynce ²
   jest serial amerykański,
3   a na dwójce, "Przeminęło ³ z wiatrem".
4 – Już to widzieliśmy ⁴ tyle razy. Nie ma nic innego?
5 – Sport cię nie interesuje, to wiem... Polityka też
   nie.
6   A, jest ewentualnie program muzyczny.
7 – Jaki rodzaj muzyki?
8 – Klasyczna. Z wywiadami krytyków i pianistów.
9   Albo film dokumentalny o florze ⁵ i faunie
   podmorskiej.
10 – Wolałabym raczej jakiś program rozrywkowy,
   albo komedię.
11 – To nie widzę nic specjalnego.

### Prononciation
**3** ... *pchèminèou* ...

### Notes

1  Avec **gazecie**, locatif de **gazeta**, *journal*, voici un nouvel exemple d'alternance de lettres lorsqu'un mot change de forme grammaticale.

2  Encore un usage des noms correspondant aux chiffres : **jedynka**,
   **dwójka**, *deux* (phrase 3), etc. Ils désignent aussi, comme vous le voyeici au locatif –, les numéros des chaînes de télévision : **na jedynce**,
   *la une*, **na dwójce**, *sur la deux*.

3  Remarquez que le titre polonais de ce classique du cinéma a la mêstructure qu'en anglais ***Gone with the wind***, "*Passé avec le ve
   L'infinitif – ici au perfectif – est **przeminąć**, *passer*, *s'écouler*.

# Quatre-vingt-septième leçon

## Une soirée devant la télé

**1** – Y a-t-il quelque chose d'intéressant à la télé ce soir ?

**2** – Attends, je vais regarder dans le journal (...) Sur la une, il y a une série américaine,

**3** et sur la deux, "Autant en emporte *(Est-passé avec)* le vent".

**4** – Nous l'avons déjà vu tant de fois. Il n'y a rien d'autre ?

**5** – Le sport ne t'intéresse pas, *(ça)* je le sais... La politique non plus.

**6** Ah, il y a éventuellement une émission musicale.

**7** – Quel genre de musique ?

**8** – Classique. Avec des interviews de critiques et de pianistes.

**9** Ou bien un film documentaire sur la flore et la faune sous-marines.

**10** – Je préférerais plutôt une émission de variétés ou une comédie.

**11** – Alors, je ne vois rien de spécial.

---

Une petite mise au point sur la traduction du passé, selon l'aspect utilisé. Normalement, le passé composé correspond au passé perfectif **zrobiłem**, *j'ai fait* ; **wróciłem**, *je suis rentré*, etc. L'imparfait, au contraire, équivaut généralement à l'imperfectif **robiłem**, *je faisais* ; **wracałem**, *je rentrais*, etc. Notre exemple est une entorse à cette règle ; en effet, **widzieliśmy** vient de l'imperfectif **widzieć**, *voir*, mais il est traduit par le passé composé. D'ailleurs, vous avez peut-être déjà noté des cas similaires.

Le nominatif est, bien entendu, **flora**, *flore*.

**12** – Nie **ma**my **żad**nych $^6$ DV**D**?

**13** – **Wszyst**ko już wi**dzie**liśmy.

**14** – To **mo**że po**gra**my na kompu**te**rze? Co ty na to $^7$?

**15** – Hm... **Mo**że **in**nym **ra**zem. □

**12** ... divi**di**

📁 : Notes

**6** Contrairement au français, le pronom **żaden**, *aucun*, possède un pluriel, qui a deux formes : **żadni** (masculin personnel) et **żadne** (les autres genres). Il se décline comme les adjectifs, ce qui explique la terminaison **-ych** au génitif pluriel.

**7** C'est ainsi que l'on demande son avis à quelqu'un. Ne cherchez pas à traduire la formule littéralement, retenez-la telle quelle.

\*\*\*

▶ Ćwiczenie pierwsze – Proszę przetłumaczyć

❶ Mogę panu zaproponować nową umowę, co pan na to? ❷ Czytałem w gazecie, że ostatni film francuski jest bardzo ciekawy. ❸ Co widziałeś: mecz piłki nożnej czy program rozrywkowy? ❹ Nie znalazłem żadnych informacji o te agencji. ❺ Powinieneś spróbować innym razem.

Ćwiczenie drugie – Wpisać brakujące słowa

❶ Il y a une émission de variétés, qu'en dis-tu ?
.... program .........., co .. na .. ?

❷ Où était-ce : dans le journal ou à la télé ?
..... to .... w ........., czy w .......?

❸ As-tu déjà vu "Autant en emporte le vent" ?
......... już ......... z .......?

❹ Une autre fois, tu auras sûrement plus de chance.
..... razem ........ miał .. pewno ......
szczęścia.

**12** – Nous n'avons pas de DVD ?
**13** – On a déjà tout vu.
**14** – Et si on jouait à l'ordinateur ? Qu'en dis-tu ?
**15** – Hum… Peut-être une autre fois.

\*\*\*

## Corrigé de l'exercice 1

❶ Je peux vous proposer un nouveau contrat, qu'en dites-vous ?
❷ J'ai lu dans le journal que le nouveau film français est très intéressant. ❸ Qu'est-ce que tu as vu : le match de foot ou l'émission de variété ? ❹ Je n'ai trouvé aucune information sur cette agence. ❺ Tu devrais essayer une autre fois.

❻ J'ai vu *(fém.)* hier une comédie musicale et une série américaine.
. . . . . . . . wczoraj . . . . . . . muzyczną . serial
. . . . . . . . . . . .

## Corrigé de l'exercice 2

❶ Jest – rozrywkowy – ty – to ❷ Gdzie – było – telewizji – gazecie ❸ Widziałaś – Przeminęło – wiatrem ❹ Innym – będziesz – na – więcej – ❺ Nagrałam – komedię – i – amerykański

*Comme les Français, les Polonais passent, en moyenne, trois heures par jour devant leur télévision. Ils ont le choix entre quatre chaînes publiques : **TVP 1** ou **"jedynka"** (la une) ; **TVP 2** ou **"dwójka"** (la deux) ; **TVP Regionalna** (TV Régionale) ; et **TVP Polonia** consacrée aux questions polonaises, et qui peut être suivie dans le monde entier. Les chaînes privées polonaises ou étrangères (par câble ou satellite) sont nombreuses : **Polsat**, **TVN**, **TV 4**, **RTL 7**, **Wizja Jeden**, ainsi que des chaînes codées : **Canal+**, **HBO**, **Wizja Sport**.*
*Par ailleurs, avec la couverture du signal numérique qui atteint désormais une dimension quasi nationale, la TNT et ses nouvelles chaînes sont en train d'enrichir le paysage télévisuel du pays.*

**88**

# Lekcja osiemdziesiąta ósma

## Awaria samochodu

**1** – No widzisz, znowu się pomylili. Ani [1] śladu chmur.

**2** Jak pomyślę, że miał być deszcz... Naprawdę, mamy szczęście.

**3** – Poczekaj, pogoda może się jeszcze zmienić [2].

**4** – Tak czy inaczej, dobrze, że wyjechaliśmy wcześnie.

**5** – To prawda, miałaś rację. Później jest większy ruch.

 Notes

**1** Nous avons déjà vu (leçon 32, phrase 10), que **ani** s'utilise comme so homologue français *ni*, dans une suite de négations : **ani ty, ani ja**, *ni t ni moi*, etc. Employé isolément, il équivaut à *pas même, pas un (seul* **nie mam ani grosza**, *je n'ai pas un sou* ; **nie powiedział ani słowa**, *il n pas dit un mot*, etc. Enfin, il connaît de nombreux usages idiomatique comme **ani mi się śni**, *je n'y songe même pas* ; **ani rusz**, *rien à faire, e*

**2** Rappelons (leçon 36, note 4) que dans ce contexte, on emploie la forr pronominale, ici au perfectif, **zmienić się**, *changer*.

*Mais, comme partout dans le monde, les Polonais font aussi preuve d'une étonnante capacité à adopter les nouveaux usages du numérique :* **"Portale społecznościowe"**, réseaux sociaux, **"gry komputerowe"**, jeux sur Internet, *navigation sur divers sites pour s'informer, s'instruire, ou simplement se divertir, attirent ainsi de plus en plus d'adeptes.*

Deuxième vague : 38ᵉ leçon

**88**

# Quatre-vingt-huitième leçon

## Une panne de voiture

**1 –** Eh bien, tu vois, ils se sont encore trompés. Même pas une trace de nuages.

**2** Quand je pense*(rai)* qu'il devait y avoir de la pluie… Vraiment, nous avons de la chance.

**3 –** Attends, le temps peut encore changer.

**4 –** Quoi qu'il en soit *(ainsi ou autrement)*, c'est bien que nous soyons partis tôt.

**5 –** C'est vrai, tu avais raison. Plus tard, il y a plus de *(plus-grande)* circulation.

**6** – Jak tak **da**lej **pój**dzie, to unik**nie**my **kor**ków ³.
Kto by po**my**ślał?

**7** – **Le**piej nic nie mów ⁴. **Jesz**cze ⁵ nam przy**nie**siesz
**pe**cha!

**8** – Nie prze**sa**dzaj. **Za**wsze **wi**dzisz **wszys**tko na
**czar**no ⁶.

**9** – Hm… Być **mo**że (…) Co się **dzie**je? **Sły**szysz ten
**ha**łas?

**10** – Tak. Co to **mo**że być?

**11** – Skąd mam **wie**dzieć? **Mo**że **sil**nik, a **mo**że **ru**ra
wyde**cho**wa?

**12** – Po**win**niśmy się za**trzy**mać.

**13** – Ja też tak **my**ślę. Wi**dzia**łaś, gdzie jest naj**bliż**sza
**sta**cja ob**słu**gi?

**14** – Tak, za dwa**dzie**ścia pięć kilo**me**trów. Żeby**śmy
**tyl**ko doje**cha**li ⁷…

☐

---

**Notes**

**3** **uniknąć** (perfectif), *éviter*, *échapper à*, est suivi du génitif, d'où **korków**
*bouchons*. Le nominatif singulier est **korek** et, tout comme en français
on l'emploie comme synonyme familier d'*embouteillage*.

**4** Sauf exception, l'impératif négatif est formé à partir de l'imperfectif, ic
**mówić**, *dire*. Pour la forme positive, on se sert du perfectif qui, pour c
verbe, prend la forme de **powiedzieć**. Vous avez donc d'un côté **powie**
**dz**, *dis*, et de l'autre **nie mów**, *ne dis pas*. Pour compliquer le tableau
il faut ajouter que **mówić** correspond aussi à *parler* – une langue pa
exemple. Mais dans ce cas, il n'a pas d'équivalent perfectif et on l'em
ploie pour les deux impératifs : **mów/nie mów**, *parle / ne parle pa*
Décidément, l'aspect verbal est un vrai casse-tête ! Mais vous verre
cela viendra facilement avec la pratique !

**6** – Si cela continue *(ainsi plus loin ira)*, nous éviterons les bouchons. Qui l'aurait cru *(pensé)* ?

**7** – *(Mieux)* Ne dis rien. *(Encore)* Tu vas nous *(ap)*porter la poisse !

**8** – N'exagère pas. Tu vois toujours tout en noir.

**9** – Hum… Peut-être (…) Que se passe-t-il ? Tu entends ce bruit ?

**10** – Oui. Qu'est-ce que ça peut être ?

**11** – Comment est-ce que je peux *(ai)* savoir ? [C'est] Peut-être le moteur ou *(et peut-être)* le pot d'échappement.

**12** – Nous devrions nous arrêter.

**13** – Moi aussi, *(ainsi)* je pense. Tu as vu où était *(est)* la station-service la plus proche *(la-plus-proche station-service)* ?

**14** – Oui, dans vingt-cinq kilomètres. Pourvu que *(Seulement)* nous [y] arrivions…

**5** jeszcze en dehors de son emploi temporel – *encore*, *toujours* –, apporte souvent une touche d'expressivité, difficile à exprimer par un équivalent français. Il permet notamment, comme ici avec un verbe au futur, de marquer un avertissement, une crainte. Retenez aussi cette autre expression idiomatique **Jeszcze jak!**, *Et comment !*

**6** En remplaçant la terminaison des adjectifs de couleurs par la lettre **-o**, on crée les adverbes correspondants. Remarquez qu'à l'exception de "vertement" – mais qui est sans rapport avec la couleur –, le français n'offre pas cette possibilité.

Comme vous le voyez, les formes de conditionnel servent aussi à exprimer le subjonctif français, inexistant en polonais. C'est une économie considérable, n'est-ce pas ?

▶ Ćwiczenie pierwsze – Proszę przetłumaczyć

**❶** Tak czy inaczej, nie unikniemy korków. **❷** Kto by pomyślał, że będzie taki hałas! **❸** Powinniśmy zapytać, gdzie jest najbliższa stacja obsługi. **❹** Mam nadzieję, że nie przyniesiesz nam pecha. **❺** Nie przesadzaj, ruch nie jest większy niż w zeszłym tygodniu.

Ćwiczenie drugie – Wpisać brakujące słowa

**❶** Si cela continue *(Si ainsi plus loin ira)*, il va falloir s'arrêter.
Jak ... dalej ......., trzeba ...... się ..........

**❷** Quoi qu'il en soit *(Ainsi ou autrement)*, le temps va changer.
... czy ......., pogoda ... zmieni.

**❸** Qui aurait pensé que nous éviter[i]ons les bouchons ?
Kto .. pomyślał, .. unikniemy ......?

**❹** Ils se sont trompés, comme d'habitude, la circulation est normale.
........ się ... zwykle, .... jest ..........

**89**

# Lekcja osiemdziesiąta dziewiąta

▶ ## Na stacji obsługi

**1** – Mam **pro**blem z samo**cho**dem. Jak **dłu**go **zaj**mie ¹ na**pra**wa?

**2** – To za**le**ży. **Trze**ba **spraw**dzić. A o co się **sta**ło?

**3** – Coś jest nie w po**rzą**dku ² ze **skrz**ynią **bie**gów.

📭 Notes

**1** L'infinitif est **zając**, *prendre, occuper.* Comme vous pouvez vous en douter, c'est un perfectif, car sa conjugaison correspond au futur. Pour obtenir le présent, on fait appel à l'imperfectif, qui est **zajmować**.

**2** Vous rappelez-vous la locution **w porządku** (litt. "en ordre"), équivalent courant du *ça va* ? On peut naturellement l'utiliser à la forme négative.

Corrigé de l'exercice 1

❶ Quoi qu'il en soit *(Ainsi ou autrement)*, nous n'éviterons pas les bouchons. ❷ Qui aurait pensé qu'il y aura[it] un tel bruit ! ❸ Nous devrions demander où est la station-service la plus proche. ❹ J'espère que tu ne vas pas nous *(ap)*porter la poisse. ❺ N'exagère pas, la circulation n'est pas plus importante *(grande)* que la semaine dernière.

❺ Comment *(D'où)* puis-je savoir ce qu'il s'y passe ?

 . . . . mam . . . . . . . . , co . . się . . . . . . ?

Corrigé de l'exercice 2

❶ – tak – pójdzie – będzie – zatrzymać ❷ Tak – inaczej – się – ❸ – by – że – korków ❹ Pomylili – jak – ruch – normalny ❺ Skąd – wiedzieć – tu – dzieje

Deuxième vague : 39e leçon

# Quatre-vingt-neuvième leçon

## À la station-service

**1 –** J'ai un problème avec la voiture. Combien de temps prendra la réparation ?

**2 –** Ça dépend. Il faut vérifier. *(Et)* Que s'est-il passé ?

**3 –** Quelque chose ne va pas avec la boîte de vitesses.

4 – Aha. To niech pan przy**wie**zie [3] sa**mo**chód w
ponie**dzia**łek **ra**no.

5 – Do**pie**ro w ponie**dzia**łek! To co my **te**raz
zro**bi**my?

6 – Nic **pa**ni nie po**ra**dzę [4]. **Wi**dzi **pa**ni, że **jes**tem
sam.

7 – **Je**den me**cha**nik jest na ur**lo**pie, **dru**gi **cho**ry…

8 – Nie **mógł**by pan **rzu**cić **o**kiem [5]? To **mo**że **tyl**ko
**drob**na us**ter**ka…

9 – Jes**teś**my w **dro**dze [6] na wa**ka**cje, wie pan…

10 – Nie zro**bi**li **pań**stwo prze**glą**du przed
wy**jaz**dem?

11 – **Zwy**kle **ro**bi**my**, **a**le tym **ra**zem, wyje**cha**liśmy
zni**enac**ka…

12 – No **do**brze… Niech pan ot**wo**rzy **mas**kę (…)
**Mo**że pan **włą**czyć [7] **dru**gi bieg?

13 – Nie **mo**gę… coś się za**cię**ło. **A**le **ha**łas!

14 – No tak. **Trze**ba wy**mie**nić **ru**rę wyde**cho**wą, to
**pew**ne.

15 I **skrzy**nię **bie**gów prawdopo**dob**nie też.

16 – No **wi**dzisz, co **mó**wiłem. To **ko**niec **na**szej
po**dró**ży.

☐

---

: Notes

3  Le verbe perfectif **przywieźć**, *amener*, concerne aussi bien des objet◆
   que des personnes. Mais attention, on ne l'utilise que lorsque l'action
   se fait en véhicule. Si elle se fait à pied, on emploie **przynieść** pour le◆
   choses et **przyprowadzić** pour les personnes. L'imperfectif est respect◆
   vement **przywozić**, **przynosić** et **przyprowadzać**.

4  Voici un nouvel emploi du verbe **poradzić**, déjà rencontré au sens d◆
   *conseiller*. Dans le contexte présent, à la forme négative, il exprim◆
   l'impossibilité de remédier à une situation, de trouver une solution a◆
   problème. Notez aussi **poradzić sobie**, *se débrouiller*.

**4 –** Ah. Alors, amenez la voiture lundi matin.

**5 –** Seulement lundi ! Alors qu'est-ce qu'on va faire maintenant ?

**6 –** Je n'y peux rien, madame. Vous voyez que je suis seul.

**7** L'un [des] mécanicien[s] est en congé, le deuxième malade…

**8 –** Ne pourriez-vous pas jeter [un coup d']œil ? Ce n'est peut-être qu'un petit *(menu)* dommage…

**9** Nous sommes en route pour les vacances, vous savez…

**10 –** Vous n'avez pas fait de révision avant le départ ?

**11 –** D'habitude, nous [le] faisons, mais cette fois-ci, nous sommes partis à l'improviste…

**12 –** Bon, eh bien… Ouvrez le capot (…) Pouvez-vous mettre la deuxième vitesse ?

**13 –** Je ne peux pas… quelque chose s'est coincé. Quel bruit !

**14 –** Eh oui. Il faut changer le pot d'échappement, c'est sûr.

**15** Et la boîte de vitesses probablement aussi.

**16 –** Eh bien, tu vois ce que je disais. C'est la fin de notre voyage.

---

**5** okiem est l'instrumental de **oko**, *œil*, dont nous avons rencontré le pluriel irrégulier **oczy** (leçon 86, note 6).

**6** Sachant que **drodze** est le locatif – avec son cortège de changements de consonnes –, vous avez facilement retrouvé le nominatif **droga**, *chemin*, *route*, n'est-ce pas ?

**7** **włączyć** (perfectif) s'emploie aussi pour tout appareil ou dispositif qui fonctionne à l'énergie (radio, lumière, etc.) et équivaut alors à **zapalić**, *allumer*. Dans les deux cas, nous avons affaire au perfectif qui se distingue des imperfectifs respectifs **włączać** et **zapalać** par le changement du suffixe.

▶ Ćwiczenie pierwsze – Proszę przetłumaczyć
❶ Trzeba rzucić okiem na skrzynię biegów. ❷ Jak długo zajmie przegląd silnika? ❸ Coś jest nie w porządku z rurą wydechową. ❹ To się stało w drodze na wakacje. ❺ Niech pan przywiezie samochód innym razem.

Ćwiczenie drugie – Wpisać brakujące słowa
❶ Pouvez-vous mettre la troisième vitesse ?
. . . . pan . . . . . . . trzeci . . . . ?

❷ Il faut vérifier le moteur et le pot d'échappement.
. . . . . . sprawdzić . . . . . . i . . . . wydechową.

❸ Je voudrais seulement jeter [un coup d']œil, cela ne prendra pas longtemps.
. . . . . . . . . tylko . . . . . . okiem, . . nie . . . . . . długo.

❹ Je ne peux pas ouvrir le capot, quelque chose s'est coincé.
. . . mogę . . . . . . . . maski, . . . się . . . . . . . .

\*\*\*

*Si vous voulez découvrir la Pologne en toute liberté et à votre rythme, la meilleure solution est d'utiliser la voiture – la vôtre, de préférence –, les prix de location étant vraiment prohibitifs. Nous tenons à vous rassurer tout de suite : l'état des routes, en dépit de leur réputation, n'a rien de catastrophique. Il est même parfois supérieur à celui de certains pays européens à grande fréquentation touristique. En dehors de quelques grands axes est-ouest et nord-sud, il n'y a pas d'autoroutes, mais des routes nationales, à deux ou quatre voies. Pour rendre votre voyage agréable, et surtout vous éviter des surprises, voici quelques recommandations importantes. D'abord, évitez de circuler au milieu de l'après-midi, car les routes sont encombrées de camions, tracteurs et autres véhicules agricoles. Avec un peu de chance, vous pouvez même tomber sur une charrette à cheval*

Corrigé de l'exercice 1

❶ Il faut jeter [un coup d']œil sur la boîte de vitesses. ❷ Combien de temps *(Comment longtemps)* prendra la révision du moteur ? ❸ Quelque chose ne va pas avec le pot d'échappement. ❹ C'est arrivé [alors que nous étions] en route pour les vacances. ❺ Amenez la voiture une autre fois.

❺ Ce n'est peut-être pas une grosse panne, mais seulement un petit dommage.

To . . . . nie . . . . wielka . . . . . . , a . . . . . drobna
. . . . . . . .

Corrigé de l'exercice 2

❶ Może – włączyć – bieg ❷ Trzeba – silnik – rurę – ❸ Chciałbym – zucić – to – zajmie – ❹ Nie – otworzyć – coś – zacięło ❺ – może – jest – awaria – tylko – usterka

\*\*\*

e même, conduire de nuit peut être un peu fatigant, car le mar-
uage au sol n'est pas toujours d'une excellente visibilité. Ensuite,
vous envisagez une visite chez des Polonais – qui sera sans aucun
oute "arrosée" –, pensez à laisser votre voiture. En effet, "boire ou
onduire" s'applique en Pologne à la lettre : le taux d'alcoolémie
utorisé est de... 0 ‰ et les contrôles sont fréquents. Enfin, dans les
lles, il vaut mieux laisser sa voiture, de jour comme de nuit, dans
 parking **strzeżony**, surveillé, et vérifier que vous êtes bien assuré
ntre le vol, car les véhicules d'origine étrangère restent convoités.
ais ne vous inquiétez pas, avec un minimum de précautions, vous
ez un bon voyage.

Deuxième vague : 40ᵉ leçon

## Lekcja dziewięćdziesiąta

### Wypadek kolejowy

1 *Kandydat na zawiadowcę stacji staje* [1] *przed komisją egzaminacyjną.*

2 – Co by pan **zro**bił, **gdy**by [2] pan **stwier**dził, że dwa po**cią**gi **ja**dą naprze**ciw**ko **sie**bie [3] po tym **sa**mym **to**rze?

3 – Skie**ro**wałbym **je**den z po**cią**gów na **in**ny tor.

4 – A je**że**li [4] zwrot**ni**ca automa**tycz**na **by**łaby zep**su**ta?

5 – To po**bieg**łbym na tor prze**sta**wić **ręcz**ną.

6 – A **gdy**by ta też **by**ła uszko**dzo**na?

7 – To **wró**ciłbym **bie**giem [5] do nas**taw**ni,

8 **że**by u**prze**dzić telefo**nicz**nie [6] po**prze**dnią **sta**cję.

9 – A **je**śli te**le**fon by nie **dzia**łał?

---

Notes

1 Il s'agit du verbe **stawać** (imperfectif), correspondant au perfec stanąć, *se mettre, se dresser, s'arrêter*, que nous avons déjà vu. Il pre ici un nouveau sens : *se présenter*. On l'utilise aussi pour la compa tion devant le tribunal : **stawać przed sądem**.

2 Contrairement au français, les deux propositions d'une phrase hyp thétique se mettent au conditionnel. Elles comportent donc chacu la particule **by** qui est, rappelons-le, relativement libre de ses m vements. Toutefois, elle se joint classiquement à la conjonction g *lorsque*, pour former, avec **gdyby**, le *si* conditionnel.

# Quatre-vingt-dixième leçon

## Un accident de train

**1** *Un candidat pour [un poste de] chef de gare se présente devant une commission d'examen.*

**2** – Que feriez-vous si vous constatiez que deux trains vont au-devant l'un de l'autre sur la même voie ?

**3** – Je dirigerais l'un des trains sur une autre voie.

**4** – Et si l'aiguillage automatique était en panne ?

**5** – Alors, je courrais sur la voie [pour] déplacer [l'aiguillage] manuel.

**6** – Et si celui-ci était aussi endommagé ?

**7** – Alors, je reviendrais en courant au poste d'aiguillage,

**8** pour prévenir par téléphone la station précédente.

**9** – Et si le téléphone ne marchait pas ?

siebie est la forme commune au génitif et à l'accusatif du pronom relatif się. Joint à la préposition naprzeciwko, *vis-à-vis*, *en face*, il lui confère une notion de réciprocité.

Pour introduire une hypothèse, à la place de gdyby, on peut utiliser jeżeli ou, comme dans la phrase 9, jeśli. Dans ce cas, by peut aussi bien s'intégrer au verbe qu'en être détaché pour occuper une autre place dans la phrase.

biegiem, *en courant*, est l'instrumental du mot bieg, que nous avons rencontré dans le sens de *vitesse*, en parlant du système d'engrenage d'une voiture. Correspondant ici à *course*, il signifie par ailleurs *cours*, *allure*.

À partir du nom telefon, on peut former l'adverbe telefonicznie, *par téléphone*.

**10** – To zadz**wo**niłbym z ko**mór**ki [7].

**11** – A **gdy**by **li**nia **by**ła za**ję**ta?

**12** – To **po**biegłbym do są**sied**niej **wio**ski u**prze**dzić **wuj**ka.

**13** – Ach tak? To cie**ka**we. A dla**cze**go?

**14** – Bo **nig**dy **jesz**cze nie **wi**dział wy**pad**ku kolejo**we**go! ◻

---

: Note

: **7** **komórka** (litt. "cellule") désigne communément le *téléphone portable*. Il s'agit de l'abréviation du terme technique **telefon komórkowy**, *téléphone cellulaire*.

\*\*\*

▶ Ćwiczenie pierwsze – Proszę przetłumaczyć

❶ Kasia zawsze wraca ze szkoły biegiem. ❷ Widziałem że nasz pociąg jest na torze drugim. ❸ Jaki jest nume[r] pani komórki? ❹ Naprzeciwko domu był wypadek, trzeb[a] uprzedzić policję. ❺ Kiedy pan stwierdził, że komputer jes[t] uszkodzony?

Ćwiczenie drugie – Wpisać brakujące słowa

❶ Ta mère fait tout en courant : lessive, courses, repassage...
. . . . . mama . . . . wszystko . . . . . . . : pranie,
. . . . . . , prasowanie...

❷ Je vais t'attendre sur la voie [numéro] trois.
Będę . . ciebie . . . . . . na . . . . . trzecim.

❸ Le téléphone est en panne, j'appelle du portable.
Telefon . . . . zepsuty, . . . . . . . z . . . . . . . .

❹ Le magasin est fermé, allons au prochain village.
. . . . . jest . . . . . . . . . , jedźmy . . następnej . . . . . .

**10** – Alors, j'appellerais du portable.

**11** – Et si la ligne était occupée ?

**12** – Alors, je courrais au village voisin prévenir mon oncle.

**13** – Ah oui ? C'est intéressant. Et pourquoi ?

**14** – Parce qu'il n'a encore jamais vu d'accident de train !

JAKI JEST NUMER PANI KOMÓRKI ?

\*\*\*

Corrigé de l'exercice 1

❶ Kasia rentre toujours de l'école en courant. ❷ J'ai vu que notre train est sur la voie [numéro] deux. ❸ Quel est le numéro de votre portable ? ❹ En face de la maison, il y a eu un accident, il faut prévenir la police. ❺ Quand avez-vous constaté que l'ordinateur était (est) endommagé ?

Le voisin qui habite en face est chef de gare.

Sąsiad, . . . . . mieszka . . . . . . . . . . . , jest

. . . . . . . . . stacji.

Corrigé de l'exercice 2

Twoja – robi – biegiem – zakupy – ❷ – na – czekać – torze ❸ – jest dzwonię – komórki ❹ Sklep – zamknięty – do – wioski ❺ – który naprzeciwko – zawiadowcą –

Deuxième vague : 41e leçon

# Lekcja dziewięćdziesiąta pierwsza

## Powtórka – Révision

### 1 Les préfixes verbaux (suite)

Parmi les préfixes verbaux, il y a ceux qui, comme nous l'avons vu dans la leçon 84, jouent un rôle purement grammatical, en transformant les verbes imperfectifs en perfectifs. À ce titre, ils n'apportent pas de modification au sens du verbe de base. D'autres, en revanche, servent à transformer le verbe auquel ils s'ajoutent, entraînant en français une traduction à l'aide de verbes différents. Prenons de nouveau l'exemple de l'imperfectif **pisać**, *écrire*. Le préfixe **na-** en fait le perfectif de même sens : **napisać**. Voyons maintenant ce qui se passe si l'on recourt à d'autres préfixes. Dans ce cas, la notion générale d'*écrire* se diversifie. Comme avec **do-**, dans **dopisać**, qui permet d'obtenir *ajouter*, *compléter à l'écrit* ; on peut avoir **odpisać** *copier* ; **podpisać**, *signer* ; **przepisać**, *(re)copier* ; **spisać**, *dresser par écrit* ; **wypisać**, *rayer des registres*, **zapisać**, *noter*, etc.

La difficulté, c'est que le sens des préfixes n'est pas toujours facile à déterminer. D'une part, certains jouent un double rôle, en modifiant ou non la signification du verbe. D'autre part, la valeur d'un préfixe peut parfois varier d'un verbe à l'autre – ce qui est assez fâcheux, faut bien l'admettre. C'est pourquoi, nous vous conseillons de retenir les verbes dans des phrases complètes et toujours "en situation".

Voici toutefois, à titre indicatif, quelques-uns des préfixes les plus fréquents avec leurs principaux emplois :

| do- | – achèvement dans le temps et l'espace, aboutissement : **dojść**, *arriver au bout* ;<br>– adjonction : **dopłacić**, *compléter un paiement* ; |
|---|---|
| na- | – action dirigée dans un sens : **nakierować**, *orienter* ;<br>– action menée jusqu'au bout : **najeść się**, *manger à sa faim* ;<br>– superposition, accumulation : **nagromadzić**, *accumuler* ; |
| od- | – éloignement : **odejść**, *s'éloigner* ;<br>– action de défaire : **odkręcić**, *dévisser* ; |

| prze- | – action accomplie à fond : **przeszukać**, *chercher partout* ;<br>– action transversale : **przejść**, *traverser* ;<br>– permutation, transformation : **przerobić**, *refaire* ; |
|---|---|
| przy- | – contact, adjonction : **przyciągnąć**, *attirer* ; |
| roz- | – disjonction, division : **rozdzielić**, *séparer* ; **rozdać**, *distribuer* ; |
| za- | – commencement : **zapłakać**, *se mettre à pleurer*. |

## 2 Les pronoms

Tous les pronoms polonais se déclinent. Certains ont une déclinaison propre – personnels, réfléchis, quelques relatifs/interrogatifs. D'autres – démonstratifs, possessifs, indéfinis et la plupart des relatifs/interrogatifs – suivent le modèle des adjectifs. Pour vous rappeler toutes les formes, nous vous conseillons de vous reporter à ce qui suit.

### 2.1 Les pronoms personnels

Ceux qui correspondent à la 1ʳᵉ et à la 2ᵉ personne du singulier : **ja**, *je, moi* ; **ty**, *tu, toi*, et du pluriel : **my**, *nous* ; **wy**, *vous*, sont en général omis, à moins qu'ils ne servent à accentuer le sujet de la phrase. Seule la 3ᵉ personne distingue les genres. Ils sont au nombre de trois au singulier :
masculin : **on**, *il, lui* ;
féminin : **ona**, *elle, lui* ;
neutre : **ono**, *il, elle*.
Au pluriel, on a pour le masculin personnel **oni**, *ils, eux*, et pour les autres genres, **one**, *ils, elles, eux*.
Le datif et l'accusatif ont deux formes. La longue – accentuée – sert à mettre en valeur le sujet. On peut l'utiliser au début de la phrase. La courte se met toujours après le verbe.

| Kocham cię. | *Je t'aime.* |
|---|---|
| Kocham go. | *Je l'aime.* |
| Jego kocham, nie ciebie. | *Lui, je l'aime, pas toi.* |

Les pronoms utilisés avec une préposition commencent par **n-**.

| Idę do niego. | *Je vais chez lui.* |
|---|---|
| To dla niej. | *C'est pour elle.* |

## 2.2 Le pronom réfléchi

Le réfléchi **się**, *me*, *te*, *se*, *nous*, *vous*, est utilisé avec les verbes pronominaux à toutes les personnes du singulier et du pluriel : **nazywam się**, *je m'appelle* ; **nazywasz się**, *tu t'appelles*, etc. On l'emploie aussi pour former une phrase impersonnelle du type **mówi się**, *on dit* ; **robi się**, *on fait*, etc. Il n'a pas de nominatif et se décline comme suit :

| Génitif | **siebie** |
|---|---|
| Datif | **sobie** |
| Accusatif | **siebie, się** |
| Instrumental | **sobą** |
| Locatif | **sobie** |

## 2.3 Les pronoms possessifs

Ils ont trois genres et correspondent aux adjectifs et aux pronoms possessifs en français :
**mój**, **moja**, **moje**, *mon / le mien*, *ma / la mienne* ;
**moi**, **moje**, *mes / les mien(ne)s* ;
**twój**, etc., *ton*, etc. ;
**jego**, **jej**, *son / le sien*, *sa / la sienne* ;
**nasz**, **nasza**, **nasze**, *notre / le (la) nôtre* ;
**nasi**, **nasze**, *nos / les nôtres* ;
**wasz**, etc., *votre*, etc. ;
**ich**, *leur(s) / le (la, les) leur(s)* ;
**swój**, etc. : toutes les personnes.

Les pronoms possessifs se déclinent comme les adjectifs sauf **jego**, **jej**, **ich**, qui sont invariables.

Les pronoms de la série : **mój**, **twój**, **nasz**, **wasz**, **swój** s'accorde avec l'objet :
**mój bilet**, *mon billet* ; **moja walizka**, *ma valise*.

**Jego**, **jej** s'accordent avec le possesseur :
**jego bilet**, **jego walizka**, *son billet*, *sa valise* (appartenant à un homme) ;
**jej bilet**, **jej walizka**, *son billet*, *sa valise* (appartenant à une femme).
Si un pronom possessif se rapporte au sujet de la phrase, on emploie **swój** pour toutes les personnes.

**2.4 Les pronoms démonstratifs**

Comme pour les possessifs, toutes les formes servent à la fois d'adjectifs et de pronoms :
**ten**, **ta**, **to**, *ce / celui-ci*, *cette /celle-ci* ;
**ci**, **te**, *ces / ceux-ci*, *celles-ci* ;
**tamten**, etc., *ce / celui-là*, etc.
**taki**, **taka**, **takie**, *tel(le)*
**tacy**, **takie**, *tel(le)s*
Leur déclinaison est comparable à celle des adjectifs. À l'accusatif singulier, la forme **tego** est utilisée pour une personne ou un animal, et **ten**, pour une chose.

***

**Dialog-powtórka**

  **1** – Słyszysz ten hałas? To na pewno coś poważnego.
  **2** – Zawsze widzisz wszystko na czarno.
  **3** – Hm… Myślę, że trzeba rzucić okiem na rurę wydechową.
  **4** – Tak, masz rację. Trzeba ją będzie wymienić.
  **5** – Tak czy inaczej, musimy uprzedzić wujka. (…)
  **6** – Telefon jest uszkodzony, zadzwoń z komórki.
  **7** – Halo! Dzwonię ze stacji obsługi.
  **8**   Samochód jest zepsuty, nie możemy przyjechać.
  **9** – To na kiedy się możemy umówić?
**0** – Może jutro o czternastej? Co ty na to?
**1** – Nie ma problemu. Czternasta mi odpowiada.
**2** – To miło z twojej strony.

Traduction

**1** Tu entends ce bruit ? C'est sûrement quelque chose de grave.
**2** Tu vois toujours tout en noir. **3** Hum... Je pense qu'il faut jeter [un coup d']œil au *(sur le)* pot d'échappement. **4** Oui, tu as raison. Il va falloir le changer. **5** Quoi qu'il en soit *(ainsi ou autrement)*, nous devons prévenir mon oncle. (...) **6** Le téléphone est en dérangement *(endommagé)*, appelle du portable. **7** Allô ! J'appelle

**92**

# Lekcja dziewięćdziesiąta druga

## W operze ¹

**1** – Cześć. Mam coś dla **cie**bie. **Zgad**nij, co.
**2** – Nie mam najmniej**sze**go ² po**ję**cia.
**3** – Wy**gra**łem ³ dwa bi**le**ty do o**pe**ry na **przyszłą** so**bo**tę. **Pój**dziesz ze mną?
**4** – Z przyjem**noś**cią. **Nig**dy **jesz**cze nie **by**łem.
**5** – Ja też nie. **Two**im **zda**niem, **moż**na iść w **dżin**sach ⁴?
**6** – Nie, **my**ślę, że na**le**ży się **u**brać w gar**ni**tur ⁵.
**7** – To **trze**ba też **bę**dzie za**ło**żyć **kra**wat. Spot**kaj**my się u mnie, o **siód**mej.

Prononciation
**5** ... **dji'n**saH

Notes

¹ Le nom féminin **opera**, *opéra*, a subi, comme d'habitude, la transformation r/rz en passant du nominatif au locatif.

² Vous connaissez déjà (leçon 47, note 3) le superlatif **najmniej**, *le moin...* Après l'adverbe, voici maintenant le tour de l'adjectif **najmniejszy**, *... moindre, le plus petit*, ici au génitif. De formation irrégulière, ils vienner... respectivement de **mało**, *peu*, et **mały**, *petit*.

de la station-service. **8** La voiture est en panne, nous ne pouvons pas venir. **9** Alors pour quand pouvons-nous prendre rendez-vous ? **10** Peut-être demain à quatorze [heures] ? Qu'en dis-tu ? **11** Il n'y a pas de problème. Quatorze [heures] me convient. **12** C'est gentil de ta part.

Deuxième vague : 42ᵉ leçon

---

**92**

# Quatre-vingt-douzième leçon

## À l'opéra

**1** – Salut. J'ai quelque chose pour toi. Devine quoi.

**2** – Je n'[en] ai pas la moindre idée.

**3** – J'ai gagné deux billets pour l'opéra pour la semaine prochaine. Tu veux *(vas)* y aller avec moi ?

**4** – Avec plaisir. Je n'y suis encore jamais allé *(Jamais encore n'étais)*.

**5** – Moi non plus. [À] ton avis, peut-on [y] aller en jean ?

**6** – Non, je pense qu'il convient de mettre un *(s'habiller en)* costume.

**7** – Alors, il faudra aussi mettre une cravate. Retrouvons *(rencontrons)*-nous chez moi, à sept [heures].

---

Comme en français, le verbe **wygrywać** – ici au perfectif **wygrać**, *gagner*, s'emploie pour les jeux de hasard et les compétitions sportives. En revanche, pour la rémunération salariale, on emploie un autre verbe, que nous avons déjà vu, **zarabiać** (**zarobić** au perfectif).

Beaucoup de termes empruntés à d'autres langues ont été adaptés aux règles de l'orthographe polonaise. C'est le cas de **dżinsy**, issu de l'anglais *blue-jeans*. On l'emploie toujours au pluriel, comme **spodnie**, *pantalon*.

Le verbe **ubrać się**, *s'habiller*, suivi de la préposition **w**, *en* + accusatif, s'emploie fréquemment au sens où, en français, on dirait *mettre (un vêtement)*. Ainsi on dit, par exemple, **ubrać się w koszulę** (litt. "s'habiller en chemise"), *mettre une chemise*.

**8** – **O**kay. To do so**bo**ty. (…)

**9** – Gdzie są **na**sze **miej**sca? Na par**te**rze czy na bal**ko**nie?

**10** – Na bal**ko**nie. W **czwar**tym **rzę**dzie [6].

**11** – **Po**śpiesz się, już **gasną świat**ła.

**12** – Co to? **Wszy**scy **wsta**ją. To już **ko**niec?

**13** – Nie wiem. Zo**bacz**my, co jest napi**sa**ne w pro**gra**mie.

**14** – **O**pera w trzech **ak**tach… **Ak**cja w **dru**gim **ak**cie rozgry**wa** się po **pię**ciu **la**tach.

**15** Mam na**dzie**ję, że bi**le**ty **bę**dą **jesz**cze **waż**ne! □

---

**Note**

6 Le locatif **w rzędzie** vient de **rząd**, *rang*. Nous avons donc ici affaire à deux changements de lettres dans un mot, ce qui – hélas – arrive quelquefois.

\*\*\*

Ćwiczenie pierwsze – Proszę przetłumaczyć

❶ Pójdę z tobą z przyjemnością, ale nie dzisiaj. ❷ Nigdy jeszcze nic nie wygrałem. ❸ Twoim zdaniem, można założyć dżinsy? ❹ Nie zapomnij podlać kwiatów na balkonie ❺ Mam nadzieję, że zrobisz, co należy.

Ćwiczenie drugie – Wpisać brakujące słowa

❶ Je le ferai pour toi avec plaisir quand je reviendrai.
  Zrobię . . dla . . . . . . z . . . . . . . . . . . jak . . . . . .

❷ Tu devrais mettre un costume et une cravate.
  . . . . . . . . . . założyć . . . . . . . . i . . . . . . .

❸ Comment faut-il s'habiller, [à] ton avis ?
  Jak . . . . . . się . . . . . , twoim . . . . . . . ?

❹ Nos places sont au premier rang, au balcon.
  Nasze . . . . . . . są . pierwszym . . . . . . . , na . . . . . . . .

**8** – OK. Alors, à samedi. (…)

**9** – Où sont nos places ? À l'orchestre ou au balcon ?

**10** – Au balcon. Au quatrième rang.

**11** – Dépêche-toi. Les lumières s'éteignent déjà *(déjà s'éteignent lumières)*.

**12** – Qu'est-ce c'est ? Tout le monde *(tous)* se lève*(nt)*. C'est déjà fini *(fin)* ?

**13** – Je ne sais pas. Regardons ce qui est écrit dans le programme.

**14** – Opéra en trois actes… L'action au deuxième acte se déroule au bout de *(après)* cinq ans.

**15** J'espère que les billets seront encore valables !

W OPERZE

Corrigé de l'exercice 1

❶ Je viendrai avec toi avec plaisir, mais pas aujourd'hui. ❷ Je n'ai encore jamais rien gagné. ❸ [À] ton avis, on peut mettre un jean ? ❹ N'oublie pas d'arroser les fleurs sur le balcon. ❺ J'espère que tu feras ce qu'il convient.

❺ Sais-tu ce qu'il convient de faire en cas d'accident ?

. . . . . , co . . . . . . zrobić . razie . . . . . . . ?

Corrigé de l'exercice 2

❶ – to – ciebie – przyjemnością – wrócę ❷ Powinieneś – garnitur – krawat ❸ – trzeba – ubrać – zdaniem ❹ – miejsca – w – rzędzie – balkonie ❺ Wiesz – należy – w – wypadku

Deuxième vague : 43ᵉ leçon

# Lekcja dziewięćdziesiąta trzecia

## U dentysty

1 – **Wszyst**ko już załat**wił**eś przed wy**jaz**dem?
2 – Tak, **tyl**ko nie wiem, czy z**dążę** [1] iść do den**ty**sty [2].
3 – A co, **bol**ą cię **zę**by?
4 – Nie, to tak na **wszel**ki [3] wy**pa**dek. **Chciał**bym, **że**by mi **spraw**dził.
5 – **Prze**cież za gra**nic**ą są den**tyś**ci [4].
6 – **A**le jak mu wytłu**mac**zę? Po **pol**sku?
7 – **Zro**bisz jak ja, **po**wiesz po an**giel**sku.
8 – Nie znam **dob**rze angiel**skie**go.
9 – Ja też znam **tyl**ko **par**ę słów i **dał**em **so**bie rad**ę** [5].
10 – Na**praw**dę? Jak to zro**bił**eś?
11 – Poka**zał**em mu ząb i powie**dzia**łem "tu" [6].
12 – I co, zro**zu**miał?

Prononciation
*ou dèn**tés**té*

Notes

1 **zdążyć** traduit le fait d'*arriver* ou de *réussir quelque chose à temps*. N'ayant que la forme du perfectif, il se rapporte au futur **zdążę to zrobić**, *j'aurai le temps de le faire*. Outre l'infinitif, il peut aussi être suivi d'une préposition : **zdążyć na pociąg, do pracy**, *arriver à temps au train, au travail*.

2 Voici un nouvel exemple d'un nom masculin qui se termine en **-a** : **dentysta**, *dentiste*. Le féminin est **dentystka**.

3 En plus de cette tournure, l'adjectif **wszelki**, *tout, chaque*, apparaît dans quelques expressions toutes faites : **wszelkimi sposobami**, *par tous le*

# Quatre-vingt-treizième leçon

## Chez le dentiste

**1** – As-tu déjà tout réglé avant ton départ ?
**2** – Oui, seulement je ne sais pas si j'aurai le temps d'aller chez le dentiste.
**3** – *(Et)* Quoi, tu as mal aux dents ?
**4** – Non, c'est comme ça, à tout hasard. Je voudrais qu'il me [les] contrôle.
**5** – Pourtant à l'étranger, il y a des dentistes.
**6** – Mais comment vais-je lui expliquer ? En polonais ?
**7** – Tu feras comme moi, tu [le lui] diras en anglais.
**8** – Je ne connais pas bien l'anglais.
**9** – Moi non plus *(aussi)*, je ne connais que quelques mots et je me suis débrouillé.
**10** – Vraiment ? Comment as-tu fait ?
**11** – Je lui ai montré la dent et j'ai dit "tu" *(ici)*.
**12** – Et alors, il a compris ?

---

moyens ; **za wszelką cenę**, *à tout prix* ; **wszelkie prawa zastrzeżone**, *tous droits réservés.*

Remarquez la forme du pluriel dans **dentyści**, *dentistes*. On retrouve la même terminaison dans tous les noms masculins qui finissent en **-ta** au singulier : **artysta - artyści**, **turysta - turyści**, etc.

Nous vous suggérons de retenir telle quelle cette locution idiomatique, correspondant à *se débrouiller* : **dać** (**dawać** à l'imperfectif) **sobie radę**. Le pronom **sobie** est invariable : **daję sobie radę**, *je me débrouille* ; **dajesz sobie radę**, *tu te débrouilles*, etc.

Vous l'avez sûrement compris, mais précisons à tout hasard que ***two***, prononcé comme **tu**, *ici*, veut dire *deux* en anglais.

**13** – Doskonale! **Wyr**wał mi dwa **zę**by.
**14** – **Ca**łe **szczę**ście, że nie powie**dzia**łeś "ten" [7]!  □

---

Note

**7**  Voyez vous-même les conséquences de la confusion entre **_ten_** (*dix* en anglais) et ten, *ce*, *celui-ci* !

\*\*\*

Ćwiczenie pierwsze – Proszę przetłumaczyć
**❶** Jestem pewien, że zdążysz to zrobić do jutra. **❷** Koniecznie muszę załatwić tę historię przed wyjazdem. **❸** Możesz mi wytłumaczyć, jak to się stało? **❹** Nie przesadzaj, na pewno dasz sobie radę sama. **❺** Niech pan to sprawdzi, na wszelki wypadek.

Ćwiczenie drugie – Wpisać brakujące słowa
**❶** Dépêche-toi, sinon *(car autrement)* je n'aurai pas le temps [d'aller au travail.
   Pośpiesz . . . , bo . . . . . . . nie . . . . . do . . . . . .

**❷** Vas-tu pouvoir régler toutes les affaires d'ici demain ?
   . . . . . . . . mógł . . . . . . . . wszystkie . . . . . . do . . . . . ?

**❸** Je vois que tu t'es très bien *(parfaitement)* débrouillée à l'étranger
   . . . . . , że . . . . . . . . . . sobie . . . . . radę . . granicą.

**❹** Malheureusement, je vais devoir vous arracher au moins deux dent
   . . . . . . . . . , będę . . . . . . panu . . . . . . co . . . . . . . .
   dwa . . . . .

**13** – Parfaitement ! Il m'a arraché deux dents.
**14** – Heureusement que tu n'as pas dit "ten" *(celui-ci)* !

U DENTYSTY

\*\*\*

Corrigé de l'exercice 1

❶ Je suis sûr que tu auras le temps de le faire *(jusqu'à)* [avant] demain. ❷ Je dois absolument régler cette histoire avant le départ. ❸ Peux-tu m'expliquer comment ça s'est passé ? ❹ N'exagère pas, tu vas sûrement te débrouiller toute seule. ❺ Contrôlez-le, à tout hasard.

❺ Je te l'expliquerai plus tard, maintenant je suis occupée.
 . . . . . . . . . . ci . . później, . . . . . jestem . . . . . . . .

Corrigé de l'exercice 2

– się – inaczej – zdążę – pracy ❷ Będziesz – załatwić – sprawy – jutra
Widzę – doskonale – dałaś – za – ❹ Niestety – musiał – wyrwać –
jmniej – zęby ❺ Wytłumaczę – to – teraz – zajęta

*Le premier centre d'intérêt des Polonais est, bien sûr, la politique, car, comme le dit le proverbe : "Deux Polonais, trois opinions politiques". Mais ils ont aussi la passion de la médecine. En témoigne cette histoire que l'on raconte au sujet de* **Stańczyk**, *le bouffon du roi* **Zygmunt Stary**, *Sigismond le Vieux. Un jour, il fit un pari avec un membre de la cour du roi, prétendant qu'en Pologne le nombre de médecins était le*

**94**

# Lekcja dziewięćdziesiąta czwarta

## W księgarni

1 – Nie **po**szłabyś [1] ze mną **ku**pić coś na **pre**zent dla sąsiadki [2]?

2 – **Chę**tnie. A co za**mie**rzasz jej [3] poda**ro**wać?

3 – My**ślałam** o **jakiejś dobrej książce**.

4 – To **wejdź**my do tej księ**gar**ni. Tu jest **du**ży **wy**bór. (...)

5 **Zo**bacz, są **pięk**ne **książ**ki z reproduk**cja**mi dzie sztu**ki**.

6 – O nie, to nie w jej **sty**lu. **Sztu**ka jej nie inte**re**suje.

7 – To **mo**że **jakiś** prze**wod**nik turys**tycz**ny? **Al**bo **książ**kę o po**dró**żach, o **kra**jach egzo**tycz**nych?

**Prononciation**
*3 ... **ks**ʲ**onch**tsè ...*

**Notes**

1 La question est adressée à une femme, sinon on dirait **poszedłby** Comme vous le savez, pour former le conditionnel, on se sert de la personne du passé – ici il s'agit du verbe **pójść**, *aller* – suivi de **by** des terminaisons personnelles. Sa conjugaison est irrégulière, comm nous l'avons déjà vu (leçon 66, note 3), à propos de la forme neutre singulier **poszło**, *il/elle est allé(e)*. Au pluriel, les formes sont **poszli**,

*plus élevé au monde. Le lendemain, il simula une rage de dents et se promena toute la journée, le visage recouvert d'un pansement. Le soir, il put s'enorgueillir d'avoir réuni près de trois cents avis différents pour guérir sa maladie et gagna ainsi son pari !*

Deuxième vague : 44e leçon

**94**

# Quatre-vingt-quatorzième leçon

## À la librairie

**1** – Tu ne viendrais *(N'irais-tu)* pas avec moi acheter quelque chose en *(pour)* cadeau pour [ma] voisine ?

**2** – Volontiers. Et qu'as-tu l'intention de lui offrir ?

**3** – J'ai pensé à un bon livre.

**4** – Alors, entrons dans cette librairie. Il y a un grand choix ici. (…)

**5** Regarde, il y a de beaux livres avec des reproductions d'œuvres d'art.

**6** – Oh non, ce n'est pas dans son style. L'art, [ça] ne l'intéresse pas.

**7** – Alors peut-être un guide touristique ? Ou un livre sur les voyages, les pays exotiques ?

---

*sont allés* et **poszły**, *elles sont allées*. Par conséquent, le conditionnel est : **poszlibyśmy/poszłybyśmy**, *nous irions / serions allé(e)s* ; **poszlibyście/ poszłybyście**, *vous iriez / seriez allé(e)s*, etc.

Vous vous souvenez sans doute qu'ajoutée à un nom masculin – ici **sąsiad**, *voisin* –, la terminaison **-ka** le transforme en féminin : **sąsiadka**.

N'oubliez pas que **jej** correspond à plusieurs fonctions. C'est d'abord la forme commune au datif – comme dans cette phrase – et au génitif (phrase 6) de **ona**, *elle*. De plus, **jej** équivaut à *sa* lorsque le possesseur est une femme.

**8** – **Ta**kich **ksią**żek **o**na ma już **spo**ro ⁴.

**9** – A co ona właś**ci**wie **lu**bi: **ję**zyki **ob**ce, his**to**rię, po**e**zję...

**10** – Na**praw**dę, nie znam jej upo**do**bań aż tak **do**brze.

**11** – To mam po**my**sł. Kup jej **ksią**żkę ku**char**ską ⁵.

**12** **Zo**bacz, tu jest **ta**kie **ład**ne wy**da**nie, z kolo**ro**wy**mi ilustra**cja**mi...

**13** – Jest za **gru**ba. **O**ni w **do**mu **ty**le nie **je**dzą.

**14** – Osta**tecz**nie **mo**żesz jej **ku**pić po**wieść.

**15** – No **do**brze, **a**le pod wa**run**kiem, że nie **bę**dzie ⁶ **a**ni prze**mo**cy, **a**ni po**li**tyki, **a**ni **sek**su...

**16** – To nie **wi**dzę in**ne**go **wyj**ścia, jak poda**ro**wać jej **ksią**żkę telefo**nicz**ną! □

## Notes

**4** L'adverbe **sporo**, *pas mal*, s'emploie comme équivalent familier de **dużo**, *beaucoup*. De même, l'adjectif **spory** est l'homologue, dans la langue courante, de **duży**, *grand*.

**5** Dans la famille de mots relatifs à **kuchnia**, *cuisine*, on trouve deux adjectifs : **kucharski** (ici au génitif féminin) et **kuchenny**. Le premier, qui s'applique aux livres de recettes, permet aussi de qualifier *l'art de cuisiner*. Le second, plus répandu, s'emploie pour un ustensile, un meuble, un escalier, etc. Notez aussi le nom de la profession : **kucharz**, *cuisinier*, **kucharka**, *cuisinière*.

**6** Comme vous le savez, le conditionnel polonais se traduit par le subjonctif français, mais on peut également, comme ici, employer le futur **będzie**.

\*\*\*

▶ Ćwiczenie pierwsze – Proszę przetłumaczyć

❶ Jakie języki obce zna twój syn? ❷ Zrobię to pod warunkiem, że będziesz grzeczny. ❸ Ten przewodnik turystyczny jest duży, ma pan inne? ❹ Zamierzam poszukać innego wyjścia. ❺ Widzę, że masz nową książkę kucharską.

**8** – De bons livres comme ça, elle [en] a déjà pas mal.

**9** – Et qu'est-ce qu'elle aime au juste : langues étrangères, histoire, poésie…

**10** – À vrai dire, je ne connais pas ses goûts si bien [que ça].

**11** – Alors, j'ai une idée. Achète-lui un livre de cuisine.

**12** Regarde, il y a ici une *(telle)* belle édition, avec des illustrations en couleur…

**13** – Il est trop gros. Ils ne mangent pas autant chez eux *(à la-maison)*.

**14** – Après tout, tu peux lui acheter un roman.

**15** – Bon, d'accord *(bien)*, mais à condition qu'il n'y ait ni violence, ni politique, ni sexe…

**16** – Alors, je ne vois pas d'autre[s] solution[s] que de lui offrir un annuaire *(livre téléphonique)* !

\*\*\*

orrigé de l'exercice 1

Quelles langues étrangères connaît ton fils ? ❷ Je le ferai à ondition que tu sois *(seras)* gentil. ❸ Ce guide touristique est trop os, [en] avez-vous d'autres ? ❹ J'ai l'intention de chercher une autre lution. ❺ Je vois que tu as un nouveau livre de cuisine.

Ćwiczenie drugie – Wpisać brakujące słowa

❶ Ce roman me semble un peu trop gros. Il n'aime pas lire.
   Ta . . . . . . . wydaje . . się . . . . . . za . . . . . . On . . .
   lubi . . . . . . .

❷ Dites-moi, Madame, quelles langues étrangères vous connaissez.
   . . . . . . mi . . . . . . . . . . , jakie . . . . zna . . . . . . obce.

❸ Nous irons au cinéma à condition que tu finisses *(finiras)* tes leçons.
   . . . . . . . . . do . . . . pod . . . . . . . . . , że . . . . . . . . . lekcje.

❹ Je vais à la librairie, je dois m'acheter un guide touristique.
   . . . do . . . . . . . . . , muszę . . . . . kupić . . . . . . . . . .
   turystyczny.

**95**

# Lekcja dziewięćdziesiąta piąta

## Dieta [1]

**1** – Mam wyśmie**ni**te **ciast**ka. Spró**bu**jesz [2]?
**2** – Nie, dzię**ku**ję. Nie **mo**gę.
**3** – Co ty **mó**wisz? **Zaw**sze lu**bi**łaś sło**dy**cze.
**4** – To **praw**da, **a**le **jes**tem na **die**cie.
**5** – Nie **żar**tuj! Od jak **daw**na?
**6** – Od mie**sią**ca. Nies**te**ty, na **ra**zie nie **wi**dać
     rezul**ta**tu.
**7** – Nie u**da**ło ci si **wca**le **schud**nąć?

## Notes

**1** **Dieta** désigne un *régime alimentaire* (amaigrissant, végétarien, sans se
  etc.). Son usage est beaucoup plus large que celui du mot français *dièt*
  terme médical, rare dans l'usage courant. **Dieta** s'emploie par ailleu
  pour les remboursements de frais d'un voyage professionnel. Not
  que *Diète*, avec une majuscule, désigne le parlement polonais, qui
  dit **Sejm**.

❺   Vraiment tu as l'intention de lui offrir un livre de cuisine ?
    **Naprawdę** . . . . . . . . . **jej** . . . . . . . . **książkę** . . . . . . . . ?

Corrigé de l'exercice 2
❶ – powieść – mi – trochę – gruba – nie – czytać ❷ Proszę – powiedzieć
– pani – języki – ❸ Pójdziemy – kina – warunkiem – skończysz – ❹ Idę
– księgarni – sobie – przewodnik – ❺ – zamierzasz – podarować –
kucharską

Deuxième vague : 45ᵉ leçon

**95**

# Quatre-vingt-quinzième leçon

## Le régime

**1** – J'ai d'excellents *(délicieux)* gâteaux. Tu veux *(vas)*
    goûter ?
**2** – Non, merci. Je ne peux pas.
**3** – Qu'est-ce que tu dis ? Tu as toujours aimé les
    sucreries.
**4** – C'est vrai, mais je suis au régime.
**5** – Sans blague *(Ne-pas plaisante)* ! Depuis combien de
    temps ?
**6** – Depuis un mois. Malheureusement, pour le moment,
    on ne voit pas le résultat.
**7** – Tu n'as pas du tout réussi à maigrir ?

Le verbe perfectif **spróbować** (ici *goûter*) veut aussi dire *essayer* (de
faire quelque chose). Rappelons que pour *essayer un vêtement*, on
emploie **przymierzyć**.

8 – Wręcz prze**ciw**nie [3]! Przy**ty**łam [4] pół**to**ra **ki**lo. To o**krop**ne.

9 – Może po**win**naś u**praw**iać [5] **ja**kiś sport: **jeź**dzić na ro**wer**ze, gimnasty**ko**wać się…

10 – Tak. **Mu**szę o tym po**myś**leć.

11 – **Prze**de [6] **wszyst**kim, nie **trze**ba się znie**chę**cać. I **cza**sem **dob**rze jest po**ra**dzić się le**ka**rza.

12 – Już **by**łam. To on mi prze**pi**sał **die**tę.

13 – Ach tak? A co ci po**le**cił?

14 – Mam jeść trzy **ra**zy **dzien**nie su**cha**rek i po**pi**jać [7] **szklan**ką **so**ku pomidoro**we**go.

15 **Tyl**ko zapom**nia**łam go za**py**tać, czy mam to **ro**bić przed, czy po je**dze**niu.    □

---

: Notes

3 Les deux adverbes de cette locution idiomatique peuvent s'employer séparément. **Przeciwnie** est issu de l'adjectif **przeciwny**, *contraire*, *opposé*, et **wręcz** – qui permet ici de renforcer l'expression – veut dire *radicalement*, *sans détour*.

4 **przytyć** est le synonyme de **utyć**, *grossir*. Entre ces deux verbes (ici au perfectif), la différence est relativement mince – c'est le cas de le dire. En effet avec **przytyć**, on sous-entend un tout petit nombre de kilos en plus !

5 S'agissant d'un sport – ou d'une discipline artistique –, on n'emploie jamais, comme en français, le verbe *faire*, mais **uprawiać**, *pratiquer*, ou

\*\*\*

Ćwiczenie pierwsze – Proszę przetłumaczyć

❶ Nie mam czasu, żeby uprawiać sport. ❷ Zupełnie zapomniałam, że jesteś na diecie. ❸ Przestań jeść słodycze jeśli chcesz schudnąć! ❹ Mówisz, że przytyłaś? Wcale ni widać. ❺ Przede wszystkim, musisz pomyśleć o tym co polecił lekarz.

**8** – Bien au contraire. J'ai grossi d'un kilo et demi. C'est affreux.

**9** – Tu devrais peut-être pratiquer un sport : faire du *(aller à)* vélo, faire de la gymnastique…

**10** – Oui. Je dois y *(à cela)* penser.

**11** – Avant tout, il ne faut pas se décourager. Et parfois, c'est bien de se faire conseiller [par] le médecin.

**12** – J'[y] ai déjà été. C'est lui qui m'a prescrit le régime.

**13** – Ah oui ? Et qu'est-ce qu'il t'a recommandé ?

**14** – Je dois manger trois fois par jour une biscotte et boire un verre de jus de tomate.

**15** Seulement, j'ai oublié de lui demander si je dois le faire avant ou après manger.

parfois un verbe spécifique, comme ici **gimnastykować się**, *faire de la gymnastique*.

**6** **przed**, *avant*, devient ici **przede** pour simplifier la prononciation. Il en est de même pour **przede mną**, *avant moi*, mais c'est à peu près tout.

**7** **popijać**, dérivé de **pić**, *boire*, est plus spécifique. Il apparaît dans deux constructions. Avec l'accusatif, il signifie *boire à petits coups, siroter* : **popijać piwo/sok**, *siroter une bière / un jus*, etc. Avec l'instrumental, il signifie que l'on mange quelque chose en même temps, et veut alors dire **popijać piwem, sokiem**, *boire un peu après chaque bouchée*.

\*\*\*

## Corrigé de l'exercice 1

**❶** Je n'ai pas le temps de pratiquer un sport. **❷** J'ai complètement oublié que tu étais *(es)* au régime. **❸** Arrête de manger des sucreries si tu veux maigrir ! **❹** Tu dis que tu as grossi ? Ça ne se voit pas du tout. **❺** Avant tout, tu dois penser à ce que t'a recommandé le médecin.

Ćwiczenie drugie – Wpisać brakujące słowa

**❶** Dis-moi où tu as acheté *(fém.)* ces gâteaux. Ils sont délicieux.
Powiedz . . , gdzie . . . . . . . te . . . . . . . . Są . . . . . . . . . . .

**❷** Tu dis que c'est ton médecin [qui] t'a recommandé ce régime ?
. . . . . . , że . . twój . . . . . . ci . . . . . . . tę . . . . . ?

**❸** Tu devrais *(fém.)* peut-être te faire conseiller [par ta] voisine, elle
s'y *(en cela)* connaît.
. . . . . . . . może . . . . . . . . się . . . . . . . . . . , ona . . .
na . . . zna.

**❹** Vraiment tu ne vois pas que j'ai grossi *(fém.)* d'au moins trois kilos ?
. . . . . . . . nie . . . . . . . , że . . . . . . co . . . . . . . trzy . . . . ?

*Il y a en Pologne d'excellentes pâtisseries et il serait dommage que*
*vous passiez à côté de certaines spécialités. À goûter absolument, le*
**makowiec**, *un roulé au pavot et aux raisins secs. Si vous aimez les*
*pommes, vous serez comblé par la* **jabłecznik**, *une tourte recouverte*
*de sucre glace. Vous constaterez aussi qu'avec le fromage blanc, on*
*prépare un délicieux* **sernik**. *Et tout comme le pape Jean-Paul II,*
*dont c'était le gâteau préféré, vous ne resterez pas indifférent devant*
*le* **kremówka**, *une sorte de millefeuille crémeux. Citons encore* **keks**,

**96**

# Lekcja dziewięćdziesiąta szósta

## ▶ Egzamin z geografii

**1** – To nasz os**tat**ni eg**za**min. Mam na**dzie**ję, że
**dob**rze mi **pój**dzie.

**2** – A ja się **wca**le nie przygoto**wa**łem. **Bo**ję się, że
ob**le**ję ¹.

**▫** Note

¹ Nous avons affaire ici à un usage particulier du verbe **oblać** (**oblewać**
l'imperfectif), dont le premier sens – au propre et au figuré – est *arroser*.
En parlant d'un examen, il signifie *ne pas réussir*, *être collé*.

❺ J'[y] goûterai très volontiers, tu sais bien que j'aime beaucoup les sucreries.

. . . . . . . . bardzo . . . . . . . , wiesz . . . . . . , że . . . . . . lubię . . . . . . . . .

## Corrigé de l'exercice 2

❶ – mi – kupiłaś – ciastka – wyśmienite ❷ Mówisz – to – lekarz – polecił – dietę ❸ Powinnaś – poradzić – sąsiadki – się – tym ❹ Naprawdę – widzisz – utyłam – najmniej – kilo ❺ Spróbuję – chętnie – dobrze – bardzo – słodycze

*une génoise aux fruits secs, **ptyś**, un chou à la crème, ou **piernik**, un pain d'épice. À Pâques, on se régale avec la **babka**, une brioche recouverte de sucre glace ou de chocolat. Enfin, pendant le carnaval, on se rue sur le **chrust** (ou **favorki**), de fines lamelles entortillées de pâte sablée, frites à l'huile et saupoudrées de sucre glace. C'est léger et croustillant, une vraie merveille !*

Deuxième vague : 46ᵉ leçon

96

# Quatre-vingt-seizième leçon

## Un examen de géographie

**1** – C'est notre dernier examen. J'espère que ça se passera bien pour moi *(bien m'ira)*.
**2** – Et moi, je ne me suis pas du tout préparé. J'ai peur d'être collé *(que je ne réussirai pas)*.

3 – Nie **przej**muj się. Pro**f**esor jest **bard**zo wyrozu**miał**y.

4 **Mo**że **za**da ci **j**akieś **łat**we py**t**anie ². O, to już **twoj**a **ko**lej ³. Powo**dze**nia! (…)

5 – Dzień **dob**ry. **Pa**nie profe**sor**ze, ja na**praw**dę nic nie **u**miem ⁴.

6 – Jak to? Był pan o**bec**nych na **wszyst**kich za**ję**ciach, **słu**chał pan u**waż**nie.

7 To nie**moż**liwe, coś pan na **pew**no pa**mię**ta.

8 – **A**le nie **miał**em **cza**su **przej**rzeć no**t**atek i po**wtó**rzyć **cał**ego mate**riał**u…

9 – **Bar**dzo **lu**bię **szcze**rych **lu**dzi, więc **za**dam **pa**nu **tyl**ko **jed**no py**t**anie.

10 **Je**śli pan od**po**wie ⁵ po**praw**nie, to zda ⁶ pan e**gza**min.

11 – No **d**obrze, spró**bu**ję.

12 – Niech mi pan **po**wie, **i**le jest drzew w **pusz**czy ama**zoń**skiej.

13 – 38 542 (Trzy**dzieś**ci **o**siem ty**się**cy ⁷ **pięć**set czter**dzieś**ci dwa).

14 – A skąd pan wie?

15 – **Miał**o być **tyl**ko **jed**no py**t**anie! ☐

**Notes**

2 En faisant préceder **dać/dawać**, *donner*, du préfixe **za-**, on obtient ur nouveau verbe. Il est à retenir notamment dans la tournure **zada(wa)ć pytanie**, *poser une question*.

3 **kolej** veut dire non seulement *chemin de fer* (rappelez-vous l'adjecti **kolejowy**, *ferroviaire*), mais aussi *tour*. **To moja kolej** ou **To kolej na mnie**, *C'est mon tour*, **po kolei**, *tour à tour*.

4 Nous espérons que vous n'avez pas oublié (leçon 71, note 3) la différence entre les deux verbes correspondant à *savoir* : **wiedzieć** et **umieć**

**3 –** Ne t'en fais pas. Le professeur est très indulgent.

**4** Il te posera peut-être une question facile. Oh, c'est déjà ton tour. Bonne chance ! (…)

**5 –** Bonjour. Monsieur le professeur, je ne sais vraiment rien.

**6 –** Comment ça ? Vous étiez présent à tous les cours, vous écoutiez attentivement.

**7** Ce n'est pas possible. Vous vous rappelez sûrement quelque chose.

**8 –** Mais je n'ai pas eu le temps de revoir les notes et de réviser *(répéter)* tout le programme *(matériel)*…

**9 –** J'aime beaucoup les gens sincères, donc je vous poserai seulement une question.

**10** Si vous [y] répondez *(répondrez)* correctement, vous aurez *(réussirez)* votre examen.

**11 –** Eh bien, je vais essayer.

**12 –** Dites-moi combien il y a d'arbres dans la forêt amazonienne.

**13 –** 38 542.

**14 –** Et comment le savez-vous ?

**15 –** Il ne devait y avoir qu'une seule question !

---

C'est le second qui convient ici, puisqu'il s'agit de connaissances, d'un savoir acquis.

**5** Comme le veut la logique, dans une prévision, on met le futur après le *si* en polonais. Précisons que cela se fait dans beaucoup de langues, mais pas en français ! L'utilisation du futur explique le recours au perfectif **odpowiedzieć**, *répondre*, et non pas à l'imperfectif **odpowiadać**.

**6** Voici encore **dać/dawać** avec un nouveau préfixe **z-** et une nouvelle signification, ici à propos des examens. Curieusement, elle n'est pas tout à fait la même pour les deux aspects. Vous connaissez déjà l'expression avec l'imperfectif **zdaje maturę**, *il passe le bac*. Le professeur utilise ici le perfectif, car il se réfère à l'avenir.

Nous n'avons pas encore vu le mot **tysiąc**, *mille*, qui apparaît ici au génitif pluriel. Ce cas est employé après tous les nombres, sauf 2, 3 et 4 – et leurs composés. Ces derniers étant suivis du nominatif pluriel, nous aurons donc : **dwa tysiące**, *deux mille*, mais **pięć tysięcy**, *cinq mille*.

▶ Ćwiczenie pierwsze – Proszę przetłumaczyć
❶ Co ty robisz, dlaczego się jeszcze nie przygotowałeś?
❷ Nie umiem odpowiedzieć na to pytanie. ❸ Jestem
pewien, że zdasz ten egzamin bez problemu. ❹ Niech
pan spróbuje powtórzyć, to bardzo łatwe. ❺ Do widzenia i
powodzenia w pracy.

Ćwiczenie drugie – Wpisać brakujące słowa
❶ Ne t'en fais pas, bientôt ce sera notre tour.
. . . przejmuj . . . , zaraz . . . . . . nasza . . . . . . .

❷ Je ne me suis pas préparé à une telle question.
Nie . . . . . . . . . . . . się . . takie . . . . . . . .

❸ Si je réussis *(réussirai)* [mon] examen, je t'inviterai au restaurant.
Jeśli . . . . egzamin, . . . . . . . . cię . . restauracji.

❹ Le premier exercice est vraiment très facile.
Pierwsze . . . . . . . . . . jest . . . . . . . . bardzo . . . . . .

❺ Répondez sincèrement : que savez-vous faire ?
. . . . . pan . . . . . . . szczerze: . . pan . . . . robić?

**97**

# Lekcja dziewięćdziesiąta siódma

▶ ## Skutki alkoholu

1 – Chodź **Zby**szek. Zro**bi**my doświad**cze**nie.
2 **Stwier**dzisz na **wła**sne **o**czy, **ja**kie są **skut**ki
alko**ho**lu.
3 – **A**leż **ta**to, ja wiem.
4 – Nie, chcę, **że**byś sam zo**ba**czył. To **bar**dzo
cie**ka**we.

Corrigé de l'exercice 1

❶ Qu'est-ce que tu fais, pourquoi tu ne t'es pas encore préparé ? ❷ Je ne sais pas répondre à cette question. ❸ Je suis sûr que tu réussiras cet examen sans problème. ❹ Essayez de répéter, c'est très facile. ❺ Au revoir et bonne chance au travail.

Corrigé de l'exercice 2

❶ Nie – się – będzie – kolej ❷ – przygotowałem – na – pytanie ❸ – zdam – zaproszę – do – ❹ – ćwiczenie – naprawdę – łatwe ❺ Niech – odpowie – co – umie –

Deuxième vague : 47ᵉ leçon

**97**

# Quatre-vingt-dix-septième leçon

## Les effets de l'alcool

1 – Viens, Zbyszek. Nous allons faire une expérience.
2   Tu constateras de *(avec)* [tes] propres yeux *(quels sont)* les effets de l'alcool.
3 – Mais papa, je [le] sais.
4 – Non, je veux que tu le voies toi-même. C'est très intéressant.

5   Patrz [1], **bio**rę dwa kie**lisz**ki.
6   Do jed**ne**go na**le**wam **wo**dy, a do dru**gie**go **wód**ki [2].
7   Teraz **przy**nieś mi z o**gro**du dwa ro**ba**ki.
8 – Już mam. I co **da**lej?
9 – Jed**ne**go wkł**ada**my do kie**lisz**ka z **wo**dą,
    dru**gie**go do kie**lisz**ka z **wód**ką.
10  Pocze**ka**my **kil**ka **mi**nut (…) **Wi**dzisz, co się **dzie**je?
11 – **Wi**dzę. **Ro**bak, **któ**ry [3] był w **wo**dzie, **pły**wa [4].
12 – A ten, **któ**ry był w **wód**ce?
13 – Nie **ru**sza się [5], **chy**ba zdechł [6].
14 – I jaki z **te**go **wnio**sek?
15 – Że jak się **pi**je **wód**kę, to się nie ma [7] ro**ba**ków.□

## Notes

1   patrz est l'impératif de **patrzeć**, *regarder*, synonyme de **zobacz**.

2   Comme il s'agit d'exprimer une certaine quantité, les deux noms **woda**, *eau*, et
    **wódka**, *vodka*, sont au génitif. La différence de terminaison est due, vous vous
    en souvenez, à la lettre finale du radical : après un **k**, le **y** est remplacé par un **i**.

3   Le pronom interrogatif **który**, *(le)quel*, sert également de pronom relatif.
    Au nominatif, il remplace le sujet et correspond à *qui*.

4   Comme vous le savez, les verbes de mouvement ont deux versions :
    l'une pour un déplacement habituel ou non orienté, l'autre pour un
    mouvement particulier ou dirigé vers une destination précise. Ainsi, le
    verbe *nager* a pour équivalent **pływać** pour le premier sens et **płynąć**
    pour le second. La capacité de *se mouvoir dans l'eau* – pour les poissons
    comme pour l'homme – s'exprime à l'aide de **pływać**.

5   Comme vous le voyez, le verbe **ruszać się**, *bouger*, est pronominal en
    polonais.

▶ Ćwiczenie pierwsze – Proszę przetłumaczyć

❶ Mój syn jeszcze nie umie pływać. ❷ Zobaczysz na własne
oczy, co się dzieje. ❸ Stwierdziłem, że lepiej jest mieć
doświadczenie. ❹ Proszę się nie ruszać, to nie potrwa długo.
❺ Dlaczego mi pan nalewa tyle wódki?

**5** Regarde, je prends deux verres.

**6** Dans l'un, je verse de l'eau et dans l'autre *(deuxième)*, de la vodka.

**7** Maintenant, apporte-moi deux vers du jardin.

**8** – Ça y est, je [les] ai. Et puis *(quoi plus loin)* ?

**9** – L'un, on [le] met dans le verre d'eau, l'autre *(deuxième)* dans le verre de vodka.

**10** Nous allons attendre quelques minutes (...) Tu vois ce qui se passe ?

**11** – Je vois. Le ver qui était dans l'eau nage.

**12** – Et celui qui était dans la vodka ?

**13** – Il ne bouge pas, il est probablement mort.

**14** – Et quelle en est *(de-cela)* la conclusion ?

**15** – Que lorsqu'on boit de la vodka, *(alors)* on n'a pas de vers.

---

**6** **zdechł** est le passé (3ᵉ personne du singulier au masculin personnel) du verbe perfectif **zdechnąć**, *mourir*, en parlant des animaux.

**7** Voici encore deux exemples de la tournure correspondant au *on* impersonnel (3ᵉ personne du singulier de la forme réfléchie du verbe) : **pije się**, *on boit* ; **ma się**, *on a*. Très fréquente en polonais, vous la trouverez, par exemple, dans le proverbe **Jak się nie ma co się lubi, to się lubi co się ma**, *Quand on n'a pas ce qu'on aime, on aime ce qu'on a.*

SKUTKI ALKOHOLU

**orrigé de l'exercice 1**

❶ Mon fils ne sait pas encore nager. ❷ Tu verras de [tes] propres ...ux ce qu'il se passe. ❸ J'ai constaté qu'il valait *(est)* mieux avoir ... l'expérience. ❹ Ne bougez pas, cela ne durera pas longtemps. ... Pourquoi me versez-vous autant de vodka ?

Ćwiczenie drugie – Wpisać brakujące słowa

❶ Tu constateras toi-même qu'il a une grande expérience.

. . . . . . . . . . sam, . . on . . duże . . . . . . . . . . . . .

❷ Je ne savais (fém.) pas que tu nageais si bien (si bien nages).

Nie . . . . . . . . . ., że . . . dobrze . . . . . . . .

❸ Que se passe-t-il, pourquoi il ne bouge pas ?

Co . . . dzieje, . . . . . . . . on . . . nie . . . . . ?

*Ce n'est pas sans raison que la vodka passe pour la boisson nationale par excellence. Comme vous verrez, elle existe sous les formes les plus inattendues. Parmi les plus originales, en plus de la* **żubrówka** *– que vous connaissez déjà –, vous en trouverez à la cerise,* **wiśniówka**, *au citron,* **cytrynówka**, *au cumin,* **kminkowa**, *aux herbes,* **ziołowa**, *au poivre,* **pieprzówka**, *ou encore aux baies de sorbier,* **jarzębiak**. *Mais la plus consommée est la* vodka blanche, *dite* **wódka czysta** *(litt "pure"), comme la* **Wyborowa** *ou la* **Żytnia**. *Les Polonais la boivent telle quelle, dans de petits verres, et, comme vous le constaterez, on fait traditionnellement "cul sec". Mais rassurez-vous, vous n'y sere*

**98**

# Lekcja dziewięćdziesiąta ósma
## Powtórka – Révision

## 1 La formation des aspects (suite)

La présence d'un préfixe n'est pas le seul moyen de distingu le perfectif de l'imperfectif. Ce dernier est parfois obtenu par changement de la forme du radical ou par l'ajout d'un suffixe. voici quelques exemples :

❹ Apporte trois verres à vodka.

. . . . . . . . trzy . . . . . . . . do . . . . . .

❺ Quand on habite en ville, *(alors)* on n'a pas de jardin.

Jak ... mieszka . mieście, .. się ... ma . . . . . . .

Corrigé de l'exercice 2
❶ Stwierdzisz – że – ma – doświadczenie ❷ – wiedziałam – tak – pływasz ❸ się – dlaczego – się – rusza ❹ Przynieś – kieliszki – wódki ❺ – się – w – to – nie – ogrodu

*pas obligé ! D'ailleurs, nous vous le déconseillons, car cela suppose un certain entraînement. À ce propos, si l'expression "soûl comme un Polonais" a fait le tour du monde, sa signification originelle n'est pas du tout celle que l'on croit. On attribue en effet cette phrase à Napoléon. Ses soldats, parmi lesquels se trouvaient des Polonais, avaient un soir un peu forcé sur la bouteille. Le lendemain, seuls ces derniers étaient en état d'affronter l'ennemi. L'empereur aurait alors déclaré : "Messieurs, buvez, si vous voulez, mais soyez soûls comme des Polonais"! Bref, si cette expression est bien sûr synonyme d'ivresse, elle renvoie avant tout à la résistance à la boisson !*

Deuxième vague : 48ᵉ leçon

**98**

# Quatre-vingt-dix-huitième leçon

| erfectif | Imperfectif |
|---|---|
| ać | **dawać**, *donner* |
| rzyknąć | **krzyczeć**, *crier* |
| upić | **kupować**, *acheter* |
| tworzyć | **otwierać**, *ouvrir* |
| amknąć | **zamykać**, *fermer* |
| aprosić | **zapraszać**, *inviter* |

De plus, deux verbes différents peuvent former la "paire aspectuelle":

| obejrzeć | oglądać, *regarder* |
|----------|---------------------|
| położyć | kłaść, *mettre* |
| powiedzieć | mówić, *parler, dire* |
| wziąć | brać, *prendre* |
| zobaczyć | widzieć, *voir* |

Enfin, quelques verbes possèdent uniquement l'aspect imperfectif. Ce sont principalement :

| być, *être* | mieć, *avoir* |
|-------------|---------------|
| umieć, *savoir* | wiedzieć, *savoir* |
| móc, *pouvoir* | musieć, *devoir* |

## 2 L'emploi des aspects

### 2.1 La répartition des aspects et des temps

Après avoir revu la formation du perfectif et de l'imperfectif, il nous reste à faire le point sur leur utilisation. D'abord, vous devez toujours penser à <u>ne pas confondre les aspects avec les temps</u>. Ce sont deux systèmes différents qui se combinent, mais – hélas – sans symétrie. Il y a tout de même une petite consolation : comme les temps sont beaucoup moins nombreux en polonais qu'en français, ces combinaisons sont faciles à retenir.

Voici un tableau qui résume la répartition des aspects et des temps

| Aspect | Temps | | | |
|--------|---------|-------|--------------|---------------|
| | Présent | Passé | Futur simple | Futur composé |
| perfectif | - | + | + | - |
| imperfectif | + | + | - | + |

Voyons maintenant quelques exemples d'utilisation des aspec dans une phrase.

### 2.2 L'emploi des verbes perfectifs

Les verbes perfectifs désignent une action qui a commencé sera continuée par la suite, qui a eu un résultat ou qui n'a eu li qu'une seule fois. Par conséquent, certains mots ou expressions s'emploient exclusivement avec cet aspect. Ce sont, par exemple :

| nagle, *tout à coup* | **Nagle ktoś krzyknął**, *Tout à coup, quelqu'un a crié.* |
| **nareszcie**, *enfin* | **Nareszcie zrozumiałem**, *J'ai enfin compris.* |
| **w ciągu**, *en* | **Zrobiłem to w ciągu tygodnia**, *Je l'ai fait en une semaine.* |
| **w końcu**, *à la fin* | **W końcu powiedział prawdę**, *À la fin, il a dit la vérité.* |

## 2.3 L'emploi des verbes imperfectifs

Les verbes imperfectifs accompagnent les expressions qui marquent la durée ou la fréquence :

| **ciągle**, *tout le temps* | **Ciągle robiłem to samo**, *Je faisais tout le temps la même chose.* |
| **czasem**, *parfois* | **Czasem rozumiał wszystko**, *Parfois, il comprenait tout.* |
| **często**, *souvent* | **Widziałem cię tam często**, *Je te voyais souvent là-bas.* |
| **długo**, *longtemps* | **Długo czekałeś na tę okazję?** *As-tu longtemps attendu ("pour") cette occasion ?* |
| **zawsze**, *toujours* | **Zawsze mówiłem prawdę**, *Je disais toujours la vérité.* |
| **zwykle**, *d'habitude* | **Zwykle dzwoniłeś wieczorem**, *D'habitude, tu téléphonais le soir.* |

Après les verbes :
**przestać**, *arrêter*, **skończyć**, *finir*, **zacząć**, *commencer*, on utilise toujours l'imperfectif :
**Przestań krzyczeć**, *Arrête de crier*,
**Skończyłeś czytać?**, *As-tu fini de lire ?*,
**Kiedy zaczniesz to robić?**, *Quand vas-tu commencer à le faire ?*

## 2.4 L'impératif affirmatif

À l'impératif affirmatif, on emploie les verbes perfectifs :
**Daj mu wody**, *Donne-lui de l'eau.*
**Zadzwoń do mnie**, *Téléphone-moi.*
**Zrób zakupy**, *Fais les courses.*

## 2.5 L'impératif négatif

À l'inverse, pour l'impératif négatif, on se sert des verbes imperfectifs :
**Nie dawaj mu wody**, *Ne lui donne pas d'eau.*
**Nie dzwoń do mnie**, *Ne me téléphone pas.*
**Nie rób zakupów**, *Ne fais pas de courses.*

# 3 Les pronoms

## 3.1 Les pronoms interrogatifs

Ce sont d'abord **kto**, *qui*, et **co**, *que*. Ils n'ont ni genre ni nombre et se déclinent comme suit :

| Nominatif | kto | co |
|---|---|---|
| Génitif | kogo | czego |
| Datif | komu | czemu |
| Accusatif | kogo | co |
| Intrumental | kim | czym |
| Locatif | kim | czym |

S'y ajoutent deux formes qui correspondent toutes les deux à *(le) quel* : **który** et **jaki**. La différence entre ces dernières est que **który** interroge sur l'identité – ce qui suppose le choix entre plusieurs éléments –, tandis que **jaki** porte plutôt sur la qualité intrinsèque de l'objet.
Contrairement à **kto** et **co**, **który** et **jaki** varient en genre et en nombre. Il faut donc y ajouter, au singulier, **która (jaka)** au féminin et **które (jakie)** au neutre. Au pluriel, vous avez **którzy (jacy)** au masculin personnel et **które (jakie)** aux autres genres. La déclinaison est régulière et suit le modèle des adjectifs.

## 3.2 Les pronoms relatifs

Ils ont les mêmes formes que les pronoms interrogatifs. Selon le cas utilisé, ils correspondent à différents pronoms français. Voyons l'exemple de **który**, le plus fréquent parmi les relatifs. Employé au nominatif, il équivaut à *qui* et s'applique aussi bien à des personnes qu'aux choses :

**To pan, który pracuje ze mną,** *Voici le monsieur qui travaille avec moi.*
**Daj mi nóż, który jest na stole,** *Donne-moi le couteau qui est sur la table.*

Au génitif, il correspond à *que* ou *dont* :

**To pan, którego szukasz,** *Voici le monsieur que tu cherches.*
**To nóż, którego potrzebujesz,** *Voici le couteau dont tu as besoin.*

Nous laissons de côté les autres cas de **który**, qui correspondent généralement aux pronoms relatifs composés en français, peu utilisés dans la conversation courante.

## 3.3 Les pronoms indéfinis

Certains sont obtenus par l'ajout de la terminaison **-ś** aux pronoms interrogatifs :

| | |
|---|---|
| **ktoś**, *quelqu'un* | **coś**, *quelque chose* |
| **któryś**, *un certain* | **jakiś**, *quelconque* |

Un autre procédé consiste à faire précéder ces pronoms (en supprimant parfois leur terminaison) du préfixe **ni(e)-** : **nikt**, *personne* ; **nic**, *rien* ; **niejaki**, *un tel* ; **niektóry** (généralement au pluriel **niektórzy**, **niektóre**, *certain(e)s*.

Ajoutons à cette liste les pronoms suivants : **każdy**, *chaque* ; **pewien**, *certain* ; **wszystko**, *tout* ; **wszyscy**, *tous* ; **żaden**, *aucun*.

Les pronoms indéfinis se déclinent comme les adjectifs et, à l'exception de **ktoś**, **coś**, **nikt**, **nic**, ils peuvent être masculins, féminins ou neutres. Ils peuvent aussi s'employer au pluriel.

## ▶ Dialog-powtórka

1 – Zgadnij, co wygrałam.
2 – Nie mam najmniejszego pojęcia.
3 – Książkę kucharską. To okropne.
4 – Nie żartuj. Dlaczego?
5 – Jak to? Nie wiesz, że jestem na diecie?
6 – Przecież wcale nie jesteś gruba.
7 – Ale dżinsy, które kupiłam w zeszłym miesiącu, są za małe.
8 – Powinnaś poradzić się sąsiadki.
9 – Ona ma duże doświadczenie i robi, co należy.
10 – Co, na przykład?
11 – Przede wszystkim, dużo się rusza, pływa, jeździ na rowerze.
12 – To najlepsze wyjście, przekonasz się na własne oczy.
13 – No dobrze, zobaczymy. A ty przygotowałaś się już do wyjazdu?

**99**

# Lekcja dziewięćdziesiąta dziewiąta

## ▶ Zwiedzanie Rzymu

1 – Gdzie się tak opali**łeś** ¹?
2 – Na **dział**ce ². W tym **ro**ku **by**ła wjąt**ko**wo **ład**na po**go**da.

---

 Notes

1  Remarquez que **opalić się** (**opalać się** à l'imperfectif), *bronzer*, est verbe réfléchi.

**14 –** Muszę jeszcze załatwić parę rzeczy.

**15 –** Nie zapomnij iść do dentysty, żeby ci sprawdził zęby.

**16 –** Nie wiem, czy zdążę.

## Traduction

**1** Devine ce que j'ai gagné. **2** Je n'[en] ai pas la moindre idée. **3** Un livre de cuisine. C'est affreux. **4** Sans blague *(Ne-pas plaisante)*. Pourquoi ? **5** Comment ça ? Tu ne sais pas que je suis au régime ? **6** Mais *(Pourtant)* tu n'es pas du tout grosse. **7** Mais le jean que j'ai acheté le mois dernier est trop petit. **8** Tu devrais demander conseil à ta voisine. **9** Elle a une grande expérience et fait ce qu'il convient [de faire]. **10** Quoi, par exemple ? **11** Avant tout, elle bouge beaucoup, nage, fait du *(va à)* vélo. **12** C'est la meilleure solution *(sortie)*, tu [le] constateras de tes propres yeux. **13** Et bien, nous verrons. Et toi, tu t'es déjà préparée au départ ? **14** Je dois encore régler quelques affaires *(choses)*. **15** N'oublie pas d'aller chez le dentiste pour qu'il te contrôle les dents. **16** Je ne sais pas si j'aurai le temps.

Deuxième vague : 49ᵉ leçon

99

# Quatre-vingt-dix-neuvième leçon

## La visite de Rome

**1 –** Où as-tu bronzé comme ça ?

**2 –** Au jardin *(parcelle)*. Cette année, il a fait *(était)* exceptionnellement beau *(temps)*.

**działka** (litt. "parcelle") est l'équivalent du *jardin ouvrier* en France, c'est-à-dire une petite surface "agricole" hors de la ville, où on peut exercer ses talents de jardinier. Des aménagements, parfois particulièrement astucieux – lieu pour dormir, manger, etc. – transforment ces jardins en véritables lieux de villégiature.

**3** – **Czę**sto tam **jeź**dzisz?

**4** – Jak **tyl**ko mam **tro**chę wol**ne**go **cza**su.

**5** – I co tam **ro**bisz? Nie **nu**dzi ci się [3]?

**6** – **Wca**le nie. **Zaw**sze mam **ja**kieś za**ję**cie. **Wios**ną [4]
     sadzę **kwia**ty.

**7**  **La**tem **zbie**ram o**wo**ce: po**rzecz**ki, **śliw**ki, cze**reś**nie.

**8**  **Trze**ba też **sko**sić **tra**wę, **pod**lać **o**gród, **wyr**wać
     **chwas**ty...

**9** – Nie wie**dzia**łem, że **lu**bisz **pra**ce ogro**do**we [5].

**10** – **Daw**niej lu**bi**łem podró**żo**wać, **a**le **te**raz... A ty
      już po ur**lo**pie [6]?

**11** – Tak, **by**łem z **ca**łą **ro**dziną we **Wło**szech [7], przez
      dwa ty**god**nie.

**12**  **Naj**pierw nad **mo**rzem, **po**tem w Mediolanie, a
      na **ko**niec, trzy dni w **Rzy**mie.

**13** – Tak **krót**ko? Jest tam **prze**cież **ty**le **rze**czy do
      zoba**cze**nia!

**14** – To **praw**da, ale u**da**ło nam się **wszys**tko **zwie**dzić.

**15** – **Ca**ły Rzym przez trzy dni? Jak to zro**bi**liście?

**16** – To **pros**te. Syn z **cór**ką zwie**dza**li gale**rie**, **żo**na
      **skle**py, a ja lo**ka**le **noc**ne!  □

**Notes**

**3** nudzić się, *s'ennuyer*, peut être conjugué à la forme personnelle
   **nudzę się, nudzisz się**, etc. Le plus souvent toutefois, on l'emploie à l[...]
   3e personne du singulier, accompagnée du datif du pronom personnel
   **nudzi mi się**, *je m'ennuie* ; **nudzi ci się**, *tu t'ennuies*, etc. Rappelez-vou[...]
   à cet égard l'expression **chce mi się pić**, *j'ai soif*.

**4** wiosna, *printemps*, est féminin, d'où la terminaison **-ą** à l'instrumen[...]
   tal. Comme vous voyez, ce cas sert à marquer ici le complément d[...]
   temps. Deux autres noms de saisons sont également féminins : **jesie**[...]
   *automne*, et **zima**, *hiver*. En revanche, **lato**, *été*, est neutre et fait à l'in[...]
   trumental **latem**, *en été*.

**3** – Tu y vas souvent ?

**4** – Dès que *(Quand seulement)* j'ai un peu de temps libre.

**5** – Et qu'est-ce que tu y fais ? Tu ne t'ennuies pas ?

**6** – Pas du tout. J'ai toujours une occupation. [Au] printemps, je plante des fleurs.

**7** [En] été, je cueille des fruits : groseilles, prunes, cerises.

**8** Il faut aussi tondre le gazon *(l'herbe)*, arroser le jardin, arracher les mauvaises herbes…

**9** – Je ne savais pas que tu aimais *(aimes)* les travaux de jardin[age].

**10** – Autrefois, j'aimais voyager, mais maintenant… Et toi, ton congé, c'est fini *(déjà après congé)* ?

**11** – Oui, j'ai été avec toute la famille en Italie pendant deux semaines.

**12** D'abord à la mer, puis à Milan et, à la fin, trois jours à Rome.

**13** – Si peu *(brièvement)* ? Il y a pourtant tant de choses à voir !

**14** – C'est vrai, mais nous avons réussi à tout visiter.

**15** – Tout Rome en trois jours ? Comment [l']avez-vous fait ?

**16** – C'est simple. [Mon] fils avec [ma] fille ont visité les galeries, [ma] femme, les magasins, et moi, les boîtes de nuit !

ogrodowy, ici à l'accusatif pluriel, est un adjectif dérivé de **ogród**, *jardin*.

Notez bien la construction **po** + locatif, qui indique qu'on en a fini avec quelque chose. Ainsi on dit, par exemple, **jestem po obiedzie / po kolacji**, *j'ai (déjà) déjeuné/dîné*, (litt. "je suis après le déjeuner/dîner").

Le nom pluriel **Włochy**, *Italie* – terme propre au polonais – possède également une terminaison spéciale au locatif : **-ech**. Ce qui donne **we Włoszech**, *en Italie*. En revanche, le changement **ch/sz** n'ayant rien d'exceptionnel, vous ne devriez pas être étonné de voir que **Włoch**, *Italien*, fait **Włoszka** au féminin. Le pluriel est respectivement **Włosi** et **Włoszki**.

▶ Ćwiczenie pierwsze – Proszę przetłumaczyć

❶ We Włoszech jest zawsze bardzo ładna pogoda.
❷ Chodźmy gdzieś, nudzi mi się w domu. ❸ To ćwiczenie jest wyjątkowo trudne. ❹ Udało ci się skończyć prace domowe? ❺ Latem, wszystkie lokale nocne są otwarte.

Ćwiczenie drugie – Wpisać brakujące słowa

❶ Dis-moi brièvement ce qu'il y a à voir en Pologne.

. . . . . . . mi . . . . . . , co . . . . do . . . . . . . . . . w . . . . . . .

❷ J'ai réussi à trouver une occupation après le travail.

. . . . . mi . . . znaleźć . . . . . . . po . . . . . . .

❸ Quand prenez vous [votre] congé *(en)* cette année : au printemps ou en été ?

Kiedy . . . bierze . . . . . w . . . roku: . . . . . . czy . . . . . ?

❹ J'ai quelque chose pour toi, si tu t'ennuies.

Mam . . . dla . . . . . . , jeśli . . się . . . . . .

❺ Qu'est-ce que tu as visité *(fém.)* en Italie *(en)* cette année ?

Co . . . . . . . . . . we . . . . . . . . w . . . roku?

**100**

# Lekcja setna

▶ ## Języki obce

1 **Wszys**tko **do**bre, co się **dob**rze **koń**czy – **mó**wi przy**sło**wie.

2 Proponu**je**my więc po**że**gnać się ¹ z uś**mie**chem

⬜ : Note

¹ Le polonais ne fait pas de différence entre *dire au revoir* et *dire adie* Tous les deux sont exprimés à l'aide du verbe pronominal **(po)żegn** **się**. En contrepartie, il existe une forme, construite comme un imp ratif, **żegnaj** (destinée à une personne que l'on tutoie) et **żegnajcie**

## Corrigé de l'exercice 1

❶ En Italie, il fait *(est)* toujours très beau *(temps)*. ❷ Allons quelque part, je m'ennuie à la maison. ❸ Cet exercice est exceptionnellement difficile. ❹ As-tu réussi à finir les travaux ménagers ? ❺ [En] été, toutes les boîtes de nuit sont ouvertes.

## Corrigé de l'exercice 2

❶ Powiedz – krótko – jest – zobaczenia – Polsce ❷ Udało – się – zajęcie – pracy ❸ – pan – urlop – tym – wiosną – latem ❹ – coś – ciebie – ci – nudzi ❺ – zwiedzałaś – Włoszech – tym –

Deuxième vague : 50ᵉ leçon

---

**100**

# Centième leçon

## Les langues étrangères

1   Tout est bien *(bon)* qui finit bien *(bien finit)* – dit le proverbe.
2   Nous [vous] proposons donc de nous dire "au revoir" avec le sourire.

plusieurs personnes). Elle annonce une séparation *a priori* plus longue que **do widzenia**, mais pas nécessairement définitive. Notez qu'aucun impératif ne permet de s'adresser à quelqu'un que l'on vouvoie. On recourt donc à la forme conjuguée à l'indicatif, sans pronom réfléchi : **żegnam pana/panią,** *je vous dis au revoir, monsieur/madame.*

**3** **Na**uka języka ob**ce**go jest **prze**cież praw**dzi**wą przyjem**no**ścią,

**4** po**mi**mo ² **kil**ku **drob**nych trud**no**ści, **któ**re zda**rza**ją się od **cza**su do **cza**su.

**5** **O**to nasz os**tat**ni **dow**cip, spe**cjal**nie zarezerwo**wa**ny na tę o**kaz**ję.

**6** **An**glik, **Fran**cuz i **Po**lak rozma**wia**ją ³ o **swo**ich ję**zy**kach.

**7** – U nas, **mó**wi **An**glik, są li**te**ry, **któ**re pi**sze**my, ale **któ**rych ⁴ nie wyma**wia**my.

**8** Na **przy**kład, pi**sze**my "night", a mó**wi**my "najt".

**9** – A my, **mó**wi **Fran**cuz, **ma**my **du**żo **koń**cówek, **któ**rych nie **sły**chać ⁵.

**10** Na **przy**kład, pi**sze**my "al**laient**", a **mó**wimy "al**e**".

**11** – To nic, **mó**wi **Po**lak. U nas **pi**sze się "co pro**szę**?", a **mó**wi się "hę?"  □

## Notes

**2** Comme vous l'avez sans doute remarqué, **pomimo**, *malgré*, est suivi du génitif, ici au pluriel.

**3** Tout comme **mówić**, **rozmawiać** correspond à *parler*, mais s'applique davantage à un échange, une conversation. Prenons un exemple. Si l'on dit **oni mówią po polsku**, on fait plutôt allusion à la connaissance du polonais. En revanche, avec **oni rozmawiają po polsku**, on parle d'une conversation. On dit aussi **rozmawiać przez telefon**. Enfin, seul **mówić** possède le perfectif qui est, rappelons-le, **powiedzieć**. Cela fait qu'il équivaut également à *dire*.

**4** Comme vous le savez, le pronom relatif **który**, *(le)quel*, se décline. Nous l'avons ici à l'accusatif **które** (féminin pluriel) et au génitif pluriel **których** (forme commune pour tous les genres). Dans cette situation, il ne correspond plus à qui (leçon 97, note 3), mais à *que*. Par ailleurs

**3** L'étude d'une langue étrangère est tout de même un vrai plaisir,

**4** malgré quelques menues difficultés qui surviennent de temps en temps.

**5** Voici notre dernière histoire drôle, spécialement choisie *(réservée)* pour cette occasion.

**6** Un Anglais, un Français et un Polonais parlent de leurs langues.

**7** – Chez nous, dit l'Anglais, il y a des lettres que nous écrivons, mais que nous ne prononçons pas.

**8** Par exemple, nous écrivons "night" et nous disons "naït".

**9** – Et nous, dit le Français, nous avons beaucoup de terminaisons que l'on n'entend pas.

**10** Par exemple, nous écrivons "allaient" et nous disons "alè".

**11** – Ce n'est rien, dit le Polonais. Chez nous, on écrit "comment, s'il vous plaît ?" et on dit "hein ?".

selon le cas utilisé, **który** peut avoir comme équivalent d'autres pronoms relatifs : *dont*, *auquel (à qui)*, *avec lequel (avec qui)*, etc.

Vous vous souvenez sans doute de l'expression qui permet de demander à quelqu'un de ses nouvelles : **co słychać?** Ce verbe, qui n'existe qu'à l'infinitif, est utilisé ici dans son sens premier et correspond à la tournure impersonnelle *on entend*.

Ćwiczenie pierwsze – Proszę przetłumaczyć

❶ Opowiem ci ostatni dowcip, który słyszałem w Polsce.
❷ Niestety, musimy się pożegnać, nasza podróż już się
kończy. ❸ Czy każdy język ma litery, których się nie
wymawia? ❹ Wiesz, jak to się pisze po polsku? ❺ Nie
słychać, co on mówi, chodźmy bliżej.


Ćwiczenie drugie – Wpisać brakujące słowa

❶ Je voudrais vous dire au revoir, je pars demain.
. . . . . . . . . się . . . . . . . . . , wyjeżdżam . . . . . .

❷ Comment écrit-on ces deux lettres en français ?
Jak . . . pisze . . dwie . . . . . . po . . . . . . . . . ?

❸ Je regrette beaucoup, mais cette place est réservée.
. . . . . . żałuję, . . . to . . . . . . . jest . . . . . . . . . . . . .

❹ On entend de la musique, donc ils sont sans doute déjà rentrés.
. . . . . . . muzykę, . . . . chyba . . . wrócili.

## Corrigé de l'exercice 1

❶ Je vais te raconter la dernière histoire drôle que j'ai entendue en Pologne. ❷ Hélas, nous devons nous dire "au revoir", notre voyage s'arrête déjà. ❸ Est-ce que toutes les langues ont *(chaque langue a)* des lettres que l'on ne prononce pas ? ❹ Sais-tu comment on écrit cela en polonais ? ❺ On n'entend pas ce qu'il dit, allons plus près.

❺   De quoi peuvent-ils parler [pendant] si longtemps ?
.   **czym** . . .  **mogą** . . . . . . . . .  **tak** . . . . . ?

## Corrigé de l'exercice 2

❶ Chciałbym – pożegnać – jutro ❷ – się – te – litery – francusku
❸ Bardzo – ale – miejsce – zarezerwowane ❹ Słychać – więc – już –
❺ O – oni – rozmawiać – długo

Deuxième vague : 51ᵉ leçon

*N'oubliez pas de poursuivre votre phase active en reprenant chaque jour une leçon depuis la 51ᵉ à partir de demain, et ce jusqu'à la leçon 100. Bonne continuation et félicitations pour votre persévérance !*

# Appendice grammatical

*Plus complet et systématique que les explications que vous avez rencontrées au fil des leçons, cet appendice vous permettra de revoir les points essentiels de la grammaire polonaise. N'hésitez pas à vous en servir souvent !*

Liste des abréviations

| Nom. | nominatif | Acc. | accusatif | Voc. | vocatif |
|------|-----------|------|-----------|------|---------|
| Gén. | génitif | Instr. | instrumental | *f.* | féminin |
| Dat. | datif | Loc. | locatif | *m.* | masculin |
| *sing.* | singulier | *pl.* | pluriel | *n.* | neutre |

## Sommaire

# 1 Le nom

Contrairement au français, les noms polonais s'emploient sans article :

**Mam pomysł**, *J'ai [une] idée.*
**Bank jest zamknięty**, *[La] banque est fermée.*
**Kup chleba**, *Achète [du] pain.*

## 1.1 Le genre

Un nom peut être masculin, féminin ou neutre. Le neutre n'est pas réservé aux choses ; il désigne également les êtres jeunes (personnes et animaux) : **dziecko**, *enfant* ; **cielę**, *veau*. Pour les êtres vivants, la distinction entre le masculin et le féminin correspond au sexe :

| syn, *fils* | córka, *fille* |
|---|---|
| **Polak**, *Polonais* | **Polka**, *Polonaise* |
| **kot**, *chat* | **kotka**, *chatte* |

Pour les noms de choses, le genre est fixé par l'usage de sorte que les noms masculins et féminins ne correspondent pas nécessairement aux noms masculins et féminins en français :

**bank** (masc.), *banque* (fém.) ;
**grupa** (fém.), *groupe* (masc.) ;
**słońce** (neutre), *soleil* (masc.).

Au masculin singulier, on distingue deux sous-genres : les noms d'animés (personnes et animaux) et les noms d'inanimés (choses). Au masculin pluriel, on distingue : le sous-genre personnel (les noms de personnes) et le sous-genre non personnel (animaux et choses). En l'absence d'article, on reconnaît généralement le genre d'un nom à sa terminaison.

Les <u>noms masculins</u> se terminent généralement par une consonne dure : **bank**, *banque* ; **brat**, *frère* ; **dom**, *maison* ; **pan**, *monsieur*. Il existe aussi quelques masculins en **-a** : **kierowca**, *chauffeur* ; **kolega**, *ami* ; **mężczyzna**, *homme* ; **tata**, *papa*.

Les <u>noms féminins</u> prennent en général la terminaison **-a** : **kasa**, *caisse* ; **książka**, *livre* ; **praca**, *travail* ;

ou se terminent par une consonne :
**noc**, *nuit* ; **rzecz**, *chose* ; **sól**, *sel* ; **wieś**, *campagne*.
Ils peuvent aussi, plus rarement, finir en **-i** :
**pani**, *madame* ; **gospodyni**, *maîtresse de maison*.

• Les noms neutres se terminent par **-o**, **-e**, **-ę** ou **-um** :
**mięso**, *viande* ; **kino**, *cinéma* ; **pole**, *champ* ; **serce**, *cœur* ; **imię**, *prénom* ; **muzeum**, *musée*.

## 1.2 Le nombre

Il y en a deux : le singulier et le pluriel. Ils se distinguent toujours par leur prononciation et par l'orthographe. À quelques exceptions près, le pluriel des noms masculins et féminins se termine en **-y** et **-i** et celui des noms neutres, en **-a**.
Contrairement au français, les noms de famille prennent en polonais la marque du pluriel :

| Singulier | Pluriel |
|---|---|
| **Nowak, Wolski** | **Nowakowie, Wolscy** |

Par ailleurs, certains noms ne s'emploient qu'au pluriel :

| **drzwi** | *porte* | **urodziny** | *anniversaire* |
|---|---|---|---|
| **imieniny** | *fête* | **usta** | *bouche* |
| **nożyczki** | *ciseaux* | **wakacje** | *vacances* |
| **okulary** | *lunettes* | **Chiny** | *Chine* |
| **plecy** | *dos* | **Niemcy** | *Allemagne* |
| **schody** | *escalier* | **Węgry** | *Hongrie* |
| **spodnie** | *pantalon* | **Włochy** | *Italie* |

Certains autres sont toujours au singulier :
**małżeństwo**, *mari et femme* ; **matematyka**, *maths* ; **państwo**, *M. et Mme* ; **żywność**, *vivres*.

Enfin, il existe quelques pluriels irréguliers :

| **dzień** | *jour* | **dni** | *jours* |
|---|---|---|---|
| **tydzień** | *semaine* | **tygodnie** | *semaines* |

| rok | *an, année* | **lata** | *années* |
| **człowiek** | *homme* | **ludzie** | *hommes, gens* |

## 1.3 Les cas

Les différentes fonctions du mot dans la phrase (sujet, complément d'objet, complément circonstanciel), sont indiquées par des "cas", qui sont au nombre de 7 en polonais. La forme de base que vous trouvez dans le dictionnaire est celle du nominatif.

• Nominatif, cas sujet (sans préposition) :

| qui ? quoi ? | **syn**, *fils* ; **córka**, *fille* |

• Génitif, cas de provenance, de possession, après négation : de qui ? de quoi ?

| **dom syna** | *maison du fils* | **dom córki** | *maison de la fille* |
| **Mam dom.** | *J'ai une maison.* | **Nie mam domu.** | *Je n'ai pas de maison.* |

• Datif, cas du complément d'objet indirect, d'attribution : à qui ? à quoi ?
**Daję synowi**, *Je donne au fils*
**Daję córce**, *Je donne à la fille*

Accusatif, cas du complément d'objet direct :
qui ? quoi ?
**mam syna**, *j'ai un fils*
**mam córkę**, *j'ai une fille*

Instrumental, cas exprimant le moyen :
avec (par) qui ?
**autobusem**, *en bus*
**ręką**, *avec la main*

Locatif, cas indiquant l'emplacement :
?
**domu**, *à la maison*
**wsi**, *à la campagne*

• Vocatif, cas de l'interpellation (quand on s'adresse à quelqu'un) :
**tato!**, *papa !*
**mamo!**, *maman !*

Les cas se distinguent par leur terminaison, mais souvent aussi par une modification du radical, par exemple :

| Voyelles | Nominatif singulier | Autres cas |
|----------|--------------------|-----------| 
| a/e | **miasto**, *ville* | **mieście** (loc. sing.) |
| ą/ę | **mąż**, *mari* | **męża** (gén. + acc. sing.) |
| e/ą | **ręka**, *main* | **rąk** (gén. pl.) |
| e/- | **ojciec**, *père* | **ojca** (gén. + acc. sing.) |
| ó/e | **kościół**, *église* | **kościele** (loc. sing.) |
| ó/o | **pokój**, *chambre* | **pokoju** (gén. + instr. sing.) |

| Consonnes | Nominatif singulier | Autres cas |
|-----------|--------------------|-----------| 
| c/cz | **ojciec**, *père* | **ojcze** (voc. sing.) |
| ch/sz | **ucho**, *oreille* | **uszy** (nom. pl.) |
| g/dz | **kolega**, *ami* | **koledze** (dat. + loc. sing.) |
| k/c | **matka**, *mère* | **matce** (loc. sing.) |
| ł/l | **stół**, *table* | **stole** (loc. sing.) |
| r/rz | **doktor**, *docteur* | **doktorzy** (nom. pl.) |
| t/c | **brat**, *frère* | **bracia** (nom. pl.) |

Les cas peuvent s'employer seuls ou avec une préposition, à l'exception du nominatif (jamais précédé de préposition) et du locatif (toujours).

Plusieurs cas partagent la même forme :
• au masculin des inanimés, le nominatif = l'accusatif
• au féminin singulier, le datif = le locatif
• au pluriel (des trois genres), le vocatif = le nominatif.

Parfois, dans une même déclinaison, il peut y avoir deux terminaisons différentes, en fonction du sens du mot (animé / non animé, personnel / non personnel) ou de la terminaison du radical au nominatif singulier.

## 1.4 Les marques de déclinaison

### • Singulier

| Cas | Masculin animé | Masculin non animé | Neutre | Féminin |
|-----|-----|-----|-----|-----|
| Nom. | Ø | Ø | -o, -e, -i | a, -i, Ø |
| Gén. | -a | -u, a | -a | -y, -i |
| Dat. | -owi, -u | -owi, -u | -u | -e, -y, -i |
| Acc. | = gén. | = nom. | = nom. | -ę,-ą, Ø |
| Instr. | -em | -em | -em | -ą |
| Loc. | -e, -u | -e, -u | -e, -u | = dat. |
| Voc. | = loc. | = loc. | = nom. | -o, -u,-i,-y |

### • Pluriel

| Cas | Masculin personnel | Masculin impersonnel | Neutre | Féminin |
|-----|-----|-----|-----|-----|
| Nom. | -i, -e, -owie | y, -e | -a | -y, -e |
| Gén. | -ów, -i, -y | -ów, -i, -y | -a | Ø, -y, -i |
| Dat. | -om | -om | -om | -om |
| Acc. | = gén. | = nom. | = nom. | = nom. |
| Instr. | -ami | -ami | -ami | -ami |
| Loc. | -ach | -ach | -ach | -ach |
| Voc. | = nom | = nom | -a | = nom |

Voici quelques exemples de déclinaisons :

### • Noms masculins

Personnes

| Cas | Singulier | | Pluriel | |
|-----|-----|-----|-----|-----|
| | *acteur* | *monsieur* | *acteurs* | *messieurs* |
| Nom. | aktor | pan | aktorzy | panowie |
| Gén. | aktora | pana | aktorów | panów |
| Dat. | aktorowi | panu | aktorom | panom |
| Acc. | aktora | pana | aktorów | panów |
| Instr. | aktorem | panem | aktorami | panami |

| Loc. | aktorze | panu | aktorach | panach |
| Voc. | aktorze! | panie! | aktorzy! | panowie! |

Animaux

| Cas | Singulier | | Pluriel | |
|-----|-----------|---|---------|---|
| | *chat* | *cheval* | *chats* | *chevaux* |
| Nom. | kot | koń | koty | konie |
| Gén. | kota | konia | kotów | koni |
| Dat. | kotu | koniowi | kotom | koniom |
| Acc. | kota | konia | koty | konie |
| Instr. | kotem | koniem | kotami | końmi |
| Loc. | kocie | koniu | kotach | koniach |
| Voc. | kocie! | koniu! | koty! | konie! |

Choses

| Cas | Singulier | | Pluriel | |
|-----|-----------|---|---------|---|
| | *déjeuner* | *assiette* | *déjeuners* | *assiettes* |
| Nom. | obiad | talerz | obiady | talerze |
| Gén. | obiadu | talerza | obiadów | talerzy |
| Dat. | obiadowi | talerzowi | obiadom | talerzom |
| Acc. | obiad | talerz | obiady | talerze |
| Instr. | obiadem | talerzem | obiadami | talerzami |
| Loc. | obiedzie | talerzu | obiadach | talerzach |
| Voc. | obiedzie! | talerzu! | obiady! | talerze! |

**Observations**

Les terminaisons du pluriel (au nominatif et à l'accusatif)
dépendent de la nature du nom :

-**owie** et -**i** sont personnelles (**panowie**, *messieurs* ; **mężczyźni**,
*hommes*) ;

-**y** est non personnel (**domy**, *maisons*) ;

-**e** s'emploie pour les deux (**lekarze**, *médecins* ; **konie**, *chevaux*) ;

-**a** ne s'emploie que pour quelques noms de choses (**akta**, *actes*,
*archives* ; **lata**, *années*).

Le génitif singulier de tous les noms d'animés prend la terminaison
-**a** (**pana**, *monsieur* ; **brata**, *frère*).

Les inanimés finissent :
• soit en **-a** (parties du corps : **zęba**, *dent* ; **nosa**, *nez* ; instruments, monnaies et mesures : **noża**, *couteau* ; **dolara**, **grama** ; *jeux* et *danses* : **tenisa**, *tennis* ; **pokera**, *poker* ; **poloneza**, (danse) *polonaise*) ;
• soit en **-u** (noms abstraits : **pomysłu**, *idée* ; noms collectifs : **narodu**, *nation* ; certains noms empruntés à d'autres langues : **biletu**, *billet* ; **hotelu**, *hotel* ; **teatru**, *théâtre* ; **telefonu**, *téléphone* ; **wagonu**, *wagon*).

Le datif singulier se termine généralement en **-owi**, sauf certains noms d'animés qui finissent en **-u** (**bratu**, *frère* ; **chłopcu**, *garçon* ; **kotu**, *chat* ; **panu**, *monsieur*).

Les noms en **-anin** (qui indiquent souvent des habitants de pays ou de villes : **Rosjanin**, *Russe* ; **Słowianin**, *Slave*), perdent le **-in** au pluriel dans la plupart des cas. En outre, le génitif pluriel n'a pas de terminaison (**Rosjan**, **Słowian**).

Les noms masculins en **-a** (**turysta**, *touriste* ; **kierowca**, *chauffeur*) se déclinent au singulier comme les noms féminins correspondants, et au pluriel comme les noms masculins.

Les noms de famille en **-ski** et en **-cki** (**Wolski**, **Bogacki**), suivent la déclinaison des adjectifs.

La déclinaison de quelques noms présente des irrégularités dues à de nombreux changements de lettres du radical. Voici l'exemple de **brat**, *frère*, et **dzień**, *jour* :

| Cas | Singulier | | Pluriel | |
|---|---|---|---|---|
| Nom. | dzień | brat | dnie | bracia |
| Gén. | dnia | brata | dni | braci |
| Dat. | dniowi | bratu | dniom | braciom |
| Acc. | dzień | brata | dnie | braci |
| Instr. | dniem | bratem | dniami | braćmi |
| Loc. | dniu | bracie | dniach | braciach |
| Voc. | dniu! | bracie! | dnie! | bracia! |

## • Noms féminins

Noms finissant par une voyelle

| Cas | Singulier | | Pluriel | |
|------|-----------|--------|---------|-----------|
| | *eau* | *madame* | *eaux* | *mesdames* |
| Nom. | woda | pani | wody | panie |
| Gén. | wody | pani | wód | pań |
| Dat. | wodzie | pani | wodom | paniom |
| Acc. | wodą | panią | wody | panie |
| Instr. | wodą | panią | wodami | paniami |
| Loc. | wodzie | pani | wodach | paniach |
| Voc. | wodo! | pani! | wody! | panie! |

Noms finissant par une consonne

| Cas | Singulier | | Pluriel | |
|------|-----------|--------|---------|-----------|
| | *nuit* | *os* | *nuits* | *os* |
| Nom. | noc | kość | noce | kości |
| Gén. | nocy | kości | nocy | kości |
| Dat. | nocy | kości | nocom | kościom |
| Acc. | noc | kość | noce | kości |
| Instr. | nocą | kością | nocami | kościami |
| Loc. | nocy | kości | nocach | kościach |
| Voc. | nocy! | kości! | noce! | kości! |

### Observations

Au pluriel, le nominatif et l'accusatif ont la même forme (les terminaisons **-e**, **-i -y**).

Au génitif pluriel, certains noms en **-i** et **-a** perdent parfois la voyelle finale (**ulica**, *rue* A **ulic** ; **pani**, *madame* A **pań**). Si le radical se termine par plusieurs consonnes, on intercale un **-e-** entre les consonnes (**matka**, *mère* A **matek** ; **książka**, *livre* A **książek**).

On trouve dans quelques mots la terminaison **-i** au génitif pluriel (**krew**, *sang* A **krwi** ; **wieś**, *campagne* A **wsi**).

## • Noms neutres

| Cas | Singulier | | Pluriel | |
|-----|-----------|-----------|---------|-----------|
| | *ville* | *déjeuner* | *villes* | *déjeuners* |
| Nom. | miasto | śniadanie | miasta | śniadania |
| Gén. | miasta | śniadania | miast | śniadań |
| Dat. | miastu | śniadaniu | miastom | śniadaniom |
| Acc. | miasto | śniadanie | miasta | śniadania |
| Instr. | miastem | śniadaniem | miastami | śniadaniami |
| Loc. | mieście | śniadaniu | miastach | śniadaniach |
| Voc. | miasto! | śniadanie! | miasta! | śniadania! |

### Observations

Les noms en **-ę** et en **-um** (ces derniers étant invariables au singulier) se déclinent comme suit :

| Cas | Singulier | Pluriel | |
|-----|-----------|---------|-----------|
| | *prénom* | | *musées* |
| Nom. | imię | imiona | muzea |
| Gén. | imienia | imion | muzeów |
| Dat. | imieniu | imionom | muzeom |
| Acc. | imię | imiona | muzea |
| Instr. | imieniem | imionami | muzeami |
| Loc. | imieniu | imionach | muzeach |

Les noms **oko**, *œil*, et **ucho**, *oreille*, ont deux formes au pluriel : **oczy**, **uszy**, *yeux*, *oreilles* et **oka**, *mailles d'un filet* ; **ucha**, *anses d'un récipient*. Voici leur déclinaison :

| Nom. | oczy | oka | uszy | ucha |
|------|------|-----|------|------|
| Gén. | oczu | ok | uszu | uch |
| Dat. | oczom | okom | uszom | uchom |
| Acc. | oczy | oka | uszy | ucha |
| Instr. | oczami | okami | uszami | uchami |
| Loc. | oczach | okach | uszach | uchach |

# 2 L'adjectif

Au singulier, les adjectifs ont trois genres : le masculin (avec la terminaison **-y** et **-i**), le féminin (**-a**) et le neutre (**-e**). Au pluriel, il y a deux genres qui finissent, au masculin personnel, en **-y** et **-i** et aux autres genres, en **-e**.

## 2.1 La déclinaison

• **Adjectifs en** *-y* : *nowy*, **neuf**

| Cas | Masculin personnel | | Masculin non personnel | |
|-----|-----------|---------|-----------|---------|
| | Singulier | Pluriel | Singulier | Pluriel |
| Nom. | nowy | nowe | nowy | nowe |
| Gén. | nowego | nowych | nowego | nowych |
| Dat. | nowemu | nowym | nowemu | nowym |
| Acc. | nowego | nowych | nowy | nowe |
| Instr. | nowym | nowymi | nowym | nowymi |
| Loc. | nowym | nowych | nowym | nowych |
| Voc. | nowy! | nowi! | nowy! | nowe! |

| Cas | Féminin | | Neutre | |
|-----|-----------|---------|-----------|---------|
| | Singulier | Pluriel | Singulier | Pluriel |
| Nom. | nowa | nowe | nowe | nowe |
| Gén. | nowej | nowych | nowego | nowych |
| Dat. | nowej | nowym | nowemu | nowym |
| Acc. | nową | nowe | nowe | nowe |
| Instr. | nową | nowymi | nowym | nowymi |
| Loc. | nowej | nowych | nowym | nowych |
| Voc. | nowa! | nowe! | nowe! | nowe! |

• **Adjectifs en** *-i* : *drogi*, **cher**

| Cas | Masculin personnel | | Masculin non personnel | |
|-----|-----------|---------|-----------|---------|
| | Singulier | Pluriel | Singulier | Pluriel |
| Nom. | drogi | drodzy | drogi | drogie |
| Gén. | drogiego | drogich | drogiego | drogich |

| | | | | |
|---|---|---|---|---|
| Dat. | drogiemu | drogim | drogiemu | drogim |
| Acc. | drogiego | drogich | drogi | drogie |
| Instr. | drogim | drogimi | drogim | drogimi |
| Loc. | drogim | drogich | drogim | drogich |
| Voc. | drogi! | drodzy! | drogi! | drogie! |

| Cas | Féminin | | Neutre | |
|---|---|---|---|---|
| | Singulier | Pluriel | Singulier | Pluriel |
| Nom. | droga | drogie | drogie | drogie |
| Gén. | drogiej | drogich | drogiego | drogich |
| Dat. | drogiej | drogim | drogiemu | drogim |
| Acc. | drogą | drogie | drogie | drogie |
| Instr. | drogą | drogimi | drogim | drogimi |
| Loc. | drogiej | drogich | drogim | drogich |
| Voc. | droga! | drogie! | drogie! | drogie! |

## Observations

Certains noms se déclinent comme des adjectifs. Il s'agit surtout des catégories suivantes :
– noms de famille finissant en **-ski, -cki** (**Kowalski, Potocki**) au masculin et en **-ska, -cka, -owa** (**Kowalska, Potocka, Nowakowa**) au féminin ;
– noms de famille étrangers terminés au nominatif singulier en **-e, -i, -y**, par exemple **Dante, Rossini, Kennedy** ;
– prénoms en **-y, -i**, par exemple **Jerzy**, *Georges* ; **Antoni**, *Antoine* ;
– quelques noms tirés d'adjectifs : **luty**, *février* ; **krewny**, *parent* ; **narzeczony**, *fiancé* ; **złoty**, *zloty*.

C'est en suivant le modèle des adjectifs que se déclinent les participes (**piszący**, *écrivant* ; **(na)pisany**, *écrit*), les pronoms (relatifs et interrogatifs **jaki, który**, *quel* ; possessifs **mój, moja, moje**, *mon*, *ma* ; démonstratifs **ten, ta, to**, *ce, cette*), et les numéraux ordinaux (**pierwszy, drugi**, etc., *premier, deuxième*, etc.).

Outre la forme usuelle, quelques adjectifs ont aussi une forme courte, sans terminaison : **pewien** (ou **pewny**, *sûr*) ; **pełen** (**pełny**, *plein*) ; **wesół** (**wesoły**, *gai*).

## 2.2 Comparatif et superlatif

Pour la majorité des adjectifs, on forme le comparatif en remplaçant la voyelle finale par **-szy**, **-sza**, **-sze**. Pour obtenir le superlatif, on précède le tout de **naj-** :

| nowy | nowszy | najnowszy |
|---|---|---|
| *neuf* | *plus neuf* | *le plus neuf* |
| szeroki | szerszy | najszerszy |
| *large* | *plus large* | *le plus large* |

Si le radical se termine par plusieurs consonnes, on intercale l'élément **-(i)ej-** :

| łatwy | łatwiejszy | najłatwiejszy |
|---|---|---|
| *facile* | *plus facile* | *le plus facile* |
| zimny | zimniejszy | najzimniejszy |
| *froid* | *plus froid* | *le plus froid* |

Certaines lettres (voyelles ou consonnes) alternent :

| biały | *banc* | bielszy | *plus blanc* |
|---|---|---|---|
| wesoły | *gai* | weselszy | *plus gai* |
| długi | *long* | dłuższy | *plus long* |
| miły | *gentil* | milszy | *plus gentil* |
| mądry | *sage* | mądrzejszy | *plus sage* |

Tout comme en français, certains adjectifs forment leurs comparatifs de manière irrégulière :

| dobry | *bon* | lepszy | *meilleur* |
|---|---|---|---|
| zły | *mauvais* | gorszy | *pire* |
| duży | *grand* | większy | *plus grand* |
| mały | *petit* | mniejszy | *plus petit* |
| lekki | *léger* | lżejszy | *plus léger* |
| wysoki | *haut* | wyższy | *plus haut* |
| bliski | *proche* | bliższy | *plus proche* |

Le superlatif de ces adjectifs est obtenu régulièrement en ajoutant **naj-** aux comparatifs : **najlepszy**, *le meilleur* ; **najgorszy**, *le pire*, etc.

Pour certains adjectifs, les degrés de comparaison se forment à l'aide des adverbes **(naj)bardziej**, *(le) plus*, et **(naj)mniej**, *(le) moins* ; par exemple **(naj)bardziej zdolny**, *(le) plus doué* ; **(naj)mniej doświadczony**, *(le) moins expérimenté*.

## 3 Les pronoms

Il y a plusieurs sortes de pronoms : personnels, possessifs, réfléchis, relatifs/interrogatifs, démonstratifs et indéfinis. Ils possèdent généralement trois genres au singulier et deux au pluriel. Tous se déclinent. Certains ont une déclinaison propre – personnels, réfléchis, quelques relatifs/interrogatifs. D'autres – démonstratifs, possessifs, indéfinis, et la plupart des relatifs/interrogatifs – adoptent le modèle des adjectifs.

### 3.1 Les pronoms personnels

• **Les pronoms**

| ja | ty | my | wy |
|----|----|----|----|
| *je, moi* | *tu, toi* | *nous* | *vous* |

Ils sont généralement omis. Ils ne s'emploient que lorsqu'on veut mettre en valeur la personne.
  Le datif et l'accusatif ont deux formes : une longue (accentuée) et une courte. La première, qui permet d'insister sur le sujet, peut être utilisée au début de la phrase. La courte suit toujours le verbe. Les pronoms utilisés avec une préposition commencent par **n-**.

### La déclinaison des pronoms personnels

| 1re et 2e personnes | | | |
|---|---|---|---|
| Nom.+ voc. | **ja**, *je, moi* | **ty**, *tu, toi* | **my**, *nous* | **wy**, *vous* |
| Gén. + acc. | **mnie** | **cię**, **ciebie*** | **nas** | **was** |
| Dat. | **mi**, **mnie*** | **ci**, **tobie*** | **nam** | **wam** |
| Instr. | **mną** | **tobą** | **nami** | **wami** |
| Loc. | **mnie** | **tobie** | **nas** | **was** |

* Forme accentuée

| 3e personne | | | | |
|---|---|---|---|---|
| Cas | Singulier | | Pluriel | |
| | Masculin/ neutre | Féminin | Masculin personnel | Masc. non pers. Fém., neutre |
| Nom.+ voc. | **on/ono**, *il, lui* | **ona**, *elle* | **oni**, *ils, eux* | **one**, *elles* |
| Gén. | **jego/go (niego)** | **jej (niej)** | **ich (nich)** | **ich (nich)** |
| Dat. | **jemu/mu (niemu)** | **jej (niej)** | **im (nim)** | **im (nim)** |
| Acc. | = gén. | **ją (nią)** | = gén. | **je (nie)** |
| Instr. | **nim** | **nią** | **nimi** | **nimi** |
| Loc. | **nim** | **niej** | **nich** | **nich** |

## 3.2 Les pronoms possessifs

Ils sont l'équivalent des adjectifs et des pronoms possessifs en français :

| | |
|---|---|
| **mój, moja, moje** | *mon (le mien), ma (la mienne)* |
| **moi, moje** | *mes (les mien(ne)s)* |
| **twój**, etc. | *ton*, etc. |
| **jego, jej** | *son (le sien), sa (la sienne)* |
| **nasz, nasza, nasze** | *notre (le/la nôtre)* |
| **nasi, nasze** | *nos (les nôtres)* |
| **wasz**, etc. | *votre*, etc. |
| **ich** | *leur(s), le (la, les) leur(s)* |
| **swój, swoja**, etc. | pour toutes les personnes |

Les pronoms de la série : **mój**, **twój**, **nasz**, **wasz**, **swój** s'accorder avec l'objet : **mój komputer** (m.), *mon ordinateur* ; **moja walizka** (f ma valise*. **Jego**, **jej** s'accordent avec le possesseur : **jeg komputer**, **jego walizka** (appartenant à un homme), *son ord nateur*, *sa valise* ; **jej komputer**, **jej walizka** (appartenant à ui femme), *son ordinateur*, *sa valise*.

Si un pronom possessif concerne le sujet de la phrase, on utili **swój** pour toutes les personnes.

La déclinaison des pronoms possessifs suit celle des adjectifs, à l'exception de **jego**, **jej**, **ich** qui sont invariables.

L'accusatif présente deux formes au masculin :

• **mojego** (*sing.*) et **moich** (*pl.*) qui s'emploient pour les personnes et les êtres animés ;

• **mój (moje)** pour les choses ;

Au nominatif pluriel, **moi** s'applique au masculin personnel et **moje**, au masculin non personnel.

## 3.3 Les pronoms démonstratifs

De même que pour les possessifs, toutes les formes servent à la fois d'adjectifs et de pronoms :

| | |
|---|---|
| **ten, ta, to** | *ce (celui-ci), cette (celle-ci)* |
| **ci, te** | *ces (ceux-ci, celles-ci)* |
| **tamten**, etc. | *celui-là*, etc. |
| **taki, taka, takie** | *tel, telle* |
| **tacy, takie** | *tels, telles* |

Ils se déclinent comme les adjectifs.

À l'accusatif singulier, **tego** est utilisée pour une personne ou un animal, **ten** pour une chose.

## 3.4 Les pronoms relatifs et interrogatifs

Les formes suivantes sont communes aux deux types :

| | |
|---|---|
| **który, która, które** | *quel, lequel*, etc. |
| **którzy, które** | (porte sur l'identité) |
| **jaki, jaka, jakie** | *quel, lequel*, etc. |
| **jacy, jakie** | (porte sur la qualité) |
| **czyj, czyja, czyje** | *à qui, à quoi* (appartient) |
| **czyi, czyje, kto** | *qui, que* (personnes) |
| **co** | *qui, que* (choses) |

Les pronoms des séries **który**, **jaki** et **czyj** se déclinent comme les adjectifs.

**Kto** et **co** ont la déclinaison suivante :

| Nom. | kto | co | Acc. | kogo | co |
|------|-----|-----|------|------|-----|
| Gén. | kogo | czego | Instr. | kim | czym |
| Dat. | komu | czemu | Loc. | kim | czym |

## 3.5 Les pronoms indéfinis

Il s'agit des interrogatifs auxquels on ajoute le suffixe **–ś** :

| coś | *quelque chose* | ktoś | *quelqu'un* |
|------|-----|------|-----|
| czyjś | *à n'importe qui* | któryś | *quelque* |
| jakiś | *un, quelque* | | |

Ce sont en outre :
**nikt**, *personne* ; **nic**, *rien* ; **każdy**, *chaque* ; **pewien**, *certain* ; **wszystko**, *tout* ; **wszyscy**, *tous* ; **żaden**, *aucun*.

## 3.6 Le pronom réfléchi

On utilise le réfléchi **się**, *me, te, se, nous, vous, se* :
avec les verbes pronominaux :
• l'infinitif : **myć się**, *se laver* ;
• à toutes les personnes du singulier et du pluriel : **myję się**, *je me lave* ; **myjesz się**, *tu te laves*, etc.
pour créer une phrase impersonnelle du type :
**ma się**, *on a* ; **mówi się**, *on dit* ; **robi się**, *on fait*.

Il n'existe pas de nominatif et sa déclinaison est la suivante :

| Gén. | siebie | Acc. | siebie, się | Loc. | sobie |
|------|--------|------|-------------|------|-------|
| Dat. | sobie | Instr. | sobą | | |

# 4 Les numéraux

## 4.1 Les nombres cardinaux

| 1 | jeden | 11 | jedenaście |
|---|-------|----|-----------| 
| 2 | dwa | 12 | dwanaście |
| 3 | trzy | 13 | trzynaście |
| 4 | cztery | 14 | czternaście |

| 5 | pięć | 15 | piętnaście |
|---|---|---|---|
| 6 | sześć | 16 | szesnaście |
| 7 | siedem | 17 | siedemnaście |
| 8 | osiem | 18 | osiemnaście |
| 9 | dziewięć | 19 | dziewiętnaście |
| 10 | dziesięć | 100 | sto |
| 20 | dwadzieścia | 200 | dwieście |
| 30 | trzydzieści | 300 | trzysta |
| 40 | czterdzieści | 400 | czterysta |
| 50 | pięćdziesiąt | 500 | pięćset |
| 60 | sześćdziesiąt | 600 | sześćset |
| 70 | siedemdziesiąt | 700 | siedemset |
| 80 | osiemdziesiąt | 800 | osiemset |
| 90 | dziewięćdziesiąt | 900 | dziewięćset |
| 1.000 | tysiąc | 1.000.000 | milion |

## 4.2 L'emploi des nombres cardinaux

**Jeden** et **dwa** ont les formes suivantes :

| Masc. | jeden | dwa |
|---|---|---|
| Fém. | jedna | dwie |
| Neutre | jedno | dwa |

**eden** se décline comme un adjectif : **jeden**, **jednego**, etc. ; **jedna**, **ednej**, etc.

**wa** possède les variantes **dwóch** (+ gén.) et **dwaj**, utilisées pour **es** hommes, et la forme **dwoje** qui va avec le genre neutre person-**el** : **dwóch panów/dwaj panowie**, *deux messieurs* ; **dwoje dzieci**, *eux enfants*.

**ici** la déclinaison de **dwa** :

| Cas | Masculin personnel | | Féminin non pers. | Neutre |
|---|---|---|---|---|
| Nom. | dwaj, dwóch | dwa | dwie | dwa |
| Gén. | dwu, dwóch | dwu, dwóch | dwu, dwóch | dwu, dwóch |
| Dat. | dwu, dwom | dwu, dwom | dwu, dwom | dwu, dwom |
| Acc. | dwu, dwóch | dwa | dwie | dwa |

| Instr. | dwoma | dwoma | dwoma, dwiema | dwoma |
|--------|-------|-------|---------------|-------|
| Loc. | = gén. | = gén. | = gén. | = gén. |

Dans **trzy** et **cztery**, la distinction des genres se fait uniquement aux deux cas :
• nominatif : personnel – **trzej** (**czterej**), **trzech** (**czterech**) ; non personnel – **trzy** (**cztery**) ;
• accusatif : personnel – **trzech** (**czterech**) ; non personnel – **trzy** (**cztery**).

Aux autres cas, la forme est la même pour les trois genres :

| Datif | **trzem, czterem** |
|-------|-------------------|
| Instrumental | **trzema, czterema** |
| Locatif | **trzech, czterech** |

Dans les numéraux de 5 à 100, on distingue **pięciu** au nominatif et à l'accusatif pour le genre personnel, et **pięć** pour le non personnel. Les autres cas ont tous la même forme : **pięciu**.

Les mots qui suivent les nombres à partir de **pięć** se mettent au génitif pluriel :

| **pięciu panów** | **pięć pań** (**listów, lat**) |
|------------------|-------------------------------|
| *cinq messieurs* | *cinq dames (lettres, ans)* |

## 4.3 Les nombres collectifs

Ils ont les formes suivantes :
• pour 2 et 3 : **dwoje** (ou **oboje**, *les deux*), **troje** ;
• pour les autres : **czworo**, **pięcioro**, etc.

On les emploie surtout devant les noms de personnes de sexe différent ou devant les noms neutres animés : **troje dzieci**, *tro enfants* ; **czworo kurcząt**, *quatre poulets*. Ils se déclinent de la faço suivante :

| Nom. + acc. | dwoje | czworo |
|-------------|-------|--------|
| Gén. | dwojga | czworga |
| Dat. + loc. + instr. | dwojgu | czworgu |

## 4.4 Les nombres ordinaux

| 1er | pierwszy | 11e | jedenasty |
|---|---|---|---|
| 2e | drugi | 12e | dwunasty |
| 3e | trzeci | 13e | trzynasty, etc. |
| 4e | czwarty | 20e | dwudziesty |
| 5e | piąty | 30e | trzydziesty |
| 6e | szósty | 40e | czterdziesty |
| 7e | siódmy | 50e | pięćdziesiąty, etc. |
| 8e | ósmy | 100e | setny |
| 9e | dziewiąty | 1 000e | tysięczny |
| 10e | dziesiąty | 1 000 000e | milionowy |

Les ordinaux ont trois genres : **pierwszy** (m.), **pierwsza** (f.), **pierwsze** (n.) et se déclinent comme des adjectifs.
À l'inverse du français, on utilise les ordinaux pour la date et l'heure : **piewszego** (gén.) / **stycznia**, *le premier janvier*, **rok tysiąc dziewięćset sześćdziesiąty drugi**, *l'année 1962* ; **o trzeciej** (loc.), *à 3 heures*.

Ajoutons enfin que les chiffres polonais correspondent aux noms suivants : 1 **jedynka** ; 2 **dwójka** ; 3 **trójka** ; etc. Ils désignent :
les notes scolaires (de 1 à 6) ;
les numéros des moyens de transport ;
les numéros des bâtiments ;
les cartes à jouer, chaussures, pièces de monnaie, etc.

## 5 Le verbe

De même qu'en français, le verbe polonais présente :
2 nombres (singulier et pluriel) ;
3 personnes pour chacun de ces nombres : au singulier, **ja**, *je* ; **ty**, * * ; **on**, *il* ; **ona**, *elle* ; **ono**, *il, elle* ; au pluriel, **my**, *nous* ; **wy**, *vous* ; **i**, *ils* ; **one**, *ils, elles* ;
3 modes personnels : l'indicatif, l'impératif et le conditionnel, et 3 impersonnels : l'infinitif, le participe et le gérondif ;
3 voix : active, passive et pronominale.
Contrairement au français, le verbe polonais distingue :
aspects : imperfectif et perfectif ;

• 3 genres (au passé et au futur des imperfectifs) : le masculin, le féminin et le neutre ;
• 3 temps : le présent, le passé et le futur.

## 5.1 L'aspect

Les verbes polonais possèdent la particularité de présenter l'action sous deux angles opposés, appelés "aspects". Dans le premier (aspect "imperfectif" ou "non accompli"), l'action est considérée dans son développement et sa durée. Dans le second (aspect "perfectif" ou "accompli"), le verbe indique si l'action a atteint un résultat ou si elle est arrêtée. À quelques exceptions près, chaque verbe possède son homologue dans l'aspect opposé. Un verbe simple, c'est-à-dire sans préfixe, est généralement imperfectif. Lorsqu'on le fait précéder d'un préfixe, par exemple, **na-**, **prze-**, **s-**, **z-**, etc. ; on obtient un verbe perfectif, sans en changer le sens. Les deux membres du couple correspondent donc à <u>un seul verbe</u> en français :

| pisać | napisać | *écrire* |
| czytać | przeczytać | *lire* |
| kończyć | skończć | *finir* |
| jeść | zjeść | *manger* |

• **Formation des couples aspectuels**

Outre l'addition d'un préfixe, l'aspect perfectif est créé grâce à :
• la modification ou le changement du suffixe :

| Perfectif | Imperfectif | Traduction |
|-----------|-------------|------------|
| dać | dawać | *donner* |
| kupić | kupować | *acheter* |
| otworzyć | otwierać | *ouvrir* |
| zamknąć | zamykać | *fermer* |
| zwiedzić | zwiedzać | *visiter* |

• le recours à un verbe différent :

| Perfectif | Imperfectif | Traduction |
|-----------|-------------|------------|
| wziąć | brać | *prendre* |
| położyć | kłaść | *mettre* |
| powiedzieć | mówić | *dire, parler* |

| obejrzeć | oglądać | *regarder* |
|----------|---------|------------|
| zobaczyć | widzieć | *voir* |

Certains verbes imperfectifs n'ont pas de correspondant perfectif. Ce sont avant tout les verbes d'état : **być**, *être* ; **mieć**, *avoir* ; **umieć**, *savoir* ; **wiedzieć**, *connaître*, *savoir*, mais aussi les modaux : **móc**, *pouvoir*, et **musieć**, *devoir*.

## 5.2 Le présent

On l'obtient en conjuguant les verbes imperfectifs. La forme de l'infinitif ne suffit pas, comme en français, pour savoir à laquelle des trois conjugaisons appartient le verbe. Il faut connaître la 1re et la 2e personne du singulier et, pour certains verbes, également la 3e personne du pluriel. Voici les terminaisons des trois conjugaisons polonaises :

| Personnes | 1re conjugaison | 2e conjugaison | 3e conjugaison |
|-----------|-----------------|----------------|----------------|
| 1re p. sing. (**ja**) | -ę | -ę | -m |
| 2e p. sing. (**ty**) | -esz | -isz/-ysz | -sz |
| 3e p. sing. (**on, -a, -o**) | -e | -i/-y | -Ø |
| 1re pers. pl. (**my**) | -emy | -imy/-ymy | -my |
| 2e p. pl. (**wy**) | -ecie | -icie/-ycie | -cie |
| 3e p. pl. (**oni, -e**) | -ą | -ą | -ą/-dzą |

Les terminaisons personnelles étant suffisamment différenciées pour indiquer la personne, on n'utilise généralement pas de pronoms personnels devant les verbes, en particulier aux 1re et 2e personnes (singulier et pluriel).

Exemples de conjugaisons :

### Première conjugaison

| Personnes | **pracować**, *travailler* | | **iść**, *aller (à pied)* | |
|-----------|-----------|-----------|-----------|-----------|
| | Singulier | Pluriel | Singulier | Pluriel |
| 1re p. sing. | pracuję | pracujemy | idę | idziemy |
| 2e p. sing. | pracujesz | pracujecie | idziesz | idziecie |
| 3e p. sing. | pracuje | pracują | idzie | idą |

## • Deuxième conjugaison

| Personnes | robić, *faire* | | słyszeć, *voir* | |
|---|---|---|---|---|
| | Singulier | Pluriel | Singulier | Pluriel |
| 1re p. sing. | robię | robimy | słyszę | słyszymy |
| 2e p. sing. | robisz | robicie | słyszysz | słyszycie |
| 3e p. sing. | robi | robią | słyszy | słyszą |

## • Troisième conjugaison

| Personnes | znać, *connaître* | | wiedzieć, *savoir* | |
|---|---|---|---|---|
| | Singulier | Pluriel | Singulier | Pluriel |
| 1re p. sing. | znam | znamy | wiem | wiemy |
| 2e p. du sing | znasz | znacie | wiesz | wiecie |
| 3e p. du sing. | zna | znają | wie | wiedzą |

Certains verbes présentent des irrégularités, telles que des modifications de voyelles et de consonnes, ou l'ajout d'un élément. En voici quelques exemples :

| Infinitif | 1re et 3e personnes du singulier |
|---|---|
| bać się, *avoir peur* | boję się, boi się |
| brać, *prendre* | biorę, bierze |
| jechać, *aller en véhicule* | jadę, jedzie |
| móc, *pouvoir* | mogę, może |
| musieć, *devoir* | muszę, musi |
| prosić, *prier* | proszę, prosi |

Généralement, le radical de la 1re personne du singulier est identique à celui de la 3e personne du pluriel : **biorę**, *je prends* ; **biorą**, *ils/elles prennent*.

### 5.3 Le passé

Il n'existe qu'une seule forme de passé, mais son emploi dépend de l'aspect du verbe. Il est donc très important de ne pas confondre les aspects avec les temps.

Pour les verbes imperfectifs, le passé correspond à l'imparfait et pour les verbes perfectifs, au passé composé, au passé simple ou au plus-que-parfait.

La formation du passé est la même pour tous les verbes : on remplace la terminaison de l'infinitif par **ł** ou **l**, + les terminaisons qui marquent la personne, le genre et le nombre. Autrement dit, la forme du passé varie en fonction du genre masculin ou féminin :

| **byłem** (m.), j'ai été | **byłam** (f.), j'ai été |
|---|---|

À la 3e personne, on rencontre également le genre neutre :

| (on) był | (ona) była | (ono) było |
|---|---|---|

Au pluriel, la différence se fait uniquement entre le masculin personnel et les autres genres :

| (oni) byli | (one) były |
|---|---|

• **Conjugaison de *robić* (imperfectif), faire**

**Singulier**

| Personnes | Masculin | Féminin | Neutre |
|---|---|---|---|
| 1re p. sing. | **robiłem** | **robiłam** | - |
| 2e p. du sing. | **robiłeś** | **robiłaś** | - |
| 3e p. du sing. | **robił** | **robiła** | **robiło** |

**Pluriel**

| Personnes | Masculin personnel | Autres |
|---|---|---|
| 1re p. sing. | **robiliśmy** | **robiłyśmy** |
| 2e p. du sing. | **robiliście** | **robiłyście** |
| 3e p. du sing. | **robili** | **robiły** |

L'équivalent perfectif **zrobić** se conjugue de la même façon, en faisant précéder toutes les formes du préfixe **z-** : **zrobiłem**, **zrobiłam**, etc.

**Observations**

Parfois, certains verbes subissent des modifications dans la formation du passé :

Les verbes en **-eć** : **chcieć**, *vouloir* ; **mieć**, *avoir* ; **musieć**, *devoir* ; **rozumieć**, *comprendre* ; **woleć**, *préférer*, prennent la lettre **a** à la place du **e** dans toutes les formes : **miałem**, **miałam**, etc., sauf au pluriel du masculin personnel : **mieliśmy**, **mieliście**, **mieli**.

• Les verbes dont l'infinitif se termine en **-c** ou en deux consonnes : **móc**, *pouvoir* ; **biec**, *courir* ; **usiąść**, *s'asseoir* ; **kłaść**, *mettre* ; **nieść**, *porter*, retrouvent – devant la terminaison du passé – la même lettre qu'à la 1re personne du singulier au présent :

| móc | mogę, *je peux* | mogłem, *j'ai pu* |
|---|---|---|
| biec | biegnę, *je cours* | biegłem, *j'ai couru* |
| kłaść | kładę, *je mets* | kładłem, *j'ai mis* |

• Dans les verbes en **-ąć** : **wziąć**, *prendre* ; **zacząć**, *commencer* ; **odpocząć**, *se reposer*, seul le masculin singulier conserve la lettre **ą** : **wziąłem**, **wziąłeś**, **wziął**. Dans toutes les autres formes, on emploie **ę** : **wzięłam**, **wzięłaś**, etc.

## • Conjugaison de *iść* (imperfectif), aller à pied

**Singulier**

| Personnes | Masculin | Féminin | Neutre |
|---|---|---|---|
| 1re p. | szedłem | szłam | - |
| 2e p. | szedłeś | szłaś | - |
| 3e p. | szedł | szła | szło |

**Pluriel**

| Personnes | Masculin pluriel | Autres |
|---|---|---|
| 1re p. | szliśmy | szłyśmy |
| 2e p. | szliście | szłyście |
| 3e p. | szli | szły |

Ses composés se conjuguent de la même façon :

| wejść, *entrer* | wszedłem, weszłam, etc. |
|---|---|
| wyjść, *sortir* | wyszedłem, wyszłam, etc. |
| zejść, *descendre* | zszedłem, zeszłam, etc. |

## 5.4 Le futur

Il y a deux formes de futur : une pour chacun des aspects. Elles correspondent, selon le contexte, au futur simple ou au futur proche en français.

Pour les verbes perfectifs, toutes les formes conjuguées expriment le futur :

| | |
|---|---|
| **zrobię** | je ferai (je vais faire) |
| **napiszę** | j'écrirai (je vais écrire) |
| **przeczytam** | je lirai (je vais lire) |
| **zjem** | je mangerai (je vais manger) |

Pour les verbes imperfectifs, le futur est une forme composée qui peut être créée de deux manières :
• en ajoutant la 3e personne du passé (singulier ou pluriel) au futur du verbe **być**, être :
**będę robił (robiła)**, je ferai (je vais faire) ;
**będziesz pisał (pisała)**, tu écriras (tu vas écrire), etc.
• en ajoutant l'infinitif au futur de **być** :
**będę robić, będziesz pisać**, etc.

## 5.5 L'impératif

Pour former l'impératif de la 2e personne du singulier des verbes des 1re et 2e conjugaisons, on supprime la terminaison de la 3e personne du singulier au présent :

| Infinitif | 3e personne du sing. | Impératif |
|---|---|---|
| **dawać**, donner | **daje** | **daj!** |
| **pisać**, écrire | **pisze** | **pisz!** |

Pour les verbes finissant par une ou plusieurs consonnes suivies d'un **i**, on supprime le **i**. La consonne qui précède est mouillée, sauf les **p, b, f, l, w** :

| | | |
|---|---|---|
| **iść**, aller | **idzie** | **idź!** |
| **wejść**, entrer | **wejdzie** | **wejdź!** |

mais :

| kupić, *acheter* | kupi | kup! |
|---|---|---|
| mówić, *dire* | mówi | mów! |

Pour certains verbes, on note l'alternance **o/ó** et **ę/ą** :

| robić, *faire* | robi | rób! |
|---|---|---|
| stać, *être debout* | stoi | stój! |
| być, *être* | będzie | bądź! |

Pour les verbes finissant par un groupe de consonnes, on ajoute parfois **-ij/-yj** :

| spać, *dormir* | śpi | śpij! |
|---|---|---|
| zamknąć, *fermer* | zamknie | zamknij! |

Pour former l'impératif de la 2ᵉ personne du singulier des verbes de la 3ᵉ conjugaison, on supprime la terminaison **-ą** de la 3ᵉ personne du pluriel :

| Infinitif | 3ᵉ personne du pl. | Impératif |
|---|---|---|
| czytać, *lire* | czytają | czytaj! |
| jeść, *écrire* | jedzą | jedz! |

Les 1ʳᵉ et 2ᵉ personnes du pluriel se caractérisent par les terminaisons **-my** et **-cie**, ajoutées à la 2ᵉ personne du singulier :

| czytaj! | czytajmy! | czytajcie! |
|---|---|---|
| jedz! | jedzmy! | jedzcie! |

À la 3ᵉ personne du singulier et du pluriel, on emploie le mot **niech** + pan (pani, państwo) :
**Niech pan (pani) wejdzie**, *Entrez Monsieur (Madame)*.
**Niech państwo wejdą**, *Entrez Messieurs (Mesdames)*.

## 5.6 Le conditionnel

On le forme sur la base du passé, en intercalant l'élément **by** entre le radical et la terminaison. Aux 1ʳᵉ et 2ᵉ personnes du masculin singulier, on supprime la lettre **e** de la terminaison.

Voici le conditionnel de **chcieć**, *vouloir* :

• **Au masculin**

| Singulier | Pluriel |
|---|---|
| chciałbym | chcielibyśmy |
| chciałbyś | chcielibyście |
| chciałby | chcieliby |

• **Au féminin**

| Singulier | Pluriel |
|---|---|
| chciałabym | chciałybyśmy |
| chciałabyś | chciałybyście |
| chciałaby | chciałyby |

• **Au genre neutre**

| Singulier | Pluriel |
|---|---|
| chciałoby | chciałyby |

L'élément **by**, accompagné éventuellement de sa terminaison, peut être détaché du verbe et placé après le premier mot accentué de la phrase :

**Kiedy by pan(i) chciał(a) pojechać do Polski?**, *Quand voudriez-vous aller en Pologne ?*

**Co byś zrobił(a) na moim miejscu?**, *Que ferais-tu à ma place ?*

**5.7 Les verbes *być* et *mieć***

• **Conjugaison de *być*, être**

|  | Présent | | Futur | |
|---|---|---|---|---|
|  | Singulier | Pluriel | Singulier | Pluriel |
| 1re p. | jestem | jesteśmy | będę | będziemy |
| 2e p. | jesteś | jesteście | będziesz | będziecie |
| 3e p. | jest | są | będzie | będą |

|        | Passé        |          |        |           |                      |
|--------|--------------|----------|--------|-----------|----------------------|
|        | Singulier    |          |        | Pluriel   |                      |
|        | m.           | f.       | n.     | m. pers.  | m. non pers. f., n.  |
| 1ʳᵉ p. | byłem        | byłam    | -      | byliśmy   | byłyśmy              |
| 2ᵉ p.  | byłeś        | byłaś    | -      | byliście  | byłyście             |
| 3ᵉ p.  | był          | była     | było   | byli      | były                 |

• **Conjugaison de** *mieć*, **avoir**

|        | Présent   |         | Futur                       |                              |
|--------|-----------|---------|-----------------------------|------------------------------|
|        | Singulier | Pluriel | Singulier                   | Pluriel                      |
| 1ʳᵉ p. | mam       | mamy    | będę mieć (miał, -a)         | będziemy mieć (mieli, miały)  |
| 2ᵉ p.  | masz      | macie   | będziesz mieć (miał, -a)     | będziecie mieć (mieli, miały) |
| 3ᵉ p.  | ma        | mają    | będzie mieć (miał, -a, -o)   | będą mieć (mieli, miały)      |

|        | Passé        |          |        |           |                      |
|--------|--------------|----------|--------|-----------|----------------------|
|        | Singulier    |          |        | Pluriel   |                      |
|        | m.           | f.       | n.     | m. pers.  | m. non pers. f., n.  |
| 1ʳᵉ p  | miałem       | miałam   | -      | mieliśmy  | miałyśmy             |
| 2ᵉ p.  | miałeś       | miałaś   | -      | mieliście | miałyście            |
| 3ᵉ p.  | miał         | miała    | miało  | mieli     | miały                |

## 6 Les adverbes

La majorité des adverbes sont formés à partir des adjectifs dont on
remplace la voyelle finale par **-o** ou par **-(i)e** :

| doskonały | *parfait* | doskonale | *parfaitement* |
|-----------|-----------|-----------|----------------|
| duży      | *grand*   | dużo      | *beaucoup*     |
| łatwy     | *facile*  | łatwo     | *facilement*   |
| ładny     | *joli*    | ładnie    | *joliment*     |
| świetny   | *parfait* | świetnie  | *parfaitement* |

Quelquefois, on modifie la consonne finale du radical :

| dobry | bon | dobrze | bien |
|---|---|---|---|
| zły | mauvais | źle | mal |

Pour obtenir le comparatif, on ajoute la terminaison -(e)j.
Quant au superlatif, on le forme en faisant précéder le comparatif de naj- :

| ładnie | joliment | ładniej | plus joliment | najładniej | le plus joli |
|---|---|---|---|---|---|
| łatwo | facilement | łatwiej | plus facilement | najłatwiej | le plus facile |

Il existe des irrégularités dans la formation de certains comparatifs et superlatifs :

| dobrze | bien | lepiej | mieux | najlepiej | le mieux |
|---|---|---|---|---|---|
| źle | mal | gorzej | pire | najgorzej | le pire |
| dużo | beaucoup | więcej | plus | najwięcej | le plus |
| mało | peu | mniej | moins | najmniej | le moins |

On trouve aussi des adverbes composés, précédés d'une préposition :

- od : **od razu**, *tout de suite* ;
- na : **na lewo**, *à gauche* ; **na prawo**, *à droite* ; **na stałe**, *définitivement* ;
- po : **po prostu**, *simplement* ;
- z : **z bliska**, *de près* ; **z daleka**, *de loin* ;
- za : **za długo**, *trop longtemps* ; **za drogo**, *trop cher.*

De nombreux adverbes ne sont pas issus d'adjectifs :

| Temps | Quantité | Lieu |
|---|---|---|
| **zawsze**, *toujours* | **ile**, *combien* | **tu**, *ici* |
| **nigdy**, *jamais* | **tyle**, *tant* | **tam**, *là* |
| **kiedy**, *quand* | **dość**, *assez* | **gdzie**, *où* |
| **jutro**, *demain* | **mało**, *peu* | **nigdzie**, *nulle part* |
| **już**, *déjà* | **prawie**, *presque* | **wszędzie**, *partout* |
| **jeszcze**, *encore* | **zbyt**, *trop* | **skąd**, *d'où* |

# 7 Les prépositions

Les prépositions régissent tous les cas, à l'exception du nominatif et du vocatif. Certaines introduisent un seul cas, d'autres deux et parfois trois :

| Gén. | Dat. | Acc. | Instr. | Loc. |
|------|------|------|--------|------|
| do | ku | na | | na |
| od | dzięki | o | | o |
| u | | po | | po |
| bez | | za | za | |
| z, ze | | | z, ze | |
| dla | | w, we | | w, we |
| obok, koło | | pod | pod | przy |
| wśród | | przez | przez | |
| oprócz | | nad | nad | |
| | | między | między | |

Les correspondants français les plus fréquents sont :
**bez**, *sans* ; **dla**, *pour* ; **do**, *à* ; **dzięki**, *grâce à* ; **koło**, *à côté* ; **między** **wśród**, *entre, parmi* ; **na**, *à, sur* ; **nad**, *au-dessus* ; **o**, *au sujet de* **obok**, *à côté* ; **oprócz**, *sauf* ; **po**, *après* ; **pod**, *sous* ; **przed**, *avant* **przez**, *à travers* ; **przy**, *à côté* ; **u**, *chez* ; **w/we**, *dans* ; **z/ze**, *avec*.

# 8 Les conjonctions

Voici les principales conjonctions et leurs équivalents français :

| i | *et* |
|---|------|
| a | *et (légère opposition)* |
| jak | *comme* |
| jakby | *comme si* |
| dlatego, bo | *parce que* |
| jeśli, gdyby | *si* |
| ponieważ | *puisque* |
| co | *que, ce que* |
| wtedy, więc | *alors* |
| albo, lub | *ou* |
| że | *que* |

# Index grammatical

*Cet index regroupe les principales explications grammaticales données dans les notes et les leçons de révision. Le premier nombre renvoie aux numéros des leçons, le second au numéro de la note ; les gras indiquant les leçons de révision avec le numéro de la section concernée.*

# Index thématique

*Vous retrouverez grâce à cet index les principaux thèmes abordés dans les dialogues, ainsi que dans les notes grammaticales et culturelles. Les chiffres indiquent le numéro de la leçon.*

# Bibliographie

Quelques ouvrages pour aller plus loin...

## Méthodes et dictionnaires

BOLGERT (N.), GRZYBOWSKA (J.), *Le Polonais tout de suite*, Paris, Presses Pocket, 2012

CICHOSZ (A.), LAMOUCHE (J.-L.), *Parler le polonais en voyage*, Harrap's, 2012

ORDISH (B.), adaptation française de Barbara KUSZMIDER, *Le polonais de poche*, Chennevières-sur-Marne, Assimil, 2011

CZAJKOWSKI (P.), *Polonais, guide de conversation*, Paris, Lonely Planet, 2014

DIEVRE (L.), FURMAN-BOUVARD (M.), *Dzień dobry*, Institut d'Études Slaves, 1999

GIEROS (A.), *Tak!, Apprendre ou réviser les bases de la grammaire et du vocabulaire polonais en s'amusant*, Paris, Ellipses, 2013

KUSZMIDER (B.), *Le polonais dans la poche*, Librairie Polonaise, 1993

SIATKOWSKA-CALLEBAT (K.), *Parlons polonais*, Paris, L'Harmattan, 2002

TARANOV (A.), *Vocabulaire français-polonais pour l'autoformation*, T&P Books, 2013

Dictionnaire Assimil Kernerman polonais-français, français-polonais, 2009

Dictionnaire de poche Larousse français-polonais et polonais-français, 2012

## Histoire, cuisine et voyages

BEAUVOIS (D.), *La Pologne, des origines à nos jours*, Paris, Seuil, 2010

BOURDON (V.), *Savoureuse Pologne*, Paris, Noir sur Blanc, 2002

DAVIES (N.), *Histoire de la Pologne*, Paris, Fayard, 1984

KLOCZKOWSKI (J.), *Histoire de l'Europe du Centre-Est*, Paris, P.U.F, 2004

*Guide du routard*, *Pologne*, Hachette, 2014

*Guide vert Pologne*, collectif Michelin, 2012

*Petit futé Pologne*, 2013-2014

## Littérature et poésie

ANDRZEJEWSKI ( J.), *Cendres et Diamant*, coll. "Folio", Paris, Gallimard, 1986

GOMBROWICZ (W.), *Ferdydurke*, Paris, Gallimard, 1996

GOMBROWICZ (W.), *La Pornographie*, Paris, Gallimard, 1995

KONWICKI (T.), *La petite apocalypse*, Paris, Presses Pocket, 1993

KUŚNIEWICZ (A.), *L'État d'apesanteur*, Paris, Albin Michel, 1979

MICKIEWICZ (A.), *Pan Tadeusz*, Paris, Noir sur Blanc, 1999

MIŁOSZ (Cz.), *Chroniques*, Paris, Fayard, 1990

MIŁOSZ (Cz.), *Sur les bords de l'Issa*, Paris, Gallimard, 1985

MIŁOSZ (Cz.), *La pensée captive*, coll. "Folio", Paris, Gallimard, 1988

MROŻEK (S.), *L'Éléphant, (nouvelles)*, Paris, Albin Michel, 1992

MROŻEK (S.), *Tango, pièce en trois actes*, Paris, Albin Michel, 1989

POTOCKI ( J.), *Manuscrit trouvé à Saragosse*, Paris, Gallimard, 1996

SIENKIEWICZ (H.), *Par le fer et par le feu*, Paris, Phébus, 2014

SIENKIEWICZ (H.), *Quo vadis?*, Flammarion, 2005

SINGER (I. B.), *Le petit monde de la rue Krochmalna*, Paris, coll "Folio", Gallimard, 1993

SINGER (I. B.), *Yentl et autres nouvelles*, Paris, Stock, 1998

SZYMBORSKA (W.), *Dans le fleuve d'Héraclite* (recueil bilingue), Maison de la Poésie, Nord/Pas-de-Calais, 1995

TOKARCZUK (O.), *Les Pérégrins*, Paris, Noir sur Blanc, 2010

TOKARCZUK (O.), *Récits ultimes*, Paris, Noir sur Blanc, 2007

# Lexique

Nos deux lexiques contiennent tous les mots de la méthode et la traduction française correspond à celle donnée dans la méthode. Les chiffres renvoient aux numéros des leçons dans lesquelles le terme apparaît pour la première fois et, dans certains cas sous une forme ou une traduction différente. Les noms et adjectifs sont donnés au nominatif singulier. Dans le cas où un terme est nécessairement employé au pluriel ou au singulier, nous l'avons indiqué entre parenthèses. Pour les verbes, nous avons signalé l'aspect (I pour l'imperfectif, P pour le perfectif) et dans le lexique polonais-français, nous vous donnons également les terminaisons des 1re et 2e personnes du singulier, suivies pour les verbes irréguliers de la 3e personne du pluriel.

## Liste des abréviations

| adj. | adjectif | n. | nom | pl. | pluriel |
|------|----------|------|-------------|------|-----------|
| f. | féminin | n. m. | nom masculin | pr. | pronom |
| I. | imperfectif | p. | participe | sing. | singulier |
| m. | masculin | P. | perfectif | v. | verbe |

## Lexique polonais - français

**A**

| | |
|---|---|
| a | et 1 |
| ach | ah 45 |
| agencja | agence 86 |
| agent | agent 86 |
| akcja | action 92 |
| akt | acte 92 |
| aktorka | actrice 34 |
| albo | ou 53 ; ou bien 87 |
| ale | mais 4 |
| ależ | mais 64 |
| alkohol | alcool 97 |
| amazoński | amazonien 96 |
| amerykański | américain 87 |
| angielski | anglais 13 |

| | |
|---|---|
| Anglik | Anglais 68 |
| ani | ni 32 |
| apteka | pharmacie 74 |
| archeolog | archéologue 50 |
| atmosfera | atmosphère 58 |
| autobus | bus 61 |
| automatyczny | automatique 90 |
| awaria | panne 53 |

## B

| | |
|---|---|
| babcia | grand-mère 20 |
| bać (I boję, boisz) się | avoir peur 53, 96 |
| bagaż | bagage 83 |
| balkon | balcon 92 |
| bank | banque 4 |
| bankomat | distributeur de billets 4 |
| bardziej | plus 50 |
| bardzo | très 4 ; beaucoup 5 |
| basen | piscine 30 |
| bateria | pile (batterie) 48 |
| beznadziejny | désespéré 79 |
| bezpośredni | direct 61 |
| biały | blanc 68 |
| bieg | vitesse 89 |
| biegiem | en courant 90 |
| biegnąć (I biegnę, -niesz) | courir 51 |
| bielizna | lingerie (vêtement) 59 |
| bigos | choucroute 2 |
| bilet | ticket 61 ; billet 92 |
| biografia | biographie 32 |
| bita (śmietana) | (crème) fouettée 16 |
| biurko | bureau (table) 10 |
| biuro | bureau (travail) 64 |
| biurowy | de bureau 86 |
| błąd (pl. błędy) | faute (erreur) 66 |
| blankiet | formulaire 26 |
| blisko | près 36 |
| bluzka | chemisier 33 |
| bo | parce que 66 |
| boczek | poitrine (charcuterie) 80 |
| Bóg | Dieu 81 |
| boleć (I boli, bolą) | faire mal 29, 60, 93 |
| bolesny | douloureux 71 |
| Boże Narodzenie | Noël 52 |
| brać (I biorę, bierzesz) | prendre 16, 19, 74 |
| bramka | but 68 |

| | |
|---|---|
| bramkarz | gardien de but 68 |
| brat | frère 8 |
| broda | barbe 67 |
| brzydki | laid 23 |
| budka | cabine 26 |
| budynek | bâtiment 23 |
| budzik | réveil 15 |
| bułka | petit pain 45 |
| but | chaussure 76 |
| być | être (v.) 2, 11, 31, 38, 40 |

## C

| | |
|---|---|
| cały | tout 40 |
| cena | prix 17 |
| centralny | central 61 |
| centrum | centre 23 |
| chcieć (I chcę, -esz) | vouloir 15, 33, 34, 64 |
| chętnie | volontiers 32 |
| Chiny (pl.) | Chine 82 |
| chleb | pain 19 |
| chmura | nuage 88 |
| chodzić (I chodzę, -isz) | marcher 18 ; venir 36 ; aller (à pied) 40 |
| choroba | maladie 29 |
| chory | malade 29 |
| chwast | mauvaise herbe 99 |
| chwila | moment 36 ; instant 81 |
| chwileczka | petit moment 80 |
| chwilowo | momentanément 26 |
| chyba | probablement 5 ; sans doute 25 |
| ciastko | petit gâteau 12 |
| ciasto | gâteau 48 |
| ciąg | suite 72 |
| ciągle | tout le temps 22 |
| ciekawy | intéressant 6, 22 |
| cieszyć (I -ę, -ysz) się | se réjouir 44 ; être content 85 |
| ciężko | lourdement 79 |
| ciocia | tante 25 |
| co | que 2 |
| codziennie | tous les jours 37 |
| córka | fille 65 |
| coś | quelque chose 34 |
| cudowny | merveilleux 78 |
| ćwiczyć (I -ę, -ysz) | s'exercer 37 |
| cytryna | citron 16 |
| czarno (widzieć na ~) | voir les choses en noir 88 |
| czarny | noir 16 |

| | |
|---|---|
| czas | temps (durée) 50 |
| czasem | parfois 82 |
| czekać (I -am, -asz) | attendre 43 |
| czekoladowy | au chocolat 16 |
| czereśnia | cerise 99 |
| czerwony | rouge 41 |
| cześć | salut 11 |
| często | souvent 69 |
| częstować (I -uję, -ujesz) się | se servir 73 |
| czterdzieści | quarante 96 |
| czternasty | quatorzième 86 |
| cztery | quatre 26 |
| czuć (I -ję, -jesz) się | se sentir 29 |
| czuły | affectueux 69 |
| czwarty | quatrième 59 |
| czy | est-ce que 5 ; si 23 |
| czytać (I -am, -asz) | lire 32 |
| czytanie | lecture 32 |

## D

| | |
|---|---|
| dać (P dam, dasz, dadzą) | donner 38 |
| dalej | plus loin 76 |
| dalszy | plus lointain 72 |
| damski | pour dames 59 |
| danie | plat (mets) 46 |
| dawna (od ~) | depuis longtemps 34 |
| dawniej | autrefois 39 |
| dawno | il y a longtemps 38 |
| dbać (I -am, -asz) | prendre soin 78 |
| deka | décagramme 80 |
| denerwować (I -uję, -ujesz) | énerver 58 |
| dentysta | dentiste 93 |
| deser | dessert 41 |
| deserowy | à dessert 73 |
| deszcz | pluie 22 |
| dieta | régime 95 |
| dla | pour 15 |
| dlaczego | pourquoi 12 |
| dlatego | parce que 20 |
| długo | longtemps 3 |
| długopis | stylo à bille 62 |
| do | à 2 ; chez 9 |
| do widzenia | au revoir 5 |
| doba | vingt-quatre heures 17 |
| dobry | bon 1 |
| dobrze | bien 11 |

| | |
|---|---|
| dziesięć | dix 43 |
| dziewczynka | petite fille 85 |
| dziewiąty | neuvième 30 |
| dziś | aujourd'hui 22 |
| dzisiaj | aujourd'hui 11 |
| dzisiejszy | d'aujourd'hui 80 |
| dziwić (I -ę, -isz) się | s'étonner 50 |
| dziwny | bizarre 23 |
| dzwonić (I -ę, -isz) | sonner 25 ; appeler (téléphoner) 47 |
| dżinsy | jean 92 |

## E

| | |
|---|---|
| egzamin | examen 96 |
| egzaminacyjny | d'examen 90 |
| egzotyczny | exotique 94 |
| epidemia | épidémie 55 |
| ewentualnie | éventuellement 87 |

## F

| | |
|---|---|
| fakt | fait 57 |
| faktycznie | effectivement 39 |
| fartuszek | tablier 67 |
| fauna | faune 87 |
| film | film 87 |
| firma | entreprise 82 |
| flora | flore 87 |
| fotel | fauteuil 10 |
| francuski | français 13 |
| Francuz | Français 100 |

## G

| | |
|---|---|
| galanteria | maroquinerie 59 |
| galeria | galerie (peinture) 57 |
| gardło | gorge 29 |
| garnitur | costume 59 |
| gasnąć (I -ę, -esz) | s'éteindre 92 |
| gazeta | journal 10 |
| gdy(by) | si 59 |
| gdzie | où 4 |
| gdzieś | quelque part 4 |
| geografia | géographie 96 |
| gimnastykować się (I -uję, -ujesz) | faire de la gymnastique 95 |
| gimnazjum | collège 65 |
| gitara | guitare 37 |
| głodny | affamé 40 |

# J

| | |
|---|---|
| ja | moi 1 ; je 11 |
| jajecznica | œufs brouillés 46 |
| jajko | œuf 40 |
| jak | comme 11 ; comment 15 |
| jaki | quel 9 |
| jakikolwiek | quelconque 81 |
| jakiś | quelconque 22 |
| jasny | clair 8 |
| jechać (I jadę, jedziesz) | aller (en véhicule) 6, 61 |
| jeden | un 17 |
| jednocześnie | en même temps 37 |
| jedynka | une (chaîne de TV, etc.) 87 |
| jedzenie | manger *(n.)* 41 |
| jest | il y a 2 |
| jeść (I jem, jesz, jedzą) | manger *(v.)* 46 |
| jeśli | si 33 |
| jeszcze | encore 4 |
| jeździć (I jeżdżę, jeździsz) | aller (en véhicule) 32 |
| jeżeli | si 90 |
| język | langue 31 |
| jutro | demain 3 |
| już | déjà 4 |

# K

| | |
|---|---|
| kafelek | carrelage 55 |
| kaktus | cactus 78 |
| kandydat | candidat 50 |
| kantor | bureau de change 4 |
| kąpać (I -ę, -esz) się | se baigner 60 |
| kąpiel | baignade 31 |
| kąpielowy | de bain 59 |
| kapsułka | gélule 74 |
| karta | carte (à jouer) 32 |
| kartka | carte (postale) 26 |
| kasa | caisse 19 |
| kaszanka | boudin 80 |
| katar | rhume 60 |
| kawa | café (à boire) 16 |
| kawałek | morceau 40 |
| kawaler | célibataire 75 |
| kawiarnia | café (endroit) 16 |
| każdy | chaque 48 |
| kelnerka | serveuse 41 |
| kiedy | quand 71 |

| | |
|---|---|
| koszulka | maillot 68 |
| koszyk | panier 19 |
| kradzież | vol (délit) 86 |
| kraj | pays 82 |
| krakowski | de Cracovie 80 |
| krawat | cravate 92 |
| kręgosłup | colonne vertébrale 79 |
| krem | crème 41 |
| krew | sang 79 |
| krok | pas (n.) 71 |
| król | roi 23 |
| krótki | court (adj.) 33 |
| kryształowy | de cristal 73 |
| krytyk | critique (n.) 87 |
| krzesło | chaise 36 |
| książka | livre (n. m.) 82 |
| księgarnia | librairie 94 |
| księżyc | lune 34 |
| kto | qui 5 |
| który | quel 22 ; lequel 33 |
| kucharski | de cuisine 94 |
| kuchnia | cuisine (pièce) 36 |
| kultura | culture 23 |
| kupić (P -ę, -isz) | acheter 15 |
| kupować (I -uję, -ujesz) | acheter 37, 61 |
| kurtka | blouson 62 |
| kwiat | fleur 78 |
| kwiatek | petite fleur 67 |

## L

| | |
|---|---|
| lampka | verre 41 |
| lata (pl.) | ans 25 |
| latać (I -am, -asz) | voler (oiseau, avion) 83 |
| lato | été 99 |
| lądować (I -uję, -ujesz) | atterrir 83 |
| lecieć (I -ę, -isz) | voler (oiseau, avion) 50, 53 |
| lekarstwo | médicament 74 |
| lekarz | médecin 29 |
| lekcja | leçon 34 |
| lepiej | mieux 19 |
| lewo (w ~) | à gauche 18 |
| leżeć (I -ę, -ysz) | être couché 71 |
| liceum | lycée 44 |
| liczyć (I -ę, -ysz) | compter 55 |
| linia | ligne 90 |
| lipiec | juillet 53 |

| | |
|---|---|
| medycyna | médecine 44 |
| metalowy | métallique 67 |
| męski | pour hommes 59 |
| miasto | ville 23 |
| mieć | avoir 2, 6, 8 |
| miejsce | place 6, 41 |
| miesiąc | mois 52 |
| mieszkać (I -am, -asz) | habiter 5, 9 |
| mieszkanie | appartement 53 |
| między | entre 78 |
| mięso | viande 19 |
| miło mi | suis enchanté 1 |
| miły | gentil 4 |
| minąć (P -ę, -esz) | passer 44 |
| minuta | minute 68 |
| mleko | lait 19 |
| młodo | de manière jeune 50 |
| młodszy | plus jeune 65 |
| młody | jeune 8 |
| mniej | moins 17 |
| modny | à la mode 33 |
| moi | mes 86 |
| moja | ma 8 |
| moment | moment 72 |
| morze | mer 31 |
| może | peut-être 10 |
| można | il est possible de 26 |
| móc (mogę, możesz, mogą) | pouvoir 8, 15 |
| mój | mon 9 |
| mówiąc | disant 32 |
| mówić (I -ę, -isz) | parler 11, 13 ; dire 27 |
| musieć (muszę, -isz) | devoir 40, 71, 83 |
| musztarda | moutarde 80 |
| muzeum | musée 72 |
| muzyczny | musical 87 |
| muzyka | musique 87 |
| my | nous 32 |
| mylić (I -ę, -isz) się | se tromper 68 |
| myśleć (I -ę, -isz) | penser 27, 33, 94 |

## N

| | |
|---|---|
| na | pour 3 ; sur 10 ; aux 27 ; en 31 |
| nacierpieć (P -ę, -isz) się | souffrir 79 |
| nad | au-dessus, au bord de 31 |
| nadzieja | espoir 6 |
| najbardziej | le plus 39 |

| | |
|---|---|
| normalny | normal 50 |
| nosić (I -szę, -sisz) | porter 33 |
| notatka | note (annotation) 96 |
| nowoczesny | moderne 57 |
| nowy | neuf *(adj.)* 36 ; nouveau 48 |
| nóż | couteau 73 |
| nudzić się | s'ennuyer 99 |
| numer | numéro 9 |

## O

| | |
|---|---|
| o | ah 10 ; à 30 ; de 33 ; oh 68 ; sur 82 |
| obaj *(m.)* | les deux 65 |
| obcy | étranger *(adj.)* 94 |
| obiad | déjeuner *(n.)* 43 |
| obiad (gotować (I -uję, -ujesz) ~) | préparer le déjeuner 51 |
| obie *(f.)* | les deux 68 |
| obiecać (P -am -asz) | promettre 52 |
| oblać (P -ję, -jesz) | être collé à un examen 96 |
| obok | à côté 51 |
| obraz | tableau (peinture) 45 |
| obrus | nappe 41 |
| obserwować (I -uję, -ujesz) | observer 69 |
| obudzić (P -ę, -isz) | réveiller 46 |
| obyczaj *(sing.)* | mœurs *(pl.)* 82 |
| ochota | envie 40 |
| ocieplać (I -am, -asz) się | se réchauffer 58 |
| oczy *(pl.)* | yeux 25, 86 |
| oczywiście | bien sûr 9 |
| od | depuis 34 ; de 37 ; contre 86 |
| oddać (P -am, -asz) | rendre 78 |
| odkąd | depuis (que) 37 |
| odmiana | changement 66 |
| odpiąć (P odepnę, -niesz) | détacher (ceinture) 83 |
| odpocząć (P -nę, -niesz) | se reposer 76 |
| odpowiadać (I -am, -asz) | répondre 27 |
| odpowiedni | convenable 50 |
| odpowiedzieć (P -em, -esz) | répondre 96 |
| odzież *(sing.)* | vêtements 59 |
| ogórek | concombre 40 |
| ogród | jardin 97 |
| ogrodowy | de jardinage 99 |
| ogromny | immense 68 |
| okazja | occasion 12 |
| okno | fenêtre 41 |
| oko | œil 89 |
| okolica | région 76 |

| | |
|---|---|
| około | vers (à peu près) 64 |
| okropny | horrible 79 |
| okulary *(pl.)* | lunettes 67 |
| on | il 15 |
| ona | elle 13 |
| opalić (P -ę, -isz) się | bronzer 99 |
| opera | opéra 32 |
| operowany | opéré 79 |
| opiekować (I -uję, -ujesz) się | prendre soin 79 |
| opisać (P -szę, -esz) | décrire 67 |
| opowiadać (I -am, -asz) | raconter 33 |
| opowiedzieć (P -em, -esz) | raconter 44 |
| oprawka | monture 67 |
| oryginalny | original *(adj.)* 34 |
| osoba | personne 17 |
| osobiście | personnellement 32 |
| ostatecznie | après tout 94 |
| ostatni | dernier 17 |
| ostatnio | dernièrement 27 |
| oto | voici 17 |
| otwarty | ouvert 73 |
| otwierać (I -am, -asz) | ouvrir 69 |
| otworzyć (P -ę, -ysz) | ouvrir 43 |
| owoc | fruit 19 |
| owocowy | de fruit 16 |
| owszem | bien entendu 72 |
| ożenić (P -ę, -isz) się | se marier 75 |

## Ó

| | |
|---|---|
| ósemka | huit 61 |
| ósmy | huitième 22 |

## P

| | |
|---|---|
| paczka | colis 26 |
| padać | tomber (pluie) 22, 58 |
| pałac | palais 23 |
| palący | fumeur 41 |
| palić (I -ę, -isz) | fumer 15 |
| pamiętać (I -am, -asz) | se souvenir 25 ; se rappeler 96 |
| pan | monsieur 1 |
| pani | madame 1 |
| panna | mademoiselle 85 |
| państwo | madame et monsieur 16 |
| para | couple 69 |
| parasolka | parapluie 78 |
| parę | quelque 93 |

| | |
|---|---|
| poczekać (P -am, -asz) | attendre 59 |
| poczta | poste (f.) 26 |
| pocztowy | postal 26 |
| pod | sous 80 |
| podać (P -am, -asz) | servir 2 ; donner 41 |
| podarować (P -uję, -ujesz) | offrir 94 |
| podawać (I -ję, -jesz) | donner 69 |
| podlać (P -leję, -lejesz) | arroser 99 |
| podlewać (I -am, -asz) | arroser 78 |
| podmorski | sous-marin (adj.) 87 |
| podnieść (P -niosę, -niesiesz) | relever 71 |
| podobać (I -am, -asz) się | plaire 20, 39 |
| podobno | il paraît 50 |
| podobny | ressemblant 25 ; pareil 58 |
| podpisanie | signature 86 |
| podróż | voyage 25 |
| podróżować (I -uję, -ujesz) | voyager 99 |
| podstawowy | primaire (école) 65 |
| poezja | poésie 32 |
| pogoda | temps (météo) 58 |
| pojechać (P pojadę, -jedziesz) | aller (en véhicule) 31 |
| pojęcie | idée 72 |
| pokazać (P -żę, -żesz) | montrer 36 |
| pokój | chambre 17 ; pièce 64 |
| pokroić (P ję, isz) | trancher 80 |
| Polak | Polonais (personne) 100 |
| polecić (P -ę, -isz) | recommander 95 |
| polecieć (P -ę, -isz) | voler (oiseau, avion) 34 |
| polecony | recommandé 26 |
| policzyć (P -ę, -ysz) | compter 80 |
| polisa | police (assurance) 86 |
| polityka | politique 87 |
| Polka | Polonaise (personne) 20 |
| Polska | Pologne 20 |
| polski | polonais (langue) 13 |
| polubić (P -ę, -isz) | aimer 82 |
| połamany | cassé 79 |
| połączenie | connexion 37 |
| położyć (P -ę, -ysz) | mettre 73 |
| południe | midi 54, 57 |
| pomagać (I -am, -asz) | aider 78 |
| pomidorowy | à la tomate 41 ; de tomate 95 |
| pomimo | malgré 100 |
| pomnik | statue 23 |
| pomóc (P -mogę, -możesz) | aider 18, 38 |
| pomylić (P -ę, -isz) się | se tromper 72 |

| | |
|---|---|
| pomyłka | erreur 5 |
| pomysł | idée 15 |
| pomyśleć (P -ę, -isz) | penser 36 |
| ponad | au-dessus 76 |
| poniedziałek | lundi 30 |
| ponieważ | car *(conj.)* 72 |
| popatrzeć (P -ę, -ysz) | regarder 75 |
| popielniczka | cendrier 73 |
| popijać (P -piję, -esz) | boire 95 |
| popołudnie | après-midi 57 |
| poprzedni | précédent 90 |
| poradzić (P -ę, -isz) | conseiller 15 |
| porządek | ordre 27 |
| porzeczka | groseille 99 |
| posłuchać (P -am, -asz) | écouter 85 |
| posprzątać (P -am, -asz) | faire le ménage 10 |
| postanowić (P -ę, -isz) | décider 55 |
| pośpieszyć (P -ę, -ysz) się | se dépêcher 92 |
| potem | ensuite 18 |
| potrafić (I -ę, -isz) | connaître (savoir) 81 |
| potrwać (P) | durer 83 |
| potrzebować (I -uję, -ujesz) | avoir besoin 37 |
| poważnie | sérieusement 74 |
| poważny | grave (sérieux) 85 |
| powiedzieć (P -em, -esz, -edzą) | dire 23 |
| powieść | roman 32 |
| powinien | il devrait 29 |
| powód | raison 75 |
| powodzenia | bonne chance 96 |
| powtórzyć (P -ę, -ysz) | répéter 96 |
| poza | à part 60 |
| poznać (P -am, -asz) | reconnaître 25 ; connaître 79 |
| pożar | incendie 53 |
| pożegnać (P -am, -asz) się | se dire au revoir 100 |
| pożyczka | emprunt, prêt 64 |
| pożyczyć (P -ę, -ysz) | emprunter 37 ; prêter 78 |
| pójść (P pójdę, pójdziesz) | aller (à pied) 22, 29 |
| pół | demi 54 |
| północ | minuit 58 |
| półtora | un et demi 43 |
| później | plus tard 54 |
| praca | travail 24 |
| pracować (I -uję, -ujesz) | travailler 15 |
| pracownik | employé 86 |
| praktycznie | pratiquement 32 |
| pranie | faire une lessive 75 |

| | |
|---|---|
| przyjaciel | ami 52 |
| przyjazd | arrivée 71 |
| przyjechać (P -jadę, -jedziesz) | arriver (en voiture) 71 |
| przyjęcie | accueil 73 |
| przyjemnie | agréable 65 |
| przyjemność | plaisir 31 |
| przyjrzeć (P -ę, -ysz) się | regarder 41 |
| przyjść (P przyjdę, -dziesz) | venir (à pied) 38 |
| przykład | exemple 78 |
| przykro | désagréablement 26 |
| przymierzalnia | cabine d'essayage 51 |
| przymierzyć (P -ę, -ysz) | essayer 33 |
| przymiotnik | adjectif 66 |
| przynajmniej | au moins 74 |
| przynieść (P -niosę, -niesiesz) | apporter 88 |
| przynosić (I -noszę, -nosisz) | apporter 69 |
| przypadek | cas 62 ; cas (grammatical) 66 |
| przypominać (I -am, -asz) | rappeler 47 |
| przysłowie | proverbe 100 |
| przystanek | arrêt 61 |
| przyszłość | avenir 34 |
| przyszły | prochain 30 |
| przytyć (P -ję, -jesz) | grossir 95 |
| przywieźć (P -wiozę, -wiezie) | amener 89 |
| przyznać (P -am, -asz) | avouer 75 |
| pusty | vide *(adj.)* 53 |
| puszcza | forêt 96 |
| pytać (I -am, -asz) | demander 30 |
| pytanie | question 27 |

# R

| | |
|---|---|
| rachunek | compte 80 |
| racja | raison 22 |
| raczej | plutôt 33 |
| radio | radio 20 |
| ranny | blessé 79 |
| rano | matin 71 |
| raz | fois 20 ; cas 26 ; moment 29 |
| razem | ensemble *(adv.)* 19 |
| recepta | ordonnance 74 |
| reguła | règle (principe) 83 |
| reklamacja | réclamation 27 |
| remont *(sing.)* | travaux 55 |
| reprodukcja | reproduction 94 |
| restauracja | restaurant 40 |
| reumatyzm *(sing.)* | rhumatismes 38 |

| | |
|---|---|
| rezerwat | réserve (parc) 39 |
| rezultat | résultat 95 |
| ręczny | manuel *(adj.)* 90 |
| ręka | main 69 |
| robak | ver 97 |
| robić (I -ę, -isz) | faire 10, 22 |
| robota | boulot (travail) 78 |
| rodzaj | genre 87 |
| rodzice *(pl.)* | parents (père et mère) 25 |
| rodzina | famille 3 |
| rok | an 25 |
| rosnąć (I -ę, -esz) | pousser (croître) 78 |
| roślina | plante 78 |
| rower | vélo 32 |
| rozgrywać się (I) | se dérouler 92 |
| rozmawiać (I -am, -asz) | parler 54 |
| rozmiar | taille (dimensions) 15 |
| rozrywka | distraction 32 |
| rozrywkowy | de variété 87 |
| rozumieć (I -em, -esz, -eją) | comprendre 5 |
| rozwieść (P -odę, -edziesz) się | divorcer 75 |
| rozwód | divorce 75 |
| róg | coin 61 |
| różnić (I -ę, -isz) się | se différencier 82 |
| ruch | circulation 88 |
| rura wydechowa | pot d'échappement 88 |
| ruszać (I -am, -asz) się | bouger 97 |
| ryba | poisson 60 |
| rynek | place du marché 61 |
| rysować (I -uję, -ujesz) | dessiner 45 |
| ryż | riz 41 |
| ryzykować (I -uję, -ujesz) | risquer 71 |
| rzadko | rarement 57 |
| rząd | suite 80 ; rang 92 |
| rzecz | chose 19 |
| rzeczywiście | effectivement 29 |
| rzeczywistość | réalité 75 |
| rzucić (P -ę, -isz) | jeter 89 |

## S

| | |
|---|---|
| sadzić (I -ę, -isz) | planter 99 |
| sala | salle 41 |
| salceson | fromage de tête 80 |
| sam | seul 1 |
| samochód | voiture 69 |
| samolot | avion 83 |

| | |
|---|---|
| sąsiad | voisin *(n. m.)* 37 |
| sąsiadka | voisine *(n. f.)* 94 |
| sąsiedni | voisin *(adj.)* 90 |
| schab | filet de porc 2 |
| schody *(pl.)* | escalier 59 |
| schudnąć (P -ę, -esz) | maigrir 95 |
| sędzia | arbitre 68 |
| sekretarka | répondeur 47 |
| seks | sexe 94 |
| ser | fromage 40 |
| serial | série 87 |
| siadać (I -am, -asz) | s'asseoir 38 |
| siedemset | sept cents 76 |
| siedzieć (I -ę, -isz) | être assis 22 |
| sierpień | août 53 |
| silnik | moteur 88 |
| siostra | sœur 25 |
| siódmy | septième 92 |
| skaner | scanner *(n.)* 37 |
| skarżyć (I -ę, -ysz) się | se plaindre 27 |
| skąd | d'où 13 |
| skierować (P -uję, -ujesz) | diriger 90 |
| składać się (I) | se composer 32 |
| sklep | magasin (commerce) 33 |
| skomplikowany | compliqué 74 |
| skończyć (P -ę, -ysz) | terminer 44 ; finir 64 |
| skórzany | de cuir 59 |
| skorzystać (P -am, -asz) | profiter 57 |
| skosić (P -szę, -sisz) | tondre 99 |
| skręcić (P -ę, -isz) | tourner 61 |
| skrzynia | boîte 89 |
| skrzyżowanie | croisement 18 |
| skutek | effet (résultat) 97 |
| słabo | faiblement 13 |
| słodycze *(pl.)* | sucreries 95 |
| słoik | pot 80 |
| słońce | soleil 57 |
| słowo | mot 93 |
| słuch | ouïe 27 |
| słuchać (I -am, -asz) | écouter 5 |
| słusznie | justement 80 |
| służbowy | professionnel 82 |
| służyć (I -ę, -ysz) | être utile 17 |
| słychać | on entend 24 |
| słyszeć (I -ę, -ysz) | entendre 46 |
| smacznego | bon appétit 2 |

|  |  |
|---|---|
| stół | table 10 |
| stracić (P -ę, -isz) | perdre 79 |
| strajk | grève 83 |
| straż pożarna | pompiers 53 |
| strona | part 85 |
| studiować (I -uję, -ujesz) | étudier 44 |
| stwierdzić (P -ę, -isz) | constater 90 |
| styl | style 94 |
| sucharek | biscotte 95 |
| sukienka | robe 33 |
| sweter | pull 25 |
| swoje | ses 57 |
| Sylwester | Saint-Sylvestre 51 |
| syn | fils 9 |
| sypialnia | chambre 37 |
| syrop | sirop 74 |
| szary | gris 67 |
| szczególnie | particulièrement 32 |
| szczególny | particulier 67 |
| szczery | sincère 96 |
| szczerze | franchement 83 |
| szczęście | bonheur 68 |
| szczęśliwy | heureux 69 |
| szczupły | mince 67 |
| szef | patron 54 |
| szklanka | verre 74 |
| szkodzić (I -ę, -isz) | faire tort (nuire) 5 |
| szkolny | scolaire 65 |
| szkoła | école 62 |
| szminka | rouge à lèvres 59 |
| sznycel | escalope 41 |
| szpital | hôpital 44 |
| sztućce *(pl.)* | couvert (ustensiles de table) 73 |
| sztuka | art 94 |
| szuflada | tiroir 62 |
| szukać (I -am, -asz) | chercher 10 |
| szybciej | plus vite 59 |
| szybko | vite 45 |
| szynka | jambon 40 |

## Ś

|  |  |
|---|---|
| ślad | trace 88 |
| śliwka | prune 99 |
| śmieszny | drôle 39 |
| śmietana (bita ~) | crème chantilly 16 |
| śmietanka | crème 16 |

| | |
|---|---|
| trzydzieści | trente 50 |
| trzymać (I -am, -asz) | tenir 52 |
| trzysta | trois cents 47 |
| tu | ici 1 |
| turysta | touriste 82 |
| turystyczny | touristique 94 |
| tutaj | ici 9 |
| twój | ton (à toi) *(possessif)* 8 |
| ty | toi 11 |
| tydzień | semaine 3 |
| tyle | tant 44 |
| tylko | seulement 36 |
| typ | type (sorte) 86 |
| tysiąc | mille 68 |
| tytuł | titre 82 |

## U

| | |
|---|---|
| u | chez 3 |
| ubezpieczać (I -am, -asz) | assurer 86 |
| ubezpieczenie | assurance 86 |
| ubezpieczeniowy | d'assurance 86 |
| ubierać (I -am, -asz) się | s'habiller 11 |
| ubrać (P -biorę, -bierzesz) się | s'habiller 22 |
| ubrany | habillé 67 |
| uczyć (I -ę, -ysz) się | étudier 65 |
| udać się | réussir 95 |
| udawać (I -ję, -jesz) | faire semblant 81 |
| udzielić (P -ę, -isz) | fournir 86 |
| uf | ouf 59 |
| ukraść (P -ukradnę, -niesz) | voler (dérober) 81 |
| ulga | soulagement 83 |
| ulica | rue 9 |
| ulubiony | préféré 32 |
| umieć (I -em, -esz) | savoir 71 |
| umowa | contrat 86 |
| umówić (P -ę, -isz) się | fixer un rendez-vous 86 |
| unikać (I -am, -asz) | éviter 38 |
| uniknąć (P -ę, -esz) | éviter 88 |
| upaść (P -padnę, -esz) | tomber 71 |
| upodobanie | goût 94 |
| uprawiać (I -am, -asz) | pratiquer 95 |
| uprzedzić (P -ę, -isz) | prévenir 90 |
| uprzejmy | aimable 27 |
| uraz | traumatisme 79 |
| urlop | congé 55 |
| uroczy | adorable 85 |

| | |
|---|---|
| większy | plus grand 68 |
| wieża | tour *(f.)* 76 |
| wigilia | réveillon 52 |
| wilgoć | humidité 38 |
| winda | ascenseur 59 |
| wino | vin 12 |
| wioska | village 90 |
| wiosna | printemps 99 |
| wizyta | visite 39 |
| wjątkowo | exceptionnellement 99 |
| wkładać (I -am, -asz) | mettre 97 |
| wkrótce | bientôt 73 |
| właściwie | proprement 45 ; au juste 94 |
| właśnie | justement 9 |
| własny | propre (à soi) 97 |
| włączać (I -am, -asz) | allumer 22 |
| włączyć (P -ę, -ysz) | allumer, mettre 89 |
| Włochy *(pl.)* | Italie 53 |
| włos | cheveu 67 |
| włożyć (P -ę, -ysz) | mettre 48 |
| wniosek | conclusion 97 |
| woda | eau 31 |
| wodny | nautique 31 |
| woleć (I -ę, -isz) | préférer 32 |
| wolność | liberté 39 |
| wolny | libre 6 |
| wódka | vodka 97 |
| wózek | chariot 19 |
| wpół | demi 48 |
| wracać (I -am, -asz) | rentrer 51 |
| wręcz | bien (tout à fait) 95 |
| wreszcie | enfin 50 |
| wrócić (P -ę, -isz) | rentrer 64 |
| wschód słońca | lever du soleil 57 |
| wspaniały | magnifique 51 |
| wstąpić (P, -ę, -isz) | passer 64 |
| wstawać (I -ję, -jesz) | se lever 46 |
| wstyd | honte 72 |
| wszędzie | partout 58 |
| wszelki | tout 93 |
| wszyscy | tous 31 |
| wszystko | tout *(pr.)* 12 |
| wtorek | mardi 30 |
| wujek | oncle 90 |
| wy | vous 24 |
| wybór | choix 94 |

| | |
|---|---|
| zabrać (P -biorę, -bierzesz) | prendre 46 |
| zabraknąć (P) | manquer 64 |
| zachód słońca | coucher de soleil 57 |
| zaciąć się (P) | se coincer 89 |
| zaczekać (P -am, -asz) | attendre 54 |
| zaczynać (I -am, -asz) | commencer 34 |
| zadać (P -am, -asz) | poser 96 |
| zadziwiający | étonnant 78 |
| zadzwonić (P -ę, -isz) | téléphoner 26 |
| zaginąć (P -ę, -esz) | disparaître 67 |
| zagranica | étranger 31 |
| zająć (P zajmę, -miesz) | prendre 89 |
| zajęcie | activité 60 ; cours (université) 96 |
| zajęty | occupé 30 |
| zajmować (I -uję, -ujesz) się | s'occuper 55 |
| zakład | établissement 86 |
| zakupy *(pl.)* | courses 19 |
| załatwić (P -ę, -isz) | régler 93 |
| zależy | ça dépend 26 |
| założyć (P -ę, -ysz) | mettre 76 |
| zamek | château 23 |
| zamiar | intention 82 |
| zamierzać (I -am, -asz) | avoir l'intention 94 |
| zamknąć (P -ę, -esz) | fermer 81 |
| zamknięty | fermé 4 |
| zamrażarka | congélateur 40 |
| zamykać (I -am, -asz) | fermer 81 |
| zapach | odeur 46 |
| zapałka | allumette 74 |
| zapalniczka | briquet 15 |
| zapiąć (P -pnę, -pniesz) | attacher 83 |
| zapominać (I -am, -asz) | oublier 76 |
| zapomnieć (P -ę, -isz) | oublier 46 |
| zapraszać (I -am, -asz) | inviter 12 |
| zaproponować (P -uję, -ujesz) | proposer 86 |
| zaprosić (P -szę, -sisz) | inviter 30 |
| zaproszenie | invitation 30 |
| zapytać (P -am, -asz) | demander 18 |
| zarabiać (I -am, -asz) | gagner 34 |
| zaraz | tout de suite 48 |
| zarezerwowany | réservé (retenu) 100 |
| zastanawiać (I -am, -asz) się | se demander 79 |
| zastępować (I -uję, -ujesz) | remplacer 15 |
| zatrzymać (P -am, -asz) się | s'arrêter 88 |
| zaufanie | confiance 65 |
| zauważyć (P -ę, -ysz) | remarquer 69 |

| | |
|---|---|
| zawiadowca | chef de gare 90 |
| zawiedziony | déçu 52 |
| zawód | métier 34 |
| zawsze | toujours 43 |
| ząb | dent 93 |
| zbierać (I -am, -asz) | cueillir 99 |
| zdawać (I -ję -, -esz) | réussir (un examen) 65 |
| zdanie | avis 33 |
| zdarzać się (I) | survenir 100 |
| zdawać (I -ję, -jesz) | passer (un examen) 65 |
| zdawać (I) się | sembler 79 |
| zdążyć (P -ę, -ysz) | arriver à temps 93 |
| zdechnąć (P -ę, -esz) | mourir (animaux) 97 |
| zdenerwować (P -uję, -ujesz) | énerver 72 |
| zdjęcie | photo 8 |
| zdrowie | santé 24 |
| zdrowy | en bonne santé 85 |
| ze | avec 16 |
| zebranie | réunion 54 |
| zegar | pendule 86 |
| zegarek | montre 48 |
| zejść (P zejdę, zejdziesz) | descendre 76 |
| zepsuty | cassé 26 |
| zero | zéro 68 |
| zeszły | passé 71 |
| zgadnąć (P -ę, -esz) | deviner 72 |
| zgłosić (P -szę, -sisz) | signaler 83 |
| zielony | vert 33 |
| ziemniak | pomme de terre 80 |
| zima | hiver 32 |
| zimno | froidement 22 |
| złapać (P -ę, -esz) | attraper 60 |
| złoty | zloty 47 |
| zły | mauvais 58 |
| zmęczony | fatigué 25 |
| zmiana | changement 36 |
| zmieniać (I -am -asz) | changer 50 |
| zmienić (P -ę, -isz) | changer 36 |
| zmuszony | obligé 85 |
| zmywarka | lave-vaisselle 73 |
| znać (I -am, -asz) | connaître 9 |
| znaczyć (I) | signifier 24 |
| znak | signe 67 |
| znakomity | excellent 38 |
| znaleźć (P znajdę, -dziesz) | trouver 50 |
| zniechęcać (I -am, -asz) się | se décourager 95 |

| | |
|---|---|
| znienacka | à l'improviste 89 |
| znosić (I -noszę, -sisz) | supporter 58 |
| znowu | de nouveau 54 |
| zobaczyć (P -ę, -ysz) | voir 8 |
| zoo | zoo 39 |
| zostać (P -stanę, -staniesz) | devenir 34 ; rester 76 |
| zostawiać (I -am, -asz) | laisser 53 |
| zostawić (P -ę, -esz) | laisser 47 |
| zrobić (P -ę, -isz) | faire 27 |
| zrozumieć (P -em, -esz, -eją) | comprendre 93 |
| zupa | soupe 2 |
| zupełnie | tout à fait 76 |
| zwiedzać (I -m, -asz) | visiter 99 |
| zwiedzić (P -ę, -isz) | visiter 99 |
| zwolnienie | arrêt 55 |
| zwrotnica | aiguillage 90 |
| zwrócić (P -ę, -isz) | rendre 47 |
| zwrócić (P -ę, -isz) uwagę | faire une remarque 85 |
| zwykle | d'habitude 27 |
| zwykły | normal (ordinaire) 26 ; simple 85 |

## Ź

| | |
|---|---|
| źle | mal *(adv.)* 29 |

## Ż

| | |
|---|---|
| żaden | aucun 83 |
| żałować (I -uję, -ujesz) | regretter 55 |
| żartować (I -uję, -ujesz) | plaisanter 33 |
| że | que 6 |
| żebro | côte 79 |
| żeby | pour (que) 34 |
| żłobek | crèche 65 |
| żona | femme (épouse) 13 |
| żółty | jaune 68 |
| żubr | bison 39 |
| żyć (I -ję, -jesz) | vivre 39 |
| życie | vie 39 |
| żyrafa | girafe 39 |

# Lexique français - polonais

## A

| | |
|---|---|
| à | do 2 ; w 17 ; o 30 |
| a (il y ~) | jest 2 |
| accident | wypadek 71 |
| accueil | przyjęcie 73 |
| acheter | kupić (P -ę, -isz) 15 ; kupować (I -uję, -ujesz) 37, 61 |
| acte | akt 92 |
| action | akcja 92 |
| action de boire | picie 41 |
| activité | zajęcie 60 |
| actrice | aktorka 34 |
| adjectif | przymiotnik 66 |
| adorable | uroczy 85 |
| adorer | uwielbiać (I -am, -asz) 30 |
| aéroport | lotnisko 83 |
| affaire | sprawa 75 |
| affamé | głodny 40 |
| affectueux | czuły 69 |
| agence | agencja 86 |
| agent | agent 86 |
| agréable | przyjemnie 65 |
| ah | o 10 ; ach 45 |
| aider | pomóc (P -mogę, -możesz) 18, 38 ; pomagać (I -am, -asz) 78 |
| aiguillage | zwrotnica 90 |
| aimable | uprzejmy 27 |
| aimer | lubić (I -ę, -isz) 18, 30 ; kochać (I -am, -asz) 50 ; polubić (P -ę, -isz) 82 |
| alcool | alkohol 97 |
| alimentation (d'~) | spożywczy 80 |
| aller (à pied) | iść (I idę, idziesz) 9, 11, 18, 19 ; dojść (P dojdę, dojdziesz) 18 ; pójść (P pójdę, pójdziesz) 22, 29 ; chodzić (I chodzę, -isz) 40 |
| aller (en véhicule) | jechać (I jadę, jedziesz) 6, 61 ; pojechać (P pojadę, -jedziesz) 31 ; jeździć (I jeżdżę, jeździsz) 32 ; dojechać (P -jedziesz, -dzie) 88 |
| allô | halo 5 |
| allumer | włączać (I -am, -asz) 22 ; włączyć (P -ę, -ysz) 89 |
| allumette | zapałka 74 |
| alors | więc 18 |

| | |
|---|---|
| amazonien | amazoński 96 |
| amener | przywieźć (P -wiozę, -wiezie) 89 |
| américain | amerykański 87 |
| ami | kolega 9 |
| amie | koleżanka 15 |
| ami | przyjaciel 52 |
| an | rok 25 |
| anglais | angielski 13 |
| Anglais | Anglik 68 |
| ans | lata *(pl.)* 25 |
| août | sierpień 53 |
| apparemment | widocznie 47 |
| appartement | mieszkanie 53 |
| appeler (s'~) | nazywać (I -am, -asz) się 1 |
| appeler (téléphoner) | dzwonić (I -ę, -isz) 47 |
| appétit (bon ~) | smacznego 2 |
| apporter | przynosić (I -noszę, -nosisz) 69 ; przynieść (P -niosę, -niesiesz) 88 |
| après | po 32 |
| après-midi | popołudnie 57 |
| après tout | ostatecznie 94 |
| arbitre | sędzia 68 |
| arbre | drzewo 96 |
| archéologue | archeolog 50 |
| argent (monnaie) | pieniądze 34 |
| arracher | wyrwać (P -ę, -esz) 93 |
| arrêt | zwolnienie 55 ; przystanek 61 |
| arrêter | przestać (P -nę, -niesz) 76 |
| arrêter (s'~) | zatrzymać (P -am, -asz) się 88 |
| arrivée | przyjazd 71 |
| arriver (à pied) | przychodzić (P -ę, -isz) 73 |
| arriver (en voiture) | przyjechać (P -jadę, -jedziesz) 71 |
| arriver à temps | zdążyć (P -ę, -ysz) 93 |
| arroser | podlewać (I -am, -asz) 78 ; podlać (P -leję, -lejesz) 99 |
| art | sztuka 94 |
| ascenseur | winda 59 |
| asseoir (s'~) | siadać (I -am, -asz) 38 |
| assez | dosyć 18 |
| assiette | talerz 73 |
| assis (être ~) | siedzieć (I -ę, -isz) 22 |
| assurance | ubezpieczenie 86 |
| assurance (d'~) | ubezpieczeniowy 86 |
| assurer | ubezpieczać (I -am, -asz) 86 |
| atmosphère | atmosfera 58 |
| attacher | zapiąć (P -pnę, -pniesz) 83 |

| | |
|---|---|
| attendre | czekać (I -am, -asz) 43 ; zaczekać (P -am, -asz) 54 ; poczekać (P -am, -asz) 59 |
| attendre (espérer) | spodziewać (I -am, asz) się 75 |
| attention *(n.)* | uwaga 85 |
| atterrir | lądować (I -uję, -ujesz) 83 |
| attraper | złapać (P -ę, -esz) 60 |
| au revoir | do widzenia 5 |
| au revoir (se dire ~) | pożegnać (P -am, -asz) się 100 |
| aucun | żaden 83 |
| au-dessus | nad 31 ; ponad 76 |
| aujourd'hui | dzisiaj 11 ; dziś 22 |
| aujourd'hui (d'~) | dzisiejszy 80 |
| aussi | też 1 |
| automatique | automatyczny 90 |
| autour | dookoła 52 |
| autre | drugi 24 ; inny 48 |
| autrefois | dawniej 39 |
| autrement | inaczej 88 |
| aux | na 27 |
| avant | przed 57 ; przede 95 |
| avant-hier | przedwczoraj 71 |
| avec | ze 16 |
| avenir | przyszłość 34 |
| aventures (d'~) | przygodowy 32 |
| avion | samolot 83 |
| avis | zdanie 33 |
| avoir | mieć 2, 6, 8 |
| avouer | przyznać (P -am, -asz) 75 |

## B

| | |
|---|---|
| baccalauréat | matura 44 |
| bagage | bagaż 83 |
| baignade | kąpiel 31 |
| baigner (se ~) | kąpać (I -ę, -esz) się 60 |
| bain (de ~) | kąpielowy 59 |
| bain (prendre un ~) | wykąpać (P -ę, -esz) się 38 |
| balcon | balkon 92 |
| banque | bank 4 |
| barbe | broda 67 |
| bas *(n.)* | dół 69 |
| bâtiment | budynek 23 |
| beau | ładny 23 ; piękny 46 |
| beaucoup | bardzo 5 ; dużo 19 ; wiele 55 |
| beau-père | teść 52 |
| besoin (avoir ~) | potrzebować (I -uję, -ujesz) 37 |
| bête *(adj.)* | głupi 81 |

| | |
|---|---|
| beurre | masło 19 |
| bien | dobrze 11 |
| bien (tout à fait) | wręcz 95 |
| bien entendu | owszem 72 |
| bien sûr | oczywiście 9 |
| bientôt | wkrótce 73 |
| bière | piwo 2 |
| billet | bilet 92 |
| biographie | biografia 32 |
| biscotte | sucharek 95 |
| bison | żubr 39 |
| bizarre | dziwny 23 |
| blanc | biały 68 |
| blessé | ranny 79 |
| bleu | niebieski 67 |
| blouson | kurtka 62 |
| boire | napić (P -ję, -jesz) się 29 ; pić (I piję, -esz) 46, 74 ; popijać (P -piję, -esz) 95 |
| boisson | picie 2 |
| boîte | skrzynia 89 |
| boîte de nuit | lokal nocny 99 |
| bon | dobry 1 |
| bon marché | tanio 45 |
| bonheur | szczęście 68 |
| bonjour | dzień dobry 1 |
| bord (au ~ de) | nad 31 |
| bouche | usta (pl.) 25 |
| bouchon | korek 88 |
| boudin | kaszanka 80 |
| bouger | ruszać (I -am, -asz) się 97 |
| boulot (travail) | robota 78 |
| briquet | zapalniczka 15 |
| bronzer | opalić (P -ę, -isz) się 99 |
| bruit | hałas 88 |
| bulletin (scolaire) | świadectwo 65 |
| bureau (de ~) | biurowy 86 |
| bureau (table) | biurko 10 |
| bureau (travail) | biuro 64 |
| bureau de change | kantor 4 |
| bus | autobus 61 |
| but | bramka 68 |

## C

| | |
|---|---|
| cabine | budka 26 |
| cabine d'essayage | przymierzalnia 51 |
| cactus | kaktus 78 |

| | |
|---|---|
| cadeau | prezent 15 |
| café (à boire) | kawa 16 |
| café (endroit) | kawiarnia 16 |
| caisse | kasa 19 |
| calme | spokój *(n.)* 81 |
| calmer | uspokoić (I -ję, -isz) 67 |
| campagne | wieś 53 |
| canapé-lit | wersalka 36 |
| candidat | kandydat 50 |
| capot | maska 89 |
| car *(conj.)* | ponieważ 72 |
| carrelage | kafelek 55 |
| carte (à jouer) | karta 32 |
| carte (postale) | kartka 26 |
| cas | raz 26 ; przypadek 62 |
| cas (grammatical) | przypadek 66 |
| cassé | zepsuty 26 ; połamany 79 |
| ce | ten 15 |
| ceinture | pas 83 |
| célibataire | kawaler 75 |
| celui | ten 97 |
| cendrier | popielniczka 73 |
| central | centralny 61 |
| centre | centrum 23 |
| cerise | czereśnia 99 |
| certain | pewien 79 |
| certain (un ~) | pewny 72 |
| certainement | pewno 60 |
| chaise | krzesło 36 |
| chambre | pokój 17 ; sypialnia 37 |
| champignon (de ~) | grzybowy 41 |
| chance (bonne ~) | powodzenia 96 |
| changement | zmiana 36 ; wymiana 55 ; odmiana 66 |
| changer | zmienić (P -ę, -isz) 36 ; zmieniać (I -am -asz) 50 ; wymienić (P -ę, -isz) 89 |
| chaque | każdy 48 |
| charcuterie | wędlina 80 |
| chariot | wózek 19 |
| château | zamek 23 |
| chaudement | gorąco 59 |
| chaussure | but 76 |
| chef de gare | zawiadowca 90 |
| chef-d'œuvre | dzieło 86 |
| chemin | droga 89 |
| chemise | koszula 15 |
| chemisier | bluzka 33 |

| | |
|---|---|
| chercher | szukać (I -am, -asz) 10 |
| cheveu | włos 67 |
| chez | u 3 ; do 9 |
| Chine | Chiny (pl.) 82 |
| chocolat (au ~) | czekoladowy 16 |
| choix | wybór 94 |
| chose | rzecz 19 |
| choucroute | bigos 2 |
| cinéma | kino 11 |
| cinq | pięć 25 |
| cinq cents | pięćset 64 |
| cinquième | piąty 59 |
| circulation | ruch 88 |
| citron | cytryna 16 |
| clair | jasny 8 |
| classe (école) | klasa 65 |
| classique *(adj.)* | klasyczny 87 |
| clé | klucz 81 |
| client | klient 27 |
| cohue | tłok 59 |
| coin | róg 61 |
| coincer (se ~) | zaciąć się (P) 89 |
| colis | paczka 26 |
| collé (être ~ à un examen) | oblać (P -ję, -jesz) 96 |
| collège | gimnazjum 65 |
| colonie | kolonie *(pl.)* 60 |
| colonne | kolumna 23 |
| colonne vertébrale | kręgosłup 79 |
| combien | ile 17 |
| comédie | komedia 87 |
| comme | jak 11 |
| commencer | zaczynać (I -am, -asz) 34 |
| comment | jak 15 |
| commerce | handel 44 |
| commercial | handlowy 23 |
| commissariat | komisariat 67 |
| commission | komisja 90 |
| compliqué | skomplikowany 74 |
| composer (se ~) | składać się (I) 32 |
| comprendre | rozumieć (I -em, -esz, -eją) 5 ; zrozumieć (P -em, -esz, -eją) 93 |
| comprimé *(n.)* | tabletka 74 |
| compter | liczyć (I -ę, -ysz) 55 ; policzyć (P -ę, -ysz) 80 |
| compte | rachunek 80 |
| concert | koncert 30 |
| conclusion | wniosek 97 |

| | |
|---|---|
| croisement | skrzyżowanie 18 |
| cueillir | zbierać (I -am, -asz) 99 |
| cuillère (petite ~) | łyżeczka 73 |
| cuillère | łyżka 73 |
| cuillerée | łyżeczka 74 |
| cuir (de ~) | skórzany 59 |
| cuisine (de ~) | kucharski 94 |
| cuisine (pièce) | kuchnia 36 |
| culture | kultura 23 |

## D

| | |
|---|---|
| d'abord | najpierw 44 |
| d'ici (lieu) | stąd 68 |
| d'où | skąd 13 |
| dames (pour ~) | damski 59 |
| dans | w 23 |
| de | o 33 ; od 37 |
| de (provenance) | z 3 |
| debout, à l'arrêt (être ~) | stać (I stoję, -isz) 48 |
| début | początek 44 |
| décagramme | deka 80 |
| décider | postanowić (P -ę, -isz) 55 |
| décourager (se ~) | zniechęcać (I -am, -asz) się 95 |
| décrire | opisać (P -szę, -esz) 67 |
| déçu | zawiedziony 52 |
| déjà | już 4 |
| déjeuner *(n.)* | obiad 43 |
| déjeuner (préparer le ~) | obiad (gotować (I -uję, -ujesz) ~) 51 |
| délicieux | wyśmienity 95 |
| demain | jutro 3 |
| demande | prośba 55 |
| demander | zapytać (P -am, -asz) 18 ; pytać (I -am, -asz) 30 |
| demander (se ~) | zastanawiać (I -am, -asz) się 79 |
| démarrer | uruchomić (P -ę, -isz) 81 |
| demi | wpół 48 ; pół 54 |
| dent | ząb 93 |
| dentiste | dentysta 93 |
| départ | wyjazd 53 |
| dépêcher (se ~) | pośpieszyć (P -ę, -ysz) się 92 |
| dépend (ça ~) | zależy 26 |
| déplacer | przestawić (P -ę, -isz) 90 |
| depuis | od 34 |
| depuis (que) | odkąd 37 |
| déranger | przeszkadzać (I -am, -asz) 12 |
| dernier | ostatni 17 |

| | |
|---|---|
| dormir | spać (I śpię, śpisz) 29 |
| dormir (action de ~) | spanie 60 |
| douloureux | bolesny 71 |
| droit (juridique) | prawo 44 |
| droit (tout ~) | prosto 18 |
| droite (à ~) | w prawo 61 |
| drôle | śmieszny 39 |
| durer | potrwać (P) 83 |

## E

| | |
|---|---|
| eau | woda 31 |
| école | szkoła 62 |
| école maternelle | przedszkole 65 |
| écouter | słuchać (I -am, -asz) 5 ; posłuchać (P -am, -asz) 85 |
| écrire | pisać (I -szę, -szesz) 62 ; napisać (P -szę, -szesz) 82 |
| écrit (p. passé) | napisany 92 |
| édition | wydanie 94 |
| effectivement | rzeczywiście 29 ; faktycznie 39 |
| effet (résultat) | skutek 97 |
| effort | wysiłek 55 |
| eh bien | więc 38 |
| élevé (éduqué) | wychowany 85 |
| elle | ona 13 |
| émission (télévisée) | program 87 |
| employé | pracownik 86 |
| emprunt | pożyczka 64 |
| emprunter | pożyczyć (P -ę, -ysz) 37 |
| en | po 13 ; w 27 ; we 30 ; na 31 |
| en face | naprzeciwko 90 |
| enchanté (suis ~) | miło mi 1 |
| encore | jeszcze 4 |
| endommagé | uszkodzony 90 |
| énerver | denerwować (I -uję, -ujesz) 58 ; zdenerwować (P -uję, -ujesz) 72 |
| enfant | dziecko 34 |
| enfin | nareszcie 43 ; wreszcie 50 |
| ennui | kłopot 27 |
| ennuyer (s'~) | nudzić się 99 |
| énorme | wielki 31 |
| ensemble (adv.) | razem 19 |
| ensuite | potem 18 |
| entend (on ~) | słychać 24 |
| entendre | słyszeć (I -ę, -ysz) 46 |
| entre | między 78 |

## F

| | |
|---|---|
| fâcher (se ~) | gniewać się (I -am, -asz) 64 |
| facile | łatwy 96 |
| facteur | listonosz 43 |
| faiblement | słabo 13 |
| faire | robić (I -ę, -isz) 10, 22 ; zrobić (P -ę, -isz) 27 ; narobić (P -ę, -isz) 72 |
| faire (s'en ~) | przejmować (I -uję, -ujesz) się 81 |
| fait | fakt 57 |
| famille | rodzina 3 |
| fatigué | zmęczony 25 |
| faune | fauna 87 |
| faut (il ~) | trzeba 10 |
| faute (erreur) | błąd (*pl.* błędy) 66 |
| fauteuil | fotel 10 |
| félicitations | gratulacje 36 |
| femme | kobieta 55 |
| femme (épouse) | żona 13 |
| fenêtre | okno 41 |
| fermé | zamknięty 4 |
| fermer | zamknąć (P -ę, -esz), zamykać (I -am, -asz) 81 |
| ferroviaire | kolejowy 61 |
| fête | imieniny *(pl.)* 12 ; święto 52 |
| fièvre | gorączka 29 |
| filet de porc | schab 2 |
| filiale | przedstawicielstwo 82 |
| fille | córka 65 |
| film | film 87 |
| fils | syn 9 |
| fin *(n.)* | koniec 45 |
| finir | skończyć (P -ę, -ysz) 64 |
| fixer un rendez-vous | umówić (P -ę, -isz) się 86 |
| fleur | kwiat 78 |
| fleur (petite ~) | kwiatek 67 |
| flore | flora 87 |
| fois | raz 20 |
| fonctionner | działać (I -am, -asz) 15 |
| football | piłka nożna 68 |
| forêt | puszcza 96 |
| formidablement | świetnie 4 |
| formulaire | blankiet 26 |
| four | piec 48 |
| fourchette | widelec 73 |
| fournir | udzielić (P -ę, -isz) 86 |

# H

| | |
|---|---|
| habillé | ubrany 67 |
| habiller (s'~) | ubierać (I -am, -asz) się 11 ; ubrać (P -biorę, -bierzesz) się 22 |
| habiter | mieszkać (I -am, -asz) 5, 9 |
| habitude (d'~) | zwykle 27 |
| haut | góra 76 |
| hein | hę 100 |
| herbe | trawa 99 |
| herbe (mauvaise ~) | chwast 99 |
| hésiter | wahać (I -am, -asz) się 50 |
| heure | godzina 22 |
| heureux | szczęśliwy 69 |
| hier | wczoraj 48 |
| histoire | historia 44 |
| histoire drôle | dowcip 100 |
| historique | historyczny 23 |
| hiver | zima 32 |
| hobby | hobby 32 |
| hommes (pour ~) | męski 59 |
| honte | wstyd 72 |
| hôpital | szpital 44 |
| horrible | okropny 79 |
| hôtel | hotel 17 |
| hôtesse | gospodyni 73 |
| huit | ósemka 61 |
| huitième | ósmy 22 |
| humeur | humor 58 |
| humidité | wilgoć 38 |

# I

| | |
|---|---|
| ici | tu 1 ; tutaj 9 |
| idée | pomysł 15 ; pojęcie 72 |
| il | on 15 |
| illustration | ilustracja 94 |
| imaginer (s'~) | wyobrażać (I -am, -asz) sobie 71 |
| immense | ogromny 68 |
| important | ważny 50 |
| impossible | niemożliwy 24 |
| imprimante | drukarka 37 |
| improviste (à l'~) | znienacka 89 |
| imprudent | nieostrożny 81 |
| incendie | pożar 53 |
| inconnu | nieznajomy 85 |
| indiscrétion | niedyskrecja 82 |
| indulgent | wyrozumiały 96 |

## K

| | |
|---|---|
| kilo | kilo 80 |
| kilomètre | kilometr 88 |
| kiosque | kiosk 26 |

## L

| | |
|---|---|
| là-bas | tam 4, 8 |
| laid | brzydki 23 |
| laisser | zostawić (P -ę, -esz) 47 ; zostawiać (I -am, -asz) 53 |
| lait | mleko 19 |
| langue | język 31 |
| lave-vaisselle | zmywarka 73 |
| leçon | lekcja 34 |
| lecture | czytanie 32 |
| légume | warzywo 19 |
| lequel | który 33 |
| lessive (faire une ~) | pranie 75 |
| lettre | list 26 |
| lettre (alphabet) | litera 100 |
| lever (se ~) | wstawać (I -ję, -jesz) 46 |
| lever du soleil | wschód słońca 57 |
| liberté | wolność 39 |
| librairie | księgarnia 94 |
| libre | wolny 6 |
| ligne | linia 90 |
| lingerie (vêtement) | bielizna 59 |
| lire | czytać (I -am, -asz) 32 |
| lit | łóżko 37 |
| livre (n. m.) | książka 82 |
| loin (plus ~) | dalej 76 |
| lointain (plus ~) | dalszy 72 |
| longtemps | długo 3 |
| longtemps (depuis ~) | od dawna 34 |
| longtemps (il n'y a pas ~) | niedawno 45 |
| longtemps (il y a ~) | dawno 38 |
| lourdement | ciężko 79 |
| lumière | światło 92 |
| lundi | poniedziałek 30 |
| lune | księżyc 34 |
| lunettes | okulary (pl.) 67 |
| luxueux | komfortowy 17 |
| lycée | liceum 44 |

## M

| | |
|---|---|
| ma | moja 8 |
| madame | pani 1 |

| | |
|---|---|
| madame et monsieur | państwo 16 |
| mademoiselle | panna 85 |
| magasin (commerce) | sklep 33 |
| magnifique | wspaniały 51 |
| mai | maj 58 |
| maigrir | schudnąć (P -ę, -esz) 95 |
| maillot (de bain) | kostium (kąpielowy) 59 |
| maillot | koszulka 68 |
| main | ręka 69 |
| maintenant | teraz 23 |
| mais | ale 4 ; ależ 64 |
| maison | dom 22 |
| mal (adv.) | źle 29 |
| mal (faire ~) | boleć (I boli, bolą) 29, 60, 93 |
| malade | chory 29 |
| maladie | choroba 29 |
| malchance | pech 88 |
| malgré | pomimo 100 |
| malheureusement | niestety 6 |
| maman | mama 8 |
| manger (n.) | jedzenie 41 |
| manger (v.) | jeść (I jem, jesz, jedzą) 46 |
| manquer | zabraknąć (P) 64 |
| manuel (adj.) | ręczny 90 |
| marchandise (de ~) | towarowy 59 |
| marche | stopień 76 |
| marché (place du ~) | rynek 61 |
| marcher | chodzić (I chodzę, -isz) 18 |
| marcher (fonctionner) | działać (I -am, -asz) 90 |
| mardi | wtorek 30 |
| mari | mąż 24 |
| marier (se ~) | ożenić (P -ę, -isz) się 75 |
| maroquinerie | galanteria 59 |
| match | mecz 68 |
| mathématiques | matematyka (sing.) 66 |
| matin | rano 71 |
| mauvais | zły 58 |
| mécanicien | mechanik 89 |
| médecin | lekarz 29 |
| médecine | medycyna 44 |
| médicament | lekarstwo 74 |
| médiocrement | kiepsko 66 |
| meilleur (le ~) | najlepszy 12 |
| même | nawet 37 |
| ménage (faire le ~) | posprzątać (P -am, -asz) 10 |
| ménager (adj.) | domowy 59 |
| menu (adj.) | drobny 89 |

| | |
|---|---|
| mer | morze 31 |
| merci | dziękuję 2 |
| mercredi | środa 30 |
| merveilleux | cudowny 78 |
| mes | moi 86 |
| message | wiadomość 47 |
| métallique | metalowy 67 |
| métier | zawód 34 |
| mettre | włożyć (P -ę, -ysz) 48 ; stawiać (I -am, -asz) 71 ; położyć (P -ę, -ysz) 73 ; założyć (P -ę, -ysz) 76 ; włączyć (P -ę, -ysz) 89 ; wkładać (I -am, -asz) 97 |
| mettre (se ~) | stanąć (P -ę, -esz) 83 |
| meuble | mebel 36 |
| midi | południe 54, 57 |
| mieux | lepiej 19 |
| mieux (le ~) | najlepiej 61 |
| mille | tysiąc 68 |
| mince | szczupły 67 |
| minuit | północ 58 |
| minute | minuta 68 |
| mode (à la ~) | modny 33 |
| moderne | nowoczesny 57 |
| mœurs (pl.) | obyczaj (sing.) 82 |
| moi | ja 1 |
| moindre (le ~) | najmniejszy 92 |
| moins | mniej 17 |
| moins (au ~) | przynajmniej 74 |
| moins (le ~) | najmniej 47 |
| mois | miesiąc 52 |
| moment | raz 29 ; chwila 36 ; moment 72 |
| moment (petit ~) | chwileczka 80 |
| momentanément | chwilowo 26 |
| mon | mój 9 |
| monsieur | pan 1 |
| montagne | góra 31 |
| monter | wejść (P wejdę, -dziesz) 76 |
| montre | zegarek 48 |
| montrer | pokazać (P -żę, -żesz) 36 |
| monture | oprawka 67 |
| morceau | kawałek 40 |
| mot | słowo 93 |
| moteur | silnik 88 |
| mourir (animaux) | zdechnąć (P -ę, -esz) 97 |
| moustache | wąsy (pl.) 67 |
| moutarde | musztarda 80 |

| | |
|---|---|
| ordinateur | komputer 37 |
| ordonnance | recepta 74 |
| ordre | porządek 27 |
| original (adj.) | oryginalny 34 |
| ou | albo 53 ; lub 61 |
| où | gdzie 4 ; dokąd 6 |
| ou bien | albo 87 |
| oublier | zapomnieć (P -ę, -isz) 46 ; zapominać (I -am, -asz) 76 |
| ouf | uf 59 |
| oui | tak 1 |
| ouïe | słuch 27 |
| ouvert | otwarty 73 |
| ouvrir | otworzyć (P -ę, -ysz) 43 ; otwierać (I -am, -asz) 69 |

# P

| | |
|---|---|
| pain | chleb 19 ; pieczywo 80 |
| pain (petit ~) | bułka 45 |
| palais | pałac 23 |
| panier | koszyk 19 |
| panne | awaria 53 |
| panneau | tablica 59 |
| pantalon | spodnie (pl.) 33 |
| papa | tata 8 |
| Pâques | Wielkanoc 52 |
| par | przez 61 ; po 64 |
| paraît (il ~) | podobno 50 |
| parapluie | parasolka 78 |
| parce que | dlatego 20 ; bo 66 |
| parcelle | działka 99 |
| pareil | podobny 58 |
| parents (père et mère) | rodzice (pl.) 25 |
| parfaitement | doskonale 3 ; świetnie 55 |
| parfois | czasem 82 |
| parfumerie | perfumeria 59 |
| parler | mówić (I -ę, -isz) 11, 13 ; rozmawiać (I -am, -asz) 54 |
| part | strona 85 |
| part (à ~) | poza 60 |
| particulier | szczególny 67 |
| particulièrement | szczególnie 32 |
| partir | wyjeżdżać (I -am, -asz) 3 ; wyjechać (P -jadę, -jedziesz) 44 |
| partout | wszędzie 58 |
| pas (n.) | krok 71 |

| | |
|---|---|
| pas du tout | wcale nie 27 |
| pas mal de | sporo 94 |
| passé | zeszły 71 |
| passeport (de ~) | paszportowy 83 |
| passer | minąć (P -ę, -esz) 44 ; spędzać (I -am, -asz) 52 ; wstąpić (P, -ę, -isz) 64 ; przeminąć (P -ę, -esz) 87 |
| passer (se ~) | dziać (I) się 27 ; stać (P) się 72 |
| passer (un examen) | zdawać (I -ję, -jesz) 65 |
| passionnant | pasjonujący 44 |
| pastille | pastylka 74 |
| patron (chef) | kierownik 54, szef 54 |
| payer | płacić (I -ę, -isz) 80 |
| pays | kraj 82 |
| pêcher | łowić (I -ę, -isz) 60 |
| peine (ça vaut la ~) | warto 76 |
| peintre | malarz 45 |
| peinture (action de peindre) | malowanie 55 |
| peinture (tableau) | malarstwo 57 |
| pendant | przez 64 |
| pendule | zegar 86 |
| penser | myśleć (I -ę, -isz) 27, 33, 94 ; pomyśleć (P -ę, -isz) 36 |
| perdre | gubić (I -ę, -isz) 62 ; przegrać (P -am, -asz) 68 ; stracić (P -ę, -isz) 79 |
| père | tata 25 |
| personne | osoba 17 |
| personne (pr.) | nikt 54 |
| personnel (n.) | personel 83 |
| personnellement | osobiście 32 |
| persuadé | przekonany 69 |
| persuader | namówić (P -ę, -isz) 76 |
| petit | mały 36 |
| petit-déjeuner | śniadanie 46 |
| petite fille | dziewczynka 85 |
| peu | mało 74 |
| peu (un ~) | trochę 13 |
| peur (avoir ~) | bać (I boję, boisz) się 53, 96 |
| peut-être | może 10 |
| pharmacie | apteka 74 |
| photo | zdjęcie 8 |
| photocopieuse | kopiarka 86 |
| pianiste | pianista 87 |
| pièce | pokój 64 |
| pile (batterie) | bateria 48 |
| pire | gorzej 58 |

| | |
|---|---|
| pratiquer | uprawiać (I -am, -asz) 95 |
| précédent | poprzedni 90 |
| préféré | ulubiony 32 |
| préférer | woleć (I -ę, -isz) 32 |
| premier | pierwszy 39 |
| prendre | brać (I biorę, bierzesz) 16, 19, 74 ; zabrać (P -biorę, -bierzesz) 46 ; wziąć (P wezmę, weźmiesz) 55 ; zająć (P zajmę, -miesz) 89 |
| préparer | przygotować (P -uję, -ujesz) 96 |
| près | blisko 36 |
| prescrire | przepisać (P -ę, -esz) 74 |
| présenter (se ~) | stawać (I -ję, -jesz) 90 |
| presque | prawie 33 |
| presser (se ~) | śpieszyć (I -ę, -ysz) się 51 |
| prêt | gotowy 11 ; pożyczka 64 |
| prêter | pożyczyć (P -ę, -ysz) 78 |
| prévenir | uprzedzić (P -ę, -isz) 90 |
| prie (je vous en ~) | proszę 2 |
| prier | prosić (I -szę, -isz) 2 |
| primaire (école) | podstawowy 65 |
| printemps | wiosna 99 |
| prix | cena 17 |
| probablement | chyba 5 ; prawdopodobnie 89 |
| problème | problem 27 ; kłopot 31 |
| prochain | przyszły 30 ; następny 76 |
| proche (le plus ~) | najbliższy 61 |
| professeur | profesor 96 |
| professionnel | służbowy 82 |
| profiter | skorzystać (P -am, -asz) 57 |
| programme | materiał 96 |
| promenade | spacer 22 |
| promettre | obiecać (P -am -asz) 52 |
| prononcer | wymawiać (I -am, -asz) 100 |
| proposer | proponować (I -uję, -ujesz) 57 ; zaproponować (P -uję, -ujesz) 86 |
| propre (à soi) | własny 97 |
| proprement | właściwie 45 |
| proverbe | przysłowie 100 |
| prune | śliwka 99 |
| puis | następnie 18 |
| puisque | przecież 41 |
| pull | sweter 25 |

# Q

| | |
|---|---|
| quand | kiedy 71 |
| quarante | czterdzieści 96 |
| quatorzième | czternasty 86 |

| | |
|---|---|
| quatre | cztery 26 |
| quatrième | czwarty 59 |
| que | co 2 ; że 6 ; niż 79 |
| quel | jaki 9 ; który 22 |
| quelconque | jakiś 22 ; jakikolwiek 81 |
| quelque | kilka 55 ; parę 93 |
| quelque chose | coś 34 |
| quelque part | gdzieś 4 |
| question | pytanie 27 |
| queue (file d'attente) | kolejka 83 |
| qui | kto 5 |
| quinze (le ~) | piętnastka 61 |
| (bus, tramway...) | |
| quitter | spuszczać (I -am, -asz) 86 |

## R

| | |
|---|---|
| raconter | opowiadać (I -am, -asz) 33 ; opowiedzieć (P -em, -esz) 44 |
| radio | radio 20 |
| raison | racja 22 ; powód 75 |
| rang | rząd 92 |
| rappeler | przypominać (I -am, -asz) 47 |
| rappeler (se ~) | pamiętać (I -am, -asz) 96 |
| rarement | rzadko 57 |
| rayure | pasek 62 |
| réalité | rzeczywistość 75 |
| recevoir | dostać (P -nę, -niesz) 47 |
| réchauffer (se ~) | ocieplać (I -am, -asz) się 58 |
| réclamation | reklamacja 27 |
| recommandé | polecony 26 |
| recommander | polecić (P -ę, -isz) 95 |
| reconnaître | poznać (P -am, -asz) 25 |
| recopier | przepisać (P -ę, -esz) 74 |
| réfrigérateur | lodówka 40 |
| refroidissement | przeziębienie 85 |
| regarder | patrzeć (I -ę, -ysz) 30 ; przyjrzeć (P -ę, -ysz) się 41 ; popatrzeć (P -ę, -ysz) 75 |
| régime | dieta 95 |
| région | okolica 76 |
| règle (principe) | reguła 83 |
| régler | załatwić (P -ę, -isz) 93 |
| regretter | żałować (I -uję, -ujesz) 55 |
| réjouir (se ~) | cieszyć (I -ę, -ysz) się 44 |
| relever | podnieść (P -niosę, -niesiesz) 71 |
| rendre | zwrócić (P -ę, -isz) uwagę 85 |
| remarquer | zauważyć (P -ę, -ysz) 69 |

| | |
|---|---|
| remercier | dziękować (I -uję, -ujesz) 25 |
| remplacer | zastępować (I -uję, -ujesz) 15 |
| remplir | wypełnić (P -ę, -isz) 26 |
| rencontre | spotkanie 44 |
| rencontrer | spotkać (P -am, -asz) 19 ; spotykać (I -am, -asz) 85 |
| rendre | oddać (P -am, -asz) 78 ; wydać (P -am, -asz) 80 ; zwrócić (P -ę, -isz) 47 |
| rentrer | wracać (I -am, -asz) 51 ; wrócić (P -ę, -isz) 64 |
| réparation | naprawa 89 |
| repassage | prasowanie 75 |
| répéter | powtórzyć (P -ę, -ysz) 96 |
| répondeur | sekretarka 47 |
| répondre | odpowiadać (I -am, -asz) 27 ; odpowiedzieć (P -em, -esz) 96 |
| reposer (se ~) | odpocząć (P -nę, -niesz) 76 |
| reproduction | reprodukcja 94 |
| réserve (parc) | rezerwat 39 |
| réservé (retenu) | zarezerwowany 100 |
| ressemblant | podobny 25 |
| restaurant | restauracja 40 |
| rester | zostać (P -stanę, -staniesz) 76 |
| résultat | rezultat 95 |
| retard (être en ~) | spóźniać (I -am, -asz) się 43 |
| réunion | zebranie 54 |
| réussir | udać się 95 |
| réussir (un examen) | zdawać (I -ję -, -esz) 65 |
| rêve | marzenie 34 |
| réveil | budzik 15 |
| réveiller | obudzić (P -ę, -isz) 46 |
| réveillon | wigilia 52 |
| rêver | marzyć (I -ę, -ysz) 34 |
| révision | przegląd 89 |
| revoir | przejrzeć (P -ę, -ysz) 96 |
| rez-de-chaussée | parter 59 |
| rhumatismes | reumatyzm (sing.) 38 |
| rhume | katar 60 |
| rien | nic 5 |
| risquer | ryzykować (I -uję, -ujesz) 71 |
| riz | ryż 41 |
| robe | sukienka 33 |
| roi | król 23 |
| roman | powieść 32 |
| rouge | czerwony 41 |
| rouge à lèvres | szminka 59 |
| rue | ulica 9 |

# S

| | |
|---|---|
| sac | torba 83 |
| sac à dos | plecak 60 |
| sage *(adj.)* | grzeczny 85 |
| Saint-Sylvestre | Sylwester 51 |
| salle | sala 41 |
| salle de bains | łazienka 17 |
| salut | cześć 11 |
| samedi | sobota 59 |
| sang | krew 79 |
| sans doute | chyba 25 |
| santé | zdrowie 24 |
| santé (en bonne ~) | zdrowy 85 |
| sauce | sos 41 |
| saucisse | kiełbasa 80 |
| savoir | umieć (I -em, -esz) 71 |
| savoir *(v.)* | wiedzieć (I -em, -esz, -edzą) 9 |
| scanner *(n.)* | skaner 37 |
| science | nauka 23 |
| scolaire | szkolny 65 |
| sel | sól 78 |
| semaine | tydzień 3 |
| semblant (faire ~) | udawać (I -ję, -jesz) 81 |
| sembler | wyglądać (I -am, -asz) 29 ; wydawać (I) się 71 ; zdawać (I) się 79 |
| sentir (se ~) | czuć (I -ję, -jesz) się 29 |
| sept cents | siedemset 76 |
| septième | siódmy 92 |
| série | serial 87 |
| sérieusement | poważnie 74 |
| serveuse | kelnerka 41 |
| service | dział 27 |
| servir | podać (P -am, -asz) 2 |
| servir (se ~) | częstować (I -uję, -ujesz) się 73 |
| ses | swoje 57 |
| seul | sam 1 |
| seulement | tylko 36 ; dopiero 43 |
| sexe | seks 94 |
| short | spodenki *(pl.)* 68 |
| si | taki 8 ; tak 20 ; czy 23 ; jeśli 33 ; gdy(by) 59 ; jeżeli 90 |
| signaler | zgłosić (P -szę, -sisz) 83 |
| signature | podpisanie 86 |
| signe | znak 67 |
| signifier | znaczyć (I) 24 |
| s'il vous plaît | proszę 2 |
| simple | prosty 24 ; zwykły 85 |
| sincère | szczery 96 |

| | |
|---|---|
| taille (dimensions) | rozmiar 15 |
| tant | tyle 44 |
| tant pis | trudno 41 |
| tante | ciocia 25 |
| tard (plus ~) | później 54 |
| tel | taki 26 |
| téléphone | telefon 26 |
| téléphone (par ~) | telefonicznie 90 |
| téléphoner | zadzwonić (P -ę, -isz) 26 |
| téléphonique | telefoniczny 94 |
| téléski | wyciąg 71 |
| téléviseur | telewizor 17 |
| temps (météo) | pogoda 58 |
| temps (durée) | czas 50 |
| temps (en même ~) | jednocześnie 37 |
| temps (tout le ~) | ciągle 22 |
| tenir | trzymać (I -am, -asz) 52 |
| tennis | tenis 32 |
| terminaison | końcówka 100 |
| terminer | skończyć (P -ę, -ysz) 44 |
| tête | głowa 29 |
| thé | herbata 16 |
| théâtre | teatr 22 |
| ticket | bilet 61 |
| tiroir | szuflada 62 |
| titre | tytuł 82 |
| toi | ty 11 |
| tomate (à la ~) | pomidorowy 41 |
| tomate (de ~) | pomidorowy 95 |
| tomber | upaść (P -padnę, -esz) 71 |
| tomber (pluie) | padać 22, 58 |
| ton (à toi) *(possessif)* | twój 8 |
| tondre | skosić (P -szę, -sisz) 99 |
| tort (faire ~) (nuire) | szkodzić (I -ę, -isz) 5 |
| tôt | wcześnie 43 |
| tôt (plus ~) | wcześniej 64 |
| toujours | zawsze 43 |
| tour *(f.)* | wieża 76 |
| tour *(m.)* | kolej 96 |
| touriste | turysta 82 |
| touristique | turystyczny 94 |
| tourner | skręcić (P -ę, -isz) 61 |
| tous | wszyscy 31 |
| tout | cały 40 ; wszelki 93 |
| tout *(pr.)* | wszystko 12 |
| tout à fait | zupełnie 76 |
| tout de suite | zaraz 48 |

| | |
|---|---|
| tracasser (se ~) | martwić (I -ę, -isz) się 58 |
| trace | ślad 88 |
| tradition | tradycja 52 |
| train | pociąg 61 |
| tramway (de ~) | tramwaj(owy) 61 |
| tranche | plasterek 80 |
| trancher | pokroić (P -ję, -isz) 80 |
| traumatisme | uraz 79 |
| travail | praca 24 |
| travailler | pracować (I -uję, -ujesz) 15 |
| travaux | remont (sing.) 55 |
| traverser | przejść (P przejdę, -dziesz) 61 |
| trente | trzydzieści 50 |
| très | bardzo 4 |
| triste | smutny 39 |
| trois (note, chaîne TV, etc.) | trójka 66 |
| trois | trzy 26 |
| trois cents | trzysta 47 |
| troisième | trzeci 59 |
| tromper (se ~) | mylić (I -ę, -isz) się 68 ; pomylić (P -ę, -isz) się 72 |
| trop | za 33 |
| trousse (scolaire) | piórnik 62 |
| trouver | znaleźć (P znajdę, -dziesz) 50 |
| trouver (opinion) | uważać (I -am, -asz) 69 |
| type (sorte) | typ 86 |

## U

| | |
|---|---|
| un | jeden 17 |
| un et demi | półtora 43 |
| une (chaîne de TV, etc.) | jedynka 87 |
| urgent | pilny 54 |
| utile (être ~) | służyć (I -ę, -ysz) 17 |

## V

| | |
|---|---|
| vacances | wakacje (pl.) 6 |
| valeur | wartość 86 |
| valise | walizka 83 |
| variété (de ~) | rozrywkowy 87 |
| vélo | rower 32 |
| vendre | sprzedawać (I -daję, -dajesz) 45 |
| venir | chodzić (I chodzę, -isz) 36 |
| venir (à pied) | przyjść (P przyjdę, -dziesz) 38 |
| vent | wiatr 58 |
| ver | robak 97 |
| vérifier | sprawdzić (P -ę, -isz) 47 ; sprawdzać (I -am, -asz) 62 |

| | |
|---|---|
| véritable | prawdziwy 55 |
| vérité | prawda 27 |
| vernissage | wernisaż 45 |
| verre | lampka 41 ; kieliszek 73, 97 ; szklanka 74 |
| vers (à peu près) | około 64 |
| verser | nalewać (I -am, -asz) 97 |
| vert | zielony 33 |
| veste | marynarka 64 |
| vêtements | odzież *(sing.)* 59 |
| viande | mięso 19 |
| vide *(adj.)* | pusty 53 |
| vie | życie 39 |
| vieux | stary 23 |
| vieux (plus ~) | starszy 50 |
| village | wioska 90 |
| ville | miasto 23 |
| vin | wino 12 |
| vingt | dwadzieścia 48 |
| vingt-quatre heures | doba 17 |
| violence | przemoc 94 |
| visite | wizyta 39 |
| visiter | zwiedzać (I -m, -asz), zwiedzić (P -ę, -isz) 99 |
| vite | szybko 45 |
| vite (plus ~) | szybciej 59 |
| vitesse | bieg 89 |
| vitrine | wystawa 51 |
| vivre | żyć (I -ję, -jesz) 39 |
| vodka | wódka 97 |
| voici | oto 17 |
| voie | tor 90 |
| voir | zobaczyć (P -ę, -ysz) 8 ; widzieć (I -ę, -isz) 10 |
| voisin *(adj.)* | sąsiedni 90 |
| voisin *(n. m.)* | sąsiad 37 |
| voisine *(n. f.)* | sąsiadka 94 |
| voit (on ~) | widać 68 |
| voiture | samochód 69 |
| vol (avion) | lot 83 |
| vol (délit) | kradzież 86 |
| voler (oiseau, avion) | polecieć (P -ę, -isz) 34 |
| voler (dérober) | ukraść (P -kradnę, -niesz) 81 |
| voler (oiseau, avion) | lecieć (I -ę, -isz) 50, 53 ; latać (I -am, -asz) 83 |
| volontiers | chętnie 32 |
| vouloir | chcieć (I chcę, -esz) 15, 33, 34, 64 |
| vous | wy 24 |
| voyage | podróż 25 |
| voyager | podróżować (I -uję, -ujesz) 99 |